U0114294

佛教研究叢書11

星雲大師著述「運用譬喻」模式研究

——以《迷悟之間》套書為例(上)

釋永東　著

蘭臺出版社

▶序

　　本書《星雲大師著述「運用譬喻」模式研究─以《迷悟之間》套書爲例(上)》能順利出版，首先要感謝2014年1月10-11日佛光山人間佛教研究院與武漢大學文學院所合辦的「2014宗教實踐與星雲大師文學創作學術研討會」、2018年10月20日佛光大學人文學院與日本本栖寺合辦的「2018年中國佛教文學與文化國際學術研討會」，與2019年4月29日佛光大學宗教學所主辦的「宗教與文化研討會」讓本書的第二章、第三章與第四章先行以論文方式分別參與過發表。其次要感謝外審委員們費心的審查與指教，致使本書能較完整的呈現。

　　星雲大師以文字般若弘傳人間佛教半世紀來，形塑出自己獨特的說法與寫作模式，其中譬喻運用是其吸引聽衆與讀者的關鍵。本書的研究文本《迷悟之間》是星雲大師自二○○○年四月一日迄二○○四年一月二十一日，持續四年每天在《人間福報》連載的一一二八篇短文，再依序結集出版成十二冊的套書。本書就前半套第一冊《眞理的價值》至第六冊《和自己競賽》的譬喻做研究，每冊各成一章，將每冊所有被引用的譬喻，先分爲經論譬喻、世俗譬喻與星雲自創譬喻三類，各類譬喻再細分爲三至六項不等的屬性後，透過分析、比對與闡釋，來瞭解星雲大師採用這三類譬喻數量的比例，與這些譬喻的屬性與人間佛教六大特性的關係，以建構星雲大師運用譬喻著述的模式。

　　本書共有八章，第一章緒論，說明研究目的與方法、研究的困難與解決、文獻回顧與重要文獻評述，作者生平事蹟，以及人間佛教的六大特性等。第二章星雲大師《迷悟之間·1.眞理的價值》之譬喻運用；第三章星雲大師《迷悟之間·2.度一切苦厄》之譬喻運用；第四章星雲大師《迷悟之間·3.無常的眞理》之譬喻運用；第五章星雲大師《迷悟之間

‧4.生命的密碼》之譬喻運用;第六章星雲大師《迷悟之間‧5.人生加油站》之譬喻運用;與第七章星雲大師《迷悟之間‧6.和自己競賽》之譬喻運用,從第二章至第七章為各冊的經論譬喻分析、一般譬喻解析、自創譬喻闡釋、結語與表附錄。第八章總結語,包括研究成果與研究貢獻。

希冀本書能成就如下四項貢獻,有待同道的批評與指教:

一、擴大與補強台灣在佛教文學創作研究的面向與貢獻。

二、豐富中國佛教文學史「僧人創作」部分的質與量,突顯星雲人間佛教著述在當代佛教文學發展史上的貢獻。

三、建構星雲大師運用譬喻著述的成功模式,做為後人著述學習的典範。

四、提供庶民百姓透過易懂的譬喻研究,強化在生活中運用譬喻的能力,找到自我轉迷成悟的方法。

釋永東

於佛光雲起樓

2018年11月

▶目 錄

第一章

緒論

　　佛光山開山星雲大師(以下簡稱星雲)所著的《迷悟之間》，先後出版過兩套，第二套完整版十二冊是在二○○四年出版，結集其自二○○○年四月一日迄二○○四年一月二十一日，連四年在《人間福報》連載的一一二八篇短文的套書。此套書每冊篇數統一爲九十四篇，每篇結尾註記曾在《人間福報》發表的日期。書名《迷悟之間》之後，分註冊號1至12外，再分別予以副標《眞理的價值》、《度一切苦厄》、《無常的眞理》、《生命的密碼》、《人生加油站》、《和自己競賽》、《生活的情趣》、《福報哪裡來》、《高處不勝寒》、《管理三步曲》、《成功的理念》與《生活的層次》。

　　第一套則是在《人間福報》連載期間，於二○○一年三月、八月，二○○二年一月、八月、十二月，與二○○三年七月，陸續在發表後結集四八○篇短文出版共六冊的套書。每冊篇數均爲八十篇，從第三冊開始，才將八十篇各分爲四類並給予主題。該套書通稱爲《迷悟之間》，僅在書名後分註1至6來區分冊數，第六冊則增加了副標題「赤子之心」，爲之後出版的第二套十二冊完整版《迷悟之間》所援用。

　　《迷悟之間》每一篇文章雖然篇幅不長，卻富含深義與禪味，並與日常生活息息相關，再再顯示星雲大師的智慧以及運用譬喻詮釋人生哲理的技巧，在日常生活中處處體現禪意，發人深省，轉迷成悟。

第一節、研究目的與方法

　　本書根據十二冊完整版的《迷悟之間》，依冊來耙梳這些短文中，星雲大師如何運用譬喻展現著述說法魅力，來傳播其人間佛教的思想理念與實踐方法？

一、研究目的

　　本書的研究目的歸納爲如下三項：

　　(一)建構星雲大師運用譬喻著述的模式，做爲後人學習的典範。

　　(二)補充佛光山人間佛教研究院星雲人間佛教系列研究的不足。

　　(三)彰顯星雲人間佛教的著述在當代佛教文學發展史上的貢獻。

二、研究方法

　　本論文的研究方法主要採用質性研究的文獻觀察、考據譬喻的出處、分析比較與詮釋。進行步驟先分別閱讀《迷悟之間》第一冊《眞理的價值》，至第六冊《和自己競賽》各九十四篇的短文，每冊各成一章，摘錄各冊之中所有被採用的譬喻，分爲經論譬喻、一般譬喻、與自創譬喻三類，接著考據每則譬喻的出處。每類譬喻依序歸屬一節來深論，每類譬喻再依屬性細分後，並依屬性、編號、譬喻數、譬喻內容、出處、人間佛教六個特性等六項目分別製表，以利各節的比較分析與闡釋，以及與人間佛教六個特性的比對。最後，再比對《迷悟之間》前六冊共六章的經論譬喻、一般譬喻、與自創譬喻三類的比例，以及與人間佛教六個特性的呼應程度，藉以建構星雲運用譬喻著述的模式。

第二節、研究困難與解決

　　星雲《迷悟之間》第一冊《真理的價值》至第六冊《和自己競賽》，雖然各只有九十四篇短文，但各冊採用的譬喻數不等，有高達九七三則之多，要處理此龐大數量的譬喻確實不易。必需透過分類再分類，與分別製作總表與分類表，並追溯其原始出處(見第二章至第七章各章附表2與附表3最後一欄)以便釐清這些譬喻間的關係，再與人間佛教六個特性的比對呼應(見第二章至第七章各章附表1)，以利本研究譬喻運用模式的結論。

　　另外，在文章中未必有使用「如」或「像」等明確的譬喻字眼，即使有，亦有偏向引證事例，故在是否應納入為本研究的譬喻時產生困擾，最後依據《佛光大辭典》「譬喻」的定義：「為使人易於理解教說之意義內容，而使用實例或寓言等加以說明，稱為譬喻。」[1]凡於文脈中隱含有如上譬喻意味者都納入本研究對象。

第三節、文獻回顧

　　如上定義，「譬喻」是為使人易於理解教說之意義內容，而使用實例或是寓言等加以說明。[2]也是佛教教主釋迦牟尼佛的十二種或九種說法方式之一，即契經(音譯修多羅，又作長行)、應頌(音譯祇夜，又作重頌)、諷頌(音譯伽陀，又作孤起)、本事、本生、未曾有、因緣、譬喻、論議(音譯優波提舍)、方廣、授記與無問自說等，[3]前九種即為南傳佛教所謂的九種說法，以「譬喻」宣說法義是為方便說。如《妙法蓮華經》所云：「舍利弗。吾從成佛以來，種種因緣，種種譬喻，廣演言教，無數方便引導眾生，令離諸著。」[4]千明束道〈《法華經》第2章

【1】　　慈怡主編(1988)，《佛光大辭典》，佛光出版社，頁6809上。

【2】　　慈怡主編(1988)，《佛光大辭典》，頁6809上。

【3】　　慈怡主編(1988)，《佛光大辭典》，頁344。

【4】　　姚秦・鳩摩羅什譯，《妙法蓮華經》〈方便品第二〉，T9no262p5c05。

「方便品」第三章「譬喻品」の問題點〉剖析《法華經》「譬喻品」の核心問題。[5]譚惠文《《妙法蓮華經》譬喻文學之研究》，由譬喻的意涵進入《妙法蓮華經》譬喻的形式、內容、特色與中心思想的耙梳。[6]田賀龍彥〈授記與譬喻〉《法華思想》探討法華經中的授記與譬喻。[7]謝大寧〈譬喻與詮釋──從法華經的譬喻看牟宗三先生的天台詮釋〉，以天台的詮釋為例，說明了天台依本於法華開宗，其主要義理憑藉即在「即」之一字上，而此一即字並不適合用主體性的進路來理解，而是必須將之放到「煩惱即菩提」的語脈上，將之當成一個象徵語言來處理。這也就是說，《法華經》中的種種「譬喻」，其實正是「即」這個象徵語言的表現方式，才能真正進入天台的教學中，重新把握法華經的意義世界。[8]王麗潔〈法華經一乘妙法的譬喻構成及其審美特徵〉結合佛學與文學的立場，研究〈序品〉的文學意義與法華譬喻的藝術。[9]常月娥《妙法蓮華經七譬喻之研究》由譬喻的意義至七譬喻構成之探討。[10]以及黃博涵碩士論文《《妙法蓮華經》會歸思想之研究─以譬喻故事為中心》，透過《妙法蓮華經》特別彰顯譬喻有助聖者與凡夫的聖解[11]等。這些陸續面世的相關研究即為上揭《法華經》摘錄文最佳的說明，亦可見《法華經》譬喻研究相當盛況。

【5】　千明東道(1985)，〈《法華經》第2章「方便品」　第三章「譬喻品」の問題點〉，《印度學佛教學研究》，v.33 n.2(總號=n.66) (1985.03)，557-558。

【6】　譚惠文(1997)，《妙法蓮華經》譬喻文學之研究，國立中正大學中國文學研究所碩士論文。

【7】　田賀龍彥(1998)，〈授記與譬喻〉《法華思想》，台北：佛光文化事業有限公司。

【8】　謝大寧(2006)，〈譬喻與詮釋──從法華經的譬喻看牟宗三先生的天台詮釋〉，《台北大學中文學報》，創刊號，頁97-119。

【9】　王麗潔(2007)，〈法華經一乘妙法的譬喻構成及其審美特徵〉《江漢論壇》，第8期，頁127-132。

【10】　常月娥(2008)，《妙法蓮華經七譬喻之研究》，元智大學中國語文學系碩士論文。

【11】　黃博涵(2012)，《《妙法蓮華經》會歸思想之研究─以譬喻故事為中心》，南華大學宗教所碩士論文。

其他專就單一佛教經論譬喻的研究，如金子方夫〈大乘涅槃經に於ける如來藏の譬喻〉，針對《大乘涅槃經》如來藏的譬喻研究。[12]福原蓮月〈大般涅槃經の譬喻について〉亦是就《大般乘涅槃經》的譬喻研究。[13] 今西順吉〈『サーンキヤ頌』の譬喻〉則僅研究數論頌的譬喻。[14]平等通昭陸續發表了〈大事譬喻譚の構教成〉、[15]〈大事譬喻譚の二誕生說話〉、[16]〈大事譬喻譚の研究〉[17] 一系列探討《大事》譬喻的構成、產生等的議題。釋純因《漢譯《中阿含經》譬喻之基礎研究》，探討漢譯《中阿含經》譬喻之形式與內容，進一步比較該經之說法與譬喻的關係。[18] 釋傳徹〈漢譯《雜阿含經》中譬喻的種類〉，先探討譬喻的語義、作用與方法，再針對《雜阿含經》中的一般性譬喻，分為定型句、單喻、複喻與偈頌四類，例證譬喻則分為故事或寓言、真實事物與模擬狀況三種類。[19] 林韻婷《雜阿含經譬喻故事研究》從譬喻故事的角度，將《雜阿含經》的法義如何與現實生活融合作一整理、呈現。[20] 方台蘭《世俗譬喻與解甚深義—《解深密經》譬喻之研究》從譬喻的角度進入探討《解深密經》唯識的法義，如幻師幻事喻

【12】　金子方夫(1930)，〈大乘涅槃經に於ける如來藏の譬喻〉，《印度學佛教學研究》第42卷第1號。

【13】　福原蓮月(1974)，〈大般涅槃經の譬喻について〉，《印度學佛教學研究》，V.23 n.1(總號=n.45) 1974.12，頁 385-389。

【14】　今西順吉(1982)，『サーンキヤ頌』の譬喻《印度學佛教學研究》，v.30 n.2(總號=n.60) 1982.03，頁330 -336。

【15】　平等通昭(1954)，〈大事譬喻譚の構成〉，《印度學佛教學研究》，v.2 n.2 (總號=n.4) (1954.03)，頁315-316。

【16】　平等通昭(1954)，〈大事譬喻譚の二誕生說話〉，《印度學佛教學研究》，v.3 n.1 (總號=n.5) (1954.09)，頁312-313。

【17】　平等通昭(1973)，〈大事譬喻譚の研究〉，《印度仏教文学の研究》，頁570。

【18】　釋純因(1995)，《漢譯《中阿含經》譬喻之基礎研究》，中華佛教研究所畢業論文。

【19】　釋傳徹(20)，〈漢譯《雜阿含經》中譬喻的種類〉，南華大學宗教學所碩二班論文。

【20】　林韻婷(2005)，《雜阿含經譬喻故事研究》，玄奘大學宗教學系碩士在職專班論文。

與離言無二相以及三性的關係，眩翳喻與般若空義，頗胝迦寶喻與阿賴耶識，以及虛空喻與圓成實性都有討論。[21]梁麗玲〈《出曜經》動物譬喻研究〉，探討在佛經結集的過程中，爲了讓大衆理解教義，常借用妙趣橫生、性格鮮明的動物故事來取譬寄喻，象徵性地反映人類的思想、情感與生活面貌，並從中巧妙地寄託人生哲理，達到訓誡教化的效果。[22] 陳蓉美《〈法句譬喻經〉的敘事研究》探討佛陀譬喻說法的敘事模式有以動物爲喻與以物質的屬性爲喻兩種。[23] 岳惠芬《〈舊雜譬喻經〉研究》從四個面向分析《舊雜譬喻經》的特質，作者比對經錄記載、經文內容，以推論《舊雜譬喻經》的成書概況；分析《舊雜譬喻經》各篇主旨；探究《舊雜譬喻經》與中國文學的關係以及對中國民間文學的影響。[24] 吳芳儀《〈迦葉品〉空性與菩薩優勝的譬喻族系之研究》則是以《迦葉品》中空性與菩薩優勝的譬喻做研究。[25] 荊三隆《舊雜譬喻經注譯與辨析：六十一個離奇的比喻故事》對經中佛法勝鬼喻、孔雀王喻與裸女喻等六十一個比喻故事重新注譯與辨析。[26] 同年荊三隆與邵之茜合著《雜譬喻經注譯與辨析：八十一個光怪陸離的比喻故事》再度針對經中問喻、一心喻與二人聽經喻等八十一個光怪陸離的比喻故事注譯與辨析。[27] 以及筆者〈佛教譬喻的現代詮釋與運用

【21】　方台蘭(2006)，《世俗譬喻與解甚深義─〈解深密經〉譬喻之研究》，玄奘大學宗教學系碩士在職專班論文。

【22】　梁麗玲(2006)，〈《出曜經》動物譬喻研究〉，《文學新鑰》第4期，頁59-84。

【23】　陳蓉美(2010)，《〈法句譬喻經〉的敘事研究》，國立中央大學中國文學系碩士論文。

【24】　岳惠芬(2011)，《〈舊雜譬喻經〉研究》，國立臺南大學國語文學系碩士論文。

【25】　吳芳儀(2011)，《〈迦葉品〉空性與菩薩優勝的譬喻族系之研究》，佛光大學佛教學系碩士論文。

【26】　荊三隆(2012)，《舊雜譬喻經注譯與辨析：六十一個離奇的比喻故事》，中國北京：中國社會科學。

【27】　荊三隆、邵之茜合著(2012)，《雜譬喻經注譯與辨析：八十一個光怪陸離的比喻故事》，中國北京：中國社會科學。

-以《佛說七水人喻》為例〉，本經原為佛以水為喻，為比丘說解脫之道的七個過程，筆者將其呼應到現代各種社會問題的詮釋與運用。[28]

僅對單一佛教譬喻的研究，有陳麗珊〈佛經譬喻之廣泛性與通俗性〉，透過對數部大小乘經典的檢視，歸納出十五類一百五十六目的實例，證明佛經譬喻的廣泛性與通俗性，以及一喻多義一義多喻的靈活性，彰顯最深奧的哲理，往往以最近人的方式呈現。[29] 齊藤晃道〈『往生論註』に引用された『大智度論』の譬喻-- 譬喻の性格考察〉，就《往生論註》引用《大智度論》的譬喻性格做考察。[30]

其他如亞歷克斯·沃特森(Alex Watson)〈光的譬喻運用在佛教唯識主義認知的研究〉(Light as an Analogy for Cognition in Buddhist Idealism (Vijñānavāda))作者從唯心主義角度檢視光譬喻的運用，認為光的譬喻運用在認知上是不適合的，並建議唯識家採用其他更適合的譬喻。[31] 又如梅里卡(Merica)〈投胎轉世與再來人的譬喻〉(An analogy for rebirth vs reincarnation?)作者認為投胎轉世與再來人兩者之間的差異可用播種植物的種子長出植物與插枝育出新植物來譬喻。[32] 另有邦克斯(Bunks)的〈浪喻〉(The Wave Analogy)利用海浪明白自己是水的時刻來譬喻開悟時的狀態。[33] 岩崎俊雄〈二河譬喻の眞假考察〉考察貪

【28】　釋永東(2009)，〈佛教譬喻的現代詮釋與運用—以《佛說七水人喻》為例〉，《台灣當代佛教發展趨勢》，台北市：蘭臺出版社，頁205-256。

【29】　陳麗珊(1999)，〈佛經譬喻之廣泛性與通俗性〉，《大仁學報》第17期，頁397-417。

【30】　齊藤晃道(1976)，〈『往生論註』に引用された『大智度論』の譬喻-- 譬喻の性格考察〉《佛教論叢》，n.20 (1976.10)，頁56-60。

【31】　Alex Watson, 'Light as an Analogy for Cognition in Buddhist Idealism (Vijñānavāda), Journal of Indian Philosophy, June 2014, Volume 42, Issue 2–3, pp 401–421。

【32】　Merica, An analogy for rebirth vs reincarnation? Philosophy April 2011 http://newbuddhist.com/discussion/10400/an-analogy-for-rebirth-vs-reincarnation

【33】　Bunks, The Wave analogy, September 2012 in Philosophy http://newbuddhist.com/discussion/16510/the-wave-analogy

瞋二河白道譬喻的真假。[34] 宮沢正順〈中國思想よりみた二河白道の譬喻〉,則探討中國貪瞋二河白道譬喻的思想。[35] 上述日文與英文相關論文比較偏在單一譬喻的研究,日文方面則早在二十世紀年代即陸續有大量相關研究問世。

　　綜觀佛經譬喻探討的有東元慶喜〈佛典に見える譬喻の種類〉,針對佛典中出現的譬喻做研究。[36] 釋性瀅《譬喻》,收錄諸經中七十八句五字譬喻做詮釋,如佛寶如救星、法寶如舟航、僧寶如長城、信心如禾苗與願力如根本等。[37] 許素蘭《水沫花鬘:佛經譬喻新解》,提供諸經中三十八句四字譬喻新解。[38] 梁曉虹〈佛典的譬喻〉,[39] 與〈佛典譬喻的形式〉,[40] 分別探討佛典譬喻的內容與形式。程觀林《鏡花水月:佛教譬喻、故事和傳說》,從浩瀚的佛經典籍和古人筆記中精選有關佛教的傳說、故事,進行明白曉暢的改寫或重編。[41] 帕奧禪師講述/尋法比丘中譯《克服禪修障礙》論述欲樂的七則譬喻─骨頭的譬喻、肉塊的譬喻、草製火炬的譬喻、熾熱火炭坑的譬喻、夢的譬喻、借來之物的譬喻、果樹的譬喻。[42] 李玉珍〈譬喻佛經譬喻(avadāna)文學中的男女美色與情慾─追求美麗的宗教意涵〉,分析佛教譬喻文學中

【34】　岩崎俊雄(1933),〈二河譬喻の真假考察[nikouhiyu no shinkekousatsu]〉《龍谷学報》,v.307 (1933.11),頁179-188。

【35】　宮沢正順(1984),〈中國思想よりみた二河白道の譬喻〉,《佛教論叢》,n.28 (1984.09),頁48－53。

【36】　東元慶喜(1968),〈佛典に見える譬喻の種類〉《印度學佛教學研究》,v.17 n.1(總號=n.33) (1968.12),頁374－377。

【37】　釋性瀅(1989)著,《譬喻》,《佛光文選叢書》,高雄縣:佛光出版社。

【38】　許素蘭(1994),《水沫花鬘:佛經譬喻新解》,台南:法喜出版社。

【39】　梁曉虹(1993),〈佛典的譬喻〉《文史知識》,第1期,1993。

【40】　梁曉虹(1999),〈佛典譬喻的形式〉,《普門雜誌》第243期,1999,頁37-43。

【41】　程觀林(2003),《鏡花水月:佛教譬喻、故事和傳說》,《佛教常識叢書》,中國上海:上海古籍。

【42】　帕奧禪師講述/尋法比丘中譯(2007),《克服禪修障礙》,台北縣汐止市:大千出版社。

如何陳述美麗身體的概念(the norm of being beauty)以及其宗教意涵，以討論佛教的身體觀和教團中女性性別角色的建構。[43] 丁敏《佛教譬喻文學研究》則屬較早期從文學角度來研究佛教的譬喻，從漢譯佛典中「譬喻」的梵語原義，追溯梵文upamā, dṛṣṭānta,, avadāna三字皆漢譯成「譬喻」的理由，以及譬喻與因緣、本事、本生的關係等。[44] 該博士論文於二○○四年被收錄在《法藏文庫》碩博士學位論文的《中國佛教學術論典106》。[45] 之後作者陸續深耕佛教譬喻相關研究，如〈譬喻佛典之研究—撰集《百緣經》、《賢愚經》、《雜寶藏經》、《大莊嚴論經》〉[46]，較全面地梳理《百緣經》、《賢愚經》、《雜寶藏經》、《大莊嚴論經》四部佛經的譬喻。〈評釋永本著「佛教經典的蓮花與譬喻」〉[47]與〈森羅萬象的佛教譬喻〉深入剖析佛教譬喻的多元屬性。[48]

　　其他非佛經譬喻的佛學相關研究，有福原蓮月〈宗祖の他力本願の譬喻〉，僅研究祖師他力本願的譬喻。[49] 蕭麗華〈蘇軾詩中的禪喻〉，在第五章指出蘇軾以禪喻詩之若干現象：「以禪法作詩」、「以夢成詩」、「詩禪辯證」、「以禪論詩」等；最後以蘇軾門下及北宋諸子以禪喻詩諸論作為承應，期彰顯蘇軾禪喻在宋代詩禪合轍、儒佛融會的意義。[50] 張勝珍〈禪宗的譬喻〉，區分禪宗的譬喻有修辭學和例證兩種

【43】　李玉珍(1999)，〈譬喻佛經譬喻（avadAna）文學中的男女美色與情慾——追求美麗的宗教意涵〉，《新史學》第10卷，第4期，頁31-66。

【44】　丁敏(1990)，《佛教譬喻文學研究》，國立政治大學中國文學研究所博士論文。

【45】　丁敏(2004)，《佛教譬喻文學研究》，《中國佛教學術論典106》，高雄縣：佛光山文教基金會。

【46】　丁敏(1991)，〈譬喻佛典之研究—撰集《百緣經》、《賢愚經》、《雜寶藏經》、《大莊嚴論經》〉，《中華佛學學報》，1991-07。

【47】　丁敏(1996)，〈評釋永本著「佛教經典的蓮花與譬喻」〉，《1994佛學研究論文集》，1996-02。

【48】　丁敏(1996)，〈森羅萬象的佛教譬喻〉，《人生》，1996-04。

【49】　福原蓮月(1983)，〈宗祖の他力本願の譬喻〉，《竜谷教学》，V.18 (1983.06)，頁66-76。

【50】　蕭麗華(2001)，〈蘇軾詩中的禪喻〉，佛學研究中心學報，6期，2001年5月，頁243-270。

形式，認為譬喻可以創造出具體的特定情境，從而引人注意，收到化深為淺、化抽象為形象的效果。[51]

上述文獻都是與佛教譬喻相關的研究，而《迷悟之間》最主要的相關文獻，僅有杜保瑞103.1.10-14於佛光山舉辦的「宗教實踐與文學創作暨《中國宗教文學史》編撰國際學術研討會」發表的主題演說〈星雲大師《迷悟之間》的創作意函〉，作者就星雲大師《迷悟之間》的創作意函提出二十三項看法：1、大師之文章有其寫作風格；2、大師之寫作就是宗教師的作為；3、大師之寫作事業不能只以學者視之；4、大師的作品真正是在為眾生講話；5、大師善用典故；6、大師善為引申發揮；7、大師極為關心國事；8、大師對於公眾人物是直言不諱的；9、大師對政府官員是有呼籲的；10、大師對中國人的個性缺點常直言指正；11、大師是弘揚佛教基本教義的；12、大師簡說神通的真相；13、大師提倡素食與不殺生以及尊重生命；14、大師對於佛教制度也是敢於變革的；15、大師對燒紙錢的討論；16、大師提倡各宗教求同存異文章有其寫作風格；17、大師反對宗教間的衝突；18、大師對華人的國際化持開放的態度；19、大師對以身作則的提示；20、大師責備自殺的行為；21、大師對殺人者的特赦持反對的立場；22、大師明確介紹中陰身的知識；23、大師鼓勵多說YES少說NO。[52] 其中1、大師之文章有其寫作風格與5、大師善用典故兩個項目中，作者認為星雲大師《迷悟之間》的寫作形式譬喻生動，善用典故。可惜作者並未舉例或更進一步剖析探討這些譬喻或典故的引用、開創與內容。

迄今仍未見星雲《迷悟之間》譬喻的相關研究，故本研究有其研究意義與價值。

【51】　張勝珍(2004)，〈禪宗的譬喻〉，《五臺山研究》，第4期，2004。

【52】　杜保瑞，〈星雲大師《迷悟之間》的創作意函〉，2014.1.10-14佛光山人間佛教研究院、武漢大學文學院於佛光山合辦「宗教實踐與文學創作暨《中國宗教文學史》編撰國際學術研討會」論文集‧卷三【會議用】，頁1865-1885。

第四節、作者生平著作及其人間佛教特性

在逐一分冊探討星雲《迷悟之間》的譬喻運用模式前，本節將先簡介星雲的生平、著作，以及其弘揚的人間佛教的六大特性。

一、作者生平事蹟

星雲(1927~)，江蘇江都人，十二歲於南京棲霞山禮宜興大覺寺志開上人出家，曾參學金山、焦山、棲霞等禪淨律學諸大叢林。一九四九年春天來台，主編《人生》雜誌等刊物。一九五三年創宜蘭念佛會，奠定弘法事業的基礎。

一九六七年於高雄開創佛光山，樹立「以文化弘揚佛法，以教育培養人才，以慈善福利社會，以共修淨化人心」之宗旨，致力推動「人間佛教」，並融古匯今，手訂規章制度，印行《佛光山清規》，將佛教帶往現代化的新里程碑。

一九七〇年起，相繼成立育幼院、佛光精舍、慈悲基金會，設立仁愛之家、雲水醫院、佛光診所、雲水護智車，協助高雄縣政府開辦老人公寓，並於大陸捐獻佛光中、小學和佛光醫院數十所，並於全球捐贈輪椅、組合屋，從事急難救助，育幼養老，扶弱濟貧。

一九七七年成立 「佛光大藏經編修委員會」，編纂《佛光大藏經》、《佛光大辭典》。並出版《中國佛教經典寶藏精選白話文版》，編著《佛光教科書》、《佛教叢書》、《佛光祈願文》、《人間佛教叢書》、《百年佛緣》等。先後榮膺世界各大學頒贈榮譽博士學位，有智利聖多瑪斯大學、澳洲格里菲斯大學、美國惠提爾大學及香港大學等，並獲頒南京、北京、人民、上海同濟、湖南及中山等大學名譽教授。

星雲出家八十年，於全球創建二百餘所寺院，如美國西來寺、澳洲南天寺、非洲南華寺、巴西如來寺等，均為當地第一大寺。此外，並創辦十六所佛教學院、二十四所美術館、圖書館、出版社、書局、五十部「雲水書坊」行動圖書館、五十餘所中華學校，暨智光商工、普門中

學、均頭中小學、均一中小學、多所幼兒園等。以及先後創辦美國西來大學、台灣南華大學、佛光大學、澳洲南天大學及菲律賓光明大學等。[53]

二、著作介紹

　　一九七六年《佛光學報》創刊，翌年成立「佛光大藏經編修委員會」，重新標點分段，編纂《佛光大藏經》近千冊暨編印《佛光大辭典》。一九八八年成立佛光山文教基金會舉辦學術會議、出版學術論文集、期刊等；一九九七年出版《中國佛教經典寶藏精選白話版》132冊、《佛光大辭典》光碟版，設立「佛光衛星電視台」（後更名爲「人間衛視」），並於台中協辦「全國廣播電台」。二○○○年《人間福報》創刊，成爲第一份由佛教界發行的日報。

　　二○○一年發行二十餘年的《普門》雜誌轉型爲《普門學報》論文雙月刊；同時期，收錄海峽兩岸有關佛學二○○一年的碩、博士論文及世界各地漢文論文，輯成「法藏文庫」《中國佛教學術論典》共一一○冊。二○一三年，出版《世界佛教美術圖說大辭典》二十巨冊，二○一四年出版《佛光大辭典》增訂版十大冊、《獻給旅行者365日—中華文化佛教寶典》以及《金玉滿堂》人間佛教教材。

　　星雲著作等身，撰有《釋迦牟尼佛傳》、《佛教叢書》、《佛光教科書》、《往事百語》、《佛光祈願文》、《迷悟之間》、《人間萬事》、《當代人心思潮》、《人間佛教當代問題座談會》、《人間佛教系列》、《人間佛教語錄》、《人間佛教論文集》、《僧事百講》、《百年佛緣》、《貧僧有話要說》等，總計二千餘萬言，並譯成英、德、日、韓、西、葡等二十餘種語言，流通世界各地。[54] 二○一七年星雲一生的所有著作被完整收錄出版成三六五冊的《星雲大師全集》。

【53】　〈星雲大師略傳〉西來寺網站http://www.hsilai.org/tc/master/index.php 2018.5.20。

【54】　〈星雲大師略傳〉西來寺網站http://www.hsilai.org/tc/master/index.php 2018.5.20。

　　上述《迷悟之間》、《星雲法語》、《人間萬事》與《星雲禪話》，是《人間福報》自二〇〇〇年創刊以來，創辦人星雲每日於頭版撰文，以全新的思維、精闢的論點，結合文學、佛學、知識、歷史、社會等內涵的專欄短篇文章的結集版專書，每三年推陳出新。本書選擇《迷悟之間》十二冊完整版為研究對象，主要因為《迷悟之間》是其中最早在《人間福報》連載長達四年的專欄短篇。

　　從中容易窺探出星雲早期運用譬喻著述模式的演變、發展與成形的過程。

三、人間佛教六大特性

　　星雲弘揚人間佛教，以地球人自居，對於：歡喜與融和、同體與共生、尊重與包容、平等與和平等理念多所發揚，於一九九一年成立「國際佛光會」，被推為總會會長，實踐他「佛光普照三千界，法水長流五大洲」的理想。

　　星雲以佛光山四大工作信條，給人信心；給人歡喜；給人希望；給人方便來實踐人間佛教。他所推動的人間佛教具有如下六個特性：

　　(一)人間性：釋迦牟尼佛的一生幾乎都在人間度過，他是一個真實存在過的人物，而非一個虛擬的神靈。所以佛教應該要更貼近人的需求。

　　(二)生活性：釋迦牟尼佛所說的法是離不開日常生活的。他在經典中明白的告訴人們應該以怎樣的心態做人處事，佛法不只是出世間法，尤其大乘佛教更是注重自利利他，幫助他人的佛教。

　　(三)利他性：佛教強調慈、悲、喜、捨四無量心，講求救度眾生，所以不僅要自利，更要利他。所以佛教徒也常常行慈善事業，就是一種「利他」思想的表現。

　　(四)喜樂性：在佛教的思想中，釋迦牟尼佛長久以來即發願要使一切眾生離苦得樂。希望所有的眾生都能得到永久的快樂。所以佛教

當然也要讓所有的人們得到快樂,遠離痛苦。

(五)時代性:釋迦牟尼佛出生於二千六百年前,但是到現在他所說過的教法仍然存在這個世界上,並且仍然正確而清楚的指引著人們。所以佛法是可以隨著時間的改變,而以不同的方式契合人們,與人們相對應。

(六)普濟性:佛陀一生都希望能救度一切的眾生,不論是人類還是非人類,佛教徒或是非佛教徒,他是沒有例外而普及的對待一切眾生。[55]

下面第二章開始,依序將《迷悟之間》第一冊至第六冊,逐冊各闢一章,摘錄各冊之中所有被採用的譬喻,分為經論譬喻、一般譬喻、與自創譬喻三類,並考據每則譬喻的出處。每類譬喻則依序歸屬一節來深論,各類譬喻再依屬性細分後,並依屬性、編號、譬喻數、譬喻內容、出處、人間佛教六個特性等六項目分別製表,以利各節的比較分析與闡釋,以及與人間佛教六個特性的比對。最後,再比對《迷悟之間》前六冊共六章的經論譬喻、一般譬喻、與自創譬喻三類的數量比例,以及與人間佛教六個特性的呼應程度,藉以建構星雲運用譬喻著述的模式。

【55】　釋永東(2009),《台灣當代佛教發展趨勢》,台北市:蘭臺出版社,頁125-126。

第二章
星雲大師《迷悟之間·1.眞理的價值》之譬喻運用

　　本章爲瞭解星雲《迷悟之間》的譬喻在書中扮演的角色，特針對本書第一冊《眞理的價值》所收錄九十四篇短文[1]中出現的八十九則譬

【1】　1.人有沒有來生 2.認識時間 3.得失之間 4.創造「知」的美好 5.奇妙的好事6.幽默的風趣 7.美好的隨喜 8.「給」的價值 9.心靈的曙光10.愛的真諦11.力爭上游 12.無常的可貴 13.勤勞的結果 14.守法的重要 15.成敗之間16.免於恐懼的自由 17.人生十二問 18.寬恕之美 19.尊重生命 20.公理在那裡？21.要忍一時之氣 22.非法非非法 23.戒急用忍 24.身心安住 25.自我建設26.鑲金的餐桌 27.假的可怕 28.無憂無喜 29.從擁有到用有 30.從自我出發31.活出希望 32.一念之間 33.要走正路 34.有佛法就有辦法 35.非法佔有36.慈悲的真義 37.自我改革 38.人際的和諧 39.如何改變命運？40.真理的價值41.道理就是路 42.團結的重要 43.吃虧的奧妙 44.隨緣的性格 45.神通的真相46.認錯的美德 47.貧窮與富有 48.樂觀進取 49.成功的定義 50.結緣的重要51.責任與承擔 52.國王的新衣 53.立志與發願 54.信用與名譽 55.勤儉的美德56.可怕的執著 57.耐煩有恆 58.是非的可怕 59.自我改造 60.慚愧知恥61.真正的平等 62.虛榮與務實 63.快樂之道 64.容人的雅量65.生命的寶貴66.高貴的謙卑 67.觀照一切 68.說話的要領 69.心的管理 70.觀念播種 71.空巢期的調適 72.天堂在那裡73.信心是寶藏 74.感應的原理 75.三世因果觀76.合作

喻,摘錄下來後再分爲佛典譬喻、一般譬喻、與自創譬喻三類(見附表2.1),逐一追溯其出處,各類再依內容做屬性畫分與製表呈現,方便各屬性譬喻的統計、比對、分析與闡釋,以利深入瞭解星雲如何運用譬喻來推動人間佛教與教化信衆。逐類分述如下:

第一節、《迷悟之間‧1.真理的價值》之經論譬喻分析

星雲在《迷悟之間‧1.眞理的價值》書中,引用佛教經論典故譬喻計有十二篇短文二十六則譬喻,其中第69.心的管理與第94.不當的朋友兩篇短文各採用高達六個譬喻,如表2.2所示。這二十六個譬喻可概分爲爲人處世、生命能源與生死解脫三屬性的議題。

一、爲人處世議題

第一項爲人處世議題相關譬喻,包括第21,37,94三篇短文的八則譬喻,都是有關日常生活中爲人處事深具勵志作用的譬喻,分述如下:

(一)第21.要忍一時之氣:採用「辱罵、毀謗、欺凌如飲甘露」譬喻。此篇以《佛遺教經》「忍之爲德,持戒苦行,所不能及,能行忍者,乃可名爲有力大人。」[2]來譬喻能忍者,才是有力大人。在我們的日常生活爲人處事當中,必然常會遭到辱罵、毀謗、欺凌等各種順逆情境,當下若能忍耐者,必有寬廣道路走向未來美好的人生。

(二)第37.自我改革:採用「殺人如麻」譬喻,指鴦掘魔羅殺人無

與分工 77.不逆人意 78.情緒管理 79.薰習的力量 80.積極的護生81.過河要拜橋 82.凡事要有則 83.未來比過去美好84.培養興趣 85.美好的創意86.要有企圖心 87.社會是學校 88.自知之明 89.人獸之間 90.人不可自輕91.智慧的人生92.念力增上 93.藝術的人生 94.不當的朋友

【2】　姚秦‧鳩摩羅什譯,《佛遺教經論疏節要》一卷,T2n40p851a14。

數，尚能痛下決心自我改善革新。摘錄原文：「佛經中指鬘外道的鴦掘魔羅，誤信外道，殺人如麻。」[3] 此處以顆粒極小數量眾多的密麻，來譬喻鴦掘魔羅殺人無數都還知慚愧自我改革前非，來彰顯自我改革、完善人生的重要性。

　　(三)第94.不當的朋友：此篇短文舉《佛說孛經》說：「友有四品：有友如花、有友如秤、有友如山、有友如地。」[4] 如花的朋友，在他有求於你的時候，視你如寶貝；當你沒有利用價值的時候，他就棄你如敝屣。朋友要交「如山如地」的朋友，才是可以共患難、同生死的益友。[5] 此篇短文共運用了六則交友的譬喻，來說明四種朋友中，益友與損友的德行，言簡意賅發人深省。

　　依據第一章人間佛教六大特性的內容屬性，可見這三篇八則譬喻具有人間佛教的人間性(1)、生活性(1)、利他性(1)、喜樂性(2)等四種特性，其中以喜樂性居多。(見附表2.1)

二、生命能源問題

　　第二項生命能源問題相關譬喻，包括第9，12，24，32，69，92六篇短文的十五則譬喻。在日常生活當中，心是我們為人慎篤、處世嚴正的前導，是生命綻放的能源，下列六篇短文的十五則譬喻都在譬喻心力與心念的無常生滅、瞬息萬變，分述如下：

　　(一)第9.心靈的曙光：採用《居士傳》《心王銘》「清淨心智，如世萬金；般若法藏，並在身心。」[6] 中的「清淨心智，如世萬金。」譬喻。鄭石岩〈找回心中的淨土〉認為「清淨的心沒有焦慮和緊張，沒有悲傷和憂鬱，沒有憤怒和敵意，不被貪、瞋、痴、慢、疑等煩惱所縛。這時心的

【3】　姚秦·鳩摩羅什譯，《佛遺教經論疏節要》一卷，《大正藏》，T2n40p851a14。

【4】　吳·支謙譯，《佛說孛經抄》，《大正藏》冊17，T17n790p731b。

【5】　星雲(2004)，《迷悟之間·1.真理的價值》，台北：香海文化出版社，頁329。

【6】　星雲(2004)，《迷悟之間·1.真理的價值》，頁52。《居士傳》，88n1646p197a02。

覺性清朗，智慧與慈悲自然實現，敏銳的覺察和專注都自然出現。它能創造幸福，可以領悟生命的意義，而與十方法界相應。其豐富明察，不可思議。」[7]

(二)第12.無常的可貴：採用「如少水魚」譬喻財勢、名位、色身、健康都是生滅無常，如《大智度論》卷十三：「若出為人勤苦求財，五家所共，若王若賊若火若水若不愛子用。」[8] 指辛苦積聚的錢財為王、賊、火、水、惡子「五家」所共有。如少水魚般無常隨時到來，不宜太過貪執，而須精勤修習，不可放逸身心。正如〈普賢菩薩警眾偈〉云：「是日已過，命亦隨減，如少水魚，斯有何樂？大眾！當勤精進，如救頭然，但念無常，慎勿放逸！」[9] 反而要以無常為戒，應該做的事，要及早成辦。[10]

(三)第24.身心安住：採用「心『念念如瀑流』」譬喻。《解深密經》有恒轉如瀑流意：「阿陀那識甚深細，一切種子如瀑流。我於凡愚不開演，恐彼分別執為我。」[11] 說明心如瀑流般念念相續，我們卻隨著這些相續心念生起的虛幻假相，又不斷執假為真，引發各種煩惱痛苦，導致身心無法安住。要能身心安住就要了知心念無常的本質。

(四)第32.一念之間：採用「歲月如梭」、「人的心念，疾如閃電」、「念念相繼，猶如潮汐」與「心大如虛空」等四個譬喻一念之間。《金剛般若波羅蜜經》云：「一切有為法，如夢幻泡影，如露亦如電，應作如是觀。」[12] 書云：「『光陰似箭，歲月如梭』，人的心念，疾如閃電，快比光陰！我們的心，念念相繼，猶如潮汐，天上人間，只在『一念之

【7】　鄭石岩，〈找回心中的淨土〉，《人間福報》，2005/12/18
　　　　http://www.merit-times.com.tw/NewsPage.aspx?unid=161664
【8】　姚秦·鳩摩羅什譯，《大智度論》，T25n1509p156b26-c3。
【9】　元·德輝重編，《敕修百丈清規》卷3，T48n2025p1128c。
【10】　星雲(2004)，《迷悟之間·1.真理的價值》，台北：香海文化出版社，頁62。
【11】　唐·玄奘奉詔譯，《解深密經》，T16n676p692c22。
【12】　姚秦·鳩摩羅什譯，《金剛般若波羅蜜經》，T8n235p752c。

間』。心大如虛空。」[13] 我們的生死解脫、成敗得失、迷悟苦樂、做凡成聖都繫於一念之間，可見我們的心念能大能小、能上能下、能苦能樂、能捨能得，但看自己如何掌握與拿捏了。

　　(五)第69.心的管理：佛法把心比喻爲猿猴、牛馬、盜賊、工廠、國王、工畫師等六個譬喻。所謂「心猿意馬」表示我們的心像猿猴一樣，跳動奔馳不已；又像狂牛一樣，犯人禾稼。[14] 管理我們的心猶如馴服野馬、防守盜賊，「不但搶劫別人的功德法財，也糟蹋自己的福德因緣。」[15] 又如工廠能製造各種產品，「好的工廠出產好的產品；壞的工廠只會冒黑煙、排污水，造成環境污染。管理工廠很難，管理自心更難；若無佛法的戒定慧，何能將心管好？」[16] 國王統領國家，與畫家能畫各種畫。所以心的管理要能兼顧培養、防備、統領、生產與製造的能力。

　　(六)第92.念力增上：採用「人的心念，快如瀑流」與「心如冤家身受苦」兩個譬喻我們的心念，快如瀑流，念念不停。[17]《大乘本生心地觀經》卷八〈觀心品〉第十將心做了十個譬喻，其中有云：「心如冤家身受苦。」[18] 經典裡把念頭當作盜賊、惡馬、惡象等，隨時都在侵蝕著我

【13】　星雲(2004)，《迷悟之間‧1.眞理的價值》，台北：香海文化出版社，頁122-3。

【14】　星雲(2004)，《迷悟之間‧1.眞理的價值》，頁241-2。

【15】　星雲(2004)，《迷悟之間‧1.眞理的價值》，頁242。

【16】　星雲(2004)，《迷悟之間‧1.眞理的價值》，頁242。

【17】　星雲(2004)，《迷悟之間‧1.眞理的價值》，頁323。

【18】　「心如幻法由遍計生種種心想。受苦樂故。心如流水念念生滅。於前後世不暫住故。心如大風。一剎那間歷方所故。心如燈焰。眾緣和合而得生故。心如電光。須臾之頃不久住故。心如虛空。客塵煩惱所覆障故。心如猿猴。遊五欲樹不暫住故。心如畫師。能畫世間種種色故。心如僮僕。為諸煩惱所策役故。心如獨行。無第二故。心如國王。起種種事得自在故。心如怨家。能令自身受大苦故。心如埃塵。坌污自身生雜穢故。心如影像。於無常法執為常故。心如幻夢於無我法執為我故。心如夜叉。能噉種種功德法故。心如青蠅好穢惡故。心如殺者能害身故。心如敵對常伺過故。心如盜賊竊功德故。心如大鼓起鬥戰故。心如飛蛾愛燈色故。心如野鹿逐

們的生命與功德，所以我們因著身心而百般受苦而不自知。

　　上述從第24.身心安住到第32.一念之間、第69.心的管理與第92.念力增上等四篇短文共十三則譬喻，都在比喻心念的生滅無常、瞬息萬變，不易掌握，卻又是幸福生活、圓滿生命與解脫生死的關鍵，銜接下列第三項的生死解脫議題。

　　這三篇八則譬喻具人間佛教人間性(2)、生活性(5)、利他性(1)、與普濟性(1)等四種特性，其中以生活性居多。(見附表2.1)

三、生死解脫議題

　　第三項生死解脫議題相關譬喻，包括第1，33，88三篇短文的三則譬喻，分述如下：

　　(一)第1.人，有沒有來生：採用「人死如燈滅」譬喻。《大乘本生心地觀經》卷八〈觀心品〉第十「心如燈焰，眾緣和合而得生故。」[19] 將我們的心比喻為燈焰，是眾因緣和合才得生。無直接提到「人死如燈滅」。佛教認為這種「一死百了，不信因果」是種斷滅見，與認為人死了，下一輩子還是投胎做人，生生世世永遠都是做人的「常見」者持相反看法。[20]

　　(二)第33.要走正路：採用「人生如過客」的譬喻，舉《大乘起信論》的「一心開二門」，一是「真如門」，二是「生滅門」，代表著人生的兩條路：一乃「正路」，二為「歪道」，你要走那一條路呢？但憑自己的智慧抉擇！[21]

　　(三)第88.自知之明：採用「大事未明，如喪考妣」譬喻自知之明。

　　　　假聲故。心如群豬樂雜穢故。心如眾蜂集蜜味故。心如醉象耽牝觸故。」唐般若譯
　　　　《大乘本生心地觀經》卷八，T3n159p327b14-327c2。

【19】　唐般若譯，《大乘本生心地觀經》卷八，T3n159p327b16。

【20】　道源法師講述(2011.1.24)《金剛經講錄》（無斷無滅分第二十七），基隆市海會寺
　　　　能仁佛學院。

【21】　星雲(2004)，《迷悟之間‧1.真理的價值》，頁125。

此譬喻源於禪宗所說，星雲認為「若是不能知道自己，總是無知也。」[22]
「大事未明，如喪考妣」是洞山良价禪師睦州示眾所說。[23] 此處「大
事」指生死未了導致我們煩惱不能解脫，無法明白自己。

　　上述三篇三則譬喻具人間佛教人間性(2)與生活性(2)等兩種特
性。(見附表2.1)彙整上述經論的三類譬喻如下表2.2，以利閱覽與對
照。

【22】　星雲(2004)，《迷悟之間·1.真理的價值》，頁307。

【23】　明·蓮池大師【竹窗二筆】中峰示眾，www.taoguba.com.cn/Article/725844/1
2012/12/25。

表2.2.星雲《迷悟之間·1.真理的價值》佛典譬喻分佈表

類別	#	名稱	譬喻數	佛典譬喻	備註
一、為人處世議題 3/8	37	自我改革	1	「指鬘外道」鴦掘魔羅，誤信外道，殺人如麻，後來得遇佛陀，一改惡習成為身心清靜的證果羅漢。p.139	劉宋·求那跋陀羅譯《央掘魔羅經》T2n120p512b-544b
	21	要忍一時之氣	1	《遺教經》不能歡喜忍受他人的辱罵、毀謗、欺凌如飲甘露者，就不能名為有力大人。p.90	姚秦·鳩摩羅什譯《佛遺教經論疏節要》T41n1820p851a14
	94	不當的朋友	6	《佛說孛經》：「友有四品：有友如花、有友如秤、有友如山、有友如地。」如花的朋友，在他有求於你的時候，視你如寶貝；當你沒有利用價值的時候，他就棄你如敝屣。p.329	吳·支謙譯《佛說孛經抄》T17n790p731b
二、生命能源問題 6/15	9	心靈的曙光	1	《心王銘》：「清淨心智，如世萬金；般若法藏，並在身心。」p.52	《居士傳》X88n1646p197a02
	12	無常的可貴	1	世事無常，財富為五家所共有，名位更是朝夕萬變，甚至身體健康也都是生滅無常，如少水魚，不值得太過貪執，……。p.62	普賢警眾偈〉元·德煇重編《敕修百丈清規》卷3，T48n2025p1128c
	24	身心安住	1	經典說心「念念如瀑流」，一般人將身心放住在五欲聲色裡，聖賢安住在清淨法樂裡，菩薩則以示教利喜為事業，以清淨無染為安住。p.99	唐·玄奘譯《解深密經》T16n676p692c22
	32	一念之間	4	「光陰似箭，歲月如梭」，人的心念，疾如閃電，快比光陰！念念相繼，猶如潮汐。p.122 我們的心，大如虛空。p.123	姚秦·鳩摩羅什譯《金剛般若波羅蜜經》T8n235p752c

類別	#	名稱	譬喻數	佛典譬喻	備註
二、生命能源問題 6/15	69	心的管理	6	佛法把心比喻為猿猴、牛馬、盜賊，p.241 更如盜賊，又如工廠。又如國王。普施仁政的國王，萬民受益；暴虐無道的昏君，百姓受害。所以，「心如工畫師，能畫種種物」。p.242	唐·實叉難陀譯《大方廣佛華嚴經》卷19，T10no279p102a21
	92	念力增上	2	人的心念，快如瀑流，念念不停。p.323 經云：「心如冤家身受苦」。經典裡把念頭當作盜賊、惡馬、惡象，必須調伏。p.323	唐·般若譯《大乘本生心地觀經》卷八觀心品第十 T3n159p327b14-327c2
三、生死解脫議題 3/3	1	人，有沒有來生	1	有人說，人死如燈滅，一死百了，那有來生？這是迷的斷滅見。p.26	唐·般若譯《大乘本生心地觀經》T3n159p327b16
	33	要走正路	1	有人說：「人生如過客。」在人生的旅途上，每個人都有自己的路要走。一乃「正路」，二為「歪道」，你要走那一條路呢？但憑自己的智慧抉擇！p.125	梁·真諦譯《大乘起信論》T32n1666p576a
	88	自知之明	1	禪宗說「大事未明，如喪考妣」，若是不能知道自己，總是無知也。p.307	洞山良价禪師睦州示眾 明蓮池〈竹窗二筆〉中峰示眾
		12	26	6x2，4x1，2x1，1x8	

　　上述十二篇佛典譬喻，其中有兩篇引用了六則譬喻，一篇引用了四則譬喻，一篇引用了兩則譬喻，其餘八篇則各僅引用了一則譬喻。二十六個譬喻「為人處世議題」、「生命能源問題」與「生死解脫議題」三項佛典譬喻的篇數與譬喻數，分別為3/8、6/15、3/3(前者為篇數/後者代表譬喻數)。顯然以第二項「生命能源議題」超出半數居高，可見佛教是個向內修心，不假外求的宗教，故星雲採用不少相關譬喻來方便弘化說法推動其提倡的人間佛教。這十二篇二十六則出自佛典的譬喻，與人間佛教人間性(5)、生活性(8)、利他性(2)、喜樂性(2)與普濟性(1)等五種特性都有相應，尤以生活性相應度最高。

　　其中第1、第9與第88三篇還包含或結合一般譬喻或星雲自創譬喻等兩種類別。將於下面第二類與第三類譬喻時討論。

第二節、《迷悟之間・1.真理的價值》之一般譬喻解析

　　星雲在《迷悟之間・1.真理的價值》書中，引用一般世俗譬喻的短文有七篇，計十一則譬喻，是本書所採用的三類譬喻中最少數的一類，其中第1.人，有沒有來生、第9.心靈的曙光、第94.凡事要有則等三篇，亦都包含上述第一類經典譬喻(如表2.3所示)，重疊性幾乎占了一半，可見「凡事要有則」的行事原則，能激發「心靈的曙光」，如此「人才會有更好的來生」。茲依此邏輯次序將本書採用的十一則一般譬喻歸納為三類說明如下：

一、凡事要有原則

　　「凡事要有原則」相關譬喻，包括第68，82，94三篇短文的六則譬喻，都是日常為人處事具有正確原則的相關譬喻，分述如下：

　　(一)第68.說話的要領：「贈人益言，貴比黃金；傷人之言，惡如利

刃。」[24] 是兩則說話正反兩極的譬喻，說話的要領要說有益人的話，少說如利刃般傷人的話，此處呼應星雲推動的三好運動之一的說好話。

　　(二)第82.凡事要有則：採用「如刻舟求劍」「如宋襄之仁」兩則譬喻。文中提到「過分執著原則，不知變通，正如『刻舟求劍』」。此短文提出《大乘起信論》「隨緣不變，不變隨緣」[25] 的不變就是「則」。如果過分執著原則，不知變通，正如「刻舟求劍」，會遺人笑柄。[26] 並藉助《大乘起信論》「隨緣不變，不變隨緣」的原則，來闡述過與不及的中道原則。在世間上做人，有時要方便一些，有時則要堅持原則。否則如「宋襄之仁」，反顯迂腐。[27] 春秋五霸中的宋襄公，在迎戰他國時只會墨守古書，被譏爲不知變通婦人之仁，成爲五霸中在位時間最爲短暫的一霸。後指不明事態嚴重而徒講仁義，因而延誤大體。[28]

　　(三)第94.不當的朋友：採用「結交益友，如入芝蘭之室」與「結交惡友，如入鮑魚之肆」譬喻益友與惡友。如摘錄文：「洪自誠說：『結交益友，如入芝蘭之室，久而不聞其香；結交惡友，如入鮑魚之肆，久而不聞其臭。』」[29] 芝蘭之室出自《孔子家語六本》：「與善人居，如入芝蘭之室，久而不聞其香，即與之化矣。」[30] 交友的原則要避開結交不當的朋友，否則易同流合污，久了聞不出不當朋友如魚市般的腥臭。

　　上述三篇六則譬喻具人間佛教人間性(1)、生活性(1)、利他性(2)、與喜樂性(2)等四種特性，其中以利他性與喜樂性稍多。(見附表2.1)

【24】　星雲(2004)，《迷悟之間・1.真理的價值》，頁273。

【25】　明・靈峰蕅益沙門智旭述，《大乘起信論裂網疏》卷2，T44n1850p428c26-27。

【26】　星雲(2004)，《迷悟之間・1.真理的價值》，頁286-7。

【27】　星雲(2004)，《迷悟之間・1.真理的價值》，頁287。

【28】　《教育部成語典》http://140.111.34.46/chengyu/mandarin/fulu/dict/cyd/47/cyd47424.htm#　春秋・左丘明，《左傳・僖公二十二年》。

【29】　星雲(2004)，《迷悟之間・1.真理的價值》，頁237。

【30】　百度百科baike.baidu.com/view/104912.htm 2018.4.7

二、激發「心靈的曙光」

激發「心靈的曙光」相關屬性譬喻,包括下列第9,52兩篇短文的兩則譬喻:

(一)第9.心靈的曙光:採用「從善如流」譬喻。茲摘錄如后:「唐太宗卽使貴爲天子,猶懂得知人善用,尤其對大臣們的諫言能夠『從善如流』,這也是唐太宗有心靈的曙光。」[31] 能從善如流者,一方面能覺知自己的不足,放下我執,另一方面能彌補自己的不足,成就大我,如此卽能逐漸開發內在心靈的曙光。

(二)第52.國王的新衣:採用「救災如救火」譬喻,質疑「國王的新衣」能抵擋得住災民嗎?[32] 愛面子的國王會造成「國王的新衣」的子民,而失去辨識眞假面具的能力。所以星雲認爲災民最可怕,不照顧好就會釀成禍害,所以救災如救火,「國王的新衣」是抵擋不住災民的。

這二篇二則譬喻具人間佛教生活性(1) 與利他性(2)等兩種特性,其中以利他性稍多。(見附表2.1)

三、認識時間來生會更好

第三項認識時間來生會更好的相關譬喻,包括第1,2兩篇短文的三則譬喻,分別摘錄說明如下:

(一)第1.人,有沒有來生:採用「人死如燈滅」[33] 的譬喻,原出自東漢哲學家王充認爲人有生卽有死。人所以能生,由於有精氣血脈,人死猶如火滅,火滅爲何還能有光?王充以唯物來解釋人的精神現象,從而否定鬼的存在。其人死如燈滅是總括〈論死篇〉中「人死血脈竭,竭而

【31】　星雲(2004),《迷悟之間・1.眞理的價值》,頁52。
【32】　星雲(2004),《迷悟之間・1.眞理的價值》,頁185。
【33】　星雲(2004),《迷悟之間・1.眞理的價值》,頁26。

精氣滅，滅而形體朽，朽而成灰土，何用爲鬼?」的見解。[34]

　　(二)第2.認識時間：此篇短文採用了「度日如年」與「一日的生命，比三千世界的財寶珍貴」兩則譬喻。「度日如年」譬喻原出自宋柳永《戚氏》：「孤館度日如年。」意謂過一天像過一年那樣長，形容日子很不好過。[35] 偏偏有些人荒廢時間，度日如年。[36] 殊不知荒廢時間即是消耗生命，故古德有說「一日的生命，比三千世界的財寶珍貴」。[37]

　　這兩篇三則譬喻具人間佛教人間性(2)與普濟性(1)等兩種特性，其中以人間性稍多。(見附表2.1)彙整上述一般譬喻的三種屬性如下表2.3，以利閱覽與對照。

【34】　東漢・王充〈論衡卷〉第二十~〈論死篇〉第六十二。
　　　　　百度百科http://baike.baidu.com/view/51631.htm
【35】　《成語辭典》http://tw.18dao.net/%E6%88%90%E8%AA%9E%E8%A9%9E%E5%85%
　　　　　B8/%E5%BA%A6%E6%97%A5%E5%A6%82%E5%B9%B4 2018.4.7
【36】　星雲(2004)，《迷悟之間・1.真理的價值》，頁31。
【37】　星雲(2004)，《迷悟之間・1.真理的價值》，頁32。

表2.3.星雲《迷悟之間‧1.真理的價值》一般譬喻分佈表

#	名稱	譬喻數	一般譬喻	備註
1	人,有沒有來生	1	有人說,人死如燈滅,一死百了,那有來生?這是迷的斷滅見。p.26王充:人所以能生,由于他有精氣血脈,而「人死血脈竭,竭而精氣滅,滅而形體朽,朽而成灰土,何用為鬼?」他認為人死猶如火滅,火滅為何還能有光? 他對于人的精神現象給予了唯物的解釋,從而否定鬼的存在,破除了「善惡報應」的迷信。	東漢‧王充《論衡‧卷第二十論死篇》第六十二
2	認識時間	2	在現實的生活中,有人感到時間不夠使用,只能分秒必爭;也有人覺得光陰漫長痛苦,感歎度日如年。p.31 誠如古德所說「一日的生命,比三千世界的財寶珍貴」p.32	宋‧柳永《戚氏》:「孤館度日如年。」
9	心靈的曙光	1	唐太宗即使貴為天子,猶懂得知人善用,尤其對大臣們的諫言能夠「從善如流」p.52,這也是唐太宗有心靈的曙光。 ◎指採納高明正確的意見和建議,接受善意的規勸,像流水那樣暢快而自然。互動百科www.baike.com/wiki/	《左傳‧成公八年》:「君子曰:從善如流,宜哉。」
52	國王的新衣	1	救災如救火;「國王的新衣」能抵擋得住災民嗎?p.185	
68	說話的要領	2	孫子亦言:「贈人益言,貴比黃金;傷人之言,惡如利刃。」因此說話要合乎身份,要恰到好處,更要適可而止;切勿因失言而取禍,更勿因多話而令人生厭,或因說虛妄之言而被人瞧不起,乃至因輕言而為人所辱。p.237	

#	名稱	譬喻數	一般譬喻	備註
82	凡事要有則	2	《大乘起信論》說「隨緣不變，不變隨緣」不變就是「則」。然而如果過分執著原則，不知變通，正如「刻舟求劍」，遺人笑柄。pp.286-7又如「宋襄之仁」，反顯迂腐。p.287「刻舟求劍」的一則寓言，勸勉為政者要明白世事在變，若不知改革，就無法治國，後引伸成墨守成規，不會靈活變通之意。靈峰蕅益沙門智旭述《大乘起信論裂網疏》卷2T44no1850p428c26-27	《呂氏春秋察今》百度百科http://baike.baidu.com/view/41275.htm《教育部成語典》《左傳僖公二十二年》
94	不當的朋友	2	洪自誠說：「結交益友，如入芝蘭之室，久而不聞其香；結交惡友，如入鮑魚之肆，久而不聞其臭。」朋友之交，應以「規過勸善」為要，切莫「朋比為奸」。萬一交到不當的朋友，一生終將受害，豈可不慎！p.331百度百科baike.baidu.com/view/104912.htm	《孔子家語六本》：「與善人居，如入芝蘭之室，即與之化矣。」
6		11	2x4，1x3	

　　上述七篇譬喻，其中引用兩則譬喻者有四篇，一則譬喻者有三篇。「凡事要有行事原則」、激發「心靈的曙光」、「人才會有更好的來生」三類一般譬喻的篇數與譬喻數，分別爲3/6、2/2、2/3。以第一項「凡事要有行事原則」居高，亦可見一般世俗譬喻與星雲人間佛教相應程度的人間性、生活性、利他性、喜樂性、時代性與普濟性。另外，這七篇十一則譬喻具人間佛教人間性(3)、生活性(2)、利他性(4)、喜樂性(2)與等普濟性(1)等五種特性，(見附表2.1)相應程度以利他性居首，其次爲人間性。

第三節、《迷悟之間・1.真理的價值》星雲自創譬喩闡釋

　　星雲在《迷悟之間・1.真理的價值》書中,自創譬喩有二十九篇短文計五十三則譬喩,其中第6幽默的風趣短文出現多達五個譬喩。星雲在本書中自創譬喩的短文篇數與譬喩數,占三類譬喩最高比例,分別爲67.5%與59.55%。星雲自創譬喩的內容可分爲如下三類:論理說教類,計有第6,36,40,42,49,51,53,56,61,62,65,70,74,75,78,79等十七篇;益志修行類,計有第19,48,59,60,67,71,77,88,92等九篇;歌功頌德類,計有第18,64,85等三篇,如表2.4所示。茲分述如下:

一、論理說教類

　　第一項「論理說教類」,包括如下十七篇短文的三十五則譬喩,都是星雲自創譬喩來方便說教。星雲利用生活中信手拈來的生態環境、自然景觀、生活物品、人我身心世界等四種屬性相關譬喩,來方便說法,分述如下:

　　(一)生態環境相關譬喩:星雲自創的此類譬喩包括如下三篇八則譬喩。

　　1.第6.幽默的風趣:星雲將幽默譬喩「如山中的清泉、天上的白雲、太陽的熱能,悄然開放的花朵」等四則生態相關譬喩,帶給人春意滿懷。摘錄原文:「山中的清泉,可以洗滌心靈的塵埃;天上的白雲,任運逍遙,不滯不礙。」[38]「太陽的熱能,只要有心,到處都有自己的熱能。悄然開放的花朵,帶給人春意滿懷。」[39] 透過清泉、白雲、太陽的熱能與綻放的花朵等生態,易令人感受到幽默的風趣。

【38】　星雲(2004),《迷悟之間・1.真理的價值》,頁43。
【39】　星雲(2004),《迷悟之間・1.真理的價值》,頁44。

2.第36.慈悲的真義：此篇短文採用「陽光」、「淨水」、「花朵」等三則生態相關譬喻，來讚賞有慈悲心者的言行舉止。原文摘錄如后：「一個有慈悲心的人，言行舉止都如陽光、淨水、花朵，可以帶給人間光明、清淨、歡喜。」[40]

3.第74.感應的原理：採取「溫暖如電」的環境相關譬喻說明抽象的感應，原文摘錄如后：「溫暖如電，流入心房，這也是感應。」[41]

(二)自然景觀相關譬喻：星雲自創的此類譬喻包括如下五篇八則譬喻。

1.第49.成功的定義：此篇短文採用「過街老鼠」來比喻富裕權貴非成功。原文摘錄如后：「有的人位高權重，富甲一方，卻如過街老鼠，甚至罵名千古，你說他是成功的嗎？因此，成功與失敗都不是絕對的，重要的是，自己的心中是否有一把道德良知的度量衡。」[42] 成功立基於道德良知。

2.第62.虛榮與務實：此篇短文採用「一棵沒有根的樹」、與「一棟地基不穩的大樓」，兩則與自然景物相關譬喻，來比喻一個虛榮不務實的人，很快會枯萎與倒塌。原文摘錄如后：「如果只學會，而不肯務實地做人，一個人如果只學會虛榮，而不肯務實地做人，就如一棵沒有根的樹，是很容易枯萎的；又如一棟地基不穩的大樓，隨時都有倒塌的可能。所以吾人應知，虛榮只是一時的。務實才是永久的。」[43]

3.第65.生命的寶貴：此篇短文採用「天地就如日月山河」與自然景物相關的一則譬喻，來比喻生命的可貴。原文：「自然就是生命，天地就如我們的父母，日月山河，飛禽走獸，都是我們的同胞，都是我們

【40】　星雲(2004)，《迷悟之間‧1.真理的價值》，頁135。

【41】　星雲(2004)，《迷悟之間‧1.真理的價值》，頁259。

【42】　星雲(2004)，《迷悟之間‧1.真理的價值》，頁177。

【43】　星雲(2004)，《迷悟之間‧1.真理的價值》，頁219。

的兄弟姐妹，所以「民胞物與」，才知道生命的可貴。」[44]

4.第78.情緒管理：此篇短文採用「一個村莊」與「天氣」來譬喻我們的各種情緒管理。原文摘錄如后：「吾人的身體，好像是一個村莊，在人體的村莊裡，住了各色各樣的人物，例如心中就包括天、人、地獄、餓鬼、畜生等，五趣六道都有。主人翁的村長，就是吾人之心，它的各種喜怒哀樂和憂悲苦惱的情緒，也助長了人體村莊中複雜的是非？」[45] 又譬喻人的情緒變化如天氣，晴時多雲偶陣雨，瞬息萬變讓人捉摸不定。

5.第79.薰習的力量：此篇短文採用「就像一個裝過香水的瓶子」，與「如種子」兩則譬喻來比喻習氣。後者屬自然景物譬喻；前者屬日常物品類譬喻。原文摘錄如后：「習氣就像一個裝過香水的瓶子，即使香水用罄，瓶子上的香味卻久久不滅。習氣又如種子，儘管花開花謝，只要曾經結果，留下種子，又會成爲下一期生命的開始。」[46] 習氣的盲目慣性會將我們生生世世繫縛於生死輪迴中，永不得解脫，所以悟後需起修，就是要斷除無始劫來累積的習氣。

(三)生活物品相關譬喻：星雲自創此類譬喻包括如下六篇十則譬喻。

1.第40.眞理的價值：此篇短文採用「比金比銀萬倍好」來譬喻眞理。原文摘錄如后：「眞理本身就是無盡的寶藏，一句眞理無價寶，比金比銀萬倍好！」[47]

2.第51.責任與承擔：此篇短文採用「甘之如飴」來譬喻一個有責任與承擔力的人，吃苦如吃補，所有承擔都如吃糖一樣心甘情願。原文：「一個人能夠吃得起虧、忍得了辱，還能甘之如飴、面不改色，才

【44】　星雲(2004)，《迷悟之間‧1.真理的價值》，頁228。

【45】　星雲(2004)，《迷悟之間‧1.真理的價值》，頁272。

【46】　星雲(2004)，《迷悟之間‧1.真理的價值》，頁276。

【47】　星雲(2004)，《迷悟之間‧1.真理的價值》，頁150。

能造就包容天地、忍耐異己的胸襟。」[48]

　　3.第53.立志與發願：此篇短文採用「像汽車加足了汽油」、「如時鐘上緊了發條」、「如船隻缺乏指南針」、「像開採能源一樣」四則譬喻來比喻立志與發願。原文摘錄如下：「立志發願就像汽車加足了汽油，又如時鐘上緊了發條，產生了前進的動力，所以轉動不停。一個人如果沒有志向目標，就如船隻缺乏指南針，如何在茫茫大海航向彼岸？發願就像開採能源一樣，心裡的能源是每個人取之不盡，用之不竭的最大財富。」[49]

　　4.第70.觀念播種：此篇短文採用「播種」與「黃金珍寶」來譬喻好的觀念。原文：「『觀念』就像播種，播了什麼樣的種子，就結什麼樣的果。好的觀念如黃金珍寶，一生受用無窮。」[50]

　　5.第75.三世因果觀：此篇短文採用「一根木柴」譬喻來說明三世因果觀。原文摘錄如后：「世間上無論做什麼事，合作才能成功。合作才有力量。例如一根木柴，不容易燒得起火，一大把木柴放在一起，就能發出熊熊的火光。」[51]

　　6.第78.情緒管理：此篇短文採用「工廠裡的機器不順」來譬喻有情緒的人。原文摘錄如下：「有情緒的人，就好像工廠裡的機器不順，有時運作正常，有時故障連連。有的人形容人的情緒變化如天氣，晴時多雲偶陣雨，讓人捉摸不定。」[52]

　　(四)身心世界相關譬喻：星雲自創的此類譬喻包括如下七篇十則譬喻。

　　1.第6.幽默的風趣：此篇短文採用「如沐春風」來譬喻一位慈祥

【48】　星雲(2004)，《迷悟之間‧1.真理的價值》，頁183。

【49】　星雲(2004)，《迷悟之間‧1.真理的價值》，頁187-188。

【50】　星雲(2004)，《迷悟之間‧1.真理的價值》，頁244。

【51】　星雲(2004)，《迷悟之間‧1.真理的價值》，頁265-266。

【52】　星雲(2004)，《迷悟之間‧1.真理的價值》，頁272-273。

敦厚的長者。原文摘錄如下:「幽默有時候就像一位慈祥敦厚的長者,令人如沐春風。」[53] 幽默就是我們的禪心,人與人之間,需要多一點的禪心幽默,人人如沐春風,社會安和樂利。

2.第42.團結的重要:此篇短文採用「五根不聽心指揮」來譬喻團結的重要。原文摘錄如下:「公司之所以倒閉,主要也是因爲幹部不合作,主管領導無方,最後只有關門歇業。正如一個人,眼耳鼻舌身不聽心的指揮,自然形神不全。」[54]

3.第56.可怕的執著:此篇短文採用「不能從善如流」譬喻來比喻執著的人,又以「走路時,不放棄後面的一步」譬喻來比喻執著的弊害,以「桎梏繩索」譬喻來比喻邪知邪見。原文摘錄如下:「執著的人,因爲頑固不化、固執己見,在待人處事上往往剛愎自用、墨守成規,不肯與人爲善,不能從善如流,不願察納雅言;因爲有這些個性上的缺失,因此在事業上很難有所成就,在人際關係也很難獲得人緣。」[55]「『執著』之害,如同走路時,你不放棄後面的一步,如何邁出向前的一步呢?能放棄執著才會有另外的一番天地。執著中最難解者,不外就是愛、瞋的執著,我執、我愛、我怨、我見的情愫所引起的邪知邪見,就像桎梏繩索,緊緊的束縛著我們,使我們產生數不盡的煩惱。」[56]

4.第58.是非的可怕:此篇短文採用「難兄難弟」比喻是非與謠言的關係,進一步彰顯是非的可怕。原文摘錄如下:「是非與謠言,如難兄難弟,本來就很難劃清界限。」[57]

5.第61.眞正的平等:此篇短文採用「視人如己」譬喻眞正的平

【53】　星雲(2004),《迷悟之間·1.真理的價值》,頁44。

【54】　星雲(2004),《迷悟之間·1.真理的價值》,頁156。

【55】　星雲(2004),《迷悟之間·1.真理的價值》,頁197-198。

【56】　星雲(2004),《迷悟之間·1.真理的價值》,頁198。

【57】　星雲(2004),《迷悟之間·1.真理的價值》,頁203。

等。原文摘錄如下:「平等,應該視人如己,互易立場。平等,應該顧及對方的尊嚴、權益。」[58]

　　6.第65.生命的寶貴:此篇短文採用「天地就如我們的父母,飛禽走獸。」兩則屬有情世界相關譬喻。原文摘錄如后:「自然就是生命,天地就如我們的父母,日月山河,飛禽走獸,都是我們的同胞,都是我們的兄弟姐妹,所以「民胞物與」,才知道生命的可貴。」[59]

　　7.第75.三世因果觀:此篇短文採用「身體的五根」譬喻來說明三世因果觀。原文摘錄如后:「世間上無論做什麼事,合作才能成功。合作才有力量。例如一個人的身體,眼睛要看,耳朵要聽,腳要塔,手要拿東西,觜要說話,雖然功用不一樣,可是必須合作。」[60]

　　上述身心世界相關譬喻篇數/則數比例最高7/10,其次爲生活物品6/10,生態環境4/8與自然景觀4/6,這些譬喻都離不開與我們息息相關的身心世界與器世間,也是星雲人間佛教教學方法。

　　這十七篇三十五則譬喻具人間佛教人間性(11)、生活性(10)、利他性(4)、喜樂性(4)、時代性(1)、與普濟性(4)等六種特性,其中以人間性居首,其次爲生活性。(見附表2.1)

二、益志修行類

　　第二項「益志修行類」,包括第19,48,59,60,67,71,,77,88,92等九篇短文十四則譬喻,都是星雲正面鼓舞策勵信衆精進向上的自創譬喻,以達方便說教。分述如下:

　　(一)第19.尊重生命:此篇短文採用「莫如生命」譬喻來說明生命的珍貴,與尊重生命的重要。原文摘錄如后:「世間上最寶貴者莫如生

【58】　星雲(2004),《迷悟之間·1.真理的價值》,頁213-214。

【59】　星雲(2004),《迷悟之間·1.真理的價值》,頁228。

【60】　星雲(2004),《迷悟之間·1.真理的價值》,頁265。

命，任何生命都應該獲得吾人之尊重。」[61]

　　(二)第48.樂觀進取：此篇短文採用「明燈」來譬喻樂觀，又以「毒品」來比喻消極。原文摘錄如后：「樂觀如明燈，照亮希望的前程；消極如毒品，腐蝕健康的心靈。」[62]

　　(三)第59.自我改造：此篇短文採用「從前種種譬如昨日死，以後種種猶如今日生」來譬喻自我改造的重要。原文摘錄如后：「洗碗要用洗碗精，擦地板要用非肥皂，除鏽要用潤滑劑。改造自我的洗碗精、非肥皂、潤滑劑在哪裡呢？慚愧可以洗滌我們的懈怠；正見可以擊退我們的邪見，慈悲可以溫暖我們的心房，精進可以鼓舞我們的力量，知足可以增加我們的財富，去惡可以督促我們的行善，持戒可以規範我們的行爲；淨念可以莊嚴我們的世界。『從前種種譬如昨日死，以後種種猶如今日生』，每個人一定要懂得自我改造，才能從改造中自我成就。」[63]

　　(四)第60.慚愧知恥：此篇短文採用「樹木無皮」來譬喻沒有人格的人。原文摘錄如后：「沒有人格的人，則如樹木無皮，無皮之樹，怎能開花結果？」[64]

　　(五)第67.觀照一切：此篇短文採用「如魚得水」來譬喻觀照的利益。原文摘錄如后：「所謂觀照，才能彼此和諧；所謂觀照，才能彼此相應；所謂觀照，才能如魚得水；所謂觀照，吾人才能得道。」[65]

　　(六)第71.空巢期的調適：此篇短文採用「小鳥離巢」來譬喻父母的「空巢期」，應如何調適？如原文所示：「現在工業社會，人口密集在大城市，原本人口簡單的家庭，在兒女長大後外出升學就業，正如小鳥

【61】　星雲(2004)，《迷悟之間‧1.真理的價值》，頁81。

【62】　星雲(2004)，《迷悟之間‧1.真理的價值》，頁174。

【63】　星雲(2004)，《迷悟之間‧1.真理的價值》，頁208。

【64】　星雲(2004)，《迷悟之間‧1.真理的價值》，頁210-211。

【65】　星雲(2004)，《迷悟之間‧1.真理的價值》，頁235。

離巢而去，留下夫妻二人面對空蕩冷清的房子，這正是現在新一代的父母所普遍面臨的『空巢期』調適問題。」[66]

(七)第77.不逆人意：此篇短文採用「從善如流」來譬喻「不逆人意」。如原文所示：「所謂『不逆人意』。就是凡對真善美的追求，必能從善如流』必不執著。」[67]

(八)第88.自知之明：此篇短文採用如「目不見睫」來譬喻「人之不自知」。如原文摘錄所示：「人之不自知，正如『目不見睫』人的眼睛可以看見百步以外的東西，卻看不見自己的睫毛。多少人每天忙於計較別人的得失成敗，指責他人不如法，卻忘了關心一下自己的起心動念。」[68]

(九)第92.念力增上：此篇短文採用如「人生的兩條路」來譬喻我們的善惡念，會帶領我們走向天堂，或走向地獄。如原文所示：「『念』，非常重要，有善念，有惡念；善惡之念就好像人生的兩條路，善念走向天堂，惡念走向地獄。」[69]

這九篇十四則譬喻具人間佛教人間性(4)、生活性(4)、利他性(1)、喜樂性(3)、時代性(3)、與普濟性(1)等六種特性，其中以人間性與生活性相應度居高。(見附表2.1)

三、歌功頌德類

第三項「歌功頌德類」，包括第18，64，85等三篇短文三則譬喻，都是星雲讚美德行的自創譬喻，以達方便說教。分述如下：

(一)第18.寬恕之美：此篇短文運用「正如春陽融化霜雪」來比喻化解仇恨的美好，如原文所示：「世仇，禍延多代，皆因彼此沒有寬恕

【66】　星雲(2004)，《迷悟之間‧1.真理的價值》，頁248。
【67】　星雲(2004)，《迷悟之間‧1.真理的價值》，頁270。
【68】　星雲(2004)，《迷悟之間‧1.真理的價值》，頁310。
【69】　星雲(2004)，《迷悟之間‧1.真理的價值》，頁321。

的雅量；有了寬恕，才能化解仇恨，正如春陽融化霜雪，愛語消除疑忌，何等美好！」[70]

(二)第64.容人的雅量：此篇短文採用「視人如己」來譬喻有容人的雅量，我們的人際關係必然和諧，社會必然安樂祥和。如原文所示：「人與人之間，人與宇宙萬物之間都是不可分割的，彼此都是對方的一部分，如能視人如己，凡事能爲他人多留一些餘地，話不要說絕，事不要做絕，路更不要走絕，那麼我們的人際關係必然和諧，社會必然安樂祥和。」[71]

(三)第85.美好的創意：此篇短文採用「如活水源頭」來譬喻我們需要有創意的人生，生命才能生生不息，才能永遠常新。如原文所示：「創意就像活水源頭，沒有創意的人生，死水一灘；有創意的人，生命才能生生不息，才能永遠常新。」[72]

這三篇三則譬喻具人間佛教人間性(1)、生活性(3)、利他性(2)、喜樂性(2)、時代性(2)與普濟性(1)等六種特性，其中以生活性居高。(見附表2.1)彙整如上星雲自創譬喻的三種類如下表2.4，以利閱覽與對照。

【70】　星雲(2004)，《迷悟之間・1.真理的價值》，頁78-79。

【71】　星雲(2004)，《迷悟之間・1.真理的價值》，頁226。

【72】　星雲(2004)，《迷悟之間・1.真理的價值》，頁299。

表2.4. 星雲《迷悟之間·1.真理的價值》自創譬喻分佈表

分類	#	名稱	譬喻數	自創譬喻
一、論理說教	6	幽默的風趣	5	幽默有如山中的清泉，……又如天上的白雲，p.43 幽默像太陽的熱能一樣，……幽默有時候像一位慈祥敦厚的長者，令人如沐春風；幽默有時候又像悄然開放的花朵。p.44
	36	慈悲的真義	3	一個有慈悲心的人，言行舉止都如陽光、淨水、花朵，可以帶給人間光明、清淨、歡喜。p.135
	40	真理的價值	1	真理本身就是無盡的寶藏，一句真理無價寶，比金比銀萬倍好！p.150
	42	團結的重要	1	公司之所以倒閉，……正如一個人，眼耳鼻舌身不聽心的指揮，自然形神不　。p.156
	49	成功的定義	1	有的人位高權重，富甲一方，卻如過街老鼠，甚至罵名千古，你說他是成功的嗎？p.177
	51	責任與承擔	1	一個人能夠吃得起虧、忍得了辱，還能甘之如飴、面不改色，才能造就包容天地、忍耐異己的胸襟。p.183
	53	立志與發願	4	立志發願就像汽車加足了汽油，又如時鐘上緊了發條，p.187 一個人如果沒有志向目標，就如船隻缺乏指南針……。p.188 發願就像開採能源一樣，……p.188
	56	可怕的執著	3	執著的人，……，不能從善如流，不願察納雅言pp.197-8 「執著」之害，如同走路時，你不放棄後面的一步，如何邁出向前的一步呢？邪知邪見，就像桎梏繩索，緊縛著我們，產生煩惱。p.198
	58	是非的可怕	1	是非與謠言，如難兄難弟，本來就很難劃清界限。p.203
	65	生命的寶	3	自然就是生命，天地就如我們的父母，日月山河，飛禽走獸，……才知道生命的可貴。p.228如何發揮我們有限的生命，把它的內涵做無限擴充，正如火花，雖然　間即滅，卻為人間留下燦爛的光彩。pp.228-9求生以害仁者，雖生猶死；身以成仁者，雖死猶生。
	70	觀念播種	2	「觀念」就像播種，好的觀念如黃金珍寶，一生受用無窮。p.244

分類	#	名稱	譬喻數	自創譬喻
一、論理說教	74	感應的原理	1	溫暖如電,流入心房,這也是感應。p.259
	75	三世因果觀	2	合作才有力量。例如一個人的身體,眼睛要看,耳朵要聽,……,必須合作。p.265　例如一根木柴,不容易燒得起火,一大把木柴放在一起,就能發出熊熊的火光。pp.265-6
	78	情緒管理	3	吾人的身體,好像是一個村莊,在人體的村莊裡,住了各色各樣的入物p.272有情緒的人,就好像工廠裡的機器不順,有時運作正常,有時故障連連。有的人形容人的情緒變化如天氣,晴時多雲偶陣雨,讓人捉摸不定。pp.272-3
	79	薰習的力量	2	習氣就像一個裝過香水的瓶子,……瓶子上的香味久久不滅。習氣又如種子,花開花謝結果留下種子,又會成為下一期生命的開始。p.276
二、勵志修行	19	尊重生命	1	世間上最寶貴者莫如生命,任何生命都應該獲得吾人之尊重。p.81
	48	樂觀進取	2	樂觀如明燈,照亮希望的前程;消極如毒品,腐蝕健康的心靈。p.174
	59	自我改造	2	淨念可以莊嚴我們的世界。「從前種種譬如昨日死,以後種種猶如今日生」,每個人一定要懂得自我改造,才能從改造中自我成就。p.208
	60	慚愧知恥	1	沒有人格的人,則如樹木無皮,無皮之樹,怎能開花結果? pp.210-211
	67	觀照一切	1	所謂觀照,才能如魚得水;所謂觀照,吾人才能得道。p.235
	71	空巢期的調適	1	在兒女長大後外出升學就業,正如小鳥離巢而去,留下夫妻二人面對空蕩冷清的房子,這正是現在新一代的父母所普遍面臨的「空巢期」調適問題。p.248
	77	不逆人意	1	所謂「不逆人意」。就是凡對真善美的追求,必能「從善如流」必不執著。p.270
	88	自知之明	2	人之不自知,正如「目不見睫」每天忙於計較別人的得失成敗,指責他人不如法,卻忘了關心一下自己的起心動念。p.310
	92	念力增上	3	「念」,非常重要,有善念,有惡念;善惡之念就好像人生的兩條路,善念走向天堂,惡念走向地獄。p.321

分類		名稱	譬喻數	自創譬喻
三、歌功頌德	18	寬恕之美	1	世仇，禍延多代，皆因彼此沒有寬恕的雅量；有了寬恕，才能化解仇恨，正如春陽融化霜雪，愛語消除疑忌，何等美好！pp.78-79
	64	容人的雅量	1	人與人之間，……如能視人如己，……我們的人際關係必然和諧，社會必然安樂祥和。p.226
	85	美好的創意	1	創意就像活水源頭，沒有創意的人生，死水一灘；有創意的人，生命才能生生不息，才能永遠常新。p.299
	29		53	5x1，4x1，3x5，2x8，1x15

　　上述四十三篇譬喻，其中引用五則與四則譬喻者各一篇，引用三則譬喻者有五篇，二則譬喻者有八篇，一則譬喻者有十五篇。九十則星雲自創譬喻，依程度相應度依序具有人間佛教人間性(16)、生活性(27)、利他性(7)、喜樂性(9)、時代性(6)與普濟性(6)等六種特性，以生活性相應度居首，人間性其次。

　　星雲二十九篇自創譬喻，占整部書四十三篇有採用譬喻的67.5%，近七成，五十三則自創譬喻則占整部書九十則譬喻的近六成(59.55%)。

小結

　　由下表2.5星雲《迷悟之間‧1.真理的價值》三類譬喻數量統計，可見星雲在《迷悟之間‧1.真理的價值》的九十四篇短文中，有四十三篇運用譬喻來說法，占46%，近五成。其中引用佛教經論的譬喻有十二篇計二十六則譬喻，單篇引用佛教經論譬喻高達六則；引用一般世俗的譬喻有六篇計十一則譬喻，單篇引用一般譬喻最多二則；自創譬喻有二十九篇計五十三則譬喻，單篇引用自創譬喻達五則。其中第1、9、88、92、94五篇則各包含或結合兩種類的譬喻。

表2.5.星雲《迷悟之間‧1.真理的價值》三類譬喻數量統計表

序號	譬喻種類	篇數	譬喻則數	人間佛教六大特性						
				a	b	c	d	e	f	小計
1	佛教經論	12	26	5	8	2	2	0	1	18
2	一般世俗	6	11	3	2	4	2	0	1	12
3	星雲自創	29	53	16	17	7	9	6	6	61
合計	合	47(43)	90	24	27	13	13	6	8	91

a表人間性、b表生活性、c表利他性、d表喜樂性、e表時代性、f表普濟性

　　上述三類譬喻共運用了九十則譬喻來宣說人間佛教的義理，二十六則佛教經論的譬喻呼應人間佛教六大特性比例爲5：8：2：2：0：1；十一則一般世俗的譬喻呼應人間佛教六大特性比例爲3：2：4：2：0：1；五十三則星雲自創譬喻呼應人間佛教六大特性比例爲16：17：7：9：6：6，依這三組對應值來看，星雲自創譬喻呼應人間佛教六大特性最強，高出佛教經論與一般世俗譬喻兩組許多，可見星雲運用自創譬喻的自如性與熟稔度。

　　綜合三類譬喻與人間佛教人間性、生活性、利他性、喜樂性、時代性、普濟性六大特性的總比例爲24：27：13：13：6：8，以生活性27居首，人間性24居次，時代性6殿後。第64容人的雅量採用的譬喻具足人間佛教六大特性，其次第65生命的寶貴採用的譬喻具足人間佛教四大特性，有十篇譬喻具有人間佛教六大特性中的三大特性，有十二篇譬喻具有人間佛教六大特性中的二大特性，其餘十九篇譬喻僅具有人間佛教六大特性中的一大特性。(見附表2.1)所以上表2.5中出現的譬喻則數就不一定等同於人間佛教六大特性的小計數。可見該書被星雲採用或創作的譬喻都或多或少富有人間佛教的特性。

第四節、結語

　　譬喻是釋迦牟尼佛十二種或九種說法方式之一，屬善巧方便的說法方式。星雲在本世紀初所著的《迷悟之間》亦運用此方式來說法，九十四篇短文中，有四十三篇運用譬喻來說法，占46%，近五成。本論文就《迷悟之間》十二結集本套書的第一冊《1.眞理的價値》所採用到的譬喻內容，先分爲佛教經論譬喻、一般世俗譬喻與星雲自創譬喻三類，再逐類分析闡釋。

　　二十六則佛教經論類譬喻分布在十二篇短文中，其中第69.心的管理與第94.不當的朋友兩篇短文各採用高達六個譬喻。這二十六則採用自佛教經論的譬喻可槪分爲三項屬性：爲人處世議題，有關日常生活爲人處事具修行勵志作用的譬喻，包含三篇短文八則譬喻；生命能源問題，都在譬喻心力與心念的無常生滅、瞬息萬變，不易掌握，卻又是幸福生活、圓滿生命與解脫生死的關鍵，計六篇短文十五則譬喻；生死解脫議題共三篇短文三則譬喻等。探討生命能源的心念譬喻占半數以上，旨在透過佛經譬喻以彰顯心是生死根源，也是幸福生活的關鍵。二十六則佛教經論的譬喻呼應人間佛教六大特性比例爲5：8：2：2：0：1，以生活性相應度居首，人間性其次。

　　十一則一般世俗譬喻分散在七篇短文中，是本書所採用的三類譬喻中最少數的一類，其中第1.人，有沒有來生、第9.心靈的曙光、第94.凡事要有則等三篇，亦都包含有第一類佛教經論譬喻，重疊性幾乎占了一半，可見「凡事要有行事原則」的三篇短文六則譬喻，都是日常爲人處事具有正確原則的相關譬喻，能激發兩篇短文兩則譬喻所討論的「心靈的曙光」，如此「人才會有更好的來生」計有兩篇短文三則譬喻。其中「凡事要有行事原則」譬喻數過半，足見星雲人間佛教非常重視日常生活中爲人行事都要有原則，就是要善知因緣果報。十一則一般世俗的譬喻呼應人間佛教六大特性比例爲3：2：4：2：0：1，以利他性相應度稍高。

　　五十三則星雲自創譬喻分布在二十九篇短文中，占整部書四十三篇有採用譬喻的近七成(67.5%)，五十三則自創譬喻則占整部書八十九則譬喻的近六成(59.55%)。其中第6.幽默的風趣短文出現多達五個譬喻。星雲五十三則自創譬喻依內容分為論理說教類，計有十七篇三十五則譬喻，都是星雲利用生活中信手拈來的生態環境、自然景觀、生活物品、人我身心世界等的相關譬喻，其中以身心世界相關譬喻篇數與則數比例最高。益志修行類，計有九篇十四則譬喻，都是星雲正面鼓舞策勵信眾精進向上的自創譬喻。歌功頌德類，計有三篇三則譬喻，屬星雲讚美德行的自創譬喻。所有星雲自創譬喻都離不開與我們息息相關的身心與器世間，也是其落實人間佛教的善巧方便教學法。五十三則星雲自創譬喻呼應人間佛教六大特性比例為16：17：7：9：6：6，以生活性相應度居首，人間性其次。

　　《迷悟之間》第一冊《1.真理的價值》九十四篇短文中，有四十三篇運用九十則譬喻來宣說人間佛教的義理，這些譬喻呼應人間佛教六大特性，即人間性、生活性、利他性、喜樂性、時代性、普濟性的比例為22：24：11：12：6：8，以生活性居首，人間性其次，時代性殿後。足見書中星雲採用或創作的譬喻都或多或少富有人間佛教的特性，有助其宣揚人間佛教的思想與理念。

　　星雲《迷悟之間1.真理的價值》每一篇文章雖然篇幅不長，卻富含深義與禪味，並與日常生活息息相關。也都多少具有星雲人間佛教的人間性、生活性、利他性、喜樂性、時代性與普濟性。尤其書中高比例的自創譬喻，不但從中可見星雲豐富的人生閱歷與深度的佛法體悟，更顯示其高超的智慧以及運用譬喻詮釋人生哲理的技巧，使人讀來輕鬆不會感到沉重，卻能激發讀者透過簡單的譬喻做深思，並自我檢視周遭的種種問題，進一步在日常生活中體現禪意、轉迷成悟。可以說譬喻運用與高比例的自創譬喻，是促成星雲講說佈教及著作論述受歡迎的重要原因。

附錄

表2.1. 星雲《迷悟之間・1.真理的價值》譬喻分佈量與人間佛教六大特性對照總表

編號	名　稱	頁碼	譬喻數	經論譬喻	一般譬喻	自創譬喻	人間佛教六大特色						小計
							a	b	c	d	e	f	
1	人，有沒有來生	26	1	1			V						1
2	認識時間	30	2		2		V					V	2
6	幽默的風趣	42	5			5	V	V		V			3
9	心靈的曙光	51	2	1	1			V	V				2
12	無常的可貴	60	1	1				V					1
18	寬恕之美	78	1			1		V	V	V			3
19	尊重生命	81	1			1						V	1
21	要忍一時之氣	87	1	1						V			1
24	身心安住	96	1	1				V					1
32	一念之間	122	4	4			V						2
33	要走正路	125	1	1						V			1
36	慈悲的真義	135	1			1	V			V		V	3
37	自我改革	138	1	1						V			1
40	真理的價值	147	1			1						V	1
42	團結的重要	153	1			1						V	1
48	樂觀進取	171	2			2			V	V	V		3
49	成功的定義	174	1			1		V					1
51	責任與承擔	180	1			1	V			V			2
52	國王的新衣	183	1		1				V				1

編號	名　　稱	頁碼	譬喻數	經論譬喻	一般譬喻	自創譬喻	人間佛教六大特色						小計
							a	b	c	d	e	f	
53	立志與發願	186	4			4	v	v				v	3
56	可怕的執著	195	3			3		v					1
65	生命的寶貴	227	3			3	v	v	v	v			4
67	觀照一切	233	1			1				v			1
68	說話的要領	237	2		2				v	v			2
69	心的管理	240	5	5			v					v	2
70	觀念播種	244	2			2	v	v	v				3
71	空巢期的調適	248	1			1	v				v		3
74	感應的原理	259	1			1	v						1
75	三世因果觀	262	2			2	v						3
77	不逆人意	269	1			1				v			2
78	情緒管理	272	2			2	v	v			v		3
79	薰習的力量	275	2			2	v						2
82	凡事要有則	285	2	1	1			v					1
85	美好的創意	296	1			1					v		2
88	自知之明	307	2	1		1	v	v					2
92	念力增上	321	3	2		1		v					1
94	不當的朋友	328	6	4	2				v	v			3
總計	42			79			22	24	11	12	6	8	83

註：a表人間性、b表生活性、c表利他性、d表喜樂性、e表時代性、f表普濟性

第三章
星雲《迷悟之間·2.度一切苦厄》之譬喻運用

　　本章為瞭解星雲《迷悟之間》的譬喻在書中扮演的角色，特針對第二冊《度一切苦厄》所收錄的九十四篇短文，[1] 逐一找出引用的

【1】　1.給人一些因緣2.人生的敵人3.婚外情4.人和的重要5.欲的正邪6.旅遊的意義7.活著就要動8.幽默一下9.亂中求序10.固執的偏見11.美好的掌聲12.求新求變13.愛情紅綠燈14.微笑的力量15.生活的美學16.生命的能量17.自在人生18.消除壓力19.承諾的力量20.信仰的層次21.美麗與醜陋22.呼吸的重要23.道德的生活24.勇敢活下去25.消愁解悶26.小草精神27.鼓勵與責備28.度一切苦厄29.照顧念頭30.慈眼視眾生31.做自己的主人32.美容與美心33.可怕的神通34.恕道的重要35.心靈的文明36.各有各的爸爸37.思惟的妙處38.珍惜因緣39.樹立形象40.吃素的真義41.逆增上緣42.友誼的建立43.人要有使命感44.猶豫不決45.幻想的毛病46.為你好47.老做小48.共識的妙用49.話說七月50.健康的重要51.自然之美52.增加營養53.死水與活水54.溝通的技巧55.回頭轉身56.愚癡的可怕57.心的牢獄58.受騙的原因59.生涯規劃60.懶惰之害61.人生三間62.散播快樂63.往好處想64.人生滋味65.聞過則喜66.化敵為友67.走出陰影68.去則路開69.永不退休70.克服恐懼71.人生是過客72.無情說法73.月亮的啟示74.同床異夢75.萬能的人類76.心靈的門窗77.婆媳與母女78.得獎79.停聽看80.萬事如意81.瞌睡

譬喻。其中僅有二十一篇未見譬喻，[2]其餘七十三篇共出現有二三三則的譬喻，可概分爲佛典譬喻、一般譬喻、與自創譬喻三類(見附表3.1所示)，來深入探討星雲如何運用譬喻來攝受教化讀者，以及這些被採用的譬喻與人間佛教六大特性的相應度。茲逐節分述如下。

第一節、《迷悟之間·2.度一切苦厄》之佛典譬喻分析

　　《迷悟之間·2.度一切苦厄》一書，引用佛典譬喻者計有出現在二十二篇短文中的二十九則譬喻，是本書採用的三類譬喻中最少數的一類，這些譬喻的分布以一篇一則居多，僅有第9.亂中求序、第10.固執的偏見、第67.走出陰影、第81.瞌睡種種、第86.瞋恨之害與第93.不二法門的哲學六篇各出現了兩則譬喻，如附表3.2所示。這二十九則譬喻的內容可再分爲平等包容、執妄自縛、人命無常、心的力量與中道不二等五種屬性。分別說明如下：

一、平等包容

　　此項相關譬喻，包括第9，26，66三篇短文的四則譬喻。均出自佛經，都在說明人我之間的平等與包容的重要。第9.亂中求序，強調紛亂裡，可以統一；差別中，可以聚集。採用「百川入海，同一鹹味；四姓出家，同爲釋氏」[3] 的平等觀，說明包容的重要。[4]　第26.「四小不可

　　　種種82.云何應住？83.屈伸自如84.習氣與習慣85.心無罣礙86.瞋恨之害87.相當然爾
　　　88.小丑的角色89.讚美的藝術90.三合板哲學91.不知道的快樂92.邪理可怕93.不二法
　　　門的哲學94.學習關心

【2】　編號1、2、6、11、15、17、21、31、34、35、36、39、42、48、49、58、59、60、
　　　88、89、91等二十一篇。

【3】　姚秦·鳩摩羅什譯、陳隋·天台智者大師疏、明雲棲寺沙門袾宏發隱，《梵網經心
　　　地品菩薩戒義疏發隱》卷二，T38n679。

【4】　星雲(2004)，《迷悟之間·2.度一切苦厄》，台北：香海文化出版社，頁40。

輕！」[5] 的小草精神，王子年雖小，長大能行令；小火雖未熾，星火可燎原。神龍雖現小，降雨隨時宜；沙彌雖年幼，度人成法王。所以要有平等心，不可以小看王子、小火、小龍與沙彌。[6] 以及第66.化敵爲友的「怨親平等」，強調要以「怨親平等」觀來化敵爲友。人生最大的敵人不是別人而是自己；病痛與煩惱才是自己的敵人。[7]

　　這三篇四則譬喻具人間佛教生活性(2)、利他性(2)、人間性(1)、喜樂性(1)、時代性(1)與普濟性(1)等六種特性，其中以生活性與利他性居多。(見附表3.1)

二、執妄自縛

　　此項相關譬喻，包括第10，25，56，92四篇短文的五則譬喻，出自三經兩論(見附表3.2)。第10.固執的偏見，舉闡提與貪樂行兩種人爲例，前者不信三世因果，謂人死如燈滅。[8] 後者執樂行的人，天天紙醉金迷，不知三界無安，猶如火宅。[9] 都是執妄爲眞做繭自縛。第25.消愁解悶，強調煩惱都是放不下自找的。[10] 第56.愚癡的可怕，指出愚癡比一般的犯錯更加嚴重；犯錯如同走路摔倒了可以再站起來，愚癡如暗夜行走，不見光明。[11] 愚癡導致我們執妄自縛於自我的設限，不得解脫生死輪迴。第92.邪理可怕，舉過去佛教寺院的禪堂裡，有理三扁擔，無理也是三扁擔，打得你都沒有理，所謂「打得念頭死，許汝法身

【5】　劉宋·求那跋陀羅譯，《雜阿含經》卷46，T02n0099p335a03。

【6】　星雲(2004)，《迷悟之間·2.度一切苦厄》，頁95。

【7】　星雲(2004)，《迷悟之間·2.度一切苦厄》，頁226。

【8】　星雲(2004)，《迷悟之間·2.度一切苦厄》，頁42。明·幽谿傳燈著，《性善惡論》卷2，X57n0970p002。

【9】　星雲(2004)，《迷悟之間·2.度一切苦厄》，頁42。姚秦·鳩摩羅什譯，《妙法蓮華經》卷2，T09n0262p002。

【10】　星雲(2004)，《迷悟之間·2.度一切苦厄》，頁92。

【11】　星雲(2004)，《迷悟之間·2.度一切苦厄》，頁195。唐·僞作，《法王經》卷1，T85n2883p1388a11。

活」，[12] 將執妄邪理與不正見，甚至起心動念都打掉，才能親證法身，否則動念卽乖，不斷地執妄自縛，感招痛苦不堪的人生。

這四篇五則譬喻具人間佛教生活性(3)、人間性(2)、利他性(1)、時代性(1)與普濟性(1)等五種特性，其中以生活性爲首，其次爲人間性。(見附表3.1)

三、人命無常

此項譬喻，包括第22與71兩篇短文的三則譬喻。第22.呼吸的重要，藉助《四十二章經》人命在呼吸間，[13] 說明人命無常，當珍惜還能呼吸，還能活命的每個當下。第71.人生是過客，舉過堂與過客的人生，來比喻人命的短暫無常。前者「過堂」[14]，意卽不能久居或久留，只是一時的過堂吃個飯而已。就如人到世上由生到死，數十寒暑，也只是經過而已。[15] 亦如無門禪師說：「春有百花秋有月，夏有涼風冬有雪；若無閒事掛心頭，便是人間好時節。」[16] 不管經歷過多少春去秋來，不管嘗到多少回生老病死，人生像過客一樣，總是匆匆的來去。[17]

上述三則譬喻都在提醒我們人命是無常的，當珍惜善用於修業、進德、利益衆生上。這兩篇三則譬喻具人間佛教生活性(2)與普濟性(1)兩種特性，其中以生活性居多。(見附表3.1)

四、心的力量

此項譬喻，包括第32，44，53，57，67，70，82，85，86九篇短文

【12】　星雲(2004)，《迷悟之間·2.度一切苦厄》，頁313。清·彭際清纂，《念佛警策》卷2西方確指「覺明妙行菩薩」，X62n1181p328a10。

【13】　星雲(2004)，《迷悟之間·2.度一切苦厄》，頁81。後漢·迦葉摩騰竺法蘭共譯，《四十二章經》卷1，T17n0784p724a03。

【14】　民國·王亨彥撰，《中國佛寺史志彙刊》冊010 No.9〈普陀洛迦新志〉(12卷)。

【15】　星雲(2004)，《迷悟之間·2.度一切苦厄》，頁242。

【16】　宋·法應集，《禪宗頌古聯珠通集》卷8，X65n1295p668c01。

【17】　星雲(2004)，《迷悟之間·2.度一切苦厄》，頁242。

的十一則譬喻。出自八部佛經與三部論注(見附表3.2)，都在說明心是主人。這十一則譬喻可再細分為心是罪源、心念不決、心繫生死與心的染淨四類，分述如下：

(一)心是罪源：如第32.美容與美心，透過「萬般帶不去，唯有業隨身。」[18] 與「披毛帶角因為它；成佛作祖也由它」說明「業」就是「心」識，它帶著我們在五趣六道裡輪迴。[19]

(二)心念不決：計有兩則譬喻，第44.猶豫不決，透過《金剛經》把「猶豫」比喻為「狐疑」，來說明狐狸的性格，就會經常猶豫不決。[20] 與第53.死水與活水，舉流水永不停息，譬喻人的心念念念不停。再舉唯識宗將第八阿賴耶識喻為瀑流。[21]

(三)心繫生死：計有三則譬喻屬之，首先第57.心的牢獄，藉由《法華經》「三界無安，猶如牢獄」，[22] 來譬喻沒有獲得解脫的人，每天就像被鈕械枷鎖拘身，時刻不得自在。[23] 第82.云何應住？舉《華嚴經》：「常樂柔和忍辱法，安住慈悲喜捨中。」[24] 教我們應以柔和忍辱與慈悲喜捨，做為身心的永久安住處。[25] 第85.心無罣礙，所謂「心中有事天地小，心中無事一床寬。」說明只要提得起，放得下，這就是「心無罣礙」的美好生活。[26]

(四)心的染淨：僅有三則譬喻屬之，第67.走出陰影，藉由《佛說

【18】　宋・王日休撰，《龍舒增廣淨土文》卷3，T47n1970p0259c10。

【19】　星雲(2004)，《迷悟之間·2.度一切苦厄》，頁115。

【20】　星雲(2004)，《迷悟之間·2.度一切苦厄》，頁154。姚秦・鳩摩羅什譯，《金剛般若波羅蜜經》卷1，T08n0235p748c20。

【21】　星雲(2004)，《迷悟之間·2.度一切苦厄》，頁183。彌勒菩薩說，唐・玄奘譯，《瑜伽師地論》卷51，T30n1579p579a10。

【22】　姚秦・鳩摩羅什譯，《妙法蓮華經》卷2，T09n0262p249a02。

【23】　星雲(2004)，《迷悟之間·2.度一切苦厄》，頁198。

【24】　東晉・佛馱跋陀羅譯，《華嚴經》卷1，T9n278p398c09。

【25】　星雲(2004)，《迷悟之間·2.度一切苦厄》，頁281。

【26】　星雲(2004)，《迷悟之間·2.度一切苦厄》，頁290。

八大人覺經》第一覺悟：世間無常，國土危脆；四大苦空，五陰無我；生滅變異，虛偽無主；心是惡源，形為罪藪。[27] 比喻世間的陰影容易通過，心中的陰影要靠自己抹拭，如《六祖大師法寶壇經》所示只要自己能「時時勤拂拭」[28]，又何懼它「處處惹塵埃」呢？[29] 與第70.克服恐懼，透過《心經》說明：要遠離恐怖，必須強化智慧；對一切虛幻的假象，要能透徹認識，[30] 對一切外來的逆境，要有勇氣擔當。[31]以及第86.瞋恨之害，舉「瞋恨之火，能燒功德之林！」與「一念瞋心起，百萬障門開！」[32] 比喻再多的功勞、功德、功行，瞋恨之火一下子就把它們燒得精光！[33] 若要消滅瞋恨的火焰，必需要用慈悲的法水，若要沖淡、抵銷瞋恨的氣壓，就必須敞開心中的門窗。[34]

　　這九篇十一則譬喻具人間佛教生活性(6)、喜樂性(2)、普濟性(2)、人間性(1)、利他性(1)與時代性(1)等六種特性，其中以生活性居多。(見附表3.1)

五、中道不二

　　此項譬喻，包括第72，73，81，93四篇短文的六則譬喻。出自二部佛經與三部禪宗語錄(見附表3.2)。首先第72.無情說法，引用《古雪哲禪師語錄》的「生公說法，頑石點頭」，[35] 來譬喻頑強如石也能改

【27】　星雲(2004)，《迷悟之間‧2.度一切苦厄》，頁231。

【28】　元‧宗寶編《六祖大師法寶壇經》卷1，T48n2008p345c08。

【29】　星雲(2004)，《迷悟之間‧2.度一切苦厄》，頁231。

【30】　唐‧玄奘譯，《般若波羅蜜多心經》卷1，T08n0251p890a14。

【31】　星雲(2004)，《迷悟之間‧2.度一切苦厄》，頁241。

【32】　龍樹造，後秦‧鳩摩羅什譯，《十住毘婆沙論》卷十三。

【33】　星雲(2004)，《迷悟之間‧2.度一切苦厄》，頁291。

【34】　星雲(2004)，《迷悟之間‧2.度一切苦厄》，頁293。唐‧實叉難陀奉制譯，《大方廣佛華嚴經》卷49，T10n0279p049。

【35】　明‧傳我等編，《古雪哲禪師語錄》卷5，J28nB208p329c27。

變。[36] 第73.月亮的啓示，藉由《指月錄》臨濟義玄禪師「月圓月缺猶存月，本來無暗復何明？」[37] 比喻月雖有圓缺明暗，始終不影響月本身的明亮。[38] 第81.瞌睡種種，佛陀將阿那律的好睡，比喻如螺螄蚌殼類，一睡一千年，不聞佛名字。[39] 與彈琴鬆緊適當喻，教人過修行的生活，要合乎中道，不可過度。否則琴弦太緊，容易斷；琴弦太鬆，彈不出聲音。[40] 上述五則譬喻都在強調中道生活的理事圓融，自他不二、人我一如的道理。正呼應第93.不二法門，引用《維摩詰經》〈入不二法門品〉之「不二法門」的哲學。[41]

　　這四篇六則譬喻具人間佛教普濟性(2)、人間性(1)與生活性(1)等三種特性，其中以普濟性居多。(見附表3.1)

　　附表3.2共二十九則佛典譬喻五種屬性中，以心是主人九篇十一則譬喻居首，其次爲中道不二有四篇六則譬喻，接著爲執妄自縛屬性占四篇五則譬喻，平等包容占三篇四則譬喻，最後爲人命無常僅有兩篇兩則譬喻。這些譬喻出自十一部佛經，如《心經》、《四十二章經》、《維摩詰經》、《妙法蓮華經》、《華嚴經》等，與十二部論疏語錄，如《瑜伽師地論》、《十住毘婆沙論》、《指月錄》、《念佛警策》等。其中《四十二章經》(第22.呼吸的重要與第81.瞌睡種種)、《心經》(第70.克服恐懼與第85.心無罣礙)、《妙法蓮華經》(第10.固執的偏見與第57.心的牢獄)與《華嚴經》(第82.云何應住？與第86.瞋恨之害)等四部經各

【36】　星雲(2004)，《迷悟之間·2.度一切苦厄》，頁245。

【37】　明·瞿汝稷襏談集，《指月錄》卷14「鎮州臨濟義玄禪師」，X83n1578p549b21。

【38】　星雲(2004)，《迷悟之間·2.度一切苦厄》，頁251。

【39】　星雲(2004)，《迷悟之間·2.度一切苦厄》，頁277。清·洪曜編，《自閑覺禪師語錄》卷4，J33nB287p547a09。

【40】　星雲(2004)，《迷悟之間·2.度一切苦厄》，頁278。後漢·迦葉摩騰共竺法蘭奉詔譯，《四十二章經》，T17n0784p724a03。

【41】　星雲(2004)，《迷悟之間·2.度一切苦厄》，頁316。後秦·釋僧肇選注，《維摩詰經》卷8〈入不二法門品〉第九，T38n1775p396b23。

被採用了兩則譬喻，其他諸經論都僅被引用了一則譬喻。由此，可見星雲擅用佛典譬喻為其說法著書的材料。此外，這二十二篇二十九則譬喻，與人間佛教人間性(5)、生活性(14)、利他性(4)、喜樂性(3)、時代性(3)與普濟性(7)等六種特性都有相應，尤以生活性相應度最高。(見附表3.1)

第二節、《迷悟之間・2.度一切苦厄》之一般譬喻解析

　　《迷悟之間・2.度一切苦厄》書中，引用一般世俗譬喻的短文有三十五篇，計五十九則譬喻，其中第69.永不退休高達五則譬喻，其次為第73.月亮的啟示與第75.萬能的人類各有四則(見附表3.3所示)。這些譬喻可分為為人行則、處事態度與生命智慧三類，依序說明如下：

一、為人行則

　　此屬性的譬喻共有十三篇二十一則，超過本書一般世俗譬喻的三分之一。涉及的人際關係非常廣泛，包括夫妻之間、長幼關係/君臣關係、家人關係、人我之間、主從關係、商場之間、黨派之間、國際關係等多元的人與人互動時的行為準則。僅摘錄代表性分述如下：

　　(一)夫妻之間：有兩則相關譬喻，即第3.婚外情，所謂「野花那有家花香」，[42] 將妻子比喻為家花，第三者喻為野花。野花怒放是一時的，故夫妻重歸於好，往往指日可期。[43] 與第67.走出陰影，引用「夫妻本是同林鳥，大限來時各分飛」[44] 來比喻無常的無情，只有用智慧來認知無常苦空、明白緣生緣滅，才能勇敢向前。[45]

【42】　丁玲(1934)，《母親》。
【43】　星雲(2004)，《迷悟之間・2.度一切苦厄》，頁20。
【44】　明・馮夢龍，《喻世明言・卷一》。
【45】　星雲(2004)，《迷悟之間・2.度一切苦厄》，頁20。

　　(二)長幼關係/君臣關係：第47.老做小，引用中國傳統「敬老尊賢」[46] 的美德，所謂「家有一老，如有一寶」與越是成熟的稻穗，頭垂得越低。以及自古以來，越是禮賢下士的帝王，越是以賢名留芳；越是不恥下問的老師，越是能以學問傳世。[47] 都在譬喻老就是寶，愈老愈謙虛，越空無。

　　(三)家人關係：第94.學習關心，引用「烽火連三月，家書抵萬金」[48]譬喻戰亂時家人能平安勝過萬兩金的可貴。當前台海兩岸關係岌岌可危之際，特具時代意義。再者，引用「貧在鬧市無人問，富在深山有遠親。」[49] 譬喻錦上添花不名為關心，能夠雪中送炭，才是最好的關心。[50]

　　(四)人我之間：共有五則譬喻涉及人我關係，首先，第19.承諾的力量，引用孔子：「人而無信，正如大車無輗，小車無軏，何以行之？」[51] 指車子若沒有車轅和橫木銜接的活銷，就無法在路上行走，來強調與人互動忠誠守信，是立世的根本。[52] 其次，第23.道德的生活，引用《論語.顏淵》「君子之德風，小人之德草，草上之風必偃。」[53] 譬喻具有道德的人，往往能以身教影響大眾。[54] 再者，第46.為你好，說明人應該要懂得「良藥苦口，忠言逆耳」[55]；如果不能體會別人對我好，不但讓對方失望，也辜負了他的好心。更要進一步懂得別人都是「為我好」。[56]

【46】　宋‧歐陽修、宋祁等，《新唐書‧李勉傳》。
【47】　星雲(2004)，《迷悟之間‧2.度一切苦厄》，頁164。
【48】　星雲(2004)，《迷悟之間‧2.度一切苦厄》，頁317。盛唐‧杜甫，〈春望〉。
【49】　明‧佚名，《增廣賢文》。
【50】　星雲(2004)，《迷悟之間‧2.度一切苦厄》，頁319。
【51】　東周‧孔門生編，《論語‧為政第二》。
【52】　星雲(2004)，《迷悟之間‧2.度一切苦厄》，頁71。
【53】　東周‧孔門生編，《論語‧顏淵》季康子問政於孔子。
【54】　星雲(2004)，《迷悟之間‧2.度一切苦厄》，頁87。
【55】　周‧孔子門人撰，《孔子家語‧六本》。
【56】　星雲(2004)，《迷悟之間‧2.度一切苦厄》，頁161-162。

接著，第54.溝通的技巧，引用「從善如流」[57] 與「與人為善」譬喻，來增加與人溝通時兩利的意願與成效。[58] 最後，第80.萬事如意，引用「如意」為家庭的人事相處，社會的人事往來所冀望，人人欲求！不過，「欲得人如我意，必先我如人意」。[59]

(五)主從關係：第30.慈眼視眾生，引用韓愈「世有伯樂，然後有千里馬；千里馬常有，而伯樂不常有。」[60] 比喻伯樂的慧眼，也就是愛人、助人的慈眼。[61]

(六)商場之間：第66.化敵為友，商場有商場的敵人，同行有同行的冤家，利益有利益裡的對手，正是所謂「同行相嫉，文人相輕」[62]。又舉培根「沒有情人，會很寂寞；沒有敵人，也是寂寞的。」[63] 敵人可以轉化成逆增上緣的良友。[64]

(七)黨派之間：第74.同床異夢，引用同床卻都做著不同的夢，來比喻同在台灣的國民黨、新黨、親民黨，連「同床異夢」的條件都不夠，而是「本是同根生，相煎何太急！」[65]

(八)國際關係：第65.聞過則喜，引用李陵〈答蘇武書〉「范蠡不殉會稽之恥，曹沬不死三敗之辱，卒復勾踐之讎，報魯國之羞。」[66] 說明有過要勇於修改，必能成就。

【57】　春秋・左丘明撰，《左傳・成公八年》。

【58】　星雲(2004)，《迷悟之間・2.度一切苦厄》，頁187。

【59】　星雲(2004)，《迷悟之間・2.度一切苦厄》，頁274。南北朝・張成，《造停題字》/《碑文》。

【60】　唐・韓愈，《雜說四》。

【61】　星雲(2004)，《迷悟之間・2.度一切苦厄》，頁107。

【62】　三國・魏・曹丕，《典論・論文》。

【63】　著名英國哲學家、政治家。

【64】　星雲(2004)，《迷悟之間・2.度一切苦厄》，頁225。

【65】　星雲(2004)，《迷悟之間・2.度一切苦厄》，頁254。宋・陳亮，〈與朱元晦秘書書〉。

【66】　星雲(2004)，《迷悟之間・2.度一切苦厄》，頁223。西漢・李陵，〈答蘇武書〉。

　　上述八種人與人互動關係時行為準則的譬喻，以人我之間五則譬喻居多，其次為夫妻之間兩則譬喻，其他長幼關係/君臣關係、家人關係、主從關係、商場之間、黨派之間、國際關係等譬喻，均各僅為一則。這十三篇二十一則譬喻具人間佛教喜樂性(6)、生活性(5)、利他性(5)、普濟性(3)、人間性(1)與時代性(1)等六種特性，其中以喜樂性居首，其次為生活性與利他性，接著為普濟性。(見附表3.1)

二、處事態度

　　此屬性的譬喻共有四篇七則，第25.消愁解悶，引用南唐後主李煜「問君能有幾多愁？恰似一江春水向東流。」[67] 譬喻滿腹煩惱憂愁，像春水一樣迢迢不斷。第45.幻想的毛病，引用「南柯一夢」[68]「黃粱夢」譬喻人生幻想的毛病。[69] 待夢醒就後悔莫及。第56.愚癡的可怕，引用中國成語故事「削足適履」[70] 與「剜肉補瘡」，[71] 挖下身上的好肉來補傷口，是用有害的方法來救急，比喻只顧眼前，愚癡至極。第68.去則路開，引用「條條大道通長安」，比喻在人生旅途道上，不管多麼艱難險峻的人事，只要有心開路，不怕沒通路。[72] 這四篇七則譬喻具人間佛教人間性(2)、生活性(2)、利他性(2)與普濟性(1)等四種特性，其中以普濟性成份最少。(見附表3.1)

三、生命智慧

　　此屬性的譬喻共有十七篇三十一則，可再細分為六項：小草精神、度一切苦、回頭轉身、人是萬能、死水活水、克服恐懼等，都是開

【67】　星雲(2004)，《迷悟之間‧2.度一切苦厄》，頁91。西漢‧李陵，〈答蘇武書〉。

【68】　唐‧李公佐，《南柯太守傳》。

【69】　星雲(2004)，《迷悟之間‧2.度一切苦厄》，頁159。

【70】　西漢‧劉安編輯，《淮南子‧說林訓》。

【71】　星雲(2004)，《迷悟之間‧2.度一切苦厄》，頁195。

【72】　星雲(2004)，《迷悟之間‧2.度一切苦厄》，頁101。三國‧徐整著，《三五歷記》。

啓人生智慧的譬喻。(見附表3.3)逐一說明如下：

(一)小草精神：計有編號第26，83，85三篇可茲代表，分別說明如下：第26.小草精神，舉「室雅何須大，花香不在多。」[73] 說明人，只要有小草的精神，自能安身立命於天地之間。[74] 第83.屈伸自如，舉「大丈夫能屈能伸」[75]，譬喻眞正懂得財物的人，能給能捨能受。[76] 第85.心無罣礙，所謂「心中有事天地小，心中無事一床寬。」[77] 提得起，放得下，就是「心無罣礙」的美好生活。[78]

(二)度一切苦：計有編號第28，61，73，82四篇可茲代表：第28.度一切苦厄，舉「人生像一杯苦酒！」[79] 譬喻人生的苦，更佐證從嬰兒呱呱墮地，所發出的第一個聲音，就是「苦！」[80] 其次，第61.人生三間，以掛在牆壁上的日曆，每天撕去一頁，令人心生著急，來譬喻時間對我們的重要性。[81] 第73.月亮的啓示，所謂「月明星稀，人生幾何？」在人生苦短的感歎中，似乎也隱藏著幾許壯志未酬的愁緒悲懷！[82] 並用月亮的陰晴圓缺，比喻人生悲歡離合的際遇與世事的滄桑人生的無奈。第82.云何應住？安住在功名富貴上，非久戀之所，更非久居之處。因為「榮華總是三更夢，富貴還同九月霜」，[83] 此處用三更夢與九月霜譬喻榮華富貴不長久。

【73】　清代鄭板橋書寫對聯。

【74】　星雲(2004)，《迷悟之間・2.度一切苦厄》，頁97。

【75】　清・夏敬渠，《野叟曝言》一二〇回。

【76】　星雲(2004)，《迷悟之間・2.度一切苦厄》，頁283。

【77】　《諺語》。

【78】　星雲(2004)，《迷悟之間・2.度一切苦厄》，頁290。

【79】　唐宋之問，《下山歌》。

【80】　星雲(2004)，《迷悟之間・2.度一切苦厄》，頁209。

【81】　星雲(2004)，《迷悟之間・2.度一切苦厄》，頁209。小學國語課文。

【82】　星雲(2004)，《迷悟之間・2.度一切苦厄》，頁249。西周・佚名，《詩經・鄭風・子衿》、李白詩「把酒問月」、明・醒世恒言》。

【83】　星雲(2004)，《迷悟之間・2.度一切苦厄》，頁281。明・憨山大師，《醒世歌》。

　　(三)回頭轉身：計有編號第55，79兩篇可茲代表：第55.回頭轉身，用「回頭是岸」這句警世名言，譬喻「浪子回頭金不換」[84] 之珍貴。[85] 第79.停聽看，舉「識時務者為俊傑」[86]，說明你不能與不可抗拒的力量去對抗，所以「退讓一步，才能保得百年身」。[87]

　　(四)人是萬能：計有編號第75， 81兩篇可茲代表：第75.萬能的人類，人雖是萬能的，但也有的人是無能的。舉「百無一用是書生」[88] 說明無用的讀書人；「庸懦無能」譬喻做皇帝的無能；「一事無成」[89] 比喻長年時運不濟。[90] 第81.瞌睡種種，孔子不喜歡人上課打瞌睡，曾當眾責備弟子宰我：「朽木不可雕也，糞土之牆不可圬也。」[91] 此處以朽木與糞土之牆譬喻好睡不精進的人。

　　(五)死水活水：計有編號第53，69，78，90四篇可茲代表：第53.死水與活水，採用朱熹的詩「問渠那得清如許？謂有源頭活水來。」[92] 譬喻有了般若智慧，就是有活水。[93] 第69.永不退休，舉中國一直有「積穀防飢」、「養兒防老」[94] 的觀念，就是為了解決退休後的養老問題。[95] 所謂「長江後浪推前浪」[96]，人生應該要有交棒、接棒的計

【84】　張恨水，《八十一夢‧第32夢》。

【85】　星雲(2004)，《迷悟之間‧2.度一切苦厄》，頁189。

【86】　西晉‧陳壽所著，《三國志‧蜀書‧諸葛亮傳》。

【87】　星雲(2004)，《迷悟之間‧2.度一切苦厄》，頁270。

【88】　南朝梁‧沈約等著，《宋書‧臧質傳》。

【89】　唐‧白居易，〈除夜寄微之〉詩。

【90】　星雲(2004)，《迷悟之間‧2.度一切苦厄》，頁255。

【91】　星雲(2004)，《迷悟之間‧2.度一切苦厄》，頁276。東周‧孔子門生編，《論語‧公冶長》。

【92】　宋‧朱熹，《觀書有感》。

【93】　星雲(2004)，《迷悟之間‧2.度一切苦厄》，頁184。

【94】　宋‧左圭，《百川學海》。

【95】　星雲(2004)，《迷悟之間‧2.度一切苦厄》，頁236。

【96】　宋‧文珦，《過苕溪》。

劃,在佛教裡所謂的「傳燈」,也都是爲了應付歲月變遷的對策。[97] 其實,「天行健,君子以自強不息。」[98] 用大自然四季輪流遞嬗,行星運轉不息,警惕身爲大自然裡的我們,應該要有「做一日和尚,撞一日鐘」[99]的體認,創造宇宙繼起的生命。因此,人生一日,決不空過。[100] 又舉「春蠶到死絲方盡,蠟炬成灰淚始乾」[101],歌頌偉大的人生是永遠不退休的。[102] 第78.得獎,對於沒有被提名的優秀人才,應該寄予關懷,尤應用心發掘,以期不要有「遺珠之憾」。[103] 此處用珠寶比喻人才,失去人才猶如「遺珠之憾」。第90.三合板哲學,世間上,能幹的人都能「化腐朽爲神奇」,都能給予廢料再製造。[104]

　　(六)克服恐懼:計有編號第70,84兩篇可茲代表:第70.克服恐懼,用「落水要命,上岸要錢」[105] 比喻身體受到傷害,甚至生命面臨危險的時候,產生輕重不同的恐懼心理。[106] 第84.習氣與習慣,所謂「江山易改,本性難移」[107];本性在纏,稱之爲習氣。雖說「人之初,性本善」[108],但在人的本性受了世間習氣的薰染,需要相當的努力,才能把染污的習氣去除。[109]

【97】　星雲(2004),《迷悟之間・2.度一切苦厄》,頁237。

【98】　西周・姬昌作,《周易》。

【99】　唐・李商隱,〈無題之四〉。

【100】　星雲(2004),《迷悟之間・2.度一切苦厄》,頁237。

【101】　清・李寶嘉,《文明小史》第四十四回。

【102】　星雲(2004),《迷悟之間・2.度一切苦厄》,頁238。

【103】　星雲(2004),《迷悟之間・2.度一切苦厄》,頁265-266。後晉・劉昫,《唐書・狄傑傳》。

【104】　星雲(2004),《迷悟之間・2.度一切苦厄》,頁304。

【105】　清・張南庄,《何典》第三回。

【106】　星雲(2004),《迷悟之間・2.度一切苦厄》,頁239。

【107】　明・馮夢龍,《醒世恒言》卷第三十五篇。

【108】　宋・王應麟作,《三字經》。

【109】　星雲(2004),《迷悟之間・2.度一切苦厄》,頁287。

　　這十七篇三十一則譬喻具人間佛教生活性(9)、利他性(6)、喜樂性(5)、普濟性(2)、人間性(1)與時代性(1)等六種特性，相應程度依序爲生活性居首，其次爲利他性，接著爲喜樂性、普濟性、人間性與時代性。

　　附表3.3共三十五篇五十九則一般譬喻，其中以人生智慧十七篇三十一則譬喻居首，其次爲爲人行則十三篇二十一則譬喻，處事態度僅有四篇七則譬喻。這些譬喻出處非常多元，上自《論語》、《孟子》、《莊子》、《周易》、《詩經》、《唐書》等古籍，到明憨山大師《醒世歌》(第82.云何應住？)、清代鄭板橋寫的對聯(第26.小草精神)，到一般諺語，培根說過的話(第66.化敵爲友)，甚至還採用了近代的小學國語課文(第61.人生三間)，眞是琳琅滿目。在這些被星雲採用的古籍中，以《論語》與《諺語》各被引用了五則譬喻居首，其次《增廣賢文》被引用了兩則譬喻(第94.學習關心與第61.人生三間)，其餘譬喻則各出自不同典故。可見星雲國學涵養的豐厚。另外，這三十五篇五十九則譬喻具人間佛教人間性(4)、生活性(16)、利他性(13)、喜樂性(11)、時代性(2)與普濟性(6)等六種特性，相應程度以生活性居首，其次爲利他性。

第三節、《迷悟之間‧2.度一切苦厄》星雲自創譬喻闡釋

　　星雲在《迷悟之間‧2.度一切苦厄》書中，自創譬喻有四十三篇短文計一四五則譬喻，其中第7.活著就要動短文出現多達十二則譬喻。(見附表3.4)本書中星雲自創譬喻的短文篇數與譬喻數，占三類譬喻最高比例，分別爲43.3%與63%。星雲自創譬喻的內容可分爲五項屬性：和諧有序屬性包括九篇三十三則譬喻；邪正曲直屬性有十三篇三十八則譬喻；活動轉化屬性占六篇三十六則譬喻；生命能量屬性包括十篇三十則譬喻；人生智慧屬性僅有五篇九則譬喻。茲依屬性分述如下：

一、和諧有序：包括第4，8，9，27，32，38，41，51，77等九篇三十三則譬喻，分述如下：

第4.人和的重要：採用池塘裡的荷花之所以美麗乃因有綠葉陪襯，花園裡翩翩飛舞的蝴蝶因有彩色才更美麗，與雨後「七彩霓虹」因能包容各種不同的色彩才顯得美麗等，共三則自然生態的譬喻來說明人和的重要。[110] 第8.幽默一下：採用了五則譬喻來比喻幽默，幽默像園中的一朵花，增添院子的美麗；像菜裡的一點鹽，使飯菜更加美味；像春風吹拂；像清涼甘露；像人間智慧的花。[111] 第9.亂中求序：採用了五則譬喻來比喻亂中卻有秩序，即道路筆直，車輛自能依序前進；庭院裡高矮花草樹木各安其位；教室中大小桌椅板凳各得其所；家庭裡的老中青幼成員各有所尊；社會上的工商百業各自有人領導，就是亂中有序。[112]

第27.鼓勵與責備：舉貓狗也喜歡聽主人的讚美；馬牛也希望有主人的鼓勵，樹木花草的成長，更要有和風雨露的滋潤。[113] 來鼓勵被人接受。第32.美容與美心：舉一夫四妻譬喻美容與美心的差異，老四指我們的身體；老三是我們的財富；老二是我們的親朋好友；元配正是我們的心。[114] 第38.珍惜因緣：舉一篇文學作品仰賴許多構思組織才能完成；一幅山水畫作經過幾番思惟布局，才能躍然紙上；一塊石雕藝術源於心裡的思惟；高樓大廈是一個人思惟的成就。[115] 來比喻思維因緣的珍貴。

第41.逆增上緣：採用樹木花草的開花結果要靠足夠的陽光、空

【110】　星雲(2004)，《迷悟之間‧2.度一切苦厄》，頁24。
【111】　星雲(2004)，《迷悟之間‧2.度一切苦厄》，頁35-36。
【112】　星雲(2004)，《迷悟之間‧2.度一切苦厄》，頁39-40。
【113】　星雲(2004)，《迷悟之間‧2.度一切苦厄》，頁99。
【114】　星雲(2004)，《迷悟之間‧2.度一切苦厄》，頁115。
【115】　星雲(2004)，《迷悟之間‧2.度一切苦厄》，頁131。

氣、與水分；高樓大廈順利成建需要有土木瓦石等材料；梅花耐得住冰雪才受人歌頌；松柏禁得起霜寒才能愈冷愈青翠；皮球打得愈重才能跳得愈高；石灰耐烈火焚燒才能把清白留在人間。[116] 來比喻爲人處事能成功，要感恩衆多因緣的成就。

第51.自然之美：舉太陽紅如柿子與月亮淨如琉璃，非人工所能創造出來的。[117] 來比喻日月之美。第77.婆媳與母女：無論家庭生活中的婆媳，甚至世界上任何人際關係都要學會跳探戈：你進我退，我進你退，卽能有和諧的關係。[118] 採用了跳探戈來比喻人我互動關係之美。

上述九篇三十三則譬喻，含蓋自然、有情與無情多元譬喻，並依程度相應度具有人間佛教生活性(6)、利他性(5)、人間性(4)、喜樂性(4)、時代性(3)與普濟性(3)等六種特性，以生活性相應度居首。(見附表3.1)

二、邪正曲直：包括第5，13，20，25，29，33，37，56，68，79，84，86，87等十三篇三十八則譬喻，分述如下：

第5.欲的正邪：採用了七則實例來比喻欲望的正與邪，如用「拳頭」打人有罪，而用「拳頭」幫人捶背，對方則會感謝。又如工人的增產報國、軍人的捍衛國土、商人的誠信助人、教師的誨人不倦、傳播媒體的淨化、演藝人員的善美等，凡有助於移風易俗，促進自己身心清淨者，都是善法欲。[119] 第13.愛情紅綠燈：採用紅綠燈來比喻愛情，正當的愛就是綠燈；不當的愛就是紅燈。[120] 第20.信仰的層次：對人來說，宗教如光明，人不能缺少光明；宗教如水，人不能離開水而生活。一旦信錯了邪教外道，正如一個人錯喝了毒藥，等到藥效發作，將危及生命。不信的人，則如一個人不用大腦

【116】　星雲(2004)，《迷悟之間·2.度一切苦厄》，頁143-144。

【117】　星雲(2004)，《迷悟之間·2.度一切苦厄》，頁179。

【118】　星雲(2004)，《迷悟之間·2.度一切苦厄》，頁263。

【119】　星雲(2004)，《迷悟之間·2.度一切苦厄》，頁26-27。

【120】　星雲(2004)，《迷悟之間·2.度一切苦厄》，頁52。

思考，不肯張開眼睛看世界，就永遠也沒有機會認識這個世界。[121] 第25.消愁解悶：採用魑魅魍魎來譬喻愁悶，當愁悶的魔鬼降臨到一個人的心裡時，就好像魑魅魍魎，糾纏不清，使人難以得到解脫。[122]

第29.照顧念頭：採用了湖水來比喻念頭，水波不生，自能映物；念頭一動，波濤洶湧，自然無法照見自己的本來面目。[123] 第33.可怕的神通：舉二則實例來比喻神通，如一粒種子可以長成一棵大樹，一個貧寒出身的人，可以挺身而出，爲國爲民，普度世人。[124] 第37.思惟的妙處：舉一篇文學作品仰仗多少構思組織，篇章才能完成；一幅山水畫作，經過幾番思惟布局，才能躍然紙上；一塊石雕藝術品展現心裡的思惟；幾十層大樓的建設是一個人思惟的成就。[125] 來比喻思維的妙處。第56.愚癡的可怕：強調愚癡比一般的犯錯更加嚴重；犯錯如同走路摔倒了可以再站起來，愚癡如暗夜行走，不見光明。[126]

第68.去則路開：舉人體的血管來比喻交通，血管通暢，身體自然健康；道路通暢，經濟自然發展。[127] 第79.停聽看：用平交道來比喻人生的前途，每一步的前途都好像是平交道，必需要停聽看，再待機而發，才能確保安全。又將人的身體譬喻爲機器，生活中要午休，如機器要停下來保養。[128] 第84.習氣與習慣：我們的身口意染上不良的習慣，正如生鏽的刀劍，需用快石磨利；如腐朽了的木材，需加以補強；如千年的古鏡染上塵埃，需時時拂拭，才能具見光明。[129] 來比喻修正習慣

【121】　星雲(2004)，《迷悟之間‧2.度一切苦厄》，頁76。
【122】　星雲(2004)，《迷悟之間‧2.度一切苦厄》，頁91。
【123】　星雲(2004)，《迷悟之間‧2.度一切苦厄》，頁106。
【124】　星雲(2004)，《迷悟之間‧2.度一切苦厄》，頁119。
【125】　星雲(2004)，《迷悟之間‧2.度一切苦厄》，頁131。
【126】　星雲(2004)，《迷悟之間‧2.度一切苦厄》，頁195。
【127】　星雲(2004)，《迷悟之間‧2.度一切苦厄》，頁232。
【128】　星雲(2004)，《迷悟之間‧2.度一切苦厄》，頁268-269。
【129】　星雲(2004)，《迷悟之間‧2.度一切苦厄》，頁287。

的重要，否則習慣積非成是，會變成難改的習氣。

　　第86.瞋恨之害：瞋恨危害之大，有如汽車要靠蒸氣才能往前開動，飛機要靠電氣才能升空。[130] 又如颱風的形成，也是因為氣壓的關係；原子彈的威力，也是靠氣爆的原理，而心內怒火推動的「生氣」，其摧毀的威力大於心外的「氣壓」。[131] 第87.想當然爾：嚴厲的管教，如自然界裡的和風能令萬物生長，霜雪也能令萬物成熟。在人生的過程中，父母管教嚴厲是當然的，因為他為了要你將來成才；老師逼你用功也是當然的，因為他為了讓你有好的成績。同學之間的競爭是當然的，因為有競爭才有進步；人情澆薄也是當然的，因為要你發揮有情有義的人生。軍隊嚴苛的訓練是當然的，因為戰場上不能有分毫的出錯；老闆要求加班工作也是當然的，因為增產才能獲利。[132]

　　上述九篇三十三則譬喻，含蓋大自然的山河大地、陸海空交通、日常生活用品、有情與無情眾生等多元譬喻，並依程度相應度具有人間佛教生活性(7)、利他性(7)、人間性(4)、喜樂性(4)、普濟性(3)與時代性(1)等六種特性，以生活性相應度居首。(見附表3.1)

　　三、活動轉化：包括第7，12，53，63，83，90等六篇三十六則，分述如下：

　　第7.活著就要動：採用了十二則例子來比喻要活就要動，大自然裡，水要流動才會清澈；風要吹動才會新鮮。人也要活動才能生存。[133] 甚至佛法，要靠修行才能體證；做事，實務比理論有用，行動比空談有力。會做事的人將事情做「活」了，所以能越做越大；會下棋的人將棋子下「活」了，所以能全盤皆贏；會撰文的人將文字寫「活」了，所以能感動人心；會講演的人將道理講「活」了，所以能引起共鳴。花兒吐露芬

【130】　星雲(2004)，《迷悟之間·2.度一切苦厄》，頁291。
【131】　星雲(2004)，《迷悟之間·2.度一切苦厄》，頁293。
【132】　星雲(2004)，《迷悟之間·2.度一切苦厄》，頁294-295。
【133】　星雲(2004)，《迷悟之間·2.度一切苦厄》，頁31。

芳令人覺得賞心悅目，樹梢隨風輕搖令人覺得生意盎然，鳥兒枝頭鳴叫令人覺得動聽悅耳，雲朵舒卷自如令人覺得自在舒暢，溪水淙淙流動令人覺得滌盡塵慮，都是因為它們是「活」的。人「活」著就要「動」起來，才能散發生命的喜悅與希望。[134] 第12.求新求變：中華文化有許多固然是非常優秀，但是一昧的固守歷史陳跡不開化，好像一潭死水，如一個關閉的倉庫，背著往昔封建的思想、專制體制的包袱，不思求新求變，無法躋身世界的前端，實在難矣。又如舊的機器不淘汰更新，產品的水準無法提升；田園裡的品種不知改良，無法增加生產；填鴨式的教育制度不隨著時代的潮流改革，會戕害青少年的身心，令人遺憾。[135]

第53.死水與活水：舉生命與心念都如流水，永不停息，念念不停。保守固執的人，不把生命、心靈跟大地眾生共同活躍起來，宛若一灘死水，無益於世。讀死書，死讀書，讀書死的人，這都是沒有活用生命，讓生命變成了死水。有的人覺得做人難，人難做，難做人，這也是沒有發掘自己的潛能、才華、專長，所以活水不來，就如同死的生命。[136] 當感到自己的生命有所不足時，就是死水；當不肯發心利眾時，就是死水；不願把自己的所有分享別人時，就是死水。[137]人情如水：如果只蓄不流，就是死水；若能彼此互動，相互往來，就是活水。金錢如水：金錢不用，就是死水，能夠活用金錢，就是活水。人性如水：水往低處流，人往高處走；人生能有「逆水行舟」的精神，逆生死之流而上，生命即可活躍，即是活水。人心如水：水會流，心會動；當我們把心活躍起來，就是活水。[138]

【134】　星雲(2004)，《迷悟之間‧2.度一切苦厄》，頁33。

【135】　星雲(2004)，《迷悟之間‧2.度一切苦厄》，頁31。

【136】　星雲(2004)，《迷悟之間‧2.度一切苦厄》，頁183-184。

【137】　星雲(2004)，《迷悟之間‧2.度一切苦厄》，頁184。

【138】　星雲(2004)，《迷悟之間‧2.度一切苦厄》，頁185。

第63.往好處想：採用了四則例子來比喻向上提升，如一朵小花，它也懂得要把芬芳散布在空氣裡；一隻鳥兒，牠也知道要以歌聲來愉悅人間。佐料加在菜餚裡，就會美味可口；機械給它加油，就能發動運轉。身為萬物之靈的人類，怎能不把歡喜快樂散布在人間呢？[139] 第83.屈伸自如：人生的前途遇到困難挫折時，要懂得轉彎、變通，正如汽車駛進了死巷，要轉彎才能出來。[140] 第90.三合板哲學：採用了四則實例來比喻再利用的價值，世間上能幹的人都能「化腐朽為神奇」，都能給予廢料再製造，如一個良將，殘兵敗卒也能訓練成勇士；一個明醫，枯木朽石也能炮製成仙丹；一個名匠，破銅爛鐵也能鍛鍊成精鋼；一個巧婦，剩菜殘羹也能烹煮成佳餚。[141]

　　上述六篇三十六則譬喻，含蓋多元譬喻，並依程度相應度具有人間佛教利他性(5)、生活性(4)、喜樂性(1)與時代性(1)等四種特性，亦以利他性相應度居首。(見附表3.1)

四、生命能量：包括第14，16，18，24，26，40，43，50，52，62等十篇三十則，分述如下：

　　第14.微笑的力量：舉花朵與音樂比喻微笑的力量，讓微笑像花朵一樣，開滿生命的園地，讓微笑像音樂一樣，溫暖每個人的心靈。[142] 第16.生命的能量：舉蛟龍與陽光來比喻生命的能量，有的人如蛟龍困在沙灘，時來運轉飛上九重天，此間的因緣給予生命的能量。會運用生命裡無限的能量，則如陽光溫暖人間。[143] 第18.消除壓力：舉大海、虛空與皮箱來比喻壓力的消除，像大海容納百川，像虛空容納萬物，放寬心胸，凡事包容，自然能消除壓力。又像皮箱一樣，提得起放得下，

【139】　星雲(2004)，《迷悟之間·2.度一切苦厄》，頁214。
【140】　星雲(2004)，《迷悟之間·2.度一切苦厄》，頁284。
【141】　星雲(2004)，《迷悟之間·2.度一切苦厄》，頁304-305。
【142】　星雲(2004)，《迷悟之間·2.度一切苦厄》，頁57。
【143】　星雲(2004)，《迷悟之間·2.度一切苦厄》，頁62-63。

凡事不比較、不計較，自然可以消除壓力。[144]

　　第24.勇敢活下去：舉五則事例來說明如何勇敢活下去，死亡就像日落西山，雖有生命的存在，但在人間已經沒有光輝；海鷗孤獨的在大自然中與狂風搏鬥；鮭魚逆流而上，破腹犧牲，也要堅持到最後一口氣。一葉孤舟，在乘風破浪裡，還是有得救的希望；老兵身上傷痕累累，因爲勇敢而活下來了。[145] 第26.小草精神：江海是由涓涓細流所匯成；滿樹的果實來自一粒種子；一部機器的正常運轉少不得任何一根小螺絲釘。[146] 說明東西雖小，卻有大用。第40.吃素的真義：採用了二則譬喻來說明素食者的體力比較耐久。如牛、馬、大象、駱駝等，皆爲素食的動物，都比較具有耐久的力量。又如飛行的鴿子，也是吃豆穀之類的素食者，牠們也是展翅千里，不屈不撓。[147]

　　第43.人要有使命感：舉六則譬喻來強調人的使命感，如狗以看家爲使命；貓以捕鼠爲使命；雞以司晨爲使命；蜂以釀蜜爲使命；牛以拉車負重爲使命；馬以日行千里爲使命。生而爲人，更應有使命感。[148] 第50.健康的重要：舉油盡燈乾譬喻來說明健康的重要，如油盡燈乾而終者，即是死亡。[149] 第52.增加營養：採用了三則實物來比喻營養，如清淨的空氣是我們的補品，和煦的陽光也是我們的營養，良言鼓勵體貼慰言更是美好的資糧。[150] 第62.散播快樂：舉四則實物來提醒身爲萬物之靈的人類如何在人間散播快樂，如一朵小花懂得要把芬芳散布在空氣裡；一隻鳥兒知道要以歌聲來愉悅人間。佐料加在菜餚

【144】　星雲(2004)，《迷悟之間・2.度一切苦厄》，頁69。

【145】　星雲(2004)，《迷悟之間・2.度一切苦厄》，頁90。

【146】　星雲(2004)，《迷悟之間・2.度一切苦厄》，頁95。

【147】　星雲(2004)，《迷悟之間・2.度一切苦厄》，頁131。

【148】　星雲(2004)，《迷悟之間・2.度一切苦厄》，頁153。

【149】　星雲(2004)，《迷悟之間・2.度一切苦厄》，頁174。

【150】　星雲(2004)，《迷悟之間・2.度一切苦厄》，頁180。

裡，就會美味可口；給機械加油，就能發動運轉。[151]

　　上述十篇三十則譬喻，含蓋多元譬喻，並依序具有人間佛教利他性(6)、生活性(4)、喜樂性(4)與人間性(3)等四種特性，亦以利他性相應度居首。(見附表3.1)

　　五、人生智慧：包括第64，67，71，76，85等五篇九則，分述如下：

　　第64.人生滋味：人生的滋味，雖然百味具陳；但要如廚房裡善調酸甜苦辣的廚師，當鹹則鹹，當淡則淡。[152]　第67.走出陰影：舉兩則實物來比喻人生，人生好像是一場虛幻不實的夢境，好像是一個破碎不堪的物品，唯有勘破虛幻人生，才能開啓智慧。[153]　第71.人生是過客：舉過客與飯店二則譬喻來比喻過客的人生，有人想留下歷史、或人間的情義、或人間的光輝；也有的人無聲息的來去，不知為什麼來又去？就如大飯店裡，每天都有人來人往，不見得都有目標。[154]　第76.心靈的門窗：舉二則實物來比喻心靈的門窗遭到污染，如不當的人言是非，像細菌一樣的「登堂入室」，威脅到全家生活的安寧；又如風沙穢氣不斷的從門窗外飄進屋內，污染居家生活的空氣品質，因此守護根門如門窗的開關一樣重要。[155]　第85.心無罣礙：舉二則實例來比喻放下的人生，第一則「心中有事天地小，心中無事一床寬。」；第二則對世間的榮華，富貴、妻子兒女等，把它當成是一個皮箱：用時提起；不用放下。這就是「心無罣礙」的美好生活。[156]

　　上述五篇九則譬喻，含蓋多元譬喻，並依程度相應度具有人間佛

【151】　星雲(2004)，《迷悟之間‧2.度一切苦厄》，頁214。
【152】　星雲(2004)，《迷悟之間‧2.度一切苦厄》，頁220。
【153】　星雲(2004)，《迷悟之間‧2.度一切苦厄》，頁231。
【154】　星雲(2004)，《迷悟之間‧2.度一切苦厄》，頁243。
【155】　星雲(2004)，《迷悟之間‧2.度一切苦厄》，頁259。
【156】　星雲(2004)，《迷悟之間‧2.度一切苦厄》，頁290。

教生活性(4)、利他性(1)、時代性(1)與普濟性(1)等四種特性，以生活性相應度居首。(見附表3.1)

第四節、結語

譬喻是釋迦牟尼佛十二種或九種說法方式之一，屬善巧方便的說法方式。星雲在本世紀初所著的十二冊《迷悟之間》亦運用此方式來說法。本論文就本套書的第二冊《2.度一切苦厄》所採用到的譬喻內容，九十四篇短文中，有七十三篇運用譬喻來說法，占78%，近八成。先分爲佛典譬喻、一般世俗譬喻與星雲自創譬喻三類，逐類分析闡釋，再比對星雲人間佛教的六大特性。結語如下。

二十九則佛典類譬喻分布在二十二篇短文中，是本書所採用的三類譬喻中最少數的一類，這些譬喻的分布以一篇一則居多。這二十九則譬喻的內容可再細分爲平等包容、執妄自縛、人命無常、心的力量與中道不二五種屬性。雖以心的力量屬性的九篇十一則譬喻居多，但都在強調人我之間平等與包容的重要。這來自佛教經論的二十九則譬喻呼應人間佛教六大特性比例爲5：14：4：3：3：7，以生活性譬喻居冠。

三十五篇五十九則一般世俗類譬喻，其中第69.永不退休高達五則譬喻。這些譬喻可分爲爲人行則、處事態度與生命智慧三種屬性。爲人行則屬性的譬喻共有十三篇二十一則，超過一般世俗譬喻的三分之一。涉及夫妻之間、長幼關係/君臣關係、家人關係、人我之間、主從關係、商場之間、黨派之間、國際關係等廣泛多元的人與人互動時的行爲準則。生命智慧屬性的譬喻十七篇三十一則，超過此類譬喻五成之多，可再細分爲小草精神、度一切苦、回頭轉身、人是萬能、死水活水、克服恐懼等六項，都是開啓人生智慧的譬喻。這五十九則一般譬喻呼應人間佛教六大特性比例爲4：16：13：11：2：6，以生活性譬喻居冠。

四十三篇一四五則星雲自創譬喻，其中第7.活著就要動短文出現

多達十二則譬喻。自創譬喻的短文篇數與譬喻數，占三類譬喻最高比例，分別為59%與63%。星雲自創譬喻的內容可再細分為和諧有序、邪正曲直、活動轉化、生命能量、與人生智慧五種屬性。以人生智慧屬性僅有五篇九則譬喻最少，其餘四種屬性平均都有三十則以上的譬喻。含蓋大自然的山河大地、花草樹木、政商交通、為人行事、居家環境、日常作務、生活用品、六道眾生等多元的自創譬喻，展現了星雲豐富的見聞覺知與深刻的生活體驗，更型塑出其成功說法的獨特模式。星雲自創譬喻呼應人間佛教六大特性比例為11：24：24：13：6：7，以生活性與利他性譬喻共同居冠。

　　在三類譬喻中，星雲自創譬喻呼應人間佛教六大特性最強，高出佛教經論與一般世俗譬喻兩組許多，可見星雲運用自創譬喻的自如性與熟稔度。再綜合三類譬喻呼應人間佛教六大特性，即人間性、生活性、利他性、喜樂性、時代性、普濟性的比例為20：54：41：27：11：20，以生活性54居首，利他性41其次，時代性11殿後。足見書中星雲採用或創作的譬喻都或多或少富有人間佛教的特性，有助其宣揚人間佛教的思想與理念。

　　星雲《迷悟之間2.度一切苦厄》每一篇文章雖然篇幅不長，卻富含深義與禪味，並與日常生活息息相關，從和諧家庭、社會、國家等各種人際關係，抱持平等包容的處世態度，發揮正面心力與生命能量，自然能獲取中道不二的生命智慧，度一切苦厄，突顯星雲人間佛教的六大特性。尤其書中高比例的自創譬喻，不但從中可見星雲豐富的人生閱歷與深度的佛法體悟，更顯示其高超的智慧以及運用譬喻詮釋人生哲理的技巧，可以說運用譬喻與高比例的自創譬喻模式，是促成星雲講說佈教及著作論述受歡迎的重要原因。

附錄

表3.1.《迷悟之間·2度一切苦厄》譬喻分布量與人間佛教六大特性對照表

篇號/篇名	分類			譬喻數	人間佛教六大特性						小計
	A	B	C		a	b	c	d	e	f	
3.婚外情		1		1	V	V		V	V		4
4.人和的重要			3	2	V	V		V	V	V	5
5.欲的正邪			7	7	V	V	V	V	V	V	6
7.活著就要動			12	12		V	V	V		V	4
8.幽默一下			5	5	V	V	V	V			4
9.亂中求序	2		5	7	V	V			V	V	4
10.固執的偏見	2			2	V	V			V		3
12.求新求變			5	6	V	V	V				3
13.愛情紅綠燈			2	2	V	V		V			3
14.微笑的力量			2	2	V	V		V			3
16.生命的能量			2	2		V				V	2
18.消除壓力			3	3	V	V					2
19.承諾的力量		1		1		V	V				2
20.信仰的層次			4	4	V	V				V	3
22.呼吸的重要	1			1						V	2
23.道德的生活		1		1	V	V	V			V	4
24.勇敢活下去			5	5	V						1
25.消愁解悶	1	1	1	3	V	V					2
26.小草精神	1	1	3	6		V	V	V			3
27.鼓勵與責備			3	3			V	V			2
28.度一切苦厄		1		1		V					1
29.照顧念頭			1	1		V					1
30.慈眼視眾生		1		1			V				1

篇號/篇名	分類			譬喻數	人間佛教六大特性						小計
	A	B	C		a	b	c	d	e	f	
32.美容與美心	1		4	5		V					1
33.可怕的神通			2	2			V			V	2
37.思惟的妙處			4	4			V	V		V	3
38.珍惜因緣			4	2		V	V			V	3
40.吃素的真義			2	2		V	V				2
41.逆增上緣			6	6	V	V	V				3
43.人要有使命感			5	5			V				1
44.猶豫不決	1			1					V		1
45.幻想的毛病		2		2	V						1
46.為你好		2		2			V				1
47.老做小		2		2		V		V			2
50.健康的重要			1	1	V						1
51.自然之美		2		2						V	1
52.增加營養			3	3			V	V			2
53.死水與活水	1	1	10	12		V	V				2
54.溝通的技巧		2		2			V				1
55.回頭轉身			1	1				V			1
56.愚癡的可怕	1	2	1	4		V	V				2
57.心的牢獄	1			1	V	V					2
61.人生三間		2		2		V					1
62.散播快樂			4	4				V	V		2
63.往好處想			4	1				V			1
64.人生滋味			1	1	V						1
65.聞過則喜		2		2				V			1
66.化敵為友	1	2		3			V				1
67.走出陰影	2	1	2	5		V				V	2

篇號/篇名	分類			譬喻數	人間佛教六大特性						小計
	A	B	C		a	b	c	d	e	f	
68.去則路開		2	1	4			V			V	2
69.永不退休		5		5			V		V	V	3
70.克服恐懼	1	1		2						V	1
71.人生是過客	2		1	3		V					1
72.無情說法	1			1						V	1
73.月亮的啓示	1	4		5	V						1
74.同床異夢		2		2						V	1
75.萬能的人類		4		4			V				1
76.心靈的門窗			2	2			V		V		2
77.婆媳與母女			1	1			V	V	V		3
78.得獎		2		2				V		V	2
79.停聽看		2	2	4		V					1
80.萬事如意		1		1				V			1
81.瞌睡種種	2	1		3		V					1
82.云何應住？	1	1		2		V		V			2
83.屈伸自如		1	1	2		V					1
84.習氣與習慣		2	3	5			V				1
85.心無罣礙	1	1	1	4		V					1
86.瞋恨之害	2		4	6				V			1
87.相當然爾			7	7			V	V			2
90.二合板哲學		1	4	5			V				1
92.邪理可怕	1			1						V	1
93.不二法門的哲學	2			2						V	1
94.學習關心		3		3				V			1
總計 73篇	29	59	145	233	17	36	32	23	10	21	139

註：表內A表經論譬喻；B表一般譬喻；C表自創譬喻
a表人間性、b表生活性、c表利他性、d表喜樂性、e表時代性、f表普濟性

表3.2.星雲《迷悟之間·2度一切苦厄》佛典譬喻分佈表

屬性	篇號篇名	譬喻數	經論譬喻內容	出處
一、平等包容—4	9.亂中求序	2	所謂「方便有多門,歸元無二路」。p.40 提倡「百川入海,同一鹹味;四姓出家,同為釋氏」的平等觀。p.40	《楞嚴經》卷六 T19n0945p130a14 《梵網經心地品菩薩戒義疏發隱》卷二 TX38n679p01a05
	26.小草精神	1	佛經說:「四小不可輕!」。p.95	《雜阿含經》卷46, T02n0099p335a03
	66.化敵為友	1	佛教說:「怨親平等」。p.226	元魏·菩提流支譯《佛說佛名經》卷16, T14n0441p249a02
二、執妄自縛—5	10.固執的偏見	2	闡提不信三世因果。謂人死如燈滅。p.42 執樂行的人……不知三界無安,猶如火宅。p.42	《性善惡論》卷2, X57n0970p002 《妙法蓮華經》卷2, T09n0262p002
	25.消愁解悶	1	誠如禪門說:「沒有人束縛你,是你自己束縛你自己!」p.92	《佛說轉女身經》卷1, T14n0564p918b10
	56.愚癡的可怕	1	犯錯如同走路,……愚癡如暗夜行走。p.195	《法王經》卷1, T85n2883p1388a11
	92.邪理可怕	1	所謂「打得念頭死,許汝法身活」!p.313	彭際清纂《念佛警策》卷2,西方確指「覺明妙行菩薩」, X62n1181p328a10
三、人命無常—3	22.呼吸的重要	1	佛陀問弟子:人命在幾間?有比丘答:人命在數年之間!……在數日之間!……在一日之間!……在飯食之間!佛陀說:人命在呼吸之間。p.81	《四十二章經》卷1, T17n0784p724a03
	71.人生是過客	2	所謂「過堂」,如人到世界上來,從生到死,數十年歲月寒暑,也只是經過而已。p.242 無門禪師說:「春有百花秋有月,夏有涼風冬有雪;若無閒事掛心頭,便是人間好時節。」p.242	民國·王亨彥撰《中國佛寺史志彙刊》冊010 No.9〈普陀洛迦新志〉(12卷) 宋·法應集《禪宗頌古聯珠通集》卷8, X65n1295p668c01

屬性	篇號篇名	譬喻數	經論譬喻內容	出處
四、心的力量─11	32.美容與美心	1	所謂「萬般帶不去,唯有業隨身。」「業」正是「披毛帶角因為它;成佛作祖也由它」。p.115	宋·王日休撰《龍舒增廣淨土文》卷3,T47n1970p0259c10 宋·正受編《嘉太普登錄》卷25,X79n1559p04401
	44.猶豫不決	1	《金剛經》把「猶豫」比喻為「狐疑」。p.154	姚秦·鳩摩羅什譯《金剛般若波羅蜜經》卷1,T08n0235p748c20
	53.死水與活水	1	我人的心念,念念不停,恰如流水。唯識宗更將第八阿賴耶識喻為瀑流。p.183	彌勒菩薩說唐·玄奘譯《瑜伽師地論》卷51,T30n1579p579a10
	57.心的牢獄	1	佛經說:「三界無安,猶如牢獄」。p.198	姚秦·鳩摩羅什譯《妙法蓮華經》卷2,T09n0262p249a02
	67.走出陰影	2	覺悟:世間無常,國土危脆;四大苦空,五陰無我;生滅變異,虛偽無主;心是惡源,形為罪藪。p.231心中的陰影要靠自己抹拭;只要自己能「時時勤拂拭」,又何懼它「處處惹塵埃」呢?p.231	後漢·安世高譯《佛說八大人覺經》卷1,T17n0779p715b07 元·宗寶編《六祖大師法寶壇經》卷1,T48n2008p345c08
	70.克服恐懼	1	《般若心經》:要遠離恐怖,與顛倒夢想。p.241	唐·玄奘譯《般若波羅蜜多心經》卷1,T08n0251p890a14
	82.云何應住?	1	《華嚴經》:「常樂柔和忍辱法,安住慈悲喜捨中。」p.281	東晉·佛馱跋陀羅譯《華嚴經》卷 　,T9n278p398c09
	85.心無罣礙	1	所謂「心中有事天地小,心中無事一床寬。」提得起,放得下,就是「心無罣礙」的美好生活了!p.290	唐·玄奘譯《般若波羅蜜多心經》卷1,T08n0251p890a14
	86.瞋恨之害	2	「瞋恨之火,能燒功德之林!」p.291 「一念瞋心起,百萬障門開!」p.293	後秦·鳩摩羅什譯《十住毘婆沙論》卷十三,T26n1521p90a29 唐·實叉難陀譯《大方廣佛華嚴經》卷49,T10n0279p258b02

屬性	譬喻數	譬喻數	經論譬喻內容	出處
五中道不二一6	72.無情說法	1	「生公說法，頑石點頭」。p.245	傳我等編《古雪哲禪師語錄》卷5，J28nB208 329c27
	73.月亮的啟示	1	古德：「月圓月缺猶存月，本來無暗復何明？」p.251	瞿汝稷槃談集《指月錄》卷14「鎮州臨濟義玄禪師」X83n1578p549b21
	81.瞌睡種種	2	佛陀批評阿那律：「咄咄汝好睡，螺螄蚌殼類，一睡一千年，不聞佛名字。」p.277 修行的生活，要合乎中道。例如彈琴，琴弦太緊，容易斷；琴弦太鬆，彈不出聲音。p.278	洪暹編《自閒覺禪師語錄》卷4，J33nB287p547a09 迦葉摩騰共竺法蘭譯註《四十二章經》，J33nB287p547a09
	93.不二法門的哲學	2	能夠「理事圓融」，那才是真正的「不二」。若能將「不二法門」的哲學應用在生活上，自能「人我一如」、「自他不二」也！p.316	後秦·釋僧肇選注《維摩詰經》卷8〈入不二法門品〉第九，T38n1775 396b23
	22篇	29		

表3.3.《迷悟之間·2度一切苦厄》一般譬喻內容表

屬性	篇號篇名	譬喻數	一般譬喻內容	備註
一、為人行則─13	3.婚外情	1	所謂「野花那有家花香」，夫妻重歸於好，往往指日可期。p.20	丁玲(1934)《母親》
	19.承諾的力量	1	孔子曾經譬喻：「人而無信，正如大車無輗，小車無軏，何以行之？」p.71	《論語·為政第二》
	23.道德的生活	1	所謂「君子之德風，小人之德草，草上之風必偃。」p.87	《論語·顏淵》
	30.慈眼視眾生	1	韓愈：「世有伯樂，然後有千里馬；千里馬常有，而伯樂不常有。」p.107	唐·韓愈〈雜說四〉
	46.為你好	2	人應該要懂得「良藥苦口，忠言逆耳」。p.161人人懂得別人「為我好」；即使不好的，只要是好心好意，也是「為我好」。如果能有這樣的受教，那正是所謂「和風細雨，用以成長也；冰雪霜寒，所以成就也」！p.162	孔子門人撰《孔子家語·六本》/倾泠月，《且試天下》
	47.老做小	2	中國諺語「敬老尊賢」，所謂「家有一老，如有一寶」俗語說：越是成熟的稻穗，頭垂得越低。自古以來，越是禮賢下士的帝王，越是以賢名留芳；越是不恥下問的老師，越是能以學問傳世。p.164	《中國諺語》宋·歐陽修、宋祁等《新唐書·李勉傳》
	54.溝通的技巧	2	一個人能夠「從善如流」，能夠「與人為善」，讓別人覺得於己有利，別人也才願意與你溝通。p.187	《左傳·成公八年》/《孟子·公孫丑上》
	65.聞過則喜	2	「范蠡不殉會稽之恥，曹沫不死三敗之辱，卒復勾踐之讎，報魯國之羞。」p.223《論語》：「過則勿憚改」！p.223	李陵〈答蘇武書〉/《論語·學而》
	66.化敵為友	2	所謂「同行相嫉，文人相輕」。p.224培根：「沒有情人，會很寂寞；沒有敵人，也是寂寞的。」p.225	三國·魏·曹丕《典論·論文》
	67.走出陰影	1	無常到來，如同「夫妻本是同林鳥，大限來時各分飛」。p.230	明·馮夢龍《喻世明言卷一》
	74.同床異夢	2	國民黨、新黨、親民黨，他們連「同床異夢」的條件都不夠。所謂「本是同根生，相煎何太急！」p.254	宋·陳亮〈與朱元晦秘書書〉

屬性	篇號篇名	譬喻數	一般譬喻內容	備註
一、為人行則—13	80.萬事如意	1	「如意」，人人欲求！不過，「欲得人如我意，必先我如人意」。因為，世界不是我一個人的世界，我稱心如意了，別人都不如意，情何以堪！所以，家庭的人事相處，社會的人事往來，大家都能如意，這才是名符其實的「萬事如意」了！p.274	南北朝‧張成《造像題字》/《碑文》
	94.學習關心	3	「烽火連三月，家書抵萬金」；因為從艱難危險中，能夠獲得了平安的訊息，更比萬金可貴。pp.317-318 現在的社會進步，凡是有善心的人，都抱著「人飢己飢，人溺己溺」的愛心，給予救災恤貧，給予多方協助。P.318 所謂「貧在鬧市無人問，富在深山有遠親。」榮華富貴的人，你可以不去記著他；窮困潦倒的時候，你能伸出友誼的手，可能比黃金還要寶貴。所以，錦上添花不名為關心，能夠雪中送炭，才是最好的關心。p.319	唐‧杜甫〈春望〉《孟子‧離婁篇下》 古訓《增廣賢文》
二、處事態度—4	25.消愁解悶	1	南唐後主李煜：「問君能有幾多愁？恰似一江春水向東流。」p.91	五代‧李煜〈虞美人〉
	45.幻想的毛病	2	「南柯一夢」「黃粱夢」醒，也只有徒增人生的悲涼與傷感罷了！p.159	唐‧李公佐《南柯太守傳》
	56.愚癡的可怕	2	中國成語故事「削足適履」、「剜肉補瘡」，說明愚癡的可笑。p.195詩：「二月賣新絲，五月糶新穀；醫得眼前瘡，剜卻心頭肉。」p.195	《淮南子說林訓》/唐‧聶夷中〈詠田家〉
	68.去則路開	2	諺語說：「路是人走出來的！」神話裡的盤古氏可以開天闢地，人怎麼不能開路呢？p.232 （諺語）：所謂「條條大道通長安」。p.234	《三五歷記》《諺語》

屬性	篇號 篇名	譬喻數	一般譬喻內容	備註
三、人生智慧—17	26.小草精神	1	「室雅何須大,花香不在多。」。p.97	清·鄭板橋書寫對聯
	83.屈伸自如	1	語云:「大丈夫能屈能伸」;真正懂得財物的人,能給能捨,能捨能受。p.283	清·夏敬渠《野叟曝言》
	85.心無罣礙	1	所謂「心中有事天地小,心中無事一床寬。」所以,提得起,放得下,這就是「心無罣礙」的美好生活了!p.290	《諺語》
	28.度一切苦厄	1	「人生像一杯苦酒!」從嬰兒呱呱墜地開始,所發出的第一個聲音,就是「苦啊!」p.101	唐·宋之問〈下山歌〉
	61.人生三間	2	「日曆日曆,掛在牆壁;一天撕去一頁,我心多麼著急。」p.209雖然是宇宙寬廣,夜眠不過八尺,但是誰願意放棄「空間」呢?p.210	小學國語課文《增廣賢文》
	73.月亮的啟示	4	所謂「月明星稀,人生幾何?」p.249諺云:「月兒彎彎照九州,幾家歡樂幾家愁?」p.250詩曰:「古人不見今時月,今月曾經照古人。」「月到中秋分外明,人生能度幾中秋?」p.250	《詩經鄭風子衿》/《諺語》李白詩明·醒世恒言
	82.云何應住?	1	「榮華總是三更夢,富貴還同九月霜」。p.281	明·憨山大師《醒世歌》
	55.回頭轉身	1	「回頭是岸」,……所謂「浪子回頭金不換」p.189	張恨水《八十一夢·第32夢》
	79.停聽看	2	「識時務者為俊傑」,……「退讓一步,才能保得百年身」。p.270	《三國志·蜀書·諸葛亮傳》
	75.萬能的人類	4	有的人是無能的!例如讀書人「百無一用是書生」p.255做皇帝的,也有人說他「庸懦無能」;p.255長年時運不濟,慨歎自己「一事無成」。p.255「人強勝天。」「人定兮勝天,半壁久無胡日月。」所謂「人定勝天」p.257《逸周書·文傳》/宋·劉過《襄陽歌》	清·黃景仁《雜感》/宋書·臧質傳/唐·白居易〈除夜寄微之〉詩

屬性	篇號篇名	譬喻數	一般譬喻内容	備註
三、人生智慧—17	81.瞌睡種種	1	孔子當眾不客氣的責備宰我說：「朽木不可雕也，糞土之牆不可杇也。」p.276	《論語‧公冶長》
	53.死水與活水	1	朱熹有詩云：「問渠那得清如許？謂有源頭活水來。」當我們有了般若智慧，就是有活水。p.184	宋‧朱熹〈觀書有感〉
	69.永不退休	5	中國人有「積穀防飢」、「養兒防老」的觀念。p.236所謂「長江後浪推前浪」，……佛教裡所謂的「傳燈」，也都是為了應付歲月變遷的對策。p.237「天行健，君子以自強不息。」……身為大自然裡的一份子，應該要有「做一日和尚，撞一日鐘」的體認！p.237所謂「春蠶到死絲方盡，蠟炬成灰淚始乾」！p.238唐‧李商隱〈無題之四〉	宋‧左圭《百川學海》/宋‧文珦《過苕溪》《周易》/清‧李寶嘉《文明小史》
	78.得獎	2	對沒有被提名的優秀人才，……要有「遺珠之憾」。p265所謂「有人漏夜趕考上京城，有人夜半辭官歸故里」。p.266	《唐書‧狄傑傳》/《諺語》
	90.三合板哲學	1	世間上，能幹的人都能「化腐朽為神奇」，都能給予廢料再製造。p.304	《莊子‧知北遊》
	70.克服恐懼	1	「落水要命，上岸要錢」，只是恐懼心理的輕重而已。p.239	清‧張南庄《何典》第三回
	84.習氣與習慣	2	所謂「江山易改，本性難移」。雖然說「人之初，性本善」。p.287《三字經》	明‧馮夢龍《醒世恒言》
計	35篇	59		

表3.4.《迷悟之間‧2度一切苦厄》自創譬喻內容表

分類	篇號/篇名	譬喻數	自創譬喻內容
一、和諧有序—9	4.人和的重要	3	池塘裡，美麗的荷花也須綠葉的陪襯；花園裡，翩翩飛舞的蝴蝶，也要有彩色才會更美麗。雨後的彩虹，正因為它能包容各種不同的色彩，故能展現美麗的「七彩霓虹」。p.24
	8.幽默一下	5	幽默，像園中的一朵花，……；幽默，像菜裡的一點鹽，……。p.35 幽默要諧而不謔；幽默是善、是美，是春風吹拂，是清涼甘露。幽默，是人間的智慧之花。p.36
	9.亂中求序	5	直，就會有序；道路筆直，車輛自能依序前進。p.39 庭院裡，花草樹木，有高有矮，各安其位，就是亂中有序；教室中，桌椅板凳，有大有小，各得其所，就是亂中有序。家庭裡，成員有老　中青幼，各有所尊，就是亂中有序；社會上，工商百業，各自有人領導，就是亂中有序。p.40
	27.鼓勵與責備	3	貓狗，也喜歡聽主人的讚美；馬牛，也希望有主人的鼓勵。樹木花草，也是要有和風雨露的滋潤。pp.99-100
	32.美容與美心	4	這個譬喻裡的老四，指的是我們的身體；老三，就是我們的財富；老二，是我們的親朋好友；元配，正是我們的心。p.115
	38.珍惜因緣	4	一篇文學作品，需要多少構思組織，篇章才能完成；一幅山水畫作，也是需要經過幾番思惟布局，才能躍然紙上。p.131 一塊石頭雕刻成藝術品，並非刀刻的力量，而是心裡的思惟；幾十層大樓的建設，並非千百員工的力量，而是一個人思惟的成就。p.131
	41.逆增上緣	6	一個人做人成功、事業成功，要靠很多的因緣幫助。就如樹木花草，需要有陽光、空氣、水分等因緣，才能開花結果；高樓大廈，需要有土木瓦石等材料，才能順利成建。p.143大自然裡，梅花受人歌頌，就是因為它耐得住冰雪，所以才能愈冷愈芬芳；松柏令人喜愛，就是因為它禁得起霜寒，才能愈冷愈青翠。皮球打得愈重，跳得愈高嗎？石灰不經烈火焚燒，那能把清白留在人間呢？p.144
	51.自然之美	2	紅如柿子的太陽、淨如琉璃的月亮，人能創造出來嗎？p.179
	77.婆媳與母女	1	婆媳在一個家庭中生活，要彼此跳探戈。p.263

分類	篇號/篇名	譬喻數	自創譬喻內容
二、邪正曲直—13	5.欲的正邪	7	用「拳頭」打人有罪,而用「拳頭」幫人捶背,對方則會感謝。所謂「法非善惡,善惡是法。」p.26如工人的增產報國、軍人的捍衛國土、商人的誠信助人、教師的誨人不倦、傳播媒體的淨化、演藝人員的善美等,……皆是善法欲也。p.27
	13.愛情紅綠燈	2	正當的愛,就是綠燈;不當的愛,就是紅燈。p.52例如,在《善生經》《玉耶女經》裡,佛陀都告訴在家信眾,綠燈的愛情應該怎麼走法;到了大乘佛教《華嚴經》《寶積經》《維摩經》,都強調大乘佛教的倫理綱常、感情生活等。p.52
	20.信仰的層次	4	宗教如光明;宗教如水,人不能離開水而生活。一旦信錯了邪教外道,正如一個人錯喝了毒藥,等到藥效發作,則生命危矣!不信的人,則如一個人不用大腦思考,不肯張開眼睛看世界,永遠沒有機會認識這個世界。p.76
	25.消愁解悶	1	當愁悶的魔鬼降臨到一個人的心裡的時候,就好像魑魅魍魎,糾纏不清,使人難以得到解脫。p.91
	29.照顧念頭	1	我們的念頭有如一潭湖水,水波不生,自能映物;念頭一動,波濤洶湧,自然無法照見自己的本來面目。p.106
	33.可怕的神通	2	一粒種子,可以長成一棵大樹?一個貧寒出身的人,可以挺身而出,為國為民,普度世人,不是很神奇嗎?p.119
	37.思惟的妙處	4	一篇文學作品,需要多少構思組織,才能完成;一幅山水畫作,需要經過幾番思惟布局,才能躍然紙上。p.131一塊石頭雕刻成藝術品,是心裡的思惟;幾十層大樓的建設,是一個人思惟的成就。p.131
	56.愚癡的可怕	1	犯錯如同走路,摔倒了可以再站起來,愚癡如暗夜行走,不見光明。p.195
	68.去則路開	1	交通,如同人體的血管,血管通暢,身體自然健康;道路通暢,經濟自然發展,文明的建樹當然就會一日千里。p.232
	79.停聽看	2	人生每一步的前途都好像是平交道,如果任意向前一步,都會充滿了危險。p.268人的生活,要午休,要晚睡;機器也要給它停下來保養。p.269
	84.習氣與習慣	3	身口意都染上不良的習慣,就必須自己痛下針砭;正如生鏽的刀劍,如果不用快石磨利,怎麼會有威力呢?腐朽了的木材,如果不加以補強,怎麼能成為建材呢?p.287　所謂「江山易改,本性難移」;本性在纏,即稱之為習氣。「人之初,性本善」,吾人染污了的習氣,正如千年的古鏡染上塵埃,如果沒有時時勤拂拭,又何能具見光明呢?p.287

分類	篇號/篇名	譬喻數	自創譬喻內容
二、邪正曲直─13	86.瞋恨之害	4	瞋恨生氣的時候，不吃飯不睡覺；這是和瞋恨還是自己過不去？汽車要靠蒸氣才能往前開動，飛機要靠電氣才能升空；氣之威力，大矣哉！p.291 颱風的形成，也是因為氣壓的關係；原子彈的威力，也是靠氣爆的原理，這些心外的「氣壓」就已經很可怕了，而心內的怒火推動的「生氣」，其摧毀的威力更是可怕喔！p.293
	87.相當然爾	7	自然界裡，和風能令萬物生長，霜雪也能令萬物成熟。在人生的過程中，父母管教嚴厲是當然的……；老師逼著你用功.也是當然的……。同學之間的競爭是當然的……；人情澆薄也是當然的……。軍隊嚴苛的訓練是當然的，……；老闆要求加班工作也是當然的……。pp.294-295《迷悟之間》說：「在人海沉浮中，受苦受難是當然的，唯有隨喜隨緣，才能找出通路；在娑婆世間裡，給人歡喜是當然的，唯有為所當為，才能有所貢獻。」p.296
三、活動轉化─6	7.活著就要動	12	大自然，水要流動，才會清澈；風要吹動，才會新鮮。人也要活動，才能生存。p.31佛法，要靠修行，才能體證；做事，實務比理論有用，行動比空談有力。會做事的人將事情做「活」了，所以能越做越大；會下棋的人將棋子下「活」了，所以能全盤皆贏；會撰文的人將文字寫「活」了，所以能感動人心；會講演的人將道理講「活」了，所以能引起共鳴。p.33花兒吐露芬芳，我們覺得賞心悅目，因為它是「活」的；樹梢隨風輕搖，我們覺得生意盎然，因為它是「活」的；鳥兒枝頭鳴叫，我們覺得動聽悅耳，因為它是「活」的；雲朵舒卷自如，我們覺得自在舒暢，因為它是「活」的；溪水淙淙流動，我們覺得滌盡塵慮，因為它是「活」的。p.33
	12.求新求變	5	中一昧的固守中華文化歷史陳跡，好像一潭死水，又如一個關閉的倉庫，背著往昔的包袱，不思求新求變，……。p.48舊的機器不淘汰更新，產品的水準怎麼能提升？田園裡的品種不知改良，怎麼能增加生產？現代的教育制度不隨著時代的潮流改革，一直讓莘莘學子受著填鴨式的教育，戕害青少年身心，令人遺憾。p.49
	53.死水與活水	10	生命如流水，永不停息。我人的心念，念念不停，恰如流水。p.183有的人保守固執，……宛若一灘死水，無益於世。有的人讀死書，……讓生命變成了死水。有的人覺得做人難，……沒有發掘自己的潛能、才華、專長，所以活水不來，就如同死的生命。pp.183-184當一個人感到自己的生命有所不足時，就是死水；當一個人不肯發心利眾時，就是死水；當一個人不願把自己的所有分享別人時，就是死水。p.184人情如水：……；金錢如水：……。人性如水：……；人生能有「逆水行舟」的精神，逆生死之流而上，生命即可活躍，即是活水。人心如水：……p.185

分類	號/篇名	譬喻數	自創譬喻內容
三、活動轉化—6	63.往好處想	4	一朵小花，它也懂得要把芬芳散布在空氣裡；一隻鳥兒，牠也知道要以歌聲來愉悅人間。佐料加在菜餚裡，就會美味可口；機械給它加油，就能發動運轉。p.214
	83.屈伸自如	1	人生的前途，當遇到困難挫折時，你要懂得轉彎、變通，所謂「窮則變，變則通」。當汽車駛進了死巷，你怎能不轉彎呢？p.284
	90.三合板哲學	4	世間上，能幹的人都能「化腐朽為神奇」，都能給予廢料再製造，例如：一個良將，殘兵敗卒也能訓練成勇士；一個明醫，枯木朽石也能炮製成仙丹；一個名匠，破銅爛鐵也能鍛鍊成精鋼；一個巧婦，剩菜殘羹也能烹煮成佳餚。pp.304-305
四、生命能量—10	14.微笑的力量	2	讓微笑像花朵一樣，開滿生命的園地，讓微笑像音樂一樣，溫暖每個人的心靈。p.57
	16.生命的能量	2	有人如蛟龍困在沙灘，時來運轉飛上九重天，此間的因緣非常重要。p.62　生命裡的能量，是無限的，會運用，則如陽光溫暖人間，p.63
	18.消除壓力	3	第二、放寬心胸，像大海容納百川，像虛空容納萬物；凡事包容它，不要負擔它，自然就能消除壓力。p.69 第三、提得起，放得下，好像皮箱一樣，用的時候提起，不用的時候放下；凡事不比較、不計較，自然可以消除壓力。p.69
	24.勇敢活下去	5	死亡，就像日落西山，就算有生命的存在，但在人間已經沒有光輝。 看到海鷗孤獨的在大自然中與狂風搏鬥；鮭魚逆流而上，破腹犧牲，也要堅持到最後一口氣。一葉孤舟，在乘風破浪裡，還是有得救的希望；老兵身上傷痕累累，他就是因為勇敢而活下來了。p.90
	26.小草精神	3	涓涓細流，匯成江海；一粒種子，可以長出滿樹的果實；一根小螺絲釘，可以影響一部機器的正常運轉。東西雖小，卻有大用。p.95
	40.吃素的真義	2	素食者的體力比較耐久。例如，牛、馬、大象、駱駝等，皆為素食的動物，比較具有耐久的力量。又如飛行的鴿子，也是吃豆穀之類的素食者，也是展翅千里，不屈不撓。p.131
	43.人要有使命感	6	狗以看家為使命；貓以捕鼠為使命；雞以司晨為使命；蜂以釀蜜為使命。牛以拉車負重為使命；馬日行千里是使命。p.153
	50.健康的重要	1	第五、其他：諸如自殺、油盡燈乾而終者，皆在此列。p.174

分類	號/篇名	譬喻數	自創譬喻內容
四、生命能量	52.增加營養	3	清淨的空氣就是我們的補品,和煦的陽光也是我們的營養,良言鼓勵,體貼慰言,也都是美好的資糧。p.180
	62.散播快樂	4	一朵小花,它也懂得要把芬芳散布在空氣裡;一隻鳥兒,牠也知道要以歌聲來愉悅人間。在料加在菜餚裡,就會美味可口;機械給它加油,就能發動運轉。p.214
五、人生智慧—5	64.人生滋味	1	人生的滋味,雖然百味具陳;然而就如廚房裡善於烹調的廚師,當需要鹹的時候則鹹,當需要淡的時候則淡,酸甜苦辣,只要能適合個人的口味,又有什麼不好呢?p.220
	67.走出陰影	2	第三、是觀念的重整:一次的天災人禍,宛如歷經一次的死去活來,忽然感覺人生好像是一場虛幻不實的夢境,是一個破碎不堪的物品。pp.230-231
	71.人生是過客	1	人生只是世間的過客,有人想留下歷史:有人留下情義,有人留下光輝;也有人無聲無息的來,也無聲無息的去,來也不知為什麼而來?去也不知為什麼而去?就如大飯店裡,每天都有人來人往。p.243
	76.心靈的門窗	2	有的人不會守護根門,任由外境吵雜的聲音,不斷的從門窗縫隙裡傳進來,例如不當的人言、不當的是非,像細菌一樣的「登堂入室」,威脅到全家生活的安寧;又如風沙穢氣不斷的從門窗外飄進屋內,就會污染空氣,造成居家生活的品質不良。p.259
	85.心無罣礙	2	所謂「心中有事天地小,心中無事一床寬。」所以,提得起,放得下,這就是「心無罣礙」的美好生活了!p.290對世間的榮華富貴、妻子兒女等,要把它當成是一個皮箱:用的時候,把它提起;不用的時候,你把它放下。p.290
計	43篇		145

第四章
星雲《迷悟之間·3.無常的眞理》之譬喻運用

　　本章特針對《迷悟之間》第三冊《無常的眞理》所收錄九十四篇短文[1]中出現的四五四則譬喻，初分爲佛典譬喻、一般譬喻、與自創譬

【1】　1.人生的階梯2.官員的尊嚴3.人，住在那裏？4.幽谷蘭香5.刀口之蜜6.千錘百鍊7.凡事預則立8.痛苦難忍9.防漏10.心藥方11.人生如球12.廣告的社會13.生命的價值14.逆流而上15.上中前的人生16.慌張誤事17.美麗的世界18.學習認錯19.落地生根20.人生三十歲21.我的最愛22.速食文化23.行立坐臥24.一滴水的價值25.多少不計較26.相互體諒27.言行的考察28.恩怨人生29.難民與移民30.憂患意識31.平時要燒香32.人生四季33.健康與長壽34.烏鴉的聲音35.寬厚待人36.三好的價值37.聽話的藝術38.任勞任怨39.調整觀念40.功成不居41.不求速成42.珍惜人身43.學習接受44.缺陷美45.掛一單的觀念46.所謂「輿論」47.孝順要及時48.超越極限49.最好的禮物50.操之在我51.心病難醫52.驕氣與傲骨53.積極的人生觀54.有話要說55.家教的重要56.改正缺點57.談判高手58.提昇與沉淪59.欺善怕惡60.以退爲進61.名與利62.坐說立行63.自制的力量64.學習靈巧65.人生之喻66.放光的意義67.尊重專業68.以捨得得69.打好基礎70.聞思修71.推果尋因72.表情的重要73.轉彎與直行74.觀自在的意義75.正與邪76.生死泰然77.欲樂與法樂78.發心的禮讚79.晚食與安步80.禍兮福兮81.擁有與享有82.輕聲慢步83.要發現問題84.微塵與世界85.排隊的習慣86.無常的眞理87.一棵搖錢樹88.溫度計的冷熱89.搓揉的麵糰90.希望工

喻三類，各類再細分為不同屬性後，加以彙整製表，以利深入探討星雲如何運用譬喻來攝受教化讀者，再依據這三類譬喻數量的比例，以及這些被採用的譬喻與人間佛教六大特性的相應度(見附表4.1)，來建構星雲運用譬喻著述的模式。茲逐節分述如下。

第一節、《迷悟之間・3.無常的真理》之佛典譬喻分析

　　佛典譬喻包括佛教經論、佛教類著作、佛門古德創作與佛門典故等內涵，星雲在《迷悟之間・3.無常的真理》書中，引用此類佛典譬喻計有三十二篇八十五則譬喻，是本書所採用的三類譬喻中最少數的一類，其中第63.自制的力量採用了高達十一則譬喻，其次為93.孝順的研議，採用了十則譬喻。這八十五則譬喻可概分為因緣成就、逆增上緣、心念轉化、凡事靠我、有品人生與接受藝術等六種屬性。第一項因緣成就屬性包括編號15，22，24，32，45等五篇十一則譬喻；第二項逆增上緣屬性包括編號6，14，44，59等四篇八則譬喻；第三項心念轉化屬性包括編號10，17，28，68，76，91等六篇十五則譬喻；第四項凡事靠我屬性包括編號12，50，63，66，74等五篇十則譬喻；第五項有品人生屬性包括編號5，23，72，79，94等五篇十則譬喻；與第六項接受藝術屬性包括編號37，43，55，57，64，70，93等七篇二十六則譬喻。

　　為便於對照閱覽與分析說明，特彙整上述六種屬性的佛典譬喻如下表4.2，並依序說明如下：

一、因緣成就

　　第一項因緣成就屬性包括編號15，22，24，32，45等五篇十一則譬喻，都在強調因緣和合方能成就。第15.上中前的人生，舉溈山禪師雖貴為溈仰宗的開創者，卻發願做一隻為眾生服務的老牸牛的譬

程91.聖人的財富92.人要有遠見93.孝順的研議94.上中下的等級

喻，[2]可見上首菩薩是積聚萬千的服務功德才成就的。[3] 第22.速食文化，舉波斯匿王希望他剛出生的公主能夠「立刻長大」，[4] 是則極具諷刺的譬喻，諷刺貴爲一國國君卻不識成長需要時間？書中又採用「少壯一彈指，六十三刹那」[5] 比喻時間的快速，再用「一念三千」[6] 譬喻人更快的心力。[7] 第24.滴水的價值，用「一絲一縷，恆念物力維艱；一粥一飯，當思來處不易。」[8] 譬喻我們所以能安然生存，乃承受來自於親人眷屬、社會大衆許多的點滴因緣。[9] 第32.人生四季，舉身外世界萬事萬物的「成住壞空」，[10] 人的心念不停地「生住異滅」[11]，以及身體的「生老病死」三個人生四階段來譬喻人生四季。[12]第45.珍惜人身，採用得人身如爪上泥，失人身如大地土的「人身難得，佛法難聞。」[13]與《法華經》盲龜喻[14]三則譬喻人身難得，應善加珍惜。[15]

　　上述五篇十一則譬喻具人間佛教的人間性(2)、生活性(2)、利他性(1)、時代性(1)、與普濟性(1)等五種特性，其中以人間性與生活性居多，未見有喜樂性。(見附表4.1)

【2】　宋‧守遂註，《溈山警策註》第1卷，X63n123p228a14。

【3】　星雲(2004)，《迷悟之間‧3.無常的眞理》，台北：香海文化出版社，頁63。

【4】　元‧魏慧覺等譯，《賢愚經》卷2，T04n0202p358a23。

【5】　唐‧玄奘譯，《阿毘達磨俱舍論》卷12，T29n1558p62a18。

【6】　明‧傳燈著，《性善惡論》卷2，X57n970p391a18。

【7】　星雲(2004)，《迷悟之間‧3.無常的眞理》，頁86。

【8】　元‧熙仲集，《歷朝釋氏資鑑》，X76n1517。

【9】　星雲(2004)，《迷悟之間‧3.無常的眞理》，頁94。

【10】　宋‧志磐撰，《佛祖統紀》卷31，T49n2035p305a03。

【11】　姚秦‧鳩摩羅什譯，《中論》卷2，T30n1564p9a14。

【12】　星雲(2004)，《迷悟之間‧3.無常的眞理》，頁118-119。

【13】　明‧莊廣還輯，《淨土資糧全集》卷2，X61n1162p547b16。

【14】　後秦‧摩羅什譯，《法蓮華經妙莊嚴王本事品第二十七》，T9n262p60a27。

【15】　星雲(2004)，《迷悟之間‧3.無常的眞理》，頁150。

二、逆增上緣

　　第二項逆增上緣屬性包括編號6，14，44，59等四篇八則譬喻，都在譬喻逆境反而成就了我們。第6.千錘百鍊，舉富樓那發願到蠻荒危險地區去弘法，[16] 與永明禪師「將此一命，供養衆生」，[17] 兩人都願將最寶貴的生命奉獻給衆生。用生命譬喻二人甘受艱辛的磨練。[18] 第14.逆流而上，舉四果羅漢的初果「須陀洹」，[19]中意「逆流」來譬喻人生都是在「逆流而上」，不奮鬥，不精勤，就會後退。[20] 第44.缺陷美，舉「醜僧俊道」的玉琳國師，[21]波斯匿王的醜陋公主，無法隨夫外出應酬，只在屋中與禪淨爲伴，因而改變氣質與容貌。[22]反而妙賢比丘尼因爲美麗，常遭異性的騷擾，而感悲哀。[23]太美麗，有時也是一種缺陷。[24] 第59.欺善怕惡，採用明朝劉伯溫的禪詩偈語：「善似青松惡似花，看看眼前不如它；有朝一日遭霜打，只見青松不見花。」[25]來譬喻善似青松而惡似花。與「沙彌救蟻」[26] 而能延壽。[27]

　　上述四篇八則逆增上緣屬性譬喻具人間佛教的人間性(2)、生活性(1)、利他性(1)、喜樂性(1)、與時代性(1)等五種特性，其中以人間性居多，未見有普濟性。(見附表4.1)

【16】　宋・求那跋陀羅譯，《雜阿含經》第311經，T2n99p89b01。

【17】　清・覺說洪遷等編，《智覺禪師自行錄》，X63n1232p158c22。

【18】　星雲(2004)，《迷悟之間・3.無常的真理》，頁31 32。

【19】　宋・那跋陀羅譯，《雜阿含經》第311經，T2n99p215c06。

【20】　星雲(2004)，《迷悟之間・3.無常的真理》，頁56。

【21】　清・陳夢雷編輯，《古今圖書集成選輯》（下）第166卷，B16n0088p166。

【22】　元・魏慧覺等譯，《賢愚經》卷，T04n0202p358a23。

【23】　姚秦・鳩摩羅什譯，《佛說千佛因緣經》卷1，T14n0426p65c26。

【24】　星雲(2004)，《迷悟之間・3.無常的真理》，頁158。

【25】　明・劉伯溫，《勸世偈頌》。

【26】　元魏・吉迦夜共曇曜譯，《雜寶藏經》卷4，T04n0203p466c18。

【27】　星雲(2004)，《迷悟之間・3.無常的真理》，頁211，213。

三、心念轉化

　　第三項心念轉化屬性包括編號10，17，28，68，76，91等六篇十五則譬喻，都在譬喻心念轉化的功用。第10.心藥方，譬喻佛陀是大醫王，[28] 佛法是「心藥方」，僧侶如看護師。[29] 第17.美麗的世界，舉《維摩經》「心淨則國土淨」[30]，與《華嚴經》「心如工畫師，能畫種種物。」[31] 比喻一切諸法皆由心造，能有一顆慈心、善心、好心，最爲重要。[32] 第28.恩怨人生，舉佛說「以怨止怨，如揚湯止沸」，[33] 譬喻「以恩止怨」，則無事不辦。[34] 第68.以捨爲得，舉布施，就如尼拘陀樹，種一收十、種十收百、種百可以結果千千萬萬。施捨亦如送禮給人，如《四十二章經》說：「仰天吐唾，唾不至天，還墮己面；逆風揚塵，塵不至彼，還坌己身。」[35] 又如僧侶不能割愛「捨」親，怎麼能出家學道？又如佛陀能夠「割肉餵鷹，捨身飼虎」[36]，所以才能成就佛道；亦如雪山童子爲了一句偈語「諸行無常，是生滅法；生滅滅已，寂滅爲樂。」[37] 捨身爲道，終能如願得道。[38] 第76.生死泰然，採用出外旅遊、搬家喬遷，譬喻佛教淨土宗所謂的「往生」[39]，也是可喜的事。[40] 第91.聖人的財富，舉

【28】　姚秦‧鳩摩羅什譯，《法華經‧藥草喻品第五》，T9n262p19b06。

【29】　星雲(2004)，《迷悟之間‧3.無常的真理》，頁44。

【30】　姚秦‧鳩摩羅什譯，《維摩詰所說經》，T14n475p538c06。

【31】　唐‧實叉難陀譯，《華嚴經》，T10n279p102a09。

【32】　星雲(2004)，《迷悟之間‧3.無常的真理》，頁70。

【33】　元‧熙仲集，《歷朝釋氏資鑑》，X76n1517。

【34】　星雲(2004)，《迷悟之間‧3.無常的真理》，頁107。

【35】　後漢‧迦葉摩騰共法蘭譯，《四十二章經》，A17n784p722b22。

【36】　明‧大成/大奇等編，《天界覺浪盛禪師語錄》卷7，J25NB174p719b19。

【37】　北涼‧曇無讖譯，《大般涅槃經》卷13〈聖行品〉，T12no374p444a28。

【38】　星雲(2004)，《迷悟之間‧3.無常的真理》，頁247。

【39】　失譯，《十往生阿彌陀佛國經》卷1，X01n0014p365A13。

【40】　星雲(2004)，《迷悟之間‧3.無常的真理》，頁278。

「黃金是毒蛇」與「名枷和利鎖，相牽入火坑」，[41] 譬喻不當的財富也會造業。[42]

　　上述六篇十五則心念轉化屬性譬喻具人間佛教的人間性(1)、生活性(3)、喜樂性(1)、與時代性(1)等四種特性，其中以生活性居多，未見有利他性與普濟性。(見附表4.1)

四、凡事靠我

　　第四項凡事靠我屬性包括編號12，50，63，66，74等五篇十五則譬喻，都在譬喻凡事靠自己。第12.廣告的社會，譬喻佛陀稱爲「世間解」[43]，是不必靠資訊廣告，就能無所不知，無事不曉。[44] 第50.操之在我，舉「沒有天生的釋迦，沒有自然的彌勒」[45]，比喻一切都要靠自己不懈的努力。[46] 第63.自制的力量，舉「佛子不作非法」，就是自制的功夫；玄奘大師「言無名利，行絕虛浮」，在名利的前面能自制；鳩摩羅什要求弟子「但採淨蓮，莫取污泥」，即是他知道自我的自制。印光大師用「常慚愧僧」來自制；太虛大師的自制「比丘不是佛未成，但願稱我爲菩薩」；佛教裡的晚課「是日已過，命亦隨減」[47]，是對時間的自制；過堂用齋時「大衆聞磬聲，各正念」，這是對思想的自制。《佛遺教經》「如蜂採蜜，但取其味，不損色香」[48]，　要我們對飲食的自制；《普賢警衆偈》的「當勤精進，如救頭然」[49]，是對於懈怠的自制。古德對生

【41】　明‧集雲堂編，《宗鑑法林》卷6，T66n2179p030a。

【42】　星雲(2004)，《迷悟之間‧3.無常的真理》，頁321。

【43】　姚秦‧鳩摩羅什譯，《法華經》，T09n0262p3。

【44】　星雲(2004)，《迷悟之間‧3.無常的真理》，頁50。

【45】　明‧通炯編輯，《憨山老人夢遊集》卷2，X73n1456p468a23。

【46】　星雲(2004)，《迷悟之間‧3.無常的真理》，頁176。

【47】　吳‧維祇難等譯，《法句經》卷1，T04n0210p559b10。

【48】　明‧蕅益/釋智旭述，《遺教經解》卷1，X37n0666p639a10。

【49】　明‧蓮池，《緇門警訓》卷4，T48n2023p1061b17。

活的自制「衣不重裘，脅不著席」[50]；常不輕菩薩的「我不敢輕視汝等，
汝等皆當作佛」[51]，是對別人人格的尊重，以防傷人的自制。盤頭達多
能自制自己不好強，甘願拜在弟子鳩摩羅什門下，故能留下「大小乘互
爲師」的美談等十一則自制力量的譬喻。[52] 第66.放光的意義，在佛教
裡，把「說法」比喻爲「放光」[53]，其實我們和佛陀一樣，每日也都不斷
的在放光。[54]。第74.觀自在的意義，將在稱、譏、毀、譽、利、衰、苦、
樂的「八風」[55]境界裡，都能不爲所動，比喻爲「觀自在」。[56]

　　上述五篇十五則凡事靠我屬性譬喻具人間佛教的人間性(1)、生
活性(2)、喜樂性(1)、與時代性(1)等四種特性，其中以生活性居多，未見
有利他性與普濟性。(見附表4.1)

五、有品人生

　　第五項有品人生屬性包括編號5，23，72，79，94等五篇十則譬
喻，都在譬喻有品人生。第5.刀口之蜜，舉人生如一座枯井喻[57] 與人生
的壽命「如少水魚」[58] 兩則譬喻，說明人生有何樂？[59] 第23.行立坐臥，
舉人生要有像《學佛行儀》：「行如風，立如松，坐如鐘，臥如弓。」[60]
的「四種威儀」。[61] 第72.表情的重要，舉《阿含經》說到的五種「非

【50】　明‧成時編輯，《靈峰蕅益大師宗論》卷9，J36nB348p399b21。
【51】　姚秦‧鳩摩羅什譯，《妙法蓮華經》卷6，T09n0262p50c14。
【52】　星雲(2004)，《迷悟之間‧3.無常的眞理》，頁225-226。
【53】　姚秦‧鳩摩羅什譯，《妙法蓮華經》卷1，T09n0262p2b16。
【54】　星雲(2004)，《迷悟之間‧3.無常的眞理》，頁240。
【55】　梁‧曼陀羅仙共僧伽婆羅譯，《大乘寶雲經》卷1，T16n0659p241c06。
【56】　星雲(2004)，《迷悟之間‧3.無常的眞理》，頁270。
【57】　唐‧義淨譯，《佛說譬喻經》，T4n217p801b。
【58】　姚秦‧竺佛念譯，《出曜經》卷2，T4n212p615b25。
【59】　星雲(2004)，《迷悟之間‧3.無常的眞理》，頁27-28。
【60】　唐‧菩提流志譯併合，《大寶積經》卷112，T11n0310p631c21。
【61】　星雲(2004)，《迷悟之間‧3.無常的眞理》，頁88。

人」[62]：應該慈悲的時候不慈悲；應該歡喜的時候不歡喜；應該說話的時候不說話；應該感動的時候不感動；應該活躍的時候不活躍，譬喻沒有表情反應的「非人」。[63] 第79.晚食與安步，舉道楷大師「三詔不赴，七請不出」[64]，譬喻古人對名節的認真。[65] 第94.上中下的等級，譬喻佛教裡三等懺悔，[66]上等懺悔毛孔出血，中等懺悔發熱出汗，下等懺悔熱淚直流。[67]

上述五篇十則有品人生屬性譬喻具人間佛教的人間性(1)、生活性(3)、與時代性(2)等三種特性，其中以生活性居多，時代性居次，未見有利他性、喜樂性與普濟性。(見附表4.1)

六、接受藝術

第六項接受藝術屬性包括編號37，43，55，57，64，70，93等七篇二十六則譬喻，都在譬喻接受的藝術。第37.聽話的藝術，舉「如器受於水」[68] 不可以把水盆覆蓋起來，如果心如水盆有漏，即使天降甘露，也會流失。不會聽話又如「種子植於地」，[69]土地太堅硬，種子不能萌芽；田裡雜草叢生，荊棘遍地，即使發芽也難以成長苗壯；如果暴露在土表上，種子容易被鳥雀所吃，更是沒有機會開花結果。[70] 第43.學習接受，「如器受於水」[71]，一個有漏的器具一個骯髒的器皿，甚至一只覆蓋的杯碗，即使再好的東西，怎麼能裝得進呢？又如《佛

【62】　東晉・瞿曇僧伽提婆譯，《增壹阿含經》卷25，T02n0125p687c14。

【63】　星雲(2004)，《迷悟之間・3.無常的真理》，頁262。

【64】　宋・志磐撰，《佛祖統紀》卷46，T49n2035p421a02。

【65】　星雲(2004)，《迷悟之間・3.無常的真理》，頁286。

【66】　清・書玉題，《大懺悔文略解》卷1，J30nB260p920a06。

【67】　星雲(2004)，《迷悟之間・3.無常的真理》，頁332。

【68】　宋・天息災譯，《菩提行經》卷1，T32n1662p544a02。

【69】　唐・實叉難陀譯，《大方廣佛華嚴經》卷43，T10n0279p228c27。

【70】　星雲(2004)，《迷悟之間・3.無常的真理》，頁135-136。

【71】　宋・天息災譯，《菩提行經》卷1，T32n1662p544c09。

遺教經》:「我如良醫,應病與藥,汝若不服,咎不在醫;我如善導,導人善路,汝若不行,過不在導。」[72] 多聞第一的阿難尊者,所以聰明智慧,因爲「佛法如大海,流入阿難心。」[73] 亦如「如地植於種」[74], 播種在土壤外,被鳥雀給吃了;把種子撒在堅硬的地板上,甚至種在長滿雜草的荊棘叢中,又怎麼能夠萌芽、成長?所以,一顆種子沒有土壤的「接受」;一杯水沒有器皿的「接受」都是徒勞無功的。[75] 第55.家教的重要,舉良寬禪師尊重愛護夜遊的沙彌,耐心開導花天酒地的侄兒,[76] 譬喻不說破的教育,反而更有成效。[77] 第57.談判高手,佛陀和阿難尊者談「治國七法」予興戰頻婆娑羅王的使者雨舍大臣聽。[78] 維摩居士與文殊菩薩談論不二法門「離開語言、離開文字、離開思惟,才是不二法門。」[79] 由於他們彼此體諒對方,代替對方講話,所以他們都是談判時的最高對手。[80]第64.學習靈巧,舉古靈禪師的「有佛不聖」,《六祖壇經》的「不是風動,不是幡動,是仁者心動。」[81] 與《楞嚴經》的「論心不在內、不在外,不在中間」[82],都是靈巧的譬喻。[83] 第70.聞思修,學習聽聞要善聽,要會聽,所謂「隻掌之聲」[84];若能聽到「無聲

【72】　姚秦·鳩摩羅什譯,《佛垂般涅槃略說教誡經》卷1,T12n0389p1112a14。

【73】　姚秦·鳩摩羅什譯,《大智度論》卷3,T25n1509p7804。

【74】　印順(2010),《成佛之道》〈聞法趣入〉,中華書局,頁309。

【75】　星雲(2004),《迷悟之間·3.無常的眞理》,頁153-155。

【76】　明·釋弘贊輯,《兜率龜鏡集》卷3,X88n1643p67a14。

【77】　星雲(2004),《迷悟之間·3.無常的眞理》,頁196。

【78】　隋·那連提耶舍譯,《大方等大集經》卷34,T13n0397p236b。

【79】　姚秦·鳩摩羅什譯,《維摩詰所說經》卷2,T14n0474p529c25。

【80】　星雲(2004),《迷悟之間·3.無常的眞理》,頁202。

【81】　元·宗寶編,《六祖大師法寶壇經》,T48n2008p348b15。

【82】　唐·般剌蜜帝譯,《大佛頂如來密因修證了義諸菩薩萬行首楞嚴經楞嚴經》卷1,T19n0945p108a15。

【83】　星雲(2004),《迷悟之間·3.無常的眞理》,頁233。

【84】　昭覺丈雪通醉輯,《錦江禪燈》卷1,X85n1590p121c12。

之聲」，那就是聞所成慧了。[85] 第93.孝順的研議，舉佛門中十則孝親事跡做爲譬喻，如佛陀爲父擔棺、爲母升天說法；目犍連救母於幽冥之苦；舍利弗入滅前，特地返回故鄉，向母辭別，以報親恩；民國的虛雲和尙，三年朝禮五台山，以報父母深恩。在《緇門崇行錄》裡，孝親的懿行，更是不勝枚舉，例如敬脫大師的荷母聽學、道丕大師的誠感父骨、師備禪師的悟道報父、道紀禪師的母必親供等。[86]

　　上述七篇二十六則接受藝術屬性譬喻具人間佛教的人間性(1)、生活性(4)、時代性(1)、與普濟性(2)等四種特性，其中以生活性居多，普濟性居次，未見有利他性與喜樂性。(見附表4.1)

【85】　星雲(2004)，《迷悟之間‧3.無常的真理》，頁255。
【86】　星雲(2004)，《迷悟之間‧3.無常的真理》，頁329。明‧蓮池株宏，《緇門崇行錄》卷1，X87n1627p0640a08。

表4.2.《迷悟之間·3無常的真理》佛典譬喻內容表

分類項	篇號篇名	譬喻數	內　　　容	出　處
一、因緣成就 5	15.上中前的人生	1	潙山禪師雖是開宗立派的一代禪師，卻一直都有「居下如土」的精神，他甚至連所發的願，都希望做一隻為眾生服務的老牯牛。p.63	宋·守遂註《潙山警策註》第1卷 X63n123p228a14
	22.速食文化	3	波斯匿王希望他剛出生的公主能夠「立刻長大」。p.86 「少壯一彈指，六十三剎那」；當時間快得不能計算時，只有以佛教的「一剎那」來計算。p.87 世界上速度最快的是光、是電，可是人的心念更快，心力「一念三千」，一念「十方國土」，去來迅速。p.87	元魏·慧覺等譯《賢愚經》卷2，T04n0202p358a23 唐·玄奘譯《阿毘達磨俱舍論》卷12，T29n1558p62a18 傳燈著《性善惡論》卷2，X57n970p391a18
	24.一滴水的價值	1	「一絲一縷，恆念物力維艱；一粥一飯，當思來處不易。」p.94	元熙仲集《歷朝釋氏資鑑》X76n1517
	32.人生四季	3	世間的事事物物，都有它的階段變化，例如「成住壞空」，就是世界的階段。p.118 我們的心念，也是生、住、異、滅，一刻不停。人的身體，也有四個階段：生老病死。p.119	宋·志磐撰《佛祖統紀》卷31，T49n2035p305a03 姚秦·鳩摩羅什譯《中論》卷2，T30n1564p9a14
	42.珍惜人身	3	「人身難得，佛法難聞！」得人身如爪上泥，失人身如大地土。《法華經》「盲龜喻」。p.150 後秦鳩摩羅什譯《法蓮華經妙莊嚴王本事品第二十七》T9n262p60a27	明·莊廣還輯《淨土資糧全集》卷2，X61n1162p547b16
二、逆增上緣 4	6.千錘百鍊	2	富樓那要到蠻荒危險地區去弘法，他願將生命奉獻給他們。p.31 永明禪師「將此一命，供養眾生」，壯烈豪氣，令人肅然。p.32	宋·求那跋陀羅譯《雜阿含經》第311經 T2no99p89b01 清·覺說洪運等編，《智覺禪師自行錄》X63n1232p158c22
	14.逆流而上		人生都是在「逆流而上」，不精勤，就會後退。四果羅漢的初果「須陀洹」，中國話就叫「逆流」；逆生死之流而往解脫道「逆流而上」。p.56	宋·求那跋陀羅譯《雜阿含經》第311經 T2n99p215c06

分類項目	篇號篇名	譬喻數	內　　　　容	出　處
二、逆增上緣4	44.缺陷美	3	佛教史上所謂「醜僧俊道」，如玉琳國師，前生因為醜陋，身根不全，反而激發他求道的意志。波斯匿王的醜陋公主，不能隨夫外出交際應酬，只在屋中禪淨為伴，p.158因而氣質改變。反之，妙賢比丘尼因為美麗，經常受到一些青少年的騷擾，她一直為美麗而悲哀。太美麗有時也是一種缺陷。p.159後秦鳩摩羅什譯《佛說千佛因緣經》卷1，T14n0426p65c26	清‧陳夢雷編輯，《古今圖書集成選輯》B16n0088p383b05 元魏‧慧覺等譯《賢愚經》卷2，T04n0202p358a23
	59.欺善怕惡	2	偈云：「善似青松惡似花，看看眼前不如它；有朝一日遭霜打，只見青松不見花。」p.211(明劉伯溫《勸世偈頌》禪詩賞析)「沙彌救蟻」而能延壽。p.213	元魏‧吉迦夜共曇曜譯《雜寶藏經》卷4，T04n0203p466c18
三、心念轉化6	10.心藥方	3	佛陀是大醫王，佛法是「心藥方」，僧侶如看護師。p.44	後秦‧鳩摩羅什譯《法華經》T9n262p19
	17.美麗的世界	2	心美，世界到處都美，如《維摩經》：「心淨則國土淨」，《華嚴經》：「心如工畫師，能畫種種物。」一切諸法，皆由心造。p.70 唐實叉難陀譯《華嚴經》T10n279p102a09	姚秦‧鳩摩羅什譯《維摩詰所說經》T14n475p538c06
	28.恩怨人生	1	佛說「以怨止怨，如揚湯止沸」；能夠「以恩止怨」，則無事不辦。p107	元‧熙仲集《歷朝釋氏資鑑》卷9，X76n1517
	68.以捨為得	5	捨就是布施，如尼拘陀樹，種一收十、種十收百、種百可以結果千千萬萬。「捨」，要能給人善法與利益。《四十二章經》：「仰天吐唾，唾不至天，還墮己面；逆風揚塵，塵不至彼，還坌己身。」施捨亦如送禮給人，如果送禮不恰當，對方不肯接受，只有自己收回，故應該要「己所不欲，勿施於人」。p.246 「出家無家處處家」，不能割愛「捨」親，怎麼能出家學道、雲遊四海、弘法利生？佛陀「難行能行，難忍能忍」；他能夠「割肉餵鷹，捨身飼虎」，才能成就佛道。雪山童子為一句偈語「諸行無常，是生滅法；生滅滅已，寂滅為樂。」捨身為道，終能如願得道。p.247	後漢‧迦葉摩騰共法蘭譯《四十二章經》薩A17n784p722b22 大成/大奇等編《天界覺浪盛禪師語錄》卷7，25NB174p719b19

分類項	篇號篇名	譬喻數	內　容	出　處
三、心念轉化6	76.生死泰然	2	淨土宗稱死亡為「往生」，既是往生，就如同出外旅遊，或是搬家喬遷，死亡不也是可喜的事嗎？p.278	失譯《十往生阿彌陀佛國經》卷1，X01n0014p365A13
	91.聖人的財富	2	「黃金是毒蛇」，財富究竟是好是壞？p.321 善財、淨財用的得當，財富越多越好；用得不當，財富也會造業。所謂「名枷和利鎖，相牽入火坑」p.321	《賢愚經》 明・集雲堂編《宗鑑法林》卷6，T66n2179p030a
四、凡事靠我5/15	12.廣告的社會	1	陀稱為「世間解」，不必靠資訊廣告，就能無所不知，無事不曉。p.50	後秦・鳩摩羅什譯《法華經》T09n0262p3
	50.操之在我	1	「沒有天生的釋迦，沒有自然的彌勒」，一切都要靠自己不懈的努力。p.176	明・通炯編輯《憨山老人夢遊集》卷2，X73n1456p468a23
	63.自制的力量	11	「佛子不作非法」就是自制的功夫！玄奘大師「言無名利，行絕虛浮」，在名利的前面能自制；鳩摩羅什知道自我的自制，要求弟子「但採淨蓮，莫取污泥」。印光大師以「常慚愧僧」來自制；太虛大師的自制「比丘不是佛未成，但願稱我為菩薩」。p.225佛教晚課「是日已過，命亦隨減」，是對時間的自制；過堂用齋時對思想的自制「大眾聞磬聲，各正念」。《佛遺教經》對飲食的自制「如蜂採蜜，但取其味，不損色香」；《普賢警眾偈》對懈怠的自制「當勤精進，如救頭然」。古德對生活的自制「衣不重裘，脅不著席」；常不輕菩薩對別人人格的尊重「我不敢輕視汝等，汝等皆當作佛」。p226盤頭達多能自制，甘拜弟子鳩摩羅什門下，為大小乘互為師」的美談。p227	吳・維祇難等譯《法句經》卷1，T04n0210p559b10 明・蕅益《遺教經解》X37n0666p639a10 明蓮池《緇門警訓》T48n2023p1061b17 明・成時編輯《靈峰蕅益大師宗論》卷9，J36nB348p399b21 後秦・鳩摩羅什譯《妙法蓮華經》卷6，T09n0262p50c14
	66.放光的意義	1	在佛教裡，把「說法」比喻為「放光」！p.239 吾人和佛陀一樣，每日也都不斷的在放光。p.240	後秦鳩摩羅什譯《妙法蓮華經》卷1，T09n0262p2b16
	74.觀自在的意義	1	如果能在稱、譏、毀、譽、利、衰、苦、樂的「八風」境界裡，都能不為所動，自然就能自在解脫了，那個時候，你不就是「觀自在」了嗎！p.270	梁曼陀羅仙共僧伽婆羅譯《大乘寶雲經》T16n0659p241c06

分類項	篇號篇名	譬喻數	內　容	出　處
五、有品人生 5／10	5.刀口之蜜	2	人生如一座枯井喻。p.27 人生的壽命，所謂「如少水魚，斯有何樂？」吾人應該在有限的歲月裡，創造出無限的生命價值，勿能貪圖一時的「刀口之蜜」，而置死生於不顧。p.28	唐·義淨譯《佛說譬喻經》T4n17p801b 姚秦·竺佛念譯《出曜經》T4n212p615b25
	23.行立坐臥	1	《學佛行儀》：「行如風，立如松，坐如鐘，臥如弓。」每個人生活上都應該要有此「四威儀」。p.88	唐·菩提流志譯《大寶積經》卷112，T11n0310p631c21
	72.表情的重要	5	《阿含經》說到有五種「非人」!p.262	東晉·瞿曇僧伽提婆譯《增壹阿含經》卷25，T02n0125p687c14
	79.晚食與安步	1	道楷大師「三詔不赴，七請不出」，……大師說：「我本來就沒有病，怎麼可以裝病欺君呢？」p.286	宋·志磐撰《佛祖統紀》卷46，T49n2035p421a02
	94.上中下的等級	1	佛教講到懺悔、發心、立願，也有上、中、下三等，……不管修行、做事，都要講究品質。p.332	清·書玉題《大懺悔文略解》卷1，J30nB260p920a06
六、接受藝術 7／26	37.聽話的藝術	2	所謂聽話聞法，必須「如器受於水」如果心如水盆有漏，則即使天降甘露，也會流失。p.135 不會聽話又如「種子植於地」，土地太堅硬，種子不能萌芽；雜草叢生，即使發芽也難以成長茁壯；暴露在土表上，種子容易被鳥雀所吃。pp.135-136	宋·天息災譯《菩提經》卷1，T32n1662p544c09 唐實叉難陀譯《大方廣佛華嚴經》卷43，T10n0279p228c27
	43.學習接受	5	「如器受於水」，一個有漏的器具骯髒的器皿，甚至一只覆蓋的杯碗，即使再好的東西，怎麼能裝得進來？p.153《佛遺教經》：「我如良醫，應病與藥，汝若不服，咎不在醫；我如善導，導人善路，汝若不行，過不在導。」多聞第一的阿難尊者，所以聰明智慧，因為「佛法如大海，流入阿難心」。p.155 「如地植於種」，一顆種子沒有土壤的「接受」；一杯水沒有器皿的「接受」都是徒勞無功的。p.154 印順《成佛之道》〈聞法趣入〉	宋·天息災譯《菩提經》卷1，T32n1662p544c09 後秦·鳩摩羅什譯《佛垂般涅槃略說教誡經》12n0389p1112a14 後秦·鳩摩羅什譯《大智度論》卷3，T25n1509p7804

分類項	篇號篇名	譬喻數	內　　容	出　處
	55.家教的重要	2	良寬禪師尊重愛護夜遊的沙彌，耐心開導花天酒地的侄兒；不說破反而成效更大。如佛教的同事攝、愛語攝！p.196	釋弘贊輯《兜率龜鏡集》卷3，X88n1643p67a14
	57.談判高手	2	頻婆娑羅王想要對鄰國發動戰爭，叫雨舍大臣向佛陀請教得勝法。……佛陀和阿難尊者，談「治國七法」，說明仁義、慈悲、教育、提升經濟才是勝利。終於化解了一場戰爭，所以佛陀是談判的高手。pp.201-202維摩居士與文殊菩薩談論什麼是不二法門？……維摩居士一個沉默，文殊菩薩大為歎服。由於他們彼此體諒對方，代替對方講話，都是談判時的最高對手。p.202	隋‧那連提耶舍譯《大方等大集經》卷34，T13n0397p236b 姚秦鳩摩羅什譯《維摩詰所說經》卷2，T14n0474p529c25
	64.學習靈巧	3	求道者問禪師：「什麼是靈巧？」禪師在倒茶的時候，一直讓茶水溢出杯外。求道者曰：「水滿出來了！」禪師說：「滿出來了，靈巧放在哪裡呢？」p.231禪，就是靈巧；空，就是靈巧；般若，就是靈巧；覺悟，就是靈巧。趙州禪師的「小便去」，就是靈巧；古靈禪師的「有佛不聖」，就是靈巧。《六祖壇經》「不是風動，不是幡動，是仁者心動。」《楞嚴經》「論心不在內、不在外，不在中間」，都是靈巧。p.233	元‧宗寶編《六祖大師法寶壇經》，T48n2008p348b15 般剌蜜帝譯《大佛頂如來密因修證了義諸菩薩萬行首楞嚴經楞嚴經》卷1，T19n0945p108a15
	70.聞思修	2	學習聽聞要善聽會聽，所謂「隻掌之聲」；你能聽到「無聲之聲」，那就是聞所成慧了。p.255	昭覺文雪通醉輯《錦江禪燈》卷1，X85n1590p121c12
	93.孝順的研議	10	佛門中孝親事跡不勝枚舉，例如佛陀為父擔棺、為母升天說法；目犍連救母於幽冥之苦；舍利弗入滅前，特地返鄉，向母辭別，以報親恩；民國的虛雲和尚，三年朝禮五台山，以報父母深恩。《緇門崇行錄》，如敬脫大師的荷母聽學、道丕大師的誠感父骨、師備禪師的悟道報父、道紀禪師的母必親供等。p.329	明‧蓮池株宏《緇門崇行錄》卷1，X87n1627p0640a08
計	32篇	84		

　　上表4.2《迷悟之間‧3無常的真理》星雲採用的佛教經論典故譬喻中，以第63.自制的力量的譬喻數十一則最多，其次為第93.孝順的研議有十則，再其次為第68.以捨為得與第72.表情的重要各有五則，第22.速食文化與第32.人生四季等六篇各有三則；第5.刀口之蜜與第6.千錘百鍊等八篇各有二則；其餘十三篇各有一則。這些佛教經論典故譬喻六種屬性中，以第六接受藝術屬性七篇二十六則譬喻最多。其次為第三項心念轉化屬性六篇十五則譬喻，接著為第四項凡事靠我屬性五篇十五則譬喻，第一項因緣成就屬性五篇十一譬喻，第五項有品人生屬性五篇十則譬喻；以第二項逆增上緣屬性四篇八則譬喻最少。

　　這些譬喻出自二十四部佛經，如《雜阿含經》、《四十二章經》、《法華經》、《維摩詰經》、《賢愚經》與《華嚴經》等，與十七部論疏語錄，如《阿毘達磨俱舍論》、《大智度論》、《性善惡論》、《歷朝釋氏資鑑》、《佛祖統紀》、《緇門崇行錄》等。(見表4.2最後一欄)其中《妙法蓮華經》最頻繁出現在五篇短文中(第10.心藥方、第12.廣告的社會、第42.珍惜人身、第63.自制的力量、第66.放光的意義)，其次《賢愚經》被三篇短文引用(第22.速食文化、第44.缺陷美、第91.聖人的財富)、《雜阿含經》(第6.千錘百鍊、第14.逆流而上)、《維摩詰經》(第17.美麗的世界、第57.談判高手)與《華嚴經》(第17.美麗的世界、第37.聽話的藝術)則各被引用了兩次。其他諸經論都僅被引用了一則譬喻。由此，可見星雲擅用佛教經論典故譬喻為其說法著書的材料。此外，這三十二篇八十五則譬喻，與人間佛教人間性(8)、生活性(15)、利他性(2)、喜樂性(3)、時代性(7)與普濟性(3)等六種特性都有相應，尤以生活性相應度最高。

第二節、《迷悟之間‧3.無常的真理》之一般譬喻解析

　　星雲在《迷悟之間‧3.無常的真理》書中，引用一般世俗譬喻的短文有五十三篇計一五五則譬喻，可再概分為能大能小、人生態度、忍辱負重、當代問題、道德人生與憂患意識等六種屬性。能大能小屬性包括編號2，24，40，48，49，52，57，60，68，73，79，89，91等十三篇六十二則譬喻；人生態度屬性包括編號3，5，32，33，35，44，53，56，65，76，78等十一篇二十四則譬喻；忍辱負重屬性包括編號4，6，14，38，58，59，63等七篇二十七則譬喻；當代問題屬性包括編號12，22，29，39，51，62，72，77，84等九篇十二則譬喻；道德人生屬性包括編號18，20，26，27，28，34，47，5573等九篇二十二則譬喻；與憂患意識屬性包括編號30，31，80，86等四篇六則譬喻。以能大能小屬性譬喻十三篇六十二則居冠，最少為憂患意識屬性僅有四篇六則譬喻。為便於對照閱覽與分析說明，特彙整上述六種屬性的一般譬喻如下表4.3，依序說明如下：

一、能大能小

　　此屬性的一般譬喻有十三篇六十二則，主要譬喻人能大能小。第2.官員的尊嚴，共舉四例「官員的尊嚴」像關雲長的「秉燭達旦」[87]；像魏徵的「諫說唐太宗」[88]；像文天祥的「死難不屈」[89]；像范仲淹的「先天下之憂而憂，後天下之樂而樂」[90]，他們怎麼會沒有尊嚴呢？[91]

【87】　明‧羅貫中《三國演義》。

【88】　唐‧魏徵，〈諫太宗十思疏〉。

【89】　宋‧文天祥撰，〈過零丁洋〉詩。

【90】　北宋‧范仲淹，〈岳陽樓記〉。

【91】　星雲(2004)，《迷悟之間‧3.無常的真理》，台北：香海文化出版社，頁17。

第24.一滴水的價值，舉「星星之火可以燎原，涓涓滴水可以穿石。」[92]譬喻一滴水，可以滲透土壤，崩塌一座山；一滴水，可以匯聚成流，形成江河大海。[93] 第40.功成不居，舉韓信與文種的悲劇下場，乃不擅於「韜光養晦」[94]，而「功高震主」[95]，最後落得「鳥盡弓藏、兔死狗烹」[96]；張良、范蠡懂得「功成身退」[97] 之道，故能「全身遠禍」。[98] 第48.超越極限，舉四個實例：秦始皇建築萬里長城，功勞蓋世；亞歷山大想要征服世界雄心萬丈；拿破崙希望統一歐洲，建立不朽事業；隋煬帝開鑿運河，[99] 希望到揚州極盡人生的享樂。[100] 第49.最好的禮物，舉「逆耳忠言」[101] 與「恭敬不如從命」[102]，兩則最好「忠言」禮物的譬喻。[103] 第52.驕氣與傲骨，舉八個實例來譬喻驕氣與傲骨，即隋煬帝因爲驕奢而亡國，夫差因爲驕矜而失敗；秦始皇驕恣狂妄，曹孟德驕慢自大，從未獲得讚美；但是投江而死的屈原、擊鼓罵曹的禰衡、不爲五斗米折腰的陶潛、[104] 不肯走邊門的晏子，[105] 卻活出了截然不同的人生。[106] 第57.談判高手，譬如蘇秦、張儀「連橫」對策；[107]藺相如完璧歸

【92】　周‧不詳，《書經‧盤庚上》。

【93】　星雲(2004)，《迷悟之間‧3.無常的真理》，頁92。

【94】　後晉‧劉昫等撰，《舊唐書‧宣宗記》。

【95】　西漢‧司馬遷，《史記‧淮陰侯列傳》。

【96】　西漢‧司馬遷，《史記‧越王勾踐世家》。

【97】　先秦‧李耳，《老子》。

【98】　星雲(2004)，《迷悟之間‧3.無常的真理》，頁144-145。

【99】　唐‧魏徵，《隋書‧高帝紀》。

【100】　星雲(2004)，《迷悟之間‧3.無常的真理》，頁169-170。

【101】　明‧無名氏，《四馬投唐》。

【102】　宋‧釋贊寧，《筍譜》卷下。

【103】　星雲(2004)，《迷悟之間‧3.無常的真理》，頁174。

【104】　南梁‧沈約，《宋書》卷九十三〈隱逸列傳‧陶潛〉。

【105】　西漢‧劉向，《晏子春秋》。

【106】　星雲(2004)，《迷悟之間‧3.無常的真理》，頁184。

【107】　漢‧劉向，《戰國策序》。

趙、全身而退；[108] 五尺高晏子對強楚不亢不卑，[109] 三國的諸葛亮，在東吳能舌戰群儒，爲劉玄德取得勝利，[110] 都是談判高手。[111] 第60.以退爲進，卽「回頭是岸」，舉先賢聖傑退居後方，爲了等待「應世機緣」；能人異士隱居山林「韜光養晦」，爲了等待聖明仁君。深明「進步哪有退步高」。譬如春秋楚王三子季札，賢能謙讓長兄繼位。[112] 三國諸葛亮謙讓劉禪。[113] 周公輔佐成王，雖是長輩，一直以臣下自居。[114] 在在證明退讓不是犧牲，所謂「失之東隅，收之桑榆」，有時以退爲進，更能成功。[115]

　　第68.以捨爲得，比喻古聖先賢「先天下之憂而憂，後天下之樂而樂」，[116]如果不能「捨」己爲人，怎麼能名垂千古、留芳青史？[117] 第73.轉彎與直行，舉十四個實例譬喻轉彎與直行的人生哲學。楚漢之爭時，西楚霸王項羽，不知轉彎而兵敗身亡；[118] 春秋時代宋襄公，兩軍對陣卻不肯發兵，致使功敗垂成。[119] 宋朝岳飛，遭秦檜阻撓而猶豫不前，終不免殺身之禍。[120] 文成公主下嫁西藏和番，一路直行，終於建立西藏的政治宗教；鑑眞大師七次出航日本，屢遭挫折仍然一路直行，終於成爲日本的「文化之父」。唐三藏印度取經，一路直行，終於

【108】　西漢・司馬遷，《史記・廉頗藺相如列傳》。

【109】　西漢・劉向，《晏子春秋》。

【110】　晉・陳壽，《三國志・諸葛亮傳》卷三十五。

【111】　星雲(2004)，《迷悟之間・3.無常的眞理》，頁203。

【112】　宋・朱熹，《朱子語類》卷五十九。

【113】　後晉・劉昫等撰，《舊唐書宣宗記》。

【114】　南朝宋・范曄，《後漢書・馮異傳》。

【115】　星雲(2004)，《迷悟之間・3.無常的眞理》，頁215-216。

【116】　宋・范仲淹，〈岳陽樓記〉。

【117】　星雲(2004)，《迷悟之間・3.無常的眞理》，頁247。

【118】　西漢・司馬遷，《史記・項羽本紀》。

【119】　春秋・左丘明，《左傳・僖公二十二年》。

【120】　南宋・脫脫，《宋史・岳飛傳》。

成功；釋迦牟尼佛一心想要成佛，終於達到目的。孔子原無意作官，懂得轉彎而作了魯國的司寇；屈原委身侍君，正直不肯妥協，終投身汨羅江，抱憾而亡。蔣介石一路直行，抗戰到底；汪精衛應該一路直行，卻中途變節彎靠日本而失敗。東西德、南北韓的對立，懂得轉彎和平統一就現出了曙光；海峽兩岸一直執著，不知轉彎，只有任由兩岸不斷的隔岸放話。[121]第79.晚食與安步，舉讀書人晚食與安步的五則譬喻：顏斶拒絕齊宣王當官，[122] 陶淵明不肯為五斗米折腰，[123] 李密不肯接召為官，[124] 晉文公燒山以尋介之推，介之推寧死也不肯出來作官；[125]王參元家遭火災，仍視功名如敝屣。[126] 第89.搓揉的麵糰，舉五則實例來譬喻耐磨方能成器：宋朝蘇洵，二十七歲才發憤苦讀，終能與兒子蘇軾、蘇徹「三蘇齊名」，留下「眉山生三蘇，草木盡皆枯」[127] 的佳話。善辨琴音的蔡文姬，生逢亂世被擄遠嫁匈奴，飽嘗思鄉與骨肉分離之苦。仍能將她一生所讀的文章，默寫流傳，[128] 終能名垂青史。印度聖雄甘地「不合作主義」，吃盡屈辱忍耐，印度因而得以獨立；孟子「天將降大任於斯人也，必先苦其心志，勞其筋骨，餓其體膚，空乏其身，行拂亂其所為，所以動心忍性，增益其所不能也。」[129] 第91.聖人的財富，舉三例來譬喻聖人的財富，財富如水，「水能載舟，也能覆舟」[130]；財富沒有「善惡」，正如水火，相助相剋！在聖者的眼中看來，功名富貴如同

【121】　星雲(2004)，《迷悟之間‧3.無常的真理》，頁264-267。

【122】　清‧吳楚材、吳調侯選編，〈顏斶說齊王〉《古文觀止》。

【123】　南宋‧謝枋得，《文章軌範》。

【124】　春秋‧左丘明，《春秋左傳》。

【125】　唐‧柳宗元，〈賀進士王參元失火書〉。

【126】　星雲(2004)，《迷悟之間‧3.無常的真理》，頁286。

【127】　宋‧謝維新，《古今合璧事類》。

【128】　元‧羅貫中，《三國演義》第一百零四回。

【129】　星雲(2004)，《迷悟之間‧3.無常的真理》，頁316-317。《孟子》〈梁惠王章句上〉。

【130】　戰國‧荀子，《荀子王制》。

死老鼠，卻讓眾生爭得頭破血流。[131]

　　上述十三篇六十二則能大能小屬性譬喻具人間佛教的人間性(2)、生活性(4)、利他性(4)、喜樂性(1)、時代性(4)、與普濟性(1)等六種特性，其中以生活性、利他性與時代性居多，人間性居次，其次爲喜樂性與普濟性。(見附表4.1)

二、人生態度

　　此屬性的一般譬喻有十一篇二十四則，主要譬喻人生各種態度。第3.人，住在那裏？舉五種解脫自在人生的譬喻：大湛法師用「百花叢裡過，片葉不沾身」來形容羅漢、菩薩的境界。太陽安住在虛空之中，正如出家人，看似無家，其實處處爲家。陶淵明不爲五斗米折腰，順治皇帝感歎「百年三萬六千日，不及僧家半日閒」[132]，多麼嚮往解脫自在的人生。[133] 第5.刀口之蜜，舉我們面對有限的生命時，應抱持「有花堪折直須折，莫待無花空折枝。」[134] 的積極態度。[135] 第32.人生四季，一年四季，氣象不同，正如人生的少、壯、青、老，各有特色。[136] 第33.健康與長壽，舉龜鶴[137] 與松柏譬喻健康與長壽。[138] 第35.寬厚待人，舉三則譬喻寬厚待人，唐朝婁師德的弟弟「唾面自乾」，[139] 春秋時代鮑叔牙之對管仲。[140] 反之，「萬里投書只爲牆，讓他三尺有何妨？長城萬里

【131】　星雲(2004)，《迷悟之間・3.無常的真理》，頁322。

【132】　清・順治皇帝，〈贊僧詩〉。

【133】　星雲(2004)，《迷悟之間・3.無常的真理》，頁20-21。

【134】　唐・杜秋娘，〈金縷衣〉。

【135】　星雲(2004)，《迷悟之間・3.無常的真理》，頁28。

【136】　星雲(2004)，《迷悟之間・3.無常的真理》，頁119。唐君毅(1952)，《青年與學問》。

【137】　晉・郭璞，〈遊仙〉。

【138】　星雲(2004)，《迷悟之間・3.無常的真理》，頁122。

【139】　後晉・劉昫等撰，《新唐書・婁師德傳》。

【140】　西漢・司馬遷，《史記・管晏列傳》。

今猶在，不見當年秦始皇。」[141] 第44.缺陷美，舉「紅顏薄命」[142]、「天妒紅顏」，譬喻太好易遭忌；有缺陷反而能「因禍得福」。所謂「塞翁失馬，焉知非福」[143]，足見「缺陷美」的價值。[144] 第53.積極的人生觀，舉蘇東坡被貶謫到海南島後，仍能隨遇而安。[145] 與海倫凱勒「面對陽光，你就會看不到陰影。」[146] 譬喻積極的人生觀，就是心裡的陽光。[147] 第56.改正缺點，譬如美國總統富蘭克林，一生都在努力改進自己的缺點和改進國家的政策。[148] 第65.人生之喻，舉人生如舞台、人生如逆旅、人生如夢幻、人生如浮萍[149] 譬喻人生變化無常。[150] 第76.生死泰然，舉法國文藝復興時代的代表人物拉伯雷[151] 與哲人盧騷[152] 的生死態然。[153] 第78.發心的禮讚，只要發心，所做的事情，品質就都不一樣了；正是所謂「平常一樣窗前月，才有梅花便不同」。[154]

　　上述十一篇二十四則人生態度屬性譬喻具人間佛教的人間性(1)、生活性(2)、喜樂性(1)、與時代性(1)等四種特性，其中以生活性居多，未見有利他性與普濟性。(見附表4.1)

【141】　星雲(2004)，《迷悟之間‧3.無常的真理》，頁130。李平發讀史。
【142】　南朝劉宋‧范曄，《後漢書‧禰衡傳》。
【143】　西漢‧劉安編，《淮南子‧人間訓》。
【144】　星雲(2004)，《迷悟之間‧3.無常的真理》，頁157。
【115】　宋‧蘇軾，《潮州韓文公廟碑》。
【146】　海倫凱勒(2001)，《永不放棄的海倫凱勒》，大田出版。
【147】　星雲(2004)，《迷悟之間‧3.無常的真理》，頁189。
【148】　星雲(2004)，《迷悟之間‧3.無常的真理》，頁198。《今周刊》218期。
【149】　唐‧沈既濟，《枕中記》。
【150】　星雲(2004)，《迷悟之間‧3.無常的真理》，頁215。
【151】　拉伯雷(1553)，《拉伯雷作品集》。
【152】　余鴻榮譯(2012)，《盧騷懺悔錄》，志文出版。
【153】　星雲(2004)，《迷悟之間‧3.無常的真理》，頁277。
【154】　星雲(2004)，《迷悟之間‧3.無常的真理》，頁282。宋‧杜小山，《寒夜》。

三、忍辱負重

　　此屬性的一般譬喻有七篇二十七則，主要譬喻忍辱負重。第4.幽谷蘭香，採用十則譬喻，說自古將相本無種，英雄不怕出身低；為人不怕生於貧賤，但需要靠因緣的成就。正如黃金需要大地的保護，大魚需要深水的呼吸，君子在山林中吐納修養，喬木在高山上與風霜為伴。又如玉器雖美，必須經過琢磨；鋼鐵雖堅，但要高溫鍛鍊；銅鏡映照，也要經常拂拭；幽蘭清香，必須深谷保護。漢光武帝劉秀如中天高日，莊光嚴子陵則如幽谷蘭香。所謂「君子窮則獨善其身，達則兼善天下」。[155] 第6.千錘百鍊，舉四則實例比喻「千錘百鍊出深山，烈火焚燒莫等閒；粉身碎骨都無怨，留得清白在人間。」[156] 石灰本來是礦物，經過烈火的焚燒，雖然粉身碎骨，但是粉刷在牆壁上，就留得潔白無瑕給大眾。所謂「殺身成仁，捨生取義」，就樹立了聖賢的榜樣。[157] 第14.逆流而上，聚沙成塔，集腋成裘；[158] 各行各業無不是需要經過一番的艱難辛苦，無不是需要在人海之中逆流而上，最後才能達到成功之境。[159] 第38.任勞任怨，舉「當家三年狗也嫌」[160]，比喻做任何事都難以給人十分的滿意。[161] 第58.提昇與沉淪，舉「學如逆水行舟，不進則退」[162] 說明作學問要不斷的追求新知、啟發智慧、與開拓思想，為的是要提升學問。[163] 第59.欺善怕惡，舉六則譬喻欺善怕惡，如「人善

【155】　星雲(2004)，《迷悟之間‧3.無常的真理》，頁24-25。明‧楊慎，《升庵集》。

【156】　明‧于謙，〈石灰詩〉。

【157】　星雲(2004)，《迷悟之間‧3.無常的真理》，頁29。

【158】　戰國‧墨子，《墨子‧親士》。

【159】　星雲(2004)，《迷悟之間‧3.無常的真理》，頁59。

【160】　明‧笑笑生，《金瓶梅》第75回「西門慶說」。

【161】　星雲(2004)，《迷悟之間‧3.無常的真理》，頁139。

【162】　清‧周希陶，《增廣賢文》。

【163】　星雲(2004)，《迷悟之間‧3.無常的真理》，頁208。

人欺天不欺，人惡人怕天不怕」[164]；「善似青松惡似花，看看眼前不如它；有朝一日遭霜打，只見青松不見花。」洪自誠「爲善之人，如入芝蘭之室，不聞其香，但日有所增；爲惡之人，如磨刀之石，不見其減，但日有所損。」做幽蘭吐露芬芳好呢？還是做鋒利的磨刀之石好呢？「醫生救人」而促成美滿姻緣。再如有人愛狗，故受「家犬報恩」；[165] 有人護蛇，也能得到回報。所以，善惡好壞，因果必然是絲毫不爽的！[166] 第63.自制的力量，所謂「君子不欺暗室」[167]，就是自制的功夫；《三國演義》裡，張飛自知易怒性格，在戰勝嚴顏時特地下座禮遇，終於感動嚴顏心悅誠服的投降；[168]《水滸傳》中，黑旋風李逵自知衝動的脾氣，所以一直自制，聽大哥宋江的指示，[169] 因此也能跟隨宋江出入各種的場合。[170]

　　上述七篇二十七則忍辱負重屬性譬喻具人間佛教的人間性(3)、生活性(4)、利他性(1)、喜樂性(1)、與時代性(1)等五種特性，其中以生活性居首，人間性居次，未見有普濟性。(見附表4.1)

四、當代問題

　　此屬性的一般譬喻有九篇十二則，主要譬喻當代問題。第12.廣告的社會，舉古代讀書人「秀才不出門，能知天下事」來比喻現在我們的生活，必需要靠廣告，才能認識世界，知道社會。[171] 第22.速食文化，舉「家書抵萬金」[172] 譬喻現在「限時」、「快遞」，甚至電話、電腦、網

【164】　清・周希陶，《增廣賢文》。
【165】　漢・戴德，《大戴禮》。
【166】　星雲(2004)，《迷悟之間・3.無常的真理》，頁212-213。
【167】　唐・駱賓王，〈螢火賦〉。
【168】　元・羅貫中，《三國演義》。
【169】　明・施耐庵，《水滸傳》。
【170】　星雲(2004)，《迷悟之間・3.無常的真理》，頁227。
【171】　星雲(2004)，《迷悟之間・3.無常的真理》，頁50-51。
【172】　唐・杜甫，〈春望〉。

路等通訊，眞是「天涯若比鄰」。[173] 第29.難民與移民，舉「金角落，銀角落，不如自己的窮角落。」[174] 與「天下沒有不是的父母」譬喻人民也應該都有一個可愛的祖國。[175] 第39.調整觀念，舉「情人眼裡出西施」[176] 比喻只要你歡喜的，都會把它看成是好的。[177] 第51.心病難醫，舉「杯弓蛇影」[178] 與「百日升天」[179]，譬喻心病難醫。[180] 第62.坐說立行，舉「說道一丈，不如行道一尺！」[181] 與「說食不能當飽，畫餅不能充飢！」[182] 譬喻「坐說」不如進而「立行」。[183] 第72.表情的重要，舉胡適之教人寫文章[184]：好的文章就是「表情達意」。[185] 第77.欲樂與法樂，舉「愛河千尺浪，苦海萬重波」譬喻愛得不當，增加許多無謂的煩惱，造成「欲海狂瀾」[186]，不可自拔。[187] 第84.微塵與世界，舉軍人所謂「一將功成萬骨枯」[188]，是多少人的犧牲，才能成就他的功業？[189] 譬喻團隊合作的重要。

　　上述九篇十二則當代問題屬性譬喻具人間佛教的生活性(2)、喜

【173】　星雲(2004)，《迷悟之間‧3.無常的眞理》，頁85。

【174】　琦君(1976)，《桂花雨》，橋梁書。

【175】　星雲(2004)，《迷悟之間‧3.無常的眞理》，頁110。

【176】　明‧西湖漁隱主人，《歡喜冤家》第五回。

【177】　星雲(2004)，《迷悟之間‧3.無常的眞理》，頁141。

【178】　清‧翟灝/應劭，《風俗通義‧怪神》。

【179】　北齊‧魏收撰，《魏書‧釋老志》。

【180】　星雲(2004)，《迷悟之間‧3.無常的眞理》，頁180。

【181】　東周‧孔子門生編，《論語‧子路》。

【182】　北齊‧魏收撰，《魏書‧盧毓傳》。

【183】　星雲(2004)，《迷悟之間‧3.無常的眞理》，頁220。

【184】　胡適(1930)，《胡適文存》，上海書店。

【185】　星雲(2004)，《迷悟之間‧3.無常的眞理》，頁263。

【186】　清‧周安士，《欲海回狂》。

【187】　星雲(2004)，《迷悟之間‧3.無常的眞理》，頁279。

【188】　唐‧曹松，《己亥歲感事二首》。

【189】　星雲(2004)，《迷悟之間‧3.無常的眞理》，頁301。

樂性(1)、時代性(4)、與普濟性(2)等四種特性，其中以時代性居多，生活性與普濟性居次，未見有人間性與利他性。(見附表4.1)

五、道德人生

此屬性的一般譬喻有九篇二十二則，主要譬喻道德人生。第18.學習認錯，舉認錯譬喻美德。「學習認錯」是佛教最好的教育；孔門有所謂「每日三省吾身」；儒家所謂「過則勿憚改」[190]，所以有過不怕改；唯有勇於認錯與改過，才能自我更新。[191] 第20.人生三十歲，舉人在世間上，要有智慧、正直、善良，不能為非作歹，才能活出真正的生命來；因為人生三十歲，一切都在因果之中。[192] 第26.相互體諒，因為有體諒，人間才有情義；因為有體諒，生命才有光熱。如果沒有體諒，父母子女都可能反目成仇；長官部屬都可能勢如水火。[193] 第27.言行的考察，舉「是非只為多開口」與「煩惱皆因強出頭」[194]，譬喻言行考察的重要。[195] 第28.恩怨人生，人生不必恩怨太分明，蔣介石的「以德報怨」[196]，正是中國人「冤家宜解不宜結」[197] 的寬恕胸懷。[198] 第34.烏鴉的聲音，舉「烏鴉嘴」喻為不會說好話，經常說話得罪人，或說話給人難堪，甚至把好事說成壞事、好人說成壞人、好話說成壞話。[199] 第47.孝順要及時，舉「樹欲靜而風不止，子欲養而親不待」[200]，喻孝順

【190】　東周・孔子門生編，《論語・學而篇》。

【191】　星雲(2004)，《迷悟之間・3.無常的真理》，頁73。

【192】　星雲(2004)，《迷悟之間・3.無常的真理》，頁73。

【193】　星雲(2004)，《迷悟之間・3.無常的真理》，頁101。晉・陳壽，《三國誌・蜀志・魏延傳》。

【194】　清・周希陶，《增廣賢文》。

【195】　星雲(2004)，《迷悟之間・3.無常的真理》，頁102-103。

【196】　東周・孔子門生編，《論語・憲問》。

【197】　清・錢彩編，《精忠岳傳・第八回》。

【198】　星雲(2004)，《迷悟之間・3.無常的真理》，頁107。

【199】　星雲(2004)，《迷悟之間・3.無常的真理》，頁125。

【200】　漢・韓嬰，《韓詩外傳》。

父母要及時。[201]　第55.家教的重要，舉孟母三遷、[202]岳母教孝、[203]王羲之練字、[204]王冕習畫[205]四則典故，比喻家庭教育的重要。[206]　第93.孝順的研議，舉中國的二十四孝，「羔羊跪乳」[207]、「烏鴉反哺」，「有空巢的父母，沒有空巢的小鳥」，「倚門望子歸」[208]四則譬喻父母在兒女面前，永遠都是付出者，極少得到兒女的回饋。[209]

　　上述九篇二十二則道德人生屬性譬喻具人間佛教的人間性(2)、生活性(3)、利他性(2)、與時代性(3)等四種特性，其中以生活性與時代性居多，人間性與利他性居次，未見有喜樂性與普濟性。(見附表4.1)

六、憂患意識

　　此屬性的一般譬喻有四篇六則，主要譬喻要有無常的憂患意識。第30.憂患意識，舉「天有不測風雲，人有旦夕禍福。」[210]故要建立積極進取的人生觀，要有樂觀喜悅的性格，要相信人生是充滿希望、美好與光明的。[211]　第31.平時要燒香，舉「平時不燒香，臨時抱佛腳。」譬喻春天不播種，秋來哪能有收成？[212]　第80.禍兮福兮，所謂「是福不是禍，是禍躲不過」，禍福都有緣由，所謂「禍福有因，自作自受」[213]；一

【201】　星雲(2004)，《迷悟之間‧3.無常的真理》，頁168。

【202】　漢‧趙歧，《孟子題詞》。

【203】　明‧馮夢龍，《喻世明言》第39卷。

【204】　魏晉‧劉義慶，《世說新語‧雅量》。

【205】　元‧王冕，《墨梅》。

【206】　星雲(2004)，《迷悟之間‧3.無常的真理》，頁194。

【207】　清‧周希陶，《增廣賢文》。

【208】　唐‧張說，〈岳州別姚司馬紹之制許歸侍〉詩。

【209】　星雲(2004)，《迷悟之間‧3.無常的真理》，頁328。

【210】　北宋‧呂蒙正，〈破窯賦〉。

【211】　星雲(2004)，《迷悟之間‧3.無常的真理》，頁114。

【212】　星雲(2004)，《迷悟之間‧3.無常的真理》，頁115。

【213】　東周‧孔子門生編，《論語》〈陽貨第十七〉。

切禍福，都是我人造作後的「自食其果」。[214] 第86.無常的真理，「人無千日好，花無百日紅」[215] 是無常的寫照！「月有陰晴圓缺，人有旦夕禍福」[216] 是無常的意義！[217]

　　上述四篇六則憂患意識屬性譬喻具人間佛教的人間性(1)、生活性(2)、與利他性(1)等三種特性，其中以生活性居多，人間性與利他性居次，未見有喜樂性、喜樂性與普濟性。(見附表4.1)

【214】　星雲(2004)，《迷悟之間‧3.無常的真理》，頁288。
【215】　明‧施耐庵，《水滸傳‧第四十三回》。
【216】　宋‧蘇軾，〈水調歌頭〉；宋‧程顥、程頤，《二程全書‧遺書二上》。
【217】　星雲(2004)，《迷悟之間‧3.無常的真理》，頁306。

表4.3. 《迷悟之間‧3無常的真理》一般譬喻內容表

屬性	號篇名	譬喻數	內容	出處
一、能大能小13/62	2.官員的尊嚴	4	所謂「官員的尊嚴」，像關雲長的「秉燭達旦」；魏徵的「諫說唐太宗」；文天祥的「死難不屈」；范仲淹的「先天下之憂而憂，後天下之樂而樂」p.17 明羅貫中《三國演義》魏徵《諫太宗十思疏》	文天祥撰〈過零丁洋〉詩 范仲淹〈岳陽樓記〉
	24.一滴水的價值	2(AB)	「星星之火可以燎原，涓涓滴水可以穿石。」p.92	《書經‧盤庚上》
	40.功成不居	4	歷史上許多英雄好漢，因為不擅於「韜光養晦」，往往「功高震主」，最後落得「鳥盡弓藏、兔死狗烹」，例如韓信與文種的悲劇下場；也有的人懂得「功成身退」之道，故能「全身遠禍」，例如張良、范蠡。pp.144-145	《舊唐書‧宣宗記》《史記‧淮陰侯列傳》《史記越王勾踐世家》先秦‧李耳《老子》
	48.超越極限	4(BC)	秦始皇建築萬里長城，功勞蓋世；亞歷山大想要征服世界雄心萬p.169丈；拿破崙希望統一歐洲，建立不朽事業；隋煬帝開鑿運河，希望到揚州極盡人生的享樂。p.170	《隋書‧高帝紀》
	49.最好的禮物	2	最好的禮物應該是「忠言」；即使是「逆耳忠言」，也要將真心表達。pp.173-174最好的禮物，給他歡喜。所謂「恭敬不如從命」，送給他恭敬，接受他的意見，也是最好的禮物。p.174	明‧無名氏《四馬投唐》宋‧釋贊寧《筍譜》卷下
	52.驕氣與傲骨	8(BC)	煬帝因為驕奢而亡國，夫差因為驕矜而失敗；秦始皇驕恣狂妄，曹孟德驕慢自大，歷史上從未有人對這些驕氣的帝王給予讚美；但是投江而死的屈原、擊鼓罵曹的禰衡、不為五斗米折腰的陶潛、不肯走邊門的晏子，他們的行誼至今依然為人所稱道，此皆因為「驕氣」與「傲骨」，讓他們活出了截然不同的人生。p.184	《宋書》卷九十三〈隱逸列傳‧陶潛〉西漢‧劉向《晏子春秋》
	57.談判高手	4(AB)	戰國時代，燕、趙、韓、魏、齊、楚、秦，各國分裂對峙。蘇秦建議六國以「合縱」的策略，做為生存p.202之道，而張儀則游說各國分別與秦合作，以「連橫」的對策破解。其時，由於「合縱」破解「連橫」，由於「連橫」分化「合縱」，他們的思想、理路廣闊，以三寸不爛之舌，說動王侯公卿求取富貴，成就了許多說客。p.203早在蘇秦、張儀之前，藺相如完璧歸趙、全	漢‧劉向《戰國策序》西漢‧司馬遷《史記‧廉頗藺相如列傳》西漢‧劉向《晏子春秋》

屬性	號篇名	譬喻數	內　　　容	出　　處
一、能大能小 13 / 62	續57.		身而退；晏子身高不過五尺，卻對強楚不亢不卑。乃至後來三國時代的諸葛亮，在東吳能舌戰群儒，為劉玄德取得勝利，他們都是談判高手。p.203	《三國志‧諸葛亮傳》卷三十五
	60.以退為進	6	「回頭是岸」，以退為進。古來的先賢聖傑，從官場利祿之中退居後方，是為了再待機緣；有些能人異士隱居山林，是為了等待聖明仁君。有的人非常重視「韜光養晦」，有的人等待「應世機緣」；有德者、飽學之士都會懂得「進步哪有退步高」。p.215春秋時候，楚王的三子季札賢能，父王要傳位於他，他謙讓，應該由長兄繼位。p.215三國時代，劉玄德知道太子劉禪無能，要諸葛孔明取而代之，但因諸葛亮謙讓，反而在歷史上留下忠臣之名。周公輔佐成王，雖是長輩，一直以臣下自居，所以能成周公的聖名美譽。此皆證明，退讓不是犧牲，所謂「失之東隅，收之桑榆」，有時以退為進，更能成功。p.216	宋‧朱熹《朱子語類》卷五十九《舊唐書宣宗記》南朝劉宋‧范曄《後漢書‧馮異傳》
	68.以捨為得	1 (3)	古聖先賢「先天下之憂而憂，後天下之樂而樂」，如果不能「捨」己為人，又怎麼能名垂千古、留芳青史？p.247	范仲淹〈岳陽樓記〉
	63.自制的力量	14	楚漢之爭時，西楚霸王項羽，因為直行的個性，不知轉彎，導致兵p.264敗身亡；春秋五霸之一的宋襄公，兩軍對陣時，卻遲遲不肯發兵，致使功敗垂成。宋朝岳飛，本來可以直搗黃龍，因為秦檜阻撓而猶豫不前，終不免殺身之禍。p.265文成公主下嫁西藏和番，一路直行，終於建立西藏的政治宗教；鑑真大師七次出航日本，屢遭挫折仍然一路直行，終於成為日本的「文化之父」。唐三藏印度取經，一路直行，終於成功；釋迦牟尼佛一心想要成佛，終於達到目的。p.265孔子無意作官，為推動學術教育，作了魯國的司寇屈原委身侍君，但他個性正直，不肯妥協，只有投身汨羅江，抱憾而亡。p.266近代的蔣介石一路直行，抗戰到底；汪精衛中途變節，彎靠日本，故而失敗。p.266東西德、南北韓，經過幾十年的對立，為和平統一做出轉彎；海峽兩岸執著不轉，只有任由兩岸不斷的隔岸放話。pp.266-267	《史記‧項羽本紀》《左傳‧僖公二十二年》《宋史‧岳飛傳》

屬性	號篇名	譬喻數	內　　容	出　　處
一、能大能小 13／62	79.晚食與安步	5 (AB)	在《古文觀止》〈顏斶說齊王〉中，齊宣王要顏斶做官，給他種種的優待。顏斶說：「不必！我願晚食以當肉，安步以當車，無罪以當貴，清淨貞正以自虞。」正是陶淵明不肯為五斗米折腰，李密不肯接召為官的原故吧！p.285晉文公燒山以尋介之推，介之推寧死也不肯出來作官；王參元家遭火災，韓愈為他祝賀，以為這下他可以出來做官了，而他雖然無家可歸，卻視功名如敝屣。p.286	〈顏斶說齊王〉《古文觀止》南宋‧謝枋得《文章軌範》《春秋左傳》唐‧柳宗元《賀進士王參元失火書》
	89.搓揉的麵糰	5 (BC)	宋朝的蘇洵，年過二十七歲才發憤苦讀，終能與兒子蘇軾、蘇徹「三蘇齊名」，留下「眉山生三蘇，草木盡皆枯」的佳話。p.316善辨琴音的蔡文姬，被擄遠嫁匈奴，飽嘗思鄉之苦；坎坷的一生，並沒有令她懷憂喪志，反而將她一生所讀的文章，默寫流傳，終能名垂青史。p.316印度聖雄甘地以「不合作主義」，經過多少的屈辱、忍耐終能引起國際的重視，印度因而得以獨立。孟子：「天將降大任於斯人也，必先苦其心志，勞其筋骨，餓其體膚，空乏其身，行拂亂其所為，所以動心忍性，增益其所不能也。」經過搓揉，才能成功。p.317	《合璧事類》《三國演義》第一百零四回《孟子》的《梁惠王章句上》
	91.聖人的財富	3 (AB)	財富如水，「水能載舟，也能覆舟」；財富沒有「善惡」，但是，善的因緣能成就一切，不善的因緣又能分散一切，正如水火，相助相剋！p.321在聖者的眼中看來，功名富貴如同死老鼠，眾生卻爭得頭破血流。p.322	《荀子王制》
二、人生態度 11	3.人，住在那裏？	5 (BC)	太陽住在虛空之中，無住就是它的安住！正如出家人，看似無家，其實處處為家。p.20所謂「百花叢裡過，片葉不沾身」，陶淵明不為五斗米折腰，順治皇帝感歎「百年三萬六千日，不及僧家半日閒」，他多麼嚮往解脫自在的人生啊！p.21	大湛法師東晉‧陶淵明順治皇帝〈贊僧詩〉
	5.刀口之蜜	1 (3)	詩云：「有花堪折直須折，莫待無花空折枝。」是我們面對有限的生命時，應抱持的積極態度喔！p.28	唐‧杜秋娘，〈金縷衣〉
	32.人生四季	1 (3)	一年四季，氣象不同，正如人生的少、壯、青、老，各有特色。p.119	唐君毅《青年與學問》1952
	33.健康與長壽	2 (BC)	「龜鶴延齡」是長壽的動物；松柏千年不凋，也是長壽的植物。p.122	晉‧郭璞〈游仙〉

屬性	號.篇名	譬喻數	內　　容	出　　處
二、人生態度 11	35.寬厚待人	3	例如唐朝婁師德的弟弟「唾面自乾」，春秋時代鮑叔牙之對管仲。p.129父親接信後，以詩作函回曰：「萬里投書只為牆，讓他三尺有何妨？長城萬里今猶在，不見當年秦始皇。」p.130	《新唐書·婁師德傳》《史記·管晏列傳》李平發讀史
	44.缺陷美(3)	2	所謂「紅顏薄命」、「天妒紅顏」，p.157太好反而容易遭忌；有缺陷，有時反而能「因禍得福」。所謂「塞翁失馬，焉知非福」，佛像缺手斷頭，因為美，故而受到世界各大博物館的爭相珍藏；玫瑰花有刺，但也因而保護了玫瑰花的芬芳美麗。p.158	《後漢書·禰衡傳》西漢·劉安編《淮南子·人間訓》
	53.積極的人生觀	2	蘇東坡在被貶謫到海南島的時候，覺得能隨遇而安，就會快樂。p.189海倫凱勒說：「面對陽光，你就會看不到陰影。」積極的人生觀，就是心裡的陽光！p.189	宋·蘇軾《潮州韓文公廟碑》《永不放棄的海倫凱勒》大田2001
	56.改正缺點	1	美國總統富蘭克林說，他的一生都在努力改進自己的缺點和改進國家的政策。p.198	《今周刊》 218期
	65.人生之喻	4	人生如舞台：……人生如逆旅：……人生如夢幻：……p.215到頭來都只是「黃粱一夢」。人生如浮萍：在水中的浮萍，正如人生在世，漂泊不定、聚散無常，毫無著力處。p.216	《枕中記》
	76.生死泰然	2(3)	法國文藝復興時代的代表人物拉伯雷說：「笑劇已經演完，是該謝幕的時候了！」他對於死亡表現得瀟灑自在，毫無依戀；哲人盧騷臨終時安慰夫人：「別傷心，你看，那邊明亮的天空，就是我的去處！」p.277	《拉伯雷作品集》余鴻榮譯《盧騷懺悔錄》志文出版2012
	78.發心的禮讚	1(BC)	發心的力量真是微妙。你發心吃飯，飯菜不但可以吃飽，而且味道更加美妙，……正是所謂「平常一樣窗前月，才有梅花便不同」。p.282	宋杜小山《寒夜》
三、忍辱負重 7	4.幽谷蘭香	10(BC)	自古將相本無種，英雄不怕出身低；正如黃金需要大地的保護，大魚需要深水的呼吸，君子在山林中吐納修養，喬木在高山上與風霜為伴。又如玉器雖美，必須經過琢磨；鋼鐵雖堅，但要高溫鍛鍊；銅鏡映照，也要經常拂拭；幽蘭清香，必須深谷保護。p.22漢光武帝劉秀如中天高日，莊光嚴子陵則如幽谷蘭香。p.24所謂「君子窮則獨善其身，達則兼善天下」；做人如果不能像玫瑰薔薇種於市街道旁，不然就做幽谷蘭香。p.25	鄭玄尚書中候注明·楊慎《升庵集》

屬性	號篇名	譬喻數	內　　容	出　　處
三、忍辱負重7	6.千錘百鍊	4(AB)	「千錘百鍊出深山，烈火焚燒莫等閒；粉身碎骨都無怨，留得清白在人間。」所謂「殺身成仁，捨生取義」。p.29	明·于謙〈石灰詩〉
	14.逆流而上	2(3)	聚沙成塔，集腋成裘；各行各業無不是需要經過一番的艱難辛苦，在人海之中逆流而上，最後才能成功。p.59	《墨子·親士》
	38.任勞任怨	1(BC)	所謂「當家三年狗也嫌」，做任何事都難以給人十分的滿意。p.139	金瓶梅第75回「西門慶說」
	58.提昇與沉淪	1	「學如逆水行舟，不進則退」，作學問要不斷的追求新知、啓發智慧、開拓思想，為的是要提升學問。p.208	《增廣賢文》
	59.欺善怕惡(AB)	6	「人善人欺天不欺，人惡人怕天不怕」；「善似青松惡似花，看看眼前不如它；有朝一日遭霜打，只見青松不見花。」p.211洪自誠說：「為善之人，如入芝蘭之室，不聞其香，但日有所增；為惡之人，如磨刀之石，不見其減，但日有所損。」p.212「醫生救人」而促成美滿姻緣。再如有人愛狗，故受「家犬報恩」；有人護蛇，也能得到回報。p.213	《增廣賢文》漢·戴德《大戴禮》
	63.自制的力量(AB)	3	所謂「君子不欺暗室」，就是自制的功夫；p.225《三國演義》裡，張飛知道自己易怒的性格，在戰勝嚴顏時特地下座禮遇，終於感動嚴顏心悅誠服的投降；《水滸傳》中，黑旋風李逵知道自己衝動的脾氣，所以一直自制，聽大哥宋江的指示，因此也能跟隨宋江出入各種的場合。p.227	唐·駱賓王〈螢火賦〉《三國演義》《水滸傳》
四、當代問題9	12.廣告的社會	1(AB)	中國的讀書人，有所謂「秀才不出門，能知天下事」。然而現在我們的生活，必需要靠廣告，才能認識世界知道社會。pp.50-51	諺語
	22.速食文化	1(AB)	世界五大洲，過去乘船要一年半載，現在噴射機，朝發夕至；過去一封信函，所謂「家書抵萬金」，因為幾個月才能寄到。現在「限時」、「快遞」，甚至電話、電腦、網路等，真是「天涯若比鄰」。p.85	杜甫〈春望〉
	29.難民與移民	2	俗云：「金角落，銀角落，不如自己的窮角落。」凡是離鄉背井的人，尤其是流落他鄉，或者長居異國者，總認為是人生最大的悲哀。所謂「天下沒有不是的父母！」照理人民也應該都有一個可愛的祖國，但是，我們的祖國可愛嗎？p.110	琦君《桂花雨》橋梁書1976諺語/俗話

屬性	號篇名	譬喻數	內　　　容	出　　處
四、當代問題9	39.調整觀念	1(BC)	所謂「情人眼裡出西施」。p.141	明·西湖漁隱主人《歡喜冤家》
	51.心病難醫	2	歷史上的「杯弓蛇影」，是一種疑心病；「百日升天」，就是一種妄想病，這些疾病都不是一般的醫藥所能治療的了。pp.179-180	應劭《風俗通義·怪神》《魏書·釋老志》
	62.坐說立行	2	「說道一丈，不如行道一尺！」……「說食不能當飽，畫餅不能充飢！」p.220	《論語·子路》《魏書·盧毓傳》
	72.表情的重要	1(3)	胡適之教人寫文章，他說：好的文章就是「表情達意」。p.263	胡適《胡適文存》上海書店出版社，1930
	77.欲樂與法樂	1	「愛河千尺浪，苦海萬重波」；愛得不當，往往造成「欲海狂瀾」，不可自拔。p.279	周安士《欲海回狂》壽康文化
	84.微塵與世界	1(BC)	軍人所謂「一將功成萬骨枯」，是多少人的犧牲，才能成就他的功業？p.301	唐曹松《己亥歲感事二首》
五、道德人生9	18.學習認錯	2	佛教最好的教育，就是「學習認錯」；孔門有所謂「每日三省吾身」。p.72儒家所謂「過則勿憚改」。p.73	《論語·學而篇》
	20.人生三十歲	1	人在世間上，要有智慧、正直、善良，不能為非作歹，因為人生三十歲，一切都在因果之中！p.80	諺語
	26.相互體諒	4(BC)	因為有體諒，人間才能有情有義；生命才能有光有熱。如果沒有體諒，父母子女都可能反目成仇；長官部屬都可能勢如水火。p.101	《三國誌·蜀志·魏延傳》
	27.言行的考察	2	「是非只為多開口」；「煩惱皆因強出頭」。pp.102-103	清·周希陶《增廣賢文》
	28.恩怨人生	3(AB)	司馬遷說：「人有恩於我者，不可忘也；人有怨於我者，不可不知也！」所以要能化解怨恨。佛說「以怨止怨，如揚湯止沸」；能夠「以恩止怨」，則無事不辦。中國近代史上蔣介石的「以德報怨」，所表現的正是中國人「冤家宜解不宜結」的寬恕胸懷。p.107	《論語憲問》《精忠岳傳·第八回》
	34.烏鴉的聲音	1(BC)	台灣有一句俗諺，把不會說話、經常說錯話的人喻為「烏鴉嘴」。p.125	俗諺
	47.孝順要及時	1(BC)	孝順父母要及時，千萬不要到了「樹欲靜而風不止，子欲養而親不待」，豈不是要像小青蛙一樣，在水塘邊呱呱的叫個不停嗎？p.168	漢·韓嬰《韓詩外傳》

屬性	號篇名	譬喻數	內　　容	出　　處
五、道德人生 9	55.家教的重要	4 (AB)	孟母三遷、岳母教孝、王羲之練字、王冕習畫，都是因為家庭教育成功，所以終能成為不世之才。p.194《世說新語·雅量》元王冕《墨梅》	漢·趙歧《孟子題詞》馮夢龍《喻世明言》第39卷
	93.孝順的研議	4 (AB)	中國的二十四孝，甚至動物裡的「羔羊跪乳」、「烏鴉反哺」，都是教育子孫應該孝順父母的教材。p.327所謂「有空巢的父母，沒有空巢的小鳥」，父母永遠都是扮演著「倚門望子歸」的角色。p.328	《增廣賢文》唐·張說〈岳州別姚司馬紹之制許歸侍〉詩
六、憂患意識 4	30.憂患意識	1	所謂「天有不測風雲，人有旦夕禍福。」人要建立積極進取的人生觀。p.114	北·宋呂蒙正〈破窯賦〉
	31.平時要燒香	1	俗語說：「平時不燒香，臨時抱佛腳。」意謂著，春天不播種，秋來哪能有收成呢？p.115	諺語
	80.禍兮福兮	1	所謂「是福不是禍，是禍躲不過」，每一個人莫不希望「求福遠禍」。但是，禍福都有緣由，所謂「禍福有因，自作自受」；一切禍福，都是我人造作後的「自食其果」。p.288	《論語》〈陽貨第十七〉
	86.無常的真理	3	「人無千日好，花無百日紅」，「月有陰晴圓缺，人有旦夕禍福」，是無常的寫照與意義！p.306人一聽到「無常」，就如同「談虎色變」?p.307《二程全書·遺書二上》	明·施耐庵《水滸傳》/宋·蘇軾〈水調歌頭〉
計	53	155		

　　《迷悟之間·3無常的眞理》星雲採用的一般譬喻共有五十三篇一五五則，其中以第73.轉彎與直行的譬喻數十四則最多，其次爲第4.幽谷蘭香有十則，再其次爲第66.放光的意義有八則，第52.驕氣與傲骨有七則，第59.欺善怕惡與第60.以退爲進兩篇各有六則；第3.人，住在那裏？第79.晚食與安步與第89.搓揉的麵糰三篇各有五則；第2.官員的尊嚴、第6.千錘百鍊等九篇各有四則；第28.恩怨人生、第35.寬厚待人等五篇各有三則；第14.逆流而上與第18.學習認錯等十二篇各有二則；其餘二十篇各有一則。

　　這些譬喻出處非常多元，上自《春秋左傳》、《論語》、《孟子》、《荀子》、《史記》、《後漢書》、《魏書》、《隋書》、《唐書》、《宋書》、《水滸傳》、《三國誌》、《三國演義》、杜甫〈春望〉(第22.速食文化)等古籍，到《胡適文存》(第72.表情的重要)、海倫凱勒《永不放棄的海倫凱勒》(第53.積極的人生觀)，到一般諺語，極爲琳琅滿目。在這些被星雲採用的古籍中，以《諺語》被引用了五則譬喻居首(第12.廣告的社會、第20.人生三十歲、第29.難民與移民、第31.平時要燒香與第34.烏鴉的聲音)，《論語》(第18.學習認錯、第28.恩怨人生、第62.坐說立行與第80.禍兮福兮)、《史記》(第35.寬厚待人、第40.功成不居、第57.談判高手與第73.轉彎與直行)與《增廣賢文》(第27.言行的考察、第58.提昇與沉淪、第59.欺善怕惡與第93.孝順的研議)各四則，引用《左傳》(第73.轉彎與直行與第79.晚食與安步)、《魏書》(第51.心病難醫與第62.坐說立行)、《三國演義》(第63.自制的力量與第89.搓揉的麵糰)各有二則。其餘三十篇一三二則譬喻則各出自不同典故。可見星雲國學涵養的豐厚。

　　另外，這五十三篇一五五則譬喻具人間佛教人間性(11)、生活性(22)、利他性(10)、喜樂性(6)、時代性(12)與等普濟性(4)六種特性，相應程度以生活性居首，其次依序爲時代性、人間性、利他性、喜樂性與普濟性。

第三節、《迷悟之間‧3.無常的真理》星雲自創譬喻闡釋

　　星雲在《迷悟之間‧3.無常的真理》書中，自創譬喻有四十八篇短文計二一二則譬喻，其中第11.人生如球、第65.人生之喻與第94.上中下等級三篇短文各出現多達十三則譬喻，其次為第44.缺陷美、第48.超越極限與第89.搓揉的麵糰三篇各有十一則譬喻。星雲在本書中自創的譬喻數，占三類譬喻數最高比例46.90%，幾乎占了五成。星雲自創譬喻的內容可再概分為人生譬喻、安住何處？有備無患、正面人生、良善三業、與珍惜生命等六種屬性。人生譬喻屬性包括編號1，11，32，39，41，65，94等七篇四十六則譬喻；安住何處？屬性包括編號3，43，47，48，52，61，64，7，81等九篇三十五則譬喻；有備無患屬性包括編號4，7，9，13，14，16，60，67，89等九篇四十則譬喻；正面人生屬性包括編號17，23，26，33，44，68，70，75，84，90等十篇三十七則譬喻；良善三業屬性包括編號34，36，38，54，66，72，85，88，92等九篇三十四則譬喻；珍惜生命屬性包括編號5，42，76，87等四篇二十則譬喻。以有備無患屬性九篇四十則譬喻居冠，最少為珍惜生命屬性僅有四篇二十則譬喻。為便於對照閱覽與分析說明，特彙整上述六種屬性的一般譬喻如下表4.4，並依序分述說明如后：

一、人生譬喻

　　此屬性的星雲自創譬喻有七篇四十六則，主要為人生相關譬喻。第1.人生的階梯，將八十年的歲月譬喻為八十層樓的生命。最初二十層樓的人生，青春力壯，幸福美好。到了四十歲，為了家計兒女，生活的重擔，就如行李的負擔為難，這時候有的人就把這個負擔放在四十歲，繼續登上六十樓。在六十歲的人生裡，已經感到體力不繼，負擔嫌

重。[218] 第11.人生如球，共運用了十三則人生譬喻：「人生如夢」，「人生如戲」，「人生如露」；人生如「苦聚」、人生如「過客」、人生如「浮雲」；「人生如球」，活得「如佛菩薩」一樣，自然受萬人崇拜你；如果把自己變得「如魔鬼」，當然爲人所遺棄。人生可以規劃成「如地」，普載萬物；「如天」，覆蓋大衆；如「福田」，給人耕種；如「智庫」，給人取用不盡。人生可以如春風，如冬陽。[219] 第32.人生四季，當人生到了冬天的老年，卽以自己一生的成就歷史，以一生的事業文化，嘉惠人間，如冬陽之和煦，這不就是萬德圓滿的人生了嗎？[220] 第39.調整觀念，用花園、工廠、希望譬喻人生的觀念，可以培植美麗芬芳的花朵；可以生產許多利濟民生的物品；可以建設未來許多希望的工程。[221] 第41.不求速成，採用兩則譬喻人生像一棵樹木與馬拉松賽跑，堅持到最後終點的人，才能接受掌聲的喝采。[222] 第65.人生之喻，共有十三則人生譬喻，卽人生如露珠、人生如閃電、人生如流星、人生如花朵。人生像太陽、人生如戰場、人生如大海、人生如流水、人生如晴空、人生如詩畫、人生如謎語、人生如高山、人生像一盤棋。[223] 第94.上中下的等級，亦採用十三則人生譬喻，卽人、物品、菜餚、老師批改學生作文，軍階，又如旅館分五星級、貧民、古蹟，家庭成員的輩分，自然的順序代表倫理。說話，寫文章，要自問屬於哪一等？[224]

　　上述七篇四十六則人生譬喻屬性的譬喻具人間佛教的人間性(4)、生活性(5)、喜樂性(1)、與時代性(1)等四種特性，其中以生活性居

【218】　星雲(2004)，《迷悟之間・3.無常的真理》，頁14。

【219】　星雲(2004)，《迷悟之間・3.無常的真理》，頁48。

【220】　星雲(2004)，《迷悟之間・3.無常的真理》，頁120。

【221】　星雲(2004)，《迷悟之間・3.無常的真理》，頁142。

【222】　星雲(2004)，《迷悟之間・3.無常的真理》，頁149。

【223】　星雲(2004)，《迷悟之間・3.無常的真理》，頁236-238。

【224】　星雲(2004)，《迷悟之間・3.無常的真理》，頁330-331。

多，人間性居次，其次爲喜樂性與時代性，未見有利他性與普濟性。(見附表4.1)

二、安住何處？

　　此屬性的星雲自創譬喻有九篇三十五則，主要爲安住何處？相關譬喻。第3.人，住在那裏？舉小鳥，長大後要離巢高飛；小狗長大了往外跑。天天賴在家裡，像懶豬一樣？太陽住在虛空之中，無住而安住！正如出家人，看似無家，其實處處爲家，這是何等的逍遙自在！[225] 第43.學習接受，舉一顆種子沒有土壤的「接受」；一杯水沒有器皿的「接受」，都是徒勞無功的。就像天降甘露給你，你沒有「接受」；再溫暖的陽光，但是普照不到你，又能奈何？[226] 第47.孝順要及時，將母親譬喻成活觀音。[227] 第48.超越極限，人生像五指一樣，各司其職。[228] 基本上，人都有挑戰極限的渴望。例如：建築商人要建最高的大樓，工程專家要闢最長的道路，學生要考取最好的學校，人人都想創造金氏紀錄，都想成爲世界的總冠軍。世界上的拳擊好手，莫不希望擊倒拳王阿里；世界上的長跑健將，莫不希望自己是馬拉松第一的保持人。跳高跳遠的選手，總希望自己跳得最高、跳得最遠。因爲嚮往人生的極限，世界上的首富，建立各種事業王國，希望自己最富有、最具權威、最有貢獻；大陸的四歲小童燈娃，游泳橫渡長江；「亞洲第一飛人」柯受良，騎機車飛越黃河峽口。甚至有人用圓桶飄渡尼加拉瓜大瀑布，有人用直昇機環遊世界；大家不計生命危險，只爲了創造人生的極限，寫下歷史的第一。[229] 第52.驕氣與傲骨，世間上因爲驕氣而失敗，例如領兵的將領，所謂「驕兵必敗」；又如教書的老師，因爲驕氣而失去人緣；

【225】　星雲(2004)，《迷悟之間‧3.無常的眞理》，頁20。

【226】　星雲(2004)，《迷悟之間‧3.無常的眞理》，頁154。

【227】　星雲(2004)，《迷悟之間‧3.無常的眞理》，頁168。

【228】　星雲(2004)，《迷悟之間‧3.無常的眞理》，頁169。

【229】　星雲(2004)，《迷悟之間‧3.無常的眞理》，頁170-171。

主管因爲驕氣失去部下，朋友因爲驕氣而失去知交。[230] 第61.名與利，懂得生活的人，要像行雲流水一樣，任運逍遙，自由自在。[231] 第64.學習靈巧，做人要像虛空一樣與流水一樣，找尋出路，靈巧活用。[232] 第78.發心的禮讚，發心吃飯，飯菜飽足，美味可口；發心睡覺，睡得更加甜蜜安然。發心的人，表示富有；貪心的人，表示貧窮。只要發心，何事不辦？心如寶藏，心裡有無限的能源，爲什麼不來開發我們心裡的能源和寶藏呢？[233]第81.擁有與享有，舉高速公路與飛機不是我的，但我可以享有它。[234]

　　上述九篇三十五則安住何處？屬性譬喻具人間佛教的人間性(3)、生活性(4)、利他性(1)、喜樂性(2)、時代性(2)、與普濟性(1)等六種特性，其中以生活性居多，人間性居次，其次爲喜樂性與時代性，利他性與普濟性最少。(見附表4.1)

三、有備無患

　　此屬性的星雲自創譬喻有九篇四十則，主要譬喻有備無患的重要。第4.幽谷蘭香，人不管出身，都需要靠因緣的成就。正如黃金需要大地的保護，大魚需要深水的呼吸，君子在山林中吐納修養，喬木在高山上與風霜爲伴。又如玉器雖美，必須經過琢磨；鋼鐵雖堅，但要高溫鍛鍊；銅鏡映照，也要經常拂拭；幽蘭清香，必須深谷保護。不能像玫瑰薔薇種於市街道旁，也要做幽谷蘭香。不要滿瓶不動半瓶搖，要如黃金鑽石，不要急於求售。[235] 第7.凡事預則立，舉身體生病需檢查治療與修路需事前規劃兩個例子，譬喻現在的社會，都是「拔一毛

【230】　星雲(2004)，《迷悟之間‧3.無常的真理》，頁183。
【231】　星雲(2004)，《迷悟之間‧3.無常的真理》，頁219。
【232】　星雲(2004)，《迷悟之間‧3.無常的真理》，頁231。
【233】　星雲(2004)，《迷悟之間‧3.無常的真理》，頁284。
【234】　星雲(2004)，《迷悟之間‧3.無常的真理》，頁293。
【235】　星雲(2004)，《迷悟之間‧3.無常的真理》，頁22，25。

而牽動全身」。[236] 第9.防漏，舉汽車漏油，水管漏水，人的身體「破」「漏」生病時都要加以修理，才能使用。否則就會像船艙漏水沉沒；瓦漏氣致人於死。譬喻因為有漏，忠沒有忠的結局，孝沒有孝的結果，如同一些虔誠的佛教信徒，偶而心有不平，惡口相向，就把功德法財給「漏」了。[237] 第13.生命的價值，舉太陽把光明普照人間，流水滋潤萬物譬喻生命的價值，繫於自己怎樣去發揮去表現？另舉豬死後才有利用的價值，與草木腐朽才能當堆肥，譬喻人活著的時候，就要發揮生命的價值，對人間有所貢獻。[238] 第14.逆流而上，舉蝴蝶必須經過蛹的掙扎，才能破繭而出；春蠶必須吐絲作繭，等待蛹破才能羽化為蛾；舟船需逆水才能奮進；讀書十載寒窗，才能一舉成名；十年栽樹，才有花果繁茂；聚沙成塔，集腋成裘；各行各業無不是需要經過一番的艱難辛苦，在人海之中逆流而上，最後才能達到成功之境！[239] 第16.慌張誤事，舉拆錯信件、接錯門鈴、誤吃藥物、以醋當酒、開車踩錯油門的事例，說明緊張容易出亂子。[240] 第60.以退為進，舉引擎利用後退的力量來引發更大的動能；空氣越經壓縮更具爆破的威力；軍人作戰要迂迴繞道前進才能勝利，來比喻一個人要想成功立業，必需要懂得以退為進。[241] 第67.尊重專業，舉行醫濟世的人，需要就讀醫學院；興校辦學的人，必須研究教育；修理水電、馬達、冰箱、冷氣；甚至廚師都需要有專業，來說明現代的社會，愈來愈懂得要「尊重專業」。[242] 第89.搓揉的麵糰，舉柏油需經車輪輾壓才會結實平坦；水泥經過沙石的凝結

【236】　星雲(2004)，《迷悟之間‧3.無常的真理》，頁34。

【237】　星雲(2004)，《迷悟之間‧3.無常的真理》，頁41-42。

【238】　參閱星雲(2004)，《迷悟之間‧3.無常的真理》，頁53。

【239】　參閱星雲(2004)，《迷悟之間‧3.無常的真理》，頁59。

【240】　參閱星雲(2004)，《迷悟之間‧3.無常的真理》，頁64-65。

【241】　參閱星雲(2004)，《迷悟之間‧3.無常的真理》，頁215。

【242】　參閱星雲(2004)，《迷悟之間‧3.無常的真理》，頁242。

才能堅固牢靠；鋼鐵經烈火鍛錬才能堅韌無比；麵糰經過不斷的搓揉才能作成美味可口的麵包；燒餅的鬆脆好吃必是搓揉功夫好；麵條吃在嘴裡有彈性，必是搓揉功夫到家，說明軍營裡的苦練，要像麵糰經過搓揉才能成爲一個有膽有識的鐵血軍人；學校學生經過嚴師的要求，才能「青出於藍，更勝於藍」；農夫不怕寒暑辛勤耕耘，才能豐收利民；工人不計個人辛苦，賣力工作，才能增產報國；做人，也要像柏油經過輾壓，像水泥經過凝結，像鋼鐵經過鍛鍊，像麵糰經過搓揉，才有價值。[243]

上述九篇四十則有備無患屬性譬喻具人間佛教的人間性(1)、生活性(6)、利他性(4)、時代性(1)、與普濟性(1)等五種特性，其中以生活性居多，利他性居次，未見有喜樂性。(見附表4.1)

四、正面人生

此屬性的星雲自創譬喻有十篇三十七則，主要譬喻正面的人生。第17.美麗的世界，舉出外旅行時住的觀光飯店彷如天堂，與好的朋友如聖賢心存尊敬譬喻，提醒對於壞朋友，當引爲借鏡，深自警惕。[244]第23.行立坐臥，舉好的家貓家狗都不會亂走亂睡，好的寵物也都能養成聽話的習慣，比喻人類要有如法的行儀。[245]第26.相互體諒，因爲有體諒，人間才能有情有義，生命才能有光有熱。如果沒有體諒，長官部屬都可能勢如水火。[246]第33.健康與長壽，除了肉體的壽命久長之外，我們還需要有言教上的長壽、工作上的長壽、名聲上的長壽、道德上的長壽、智慧上的長壽、和諧上的長壽。[247]第44.缺陷美，沒有手口足畫家楊恩典，無臂童加拉格爾書法比賽脫穎而出，花蓮原住民蔡耀星雙

【243】　參閱星雲(2004)，《迷悟之間‧3.無常的真理》，頁315。
【244】　參閱星雲(2004)，《迷悟之間‧3.無常的真理》，頁69。
【245】　參閱星雲(2004)，《迷悟之間‧3.無常的真理》，頁90。
【246】　星雲(2004)，《迷悟之間‧3.無常的真理》，頁101。
【247】　星雲(2004)，《迷悟之間‧3.無常的真理》，頁122。

臂殘廢，卻勇奪三屆的游泳冠軍，人稱「無臂蛙王」；罹患類風溼症的
劉俠女士，手腳不便仍長年寫作不斷，成爲著名的作家；從小在地上
爬行的鄭豐喜先生，讀完中興大學，還娶得賢德女子共組家庭；身高矮
小的黃開全、唐翠蓮，以及蘇聯的連體姊妹瑪莎與達莎，他們身雖有
缺陷，一樣能過美好人生。[248]　第68.以捨爲得，施捨亦如送禮給人，我
們應該要「己所不欲，勿施於人」；走路時，不「捨」去後面的一步，便
無法跨出向前的一步；作文時，不「捨」去冗長的贅語，便無法成爲精
簡的短文；庭院裡的花草樹木，如果「捨」不得剪去枯枝敗葉，它就無
法長出靑嫩的新芽；都市中，如果你「捨」不得破壞簡陋的違章建築，
便無法建設市容整齊的現代大都會。[249]　第70.聞思修，擧衣服破了，
要修補才能再穿；房子壞了，要修理才能居住；身心壞了，也要修補，
才好使用。只要去實踐，何患不能成功？只要有修，必然有證。[250]　第
75.正與邪，正見是修行的導師，如行路需要眼目，航海需要羅盤一樣，
又像一部照相機，拍照時必須調好光圈、距離，畫面才能清晰美麗而
不會走樣。[251]　第84.微塵與世界，「世界」要感謝「微塵」，正如老闆要
感謝員工，領導要感謝部屬；但是，員工、部屬、子女，如果沒有老闆、
長官、父母，你也無所依附。[252]　所以要互相感謝、互相成就。第90.希
望工程，家裡的兒女，就是全家的「希望工程」；門外的花草樹木，也
是全家老少的「希望工程」。我們的心，平常能夠反觀自照，也是一種
「希望工程」。人活著就要從事「希望工程」，才有希望，生機無窮。[253]

　　上述十篇三十七則正面人生屬性譬喻具人間佛教的人間性(1)、

【248】　星雲(2004)，《迷悟之間·3.無常的眞理》，頁157。

【249】　星雲(2004)，《迷悟之間·3.無常的眞理》，頁246。

【250】　星雲(2004)，《迷悟之間·3.無常的眞理》，頁258。

【251】　星雲(2004)，《迷悟之間·3.無常的眞理》，頁271。

【252】　星雲(2004)，《迷悟之間·3.無常的眞理》，頁302。

【253】　星雲(2004)，《迷悟之間·3.無常的眞理》，頁320。

生活性(4)、利他性(1)、喜樂性(4)、時代性(1)、與普濟性(1)等六種特性，其中以生活性與喜樂性居多，人間性、利他性、喜樂性與普濟性居次。(見附表4.1)

五、良善三業

　　此屬性的星雲自創譬喻有九篇三十四則，主要譬喻良善三業、第34.烏鴉的聲音，用嚴冬的太陽；芬芳的花香；善美的心意；「喜鵲」和「鳳凰」，來譬喻我們美好的語言。[254] 第36.三好的價值，說好話，慈悲愛語如冬陽，鼓勵讚美，就像百花處處香；做好事，服務奉獻，就像滿月高空照；存好心，誠意善緣好運到，心有聖賢，就像良田收成好。[255] 第38.任勞任怨，良言慰語，對一個任勞勤苦的人來說，比加倍給他的薪水，比升他的官位，還更重要。[256] 第54.有話要說，舉像個木偶，像個活死人，譬喻任何場合都不開口的人。[257] 第66.放光的意義，口說善良的語言、讚美的好話，是口中在放光；觀看人世，以慈眼垂視眾生，以慧目觀照一切社會，是眼睛在放光；耳中注意聽聞佛法、與歌頌佛德的梵唄，耳朵在放光；滿臉的笑容、滿面的慈祥，是面容在放光；心中的慈悲、菩提、道念，是心中在放光；身體的端正，行立坐臥的威儀安詳，是通身在放光。[258] 第72.表情的重要，舉「活僵屍」、「活死人」、槁木死灰，譬喻面無表情的人。[259] 第85.排隊的習慣，舉夏威夷排隊觀看草裙舞；佛羅里達州的迪斯耐樂園排隊；在倫敦坐火車、搭飛機紳士風度的排隊；在巴黎羅浮宮美術館井然有序的排隊，[260] 都

【254】　星雲(2004)，《迷悟之間‧3.無常的真理》，頁126。

【255】　星雲(2004)，《迷悟之間‧3.無常的真理》，頁133。

【256】　星雲(2004)，《迷悟之間‧3.無常的真理》，頁139。

【257】　星雲(2004)，《迷悟之間‧3.無常的真理》，頁190。

【258】　星雲(2004)，《迷悟之間‧3.無常的真理》，頁240-241。

【259】　星雲(2004)，《迷悟之間‧3.無常的真理》，頁260。

【260】　星雲(2004)，《迷悟之間‧3.無常的真理》，頁305。

是好習慣的養成。第88.溫度計的冷熱，人情也像溫度計一樣，從人的面孔上、語言裡、態度中，都可以發現，這個人今天的「氣候」是晴天呢？是陰天呢？還是晴時多雲偶陣雨？[261] 第92.人要有遠見，學會投資理財；善於掌握商機；洞燭機先未雨綢繆；螞蟻爲雨儲糧；蜜蜂爲冬釀蜜；松鼠聚糧以防嚴寒等六則譬喻，說明有遠見才有建設。[262]

上述九篇三十四則良善三業屬性譬喻具人間佛教的生活性(4)、喜樂性(3)、時代性(2)、與普濟性(1)等四種特性，其中以生活性居多，其次爲喜樂性，其他依序爲時代性、普濟性，未見有人間性與利他性。(見附表4.1)

六、珍惜生命

此屬性的星雲自創譬喻有四篇二十則，主要譬喻珍惜生命的重要。第5.刀口之蜜，短暫、虛浮的人生，就算是夕陽無限好，也是已經近黃昏。[263] 第42.珍惜人身，要能像路邊的樹蔭、像河流上的橋樑一樣利益於人，才叫珍惜人身。[264]

第76.生死泰然，我們的生死如鐘錶，如環形的器皿，沒有開始，也沒有結束；如種瓜得瓜，種豆得豆；如衣服破舊了，要換一套新衣；房屋損壞了，要換一間新屋；老舊的汽車要淘汰更新，身體老邁了，要重換一個身體。死亡以後就像移民一樣，到了另外一個國家。[265] 第87.一棵搖錢樹，愛護沙發的心；細心保養汽車；我的算盤；「勤儉持家」；家務自己偏勞；作家務當健身運動；節約水電；家庭和諧、熱情、幽默、讚美；全家的分子都樂於工作、樂於愛護家人，我全家人就都是搖錢樹；人人奉公守法，不浪費社會成本；人人響應政府垃圾分類、資

【261】 星雲(2004)，《迷悟之間・3.無常的眞理》，頁312。
【262】 星雲(2004)，《迷悟之間・3.無常的眞理》，頁325。
【263】 星雲(2004)，《迷悟之間・3.無常的眞理》，頁28。
【264】 星雲(2004)，《迷悟之間・3.無常的眞理》，頁151。
【265】 星雲(2004)，《迷悟之間・3.無常的眞理》，頁277。

源回收的政策，這也是在爲國家、爲世界培植搖錢樹。這些不就是我種的搖錢樹嗎？[266]

　　上述四篇二十則珍惜生命屬性譬喻具人間佛教的人間性(2)、生活性(3)、與喜樂性(1)等三種特性，其中以生活性居多，其次爲人間性與喜樂性，未見有利他性、時代性與普濟性。(見附表4.1)

【266】　星雲(2004)，《迷悟之間・3.無常的真理》，頁311。

表4.4.《迷悟之間·3無常的眞理》星雲自創譬喻內容表

屬性	篇號篇名	譬喻數	內　　　容
一、人生譬喻7/44	1.人生的階梯	1	八十層樓的生命，譬喻八十年的歲月。p.14
	11.人生如球	13	「人生如夢」，「人生如戲」，「人生如露」；人生如「苦聚」、人生如「過客」、人生如「浮雲」！p.46「人生如球」！活得「如佛菩薩」一樣，……變得「如魔鬼」，……人生規劃成「如地」，普載萬物；「如天」，覆蓋大眾；如「福田」，給人耕種；如「智庫」，給人取用不盡。人生不也是可以如春風，如冬陽嗎？p.48
	32.人生四季	1	當人生到了冬天的老年，以一生的成就歷史，事業文化，嘉惠人間，如冬陽之和煦。p.120
	39.調整觀念	3	人生的觀念如花園，可以培植美麗芬芳的花朵；……如工廠，可以生產許多利濟民生的物品；觀念裡面有希望，可以建設未來許多希望的工程。p.142
	41.不求速成	2	「不求速成」要經得起歲月霜雪的熬煉；才能更大、更高！正如在山林裡培植一棵樹木，……p.147人生就像馬拉松賽跑，就看誰跑得長久？p.149
	65.人生之喻	13	人生如露珠、人生如閃電、人生如流星、人生如花朵。p.236人生像太陽、人生如戰場、人生如大海、人生如流水、人生如晴空、人生如詩畫、人生如謎語、人生如高山、人生像一盤棋pp.237-238
	94.上中下的等級	11	人，物品。菜餚、老師批改學生的作業，軍中的官階，也分上將三顆星、中將二顆星、少將一顆星。p.330世間上的等級，如現在的旅館，有所謂的五星級、四星級、三星級，……p.330貧民、古蹟，家庭成員的輩分，這是自然的順序，代表倫理。p.331不管為文說話，要時常自問，我到底是屬於哪一等？p.331
二、安住何處？9/35	3.人，住在那裏？	6	即使小鳥長大以後，也要離巢高飛；一隻小狗長大了也愛到外面奔跑。中國字的「家」，寶蓋頭下面一個「豕」；天天賴在家裡，不是像懶豬一樣嗎？「家」，不是永遠的安樂窩。p.19太陽住在虛空之中，無住就是它的安住！正如出家人，看似無家，處處為家，何等的逍遙自在！p.20
	43.學習接受	2	一顆種子沒有土壤的「接受」；一杯水沒有器皿的「接受」，都是徒勞無功的。就像天降甘露給你，你沒有「接受」；再溫暖的陽光，但是普照不到你，又能奈何？p.154
	47.孝順要及時	1	在南海普陀山有一個不孝的屠夫。一天他跟人到普陀山朝拜活觀音。有個老和尚告訴他：「活觀音已經到你家中去了。」他匆匆趕回家中，母親跟他說：「堂前雙親你不孝，遠廟拜佛有何功？」 p.168

屬性	篇號篇名	譬喻數	內　　　　容
二、安住何處？9／35	48.超越極限	11	人生像五指一樣，希望做大姆指，最大；做食指，手一指就是命令；做中指最長；做無名指，才配戴黃金鑽石手飾；做小姆指，合掌時最靠近聖賢者。p.169人都有挑戰極限的渴望。例如：建築商要建最高的大樓，工程專家要闢最長的道路，學生要考取最好的學校，人人都想創造金氏紀錄，都想成為世界的總冠軍。p.169世界上的拳擊好手，莫不希望擊倒拳王阿里；世界上的長跑健將，莫不希望自己是馬拉松第一的保持人。跳高跳遠的選手，總希望自己跳得最高、跳得最遠；他們在體育界，總是希望能超越人類體能的極限。世界上的首富，建立各種事業王國，希望自己最富有……；大陸的四歲小童燈娃，游泳橫渡長江；「亞洲第一飛人」柯受良，騎機車飛越黃河峽口，都在超越人生的極限。甚至有人用圓桶飄渡尼加拉瓜大瀑布，用直昇機環遊世界；不計生命危險，只為了創造人生的極限，寫下歷史p.170的第一。p.171
	52.驕氣與傲骨	4	世間上，有多少人因為驕氣而失敗，例如領兵的將領，所謂「驕兵必敗」；又如教書的老師，因為驕氣而失去人緣；主管因為驕氣失去部下，朋友因為驕氣而失去知交。如果能夠把「驕氣」換成「傲骨」，則不管主管、老師、朋友、兄弟，人人都會以你為榮。p.183
	61.名與利	1	一個懂得生活的人，一定要像行雲流水一樣，任運逍遙，自由自在。p.219
	64.學習靈巧	2	做人，要像虛空一樣；空，可以成方形、圓形、或角形，變化無窮，但總不離本體，那才是靈巧。p.231一個人如果遇到困難，要能如流水一樣，峰迴路轉，找尋出路。p.231
	78.發心的禮讚	6	你發心吃飯，飯菜不但可以吃飽，味道更加美妙；你發心睡覺，覺會睡得更加甜蜜、更加安然。發心的人，表示富有；貪心的人，表示貧窮。心，是我們的寶藏，我們的能源，有待我們開發。p.284
	81.擁有與享有	2	高速公路不是我的，但我可以開車馳騁其上；飛機天空也不是我的，但我只花少許的錢，也能翱翔在天空裡！p.293
三、有備無患9／42	4.幽谷蘭香	7	黃金藏在地下，大魚游於深水；君子隱居於山林，喬木生長在高山。人的出身，家世、環境、風俗、人情，都能影響其一生。自古將相本無種，英雄不怕出身低，正如黃金需要大地的保護，大魚需要深水的呼吸，君子在山林中吐納修養，喬木在高山上與風霜為伴。又如玉器雖美，必須經過琢磨；鋼鐵雖堅，但要高溫鍛鍊；銅鏡映照，也要經常拂拭；幽蘭清香，必須深谷保護。p.22做人如果能像玫瑰薔薇種於市街道旁，不然就做幽谷蘭香。 當一時的時機因緣不具，不必急於出頭，正如黃金鑽石，不要急於求售；如果能像深谷幽蘭，散發清香在人間，不亦美矣！p.25

屬性	篇號篇名	譬喻數	內　　容
三、有備無患 9／42	7.凡事預則立	2	現在的社會，都是「拔一毛而牽動全身」。例如，身體有病了，要到醫院治療，都必須預先經過檢查、驗血、照X光等診斷，然後才能治療。如果要修築一段公路，也必須事先測量、購地、繪圖、發包，p.33把監工、用材，甚至氣候、周圍環境、行人的安全、工人的管理等相關事情，都要預先計劃周全，才能事半功倍。p.34
	9.防漏	7	汽車漏油，水管漏水，都要加以修理。人的身體，也會有「破」「漏」的時候，例如腸胃破了，就會胃潰瘍、胃出血、胃穿孔；皮膚破了，就會流血、流膿。p.40因為有漏，忠孝沒有結果，就如同一些佛教信徒，一生虔誠信仰，但偶而心有不平，惡口相向，就把功德法財給「漏」了。p.41一艘大船船艙漏水，就會有沉沒的危險；一桶瓦斯漏氣就會致人於死。p.42
	13.生命的價值	4	生命的意義，要能對人間有所貢獻，有所利益。例如，太陽把光明普照人間；流水滋潤萬物。當人活著的時候，就要發揮生命的價值，如果像豬一樣，死後才有利用的價值，也還算是好的，就怕死後如草木一樣腐朽，只能當堆肥使用，這樣的人生價值就太有限了。p.53
	14.逆流而上	6	躋身上流社會是經過多少的辛苦艱難與橫逆，等於蝴蝶必須經過蛹的掙扎，才能破繭而出，春蠶必須吐絲作繭，等待蛹破才能羽化為蛾。要想進入上流社會，就如同舟船逆水奮進，……。p.58讀書人十載寒窗，才能一舉成名；十年栽樹，才有花果繁茂。聚沙成塔，集腋成裘；各行各業無不是需要經過一番的艱難辛苦，在人海之中逆流而上，最後才能達到成功。p.59
	16.慌張誤事	5	人一緊張，說話就容易顛三倒四，做事也容易手忙腳亂。緊張容易出亂子，例如拆錯信件、接錯門鈴、誤吃藥物、以醋當酒等。甚至，駕駛車子踏錯剎車板，都因為慌張誤事。pp.64-65
	60.以退為進	3	一個人要想成功立業，必須要懂得以退為進。引擎利用後退的力量，反而引發更大的動能；空氣越經壓縮，反而更具爆破的威力；軍人作戰，有時候要迂迴繞道，轉彎前進，才能勝利。p.215
	67.尊重專業	4	「尊重專業」，例如行醫濟世的人，需要就讀醫學院；興校辦學的人，必須研究教育。修理水電、馬達、冰箱、冷氣，甚至廚師，都各有專業領域。p.242
	89.搓揉的麵糰	4	柏油經過車輪的輾壓，才會結實平坦；水泥經過沙石的凝結，才能堅固牢靠；鋼鐵經過烈火的鍛鍊，才能堅韌無比；麵糰經過不斷的搓揉，才能作成美味可口的麵包、麵條、水餃等。p.315做人，也要像柏油經過輾壓，像水泥經過凝結，像鋼鐵經過鍛鍊，像麵糰經過搓揉，才有價值。p.315在軍營裡，所謂苦練，就是要像麵糰一樣，經過搓揉才能成為一個有膽有識的鐵血軍人。p315

屬性	篇號篇名	譬喻數	内　容
四、正面人生10／37	17.美麗的世界	2	出外旅行，住觀光飯店，彷如天堂；好的朋友，視如聖賢。p.69
	23.行立坐臥	1	在一般人家所豢養的動物，都不會亂走亂睡，也都能養成聽話的習慣，何況萬物之靈的人類呢？p.90
	26.相互體諒	1	因為有體諒，人間才能有情有義；因為有體諒，生命才能有光有熱。如果沒有體諒，父母子女都可能反目成仇；如果沒有體諒，長官部屬都可能勢如水火。p.101
	33.健康與長壽	6	除了肉體的壽命久長之外，還需要有言教上的長壽、工作上的長壽、名聲上的長壽、道德上的長壽、智慧上的長壽、和諧上的長壽。p.122
	44.缺陷美	11	沒有手的人，如口足畫家楊恩典，無臂p.156童加拉格爾參加書法比賽，從十幾萬人中脫穎而出。花蓮原住民蔡耀星，雙臂殘廢，卻連奪三屆的游泳冠軍；罹患類風溼症的劉俠，手腳雖不靈活，卻寫作不斷，成為著名的作家。從小在地上爬行的鄭豐喜，不但讀完中興大學，並且娶得賢德妻子；身高不及七十公分的黃開全、唐翠蓮，以及蘇聯的連體姊妹瑪沙與達沙，一樣能結婚交友，談情說愛過一生。p.157
	68.以捨為得	5	施捨亦如送禮給人，如果送禮不恰當，對方不肯接受，那就只有自己收回，要「己所不欲，勿施於人」。　走路時，不「捨」去後面的一步，便無法跨出向前的一步；作文時，不「捨」去冗長的贅語，便無法成為精簡的短文；庭院裡的花草樹木，「捨」不得剪去枯枝敗葉，它就無法長出青嫩的新芽；都市中，「捨」不得破壞簡陋的違章建築，便無法建設市容整齊的現代大都會。p.246
	70.聞思修	3	衣服破了，要修補才能再穿；房子壞了，要修理才能居住；身心壞了，當然也要修補，才好使用。p.256
	75.正與邪	3	正見是修行的導師，如行路需要眼目，航海需要羅盤一樣。又像一部照相機，拍照時必須調好光圈、距離，畫面才能清晰美麗而不會走樣。p.271
	84.微塵與世界	2	「世界」要感謝「微塵」，正如老闆要感謝員工，領導要感謝部屬。p.302身體，就像一個世界，眼、耳、鼻、舌、身、意等分子要能分工合作；六根合作，才像一個人。身體又像一個聯合國，……p.302
	90.希望工程	3	家裡的兒女，門外的花草樹木，都是全家的「希望工程」。p.320我們的心，……能夠反觀自照，就是心理建設，也是一種「希望工程」。p.320
五、良善三業	34.烏鴉的聲音	5	把自己的語言變成嚴冬的太陽；變成芬芳的花香；變成善美的心意。把「烏鴉」的聲音改為「喜鵲」和「鳳凰」。p.126
	36.三好的價值	4	說好話，慈悲愛語如冬陽，鼓勵讚美，就像百花處處香；做好事，舉手之勞功德妙，服務奉獻，就像滿月高空照；存好心，誠意善緣好運到，心有聖賢，就像良田收成好。p.133

屬性	篇號篇名	譬喻數	內　　容
五、良善三業 9/34	38.任勞任怨	2	你每日從晨至暮，辛勤的工作，他還是怪你夜晚沒有加班；你一再用心改良產品，他還是怪你沒有為產品宣傳。又如在一個團體裡，你有學問，他說你不會做事；你會做事，他說你沒有口才；你有口才，……總之，怎麼樣的辛勞都心甘情願；一有抱怨，就心不甘情不願了。p.139
	54.有話要說	2	有一種人，任何場合都不開口，像個木偶，像個活死人，當然引不起別人對他的注意。p.190
	66.放光的意義	8	口說善良的語言、讚美的好話，是口在放光。p.240以慈眼視眾生，以慧目觀照一切社會，是眼睛在放光。耳中注意聽聞佛法、梵唄，是耳朵在放光滿臉的笑容慈祥，是面容在放光。心中的慈悲、菩提、道念，是心中在放光。身體端正，行立坐臥威儀安詳，是通身在放光。p.241
	72.表情的重要	2	沒有表情、沒有聲音、沒有動作的人，被形容為「活僵屍」、「活死人」！p.260
	85.排隊的習慣	4	夏威夷排隊觀看草裙舞，一根繩子就算一堵圍牆，p.304佛羅里達州的迪斯耐樂園排隊，在倫敦坐火車、搭飛機！在巴黎的羅浮宮，各美術館，排隊的長條人群，井然有序。p.305
	88.溫度計的冷熱	1	人情像溫度計一樣，從人的面孔上、語言裡、態度中，都可以發現，這個人今天的「氣候」如何？p.312
	92.人要有遠見	6	會投資理財就是有遠見；善於掌握商機就是有遠見；能夠洞燭機先，懂得未雨綢繆，就是有遠見。螞蟻知道天將下雨，牠可以儲糧；蜜蜂釀蜜，為了過冬；松鼠聚糧，也是防備嚴寒。p.325
六、珍惜生命 4/17	5.刀口之蜜	1	短暫、虛浮的人生，就算是夕陽無限好，也是已經近黃昏。p.28
	42.珍惜人身	2	珍惜人身，你能像路邊的樹蔭、你能像河流上的橋樑一樣利益於人？p.151
	76.生死泰然	7	生生死死，死死生生，如環形的鐘錶，如圓形的器皿，沒有開始，也沒有結束。生死只是一個循環而已，如種瓜得瓜，種豆得豆。p.276 正如衣服破舊了，要換一套新衣；房屋損壞了，要換一間新屋；連老舊的汽車都要淘汰更新，何況人的身體老邁了，怎能不重換一個身體呢？死亡以後就像移民一樣，到了另外一個國家……。p.277
	87.一棵搖錢樹	10	愛護沙發之心，細心保養汽車，我的算盤，「勤儉持家」，家務自己偏勞；作家務當健身，節約水電，家裡和諧、熱情、幽默、讚美，全家的分子都樂於工作、樂於愛護家人，我全家人不都是搖錢樹嗎？甚至人人奉公守法，不浪費社會成本；響應政府垃圾分類、資源回收的政策，也是在為國家、為世界培植搖錢樹。p.311不就是我種的搖錢樹嗎？
計	48篇	212	

上表4.4《迷悟之間·3無常的眞理》星雲自創譬喻共有四十八篇二一二則，其中以第11.人生如球與第65.人生之喻兩篇的譬喻數各十三則最多；其次爲第44.缺陷美、第48.超越極限、與第94.上中下的等級三篇，各有十一則譬喻；第87.一棵搖錢樹有十則；再其次爲第66.放光的意義有八則；第4.幽谷蘭香、第9.防漏、第52.驕氣與傲骨、與第76.生死泰然等四篇各有七則；第3.人，住在那裏？、第14.逆流而上、第33.健康與長壽、第78.發心的禮讚、第92.人要有遠見等五篇各有六則；第3.人，住在那裏？與第79.晚食與安步兩篇各有五則；第13.生命的價值、第36.三好的價值、第52.驕氣與傲骨、第67.尊重專業、第85.排隊的習慣、與第89.搓揉的麵糰等六篇各有四則；第39.調整觀念、第60.以退爲進、第70.聞思修、第75.正與邪、第90.希望工程等五篇各有三則譬喻；第7.凡事預則立、第17.美麗的世界、第38.任勞任怨、第41.不求速成、第42.珍惜人身、第43.學習接受、第54.有話要說、第64.學習靈巧、第72.表情的重要、第81.擁有與享有、第84.微塵與世界等十一篇各有兩則譬喻，其餘八篇各只有一則譬喻。

上述四十八篇二一二則星雲自創譬喻，依程度相應度依序具有人間佛教生活性(26)、人間性(11)、喜樂性(11)、時代性(7)、利他性(6)與普濟性(4)等六種特性，以生活性占多數，高出其次五種特性許多，人間性與利他性相應度居次。

星雲四十八篇自創譬喻，占整部書九十四篇中有採用譬喻的八十四篇的五成七(57.16%)。二一二則自創譬喻則占整部書四五二則譬喻近五成(46.9%)。可見含蓋大自然的山河大地、花草樹木、政商交通、爲人行事、居家還境、日常作務、生活用品、六道衆生等多元的自創譬喻，展現了星雲豐富的見聞覺知與深刻的生活體驗，更型塑出其成功說法的獨特模式。特彙整如附表4.5，以利下列的結論。

小結

下表4.5星雲《迷悟之間‧3.無常的眞理》三類譬喻數量統計，可見星雲在《迷悟之間‧3.無常的眞理》的九十四篇短文中，有八十四篇運用譬喻來說法，占89.3%，近九成。其中引用佛教經論典故的譬喻有三十二篇計八十五則譬喻，單篇引用佛教經論譬喻典故高達十一則(第63.自制的力量)；引用一般世俗的譬喻有五十三篇一五五則譬喻，單篇引用一般譬喻最多十四則(第63.自制的力量)；自創譬喻有四十八篇計二一二則譬喻。單篇引用自創譬喻最高達十三則(第11.人生如球與第65.人生之喻)。星雲四十八篇自創譬喻，占整部書八十四篇有採用譬喻的67.5%，近七成，二一二則自創譬喻則占整部書四五二則譬喻的近五成(46.9%)。

表4.5《迷悟之間‧3.無常的眞理》三類譬喻數與人間佛教六大特性對照統計表

序號	譬喻種類	篇數	譬喻則數	人間佛教六大特性						
				a	b	c	d	e	f	小計
1	佛教經論	32	85	8	15	2	3	7	3	38
2	一般世俗	53	155	11	22	10	6	12	4	65
3	星雲自創	48	212	11	26	6	11	7	4	65
計	合	84/133	452	30	63	18	20	26	11	168

a表人間性、b表生活性、c表利他性、d表喜樂性、e表時代性、f表普濟性

上述三類譬喻共運用了四五二則譬喻來宣說人間佛教的義理，八十五則佛教經論典故的譬喻呼應人間佛教六大特性比例爲8：15：2：3：7：3；一五五則一般世俗的譬喻呼應人間佛教六大特性比例爲11：22：10：6：12：4；星雲二一二則自創譬喻呼應人間佛教六大特性

比例爲11：26：6：11：7：4，依這三組對應值來看，一般性譬喻與星雲自創譬喻呼應人間佛教六大特性的強度相同。

　　綜合三類譬喻與人間佛教六大特性，卽人間性、生活性、利他性、喜樂性、時代性、普濟性的總比例爲30：63：18：20：26：11，以生活性高居63，超出居次人間性30的兩倍以上，普濟性殿後11。兼具有三種特性者，有第1，3，6 三篇；其次具兩種特性者有第4，5，9，11，13，32，42，47，52，66，68，70，78，80等十四篇(見附表4.1)，其餘僅具備一特性者多達六十七篇。足見書中星雲採用或創作的譬喻都或多或少富有人間佛教的特性，有助其宣揚人間佛教的思想與理念。

第四節、結語

　　譬喻是釋迦牟尼佛十二種或九種說法方式之一，屬善巧方便的說法方式。星雲在本世紀初所著的十二冊《迷悟之間》亦運用此方式來說法。本章就本套書的第三冊《3.無常的眞理》所採用到的譬喻內容，九十四篇短文中，有八十四篇運用譬喻來說法，占89.3%，近九成。四五二則譬喻先分爲佛教經論典故譬喻、一般世俗譬喻與星雲自創譬喻三類，再逐類依屬性細分後製表，進一步做分析闡釋與比對，最後與星雲人間佛教的人間性、生活性、利他性、喜樂性、時代性與普濟性六大特性做比對。結論如下：

　　八十五則佛教經論類譬喻分布在三十二篇短文中，是本書所採用的三類譬喻中最少數的一類，這些譬喻的分布以一篇一則居多，僅有第63.自制的力量採用了高達十一一則譬喻，其次爲第93.孝順的研議採用了十則譬喻。這八十五則譬喻可概分爲因緣成就、逆增上緣、心念轉化、凡事靠我、有品人生與接受藝術等六種屬性。以第六接受藝術屬性七篇二十六則譬喻最多；以第二項逆增上緣屬性四篇八則譬喻最少。這些譬喻出自二十四部佛教經典，如《雜阿含經》、《四十二章經》、《法華經》、《維摩詰經》、《賢愚經》與《華嚴經》等，與十七部

論疏語錄，如《阿毘達磨俱舍論》、《大智度論》、《性善惡論》、《歷朝釋氏資鑑》、《佛祖統紀》、《緇門崇行錄》等。可見星雲擅用佛教經論典故譬喻爲其說法著書的材料。這些來自佛教經論的八十五則譬喻呼應人間佛教六大特性比例爲8：15：2：3：7：3，仍以生活性譬喻居冠。

　　一五五則一般世俗類譬喻分布在五十三篇短文中，其中以第73.轉彎與直行的譬喻數十四則最多，其次爲第4.幽谷蘭香有十則，再其次爲第66.放光的意義有八則。這些譬喻可再概分爲能大能小、人生態度、忍辱負重、當代問題、道德人生與憂患意識等六種屬性。以能大能小屬性譬喻十三篇六十二則居冠，最少爲憂患意識屬性僅有四篇六則譬喻。這些譬喻出處非常多元，上自《春秋左傳》、《論語》、《孟子》、《荀子》、《史記》、《後漢書》、《魏書》、《隋書》、《唐書》、《宋書》、《水滸傳》、《三國誌》、《三國演義》、杜甫〈春望〉等古籍，到《胡適文存》、海倫凱勒《永不放棄的海倫凱勒》，到一般諺語，極爲琳琅滿目。來自一般世俗的這一五五則譬喻呼應人間佛教六大特性比例爲11：22：10：6：12：4，仍是以生活性譬喻居冠。

　　二一二則星雲自創譬喻分布在四十八篇短文中，其中第11.人生如球、第65.人生之喻與第94.上中下等級三篇短文各出現多達十三則譬喻，其次爲第44.缺陷美、第48.超越極限與第89.搓揉的麵糰三篇各有十一則譬喻。星雲在本書中自創的譬喻數，占三類譬喻數最高比例46.90%，幾乎占了五成。星雲自創譬喻的內容可再概分爲人生譬喻、安住何處？有備無患、正面人生、良善三業、與珍惜生命等六種屬性。以有備無患屬性九篇四十則譬喻居冠，最少爲珍惜生命屬性僅有四篇二十則譬喻。這些自創譬喻含蓋大自然的山河大地、花草樹木、政商交通、爲人行事、居家還境、日常作務、生活用品、六道衆生等多元的自創譬喻，展現了星雲豐富的見聞覺知與深刻的生活體驗，更型塑出其成功說法的獨特模式。星雲自創譬喻呼應人間佛教六大特性比例爲11：

26：6：11：7：4，以生活性譬喻共居冠。

　　綜合三類譬喻呼應人間佛教六大特性，卽人間性、生活性、利他性、喜樂性、時代性、普濟性的比例爲30：63：18：20：26：11，以生活性高居63，超出居次人間性30的兩倍以上，普濟性11殿後。足見本書中星雲採用譬喻著述的模式，是兼具佛教經論譬喻、一般譬喻與自創譬喻，其中以富有人間佛教特性的自創譬喻爲主，其次爲一般譬喻，佛教經論譬喻。有助其宣揚人間佛教的思想與理念。

　　星雲《迷悟之間3.無常的眞理》每一篇文章雖然篇幅不長，卻富含深義與禪味，並與日常生活息息相關。也都多少具有星雲人間佛教的人間性、生活性、利他性、喜樂性、時代性與普濟性。尤其書中高比例的自創譬喻，不但從中可見星雲豐富的人生閱歷與深度的佛法體悟，更顯示其高超的智慧以及運用譬喻詮釋人生哲理的技巧，使人讀來輕鬆不會感到沉重，卻能激發讀者透過簡單的譬喻做深思，並自我檢視周遭的種種問題，進一步在日常生活中體現禪意、轉迷成悟。可以說譬喻運用與高比例的自創譬喻，是促成星雲講說佈教及著作論述受歡迎的重要原因。

附錄

表4.1.《迷悟之間·3無常的真理》譬喻分布量與人間佛教六大特性對照表

篇號/篇名	分　類			譬喻數	人間佛教六大特性						小計
	A	B	C		a	b	c	d	e	f	
1.人生的階梯			1	1	V	V			V		3
2.官員的尊嚴		4		4			V				1
3.人，住在那裏?		5	6	11	V	V				V	3
4.幽谷蘭香		10	7	17	V	V					2
5.刀口之蜜	2	1	1	4	V	V					2
6.千錘百鍊	2	4		6	V		V		V		3
7.凡事預則立			2	2		V					1
9.防漏			7	7	V	V					2
10.心藥方	3			3						V	1
11.人生如球			13	13	V	V					2
12.廣告的社會	1	1		2					V		1
13.生命的價值			4	4							2
14.逆流而上	1	2	6	9	V						1
15.上中前的人生	1			1			V				1
16.慌張誤事			5	5	V						1
17.美麗的世界	2		2	4				V			1
18.學習認錯		2		2			V				1
20.人生三十歲		1		1	V						1
22.速食文化	3	1		4					V		1
23.行立坐臥	1		1	2		V					1
24.一滴水的價值	1	2		3						V	1
26.相互體諒		4	1	5			V				1
27.言行的考察		2		2		V					1
28.恩怨人生	1	3		4	V						1
29.難民與移民		2		2						V	1
30.憂患意識		1		1		V					1
31.平時要燒香		1		1			V				1
32.人生四季	3	1	1	5	V	V					2

篇號/篇名	分 類			譬喻數	人間佛教六大特性						小計
	A	B	C		a	b	c	d	e	f	
33.健康與長壽		2	6	8				V			1
34.烏鴉的聲音		1	5	6					V		1
35.寬厚待人		3		3			V				1
36.三好的價值			4	4				V			1
37.聽話的藝術	2			2		V					1
38.任勞任怨		1	2	3				V			1
39.調整觀念		1	3	4				V			1
40.功成不居		4		4			V				1
41.不求速成			2	2		V					1
42.珍惜人身	3		2	5	V	V					2
43.學習接受	5		2	7		V					1
44.缺陷美	3	2	11	16				V			1
47.孝順要及時		1	1	2					V		2
48.超越極限		4	11	15	V						1
49.最好的禮物		2		2				V			1
50.操之在我	1			1		V					1
51.心病難醫		2		2					V		1
52.驕氣與傲骨		8	4	12	V				V		2
53.積極的人生觀		2		2		V					1
54.有話要說			2	2		V					1
55.家教的重要	2	4		6		V					1
56.改正缺點		1		1		V					1
57.談判高手	2	4		6						V	1
58.提昇與沉淪		1		1		V					1
59.欺善怕惡	2	6		8	V						1
60.以退為進		6	3	9			V				1
61.名與利			1	1		V					1
62.坐說立行		2		2					V		1
63.自制的力量	11	3		14		V					1

篇號/篇名	分類			譬喻數	人間佛教六大特性						小計
	A	B	C		a	b	c	d	e	f	
64.學習靈巧	3		2	5						v	1
65.人生之喻		4	13	17	v						1
66.放光的意義	1		8	9				v		v	2
67.尊重專業			4	4		v					1
68.以捨為得	5	1	5	11	v			v			2
70.聞思修	2		3	5	v						2
72.表情的重要	5	1	2	8	v						1
73.轉彎與直行		14		14	v						1
74.觀自在的意義	1			1	v						1
75.正與邪			3	3	v						1
76.生死泰然	2	2	7	11	v						1
77.欲樂與法樂		1		1	v						1
78.發心的禮讚		1	6	7			v	v			2
79.晚食與安步	1	5		6					v		1
80.禍兮福兮		1		1	v						1
81.擁有與享有			2	2				v			1
84.微塵與世界		1	2	3						v	1
85.排隊的習慣			4	4	v						1
86.無常的真理		3		3	v						1
87.一棵搖錢樹			10	10				v			1
88.溫度計的冷熱			1	1	v						1
89.搓揉的麵糰		5	4	9			v		v		2
90.希望工程			3	3				v			1
91.聖人的財富	2	3		5	v						1
92.人要有遠見			6	6					v		1
93.孝順的研議	10	4		14					v		1
94.上中下的等級	1		11	14	v						1
篇數總統計84篇	32	53	48	132							
譬喻則數總計	85	155	212	452	17	39	13	12	14	9	104

註：表內A表經論譬喻；B表一般譬喻；C表自創譬喻
a表人間性、b表生活性、c表利他性、d表喜樂性、e表時代性、f表普濟性

第五章
星雲《迷悟之間·4.生命的密碼》之譬喻運用

　　本章針對《迷悟之間》套書第四冊《生命的密碼》所收錄九十四篇短文,[1]是自二〇〇一年一月六日至二〇〇一年四月十七日期間,每

【1】　1.疏解鬱卒 2.生命的密碼 3.戰爭與和平 4.認識自己 5.過現未來6.承受教誨 7.人生無量壽 8.讀書的樂趣 9.選對象的缺點 10.人生的高速路11.將心比心 12.金錢不是萬能 13.歷史的鏡子 14.學會處眾 15.以疾病為良藥16.人要有理想 17.輪迴 18.最好的投資19.智慧的重要 20.勝利的條件21.凡事看兩面 22.贊成與反對 23.五分鐘的熱度24.心靈淨化 25.嫉妒心理26.護短利弊 27.情緒化 28.動靜時間 29.人中之鬼 30.人要識大體31.歡喜與不歡喜 32.家和萬事興 33.你我之間 34.心胸要寬大 35.愛就是尊重36.宗教生活 37.公平與不公平 38.立足點 39.提得起放得下 40.橫豎人生41.善用零碎時間 42.生氣與爭氣 43.思想一二三 44.散發魅力 45.一時的榮耀46.偶像觀念 47.以身作則 48.功過論 49.主角與配角 50.蒲團上的體驗51.自殺的結果 52.粥中有道 53.事業要交棒 54.生死一如 55.集體創作56.拒絕的藝術 57.器官移植 58.拙處力行 59.心中的本尊 60.一水四見61.君子與小人 62.苦甘的先後 63.蜈蚣論 64.清貧思想 65.魔鬼與天使66.忙與閒 67.一步一腳印 68.不耐他榮 69.耕耘心田 70.家有聚寶盆71.學徒性格

天刊載在《人間福報》頭版所結集的九七一則譬喻做研究。這些出現在九十三篇短文的譬喻，將概分爲佛典譬喻、一般譬喻、與星雲自創譬喻三類，各類再細分爲不同屬性，然後加以彙整製表，以利深入探討星雲如何運用譬喻來攝受教化讀者，再依據這三類譬喻數量的比例，以及這些被採用的譬喻與人間佛教六大特性的相應度比對(見附表5.1)，來建構星雲運用譬喻著述的模式。逐節分述如下。

第一節、《迷悟之間‧4.生命的密碼》之經論譬喻分析

　　星雲在《迷悟之間‧4.生命的密碼》書中，引用佛典譬喻計有四十七篇一二一則譬喻，是本書採用的三類譬喻中最少數的一類，其中第6.承受教誨採用了高達二十則譬喻，其次爲第85.生活中的修行採用了六則譬喻。這一二一則譬喻可概分爲能識大體、緣起眞理、忍辱負重、動靜自如與禪趣生活等五種屬性。第一項能識大體屬性包括編號1，19，25，30，34，47，68，75，91等九篇十五則譬喻；第二項緣起眞理屬性包括編號2，4，6，7，17，18，35，45，46，50，53，72，86等十三篇四十九則譬喻；第三項心念轉忍辱負重屬性包括編號20，23，57，62，78，90，93等七篇十九則譬喻；第四項動靜自如屬性包括編號24，28，39，54，65，66，74，82等八篇十則譬喻；與第五項禪趣生活屬性包括編號41，52，60，64，69，83，85，87，92，94等十篇二十八則譬喻。

　　爲便於對照閱覽與分析說明，特彙整上述五種屬性的佛典譬喻如附表5.2，並依序說明如下：

72.空的眞理 73.行走山河 74.昂首與低頭 75.心中有人76.福報漏了 77.人比人 78.氣質芬芳 79.儲蓄與防備 80.暗夜明燈81.智人節 82.書香台灣 83.要吃早飯 84.無車日 85.生活中的修行86.無可奈何 87.發掘內心之寶 88.放棄成見 89.不貪爲寶 90.征服自己91.終身學習 92.生活的品味 93.吃苦當成吃補 94.山水生活

一、能識大體

　　第一項能識大體屬性包括編號1，19，25，30，34，47，68，75，91等九篇十五則譬喻，都在強調識大體的重要。第1.疏解鬱卒，舉《增一阿含經》中愚笨的周利槃陀伽，常遭兄長呵斥，但在佛陀予以開示後，化鬱卒為圖強，勤快灑掃，終於開悟得道；[2]《中阿含經》中羅睺羅說謊，遭到佛陀嚴訓，反而更加精進密行，終於成為佛陀的十大弟子之一。[3]道生大師(355-434)不因被人排斥而鬱卒，往南方說法，終於感動頑石點頭；[4]《楞伽師資記‧達摩傳》達摩祖師見梁武帝，彼此相談不契，不因此鬱卒，而駐錫少室峰面壁，[5]終遇慧可東傳啓教，讓禪門一花五葉繁榮不已等，[6]四則佛教大德疏解鬱卒得以成就大業的實例。第19.智慧的重要，採用《金剛經》所說，譬喻三千大千世界的七寶都比不過一句智慧偈語[7]的價值。[8]第25.嫉妒心理，舉弘一法師不嫌鹹菜與破毛巾[9]的實例譬喻嫉妒心理。[10]第30.人要識大體，舉民國初年，將晉山作金山寺住持霜庭法師的法兄宗仰上人回到鎮江，為免大家懷疑他有爭奪住持之意，特寫賀詞釋疑，[11]來譬喻人要識大體。第34.心胸要寬大，舉轉輪聖王的聖德如「心包太虛，量周沙界」[12]的廣

【2】　東晉‧瞿曇僧伽提婆譯，《增一阿含經》第20品第12經，T2n125p601c27。

【3】　東晉‧瞿曇僧伽提婆譯，《中阿含經》卷3，T1n26p436ab。

【4】　晉‧不詳(1991)，《蓮社高賢傳》，中華書局。

【5】　唐‧淨覺，《楞伽師資記‧達摩傳》，T85n2837。

【6】　星雲(2004)，《迷悟之間‧4.生命的密碼》，台北：香海文化出版社，頁14-15。

【7】　姚秦‧鳩摩羅什譯，《金剛經》，T8n235p749b18。

【8】　星雲(2004)，《迷悟之間‧4.生命的密碼》，頁73。

【9】　張菁(2006)，《紅塵外的茶香》，當代中國出版社。

【10】　星雲(2004)，《迷悟之間‧4.生命的密碼》，頁94-95。

【11】　星雲(2004)，《迷悟之間‧4.生命的密碼》，頁112。

【12】　北涼‧曇無讖譯，《大方等大集經》卷16，T13n397p108a。

大。[13] 第47.以身作則，舉佛陀親自爲疾病的弟子倒茶端藥，爲年老的弟子穿針引線，八十高齡仍然在外精勤托缽乞食[14] 的身教爲例，勸勉佛弟子要精勤修道。[15] 第68.不耐他榮，舉雙腿有關節炎的老和尚，不堪兩個徒弟帶著計較心理爲其按摩，雙腿反受其害的實例，[16] 說明見不得他人好不識大體的害處。第75.心中有人，舉《金剛經》「無人相、無我相、無衆生相、無壽者相」[17]，強調在世間法當中，可以「無我相」，但不能「目中無人」，更不能「心中無人」。[18] 第91.終身學習，舉佛教裡，磐達特與鳩摩羅什互爲小乘與大乘佛教的老師，[19] 說明終身學習的重要性。以上十五則譬喻都具有能識大體的意涵。

上述五篇十五則譬喻具人間佛教的人間性(2)、生活性(6)、利他性(3)、時代性(3)、與普濟性(3)等五種特性，其中以生活性高居其他特性兩倍多，未見有喜樂性。(見附表5.1)

二、緣起真理

第二項緣起真理屬性包括編號2，4，6，7，17，18，35，45，46，50，53，72，86等十三篇四十九則譬喻，都在強調緣起真理的重要。第2.生命的密碼，採用《大方廣佛華嚴經》的「假使百千劫，所作業不亡」，[20] 來譬喻緣起真理。[21] 第4.認識自己，採用《六祖大師法寶壇經》

【13】　星雲(2004)，《迷悟之間・4.生命的密碼》，頁123-125。

【14】　後秦・佛陀耶舍共竺佛念譯，《長阿含經》，T1n1p101b24。

【15】　星雲(2004)，《迷悟之間・4.生命的密碼》，頁171。

【16】　星雲(2004)，《迷悟之間・4.生命的密碼》，頁239。

【17】　姚秦・鳩摩羅什譯，《金剛般若波羅蜜經》1卷，T08n235p748c18。

【18】　星雲(2004)，《迷悟之間・4.生命的密碼》，頁265。

【19】　姚秦・鳩摩羅什譯，《法華經三大部補注》卷4，X28n586p187c4。星雲(2004)，《迷悟之間・4.生命的密碼》，頁265。

【20】　唐・實叉難陀譯，《大方廣佛華嚴經》卷1108，T10n279p846a。

【21】　星雲(2004)，《迷悟之間・4.生命的密碼》，頁17。

「認識自己的本來面目」,[22] 提醒修行終要認識自己的本來面目。[23]第6.承受教誨,舉上下、法號、大名、令師、貴常住、禮座、接駕、法駕、告假、請開示、慚愧、晚學、大德、學人、不敢打擾、慈悲開示、慈悲原諒、您好威儀、您眞親切、您很發心……等二十種佛門常用如法「口和無諍」的稱謂。[24] 第7.人生無量壽,採用眞如自性譬喻不死的生命。第17.輪迴,採用印光祖師「眼看他人死,我心急如焚;不是傷他人,看看輪到我。」與唐寒山「世間輪回苦,孫子娶祖母;牛羊席上座,六親鍋裡煮。」[25] 兩首詩偈譬喻輪迴不息的緣起眞理。第18.最好的投資,譬喻「廣結善緣」是最好的投資。[26] 第35.愛就是尊重,採用「愛不重不生娑婆」[27] 與父母的互愛;佛陀的弘法利生、示教利喜;觀世音菩薩大慈大悲,救苦救難,譬喻愛。[28] 第45.一時的榮耀,舉白聖法師、太虛、弘一大師三人的實例,譬喻一時的榮耀之後有被遺忘有被津津樂道。[29] 第46.偶像觀念,見到佛陀的聖像,或耶穌的十字架,予以頂禮膜拜讚美。正如一個人,還沒有過河前需要船筏,一旦過了,就不必背著舟船走路了。又如丹霞禪師天氣嚴寒,取木刻佛像烤火。[30] 第50.蒲團上的體驗,梁武帝、隋文帝、武則天等,每逢重大法會,必定親自到場觀禮、禮佛;[31] 印度的波斯匿王遇佛必拜,繼而以一種更開闊的心

【22】　元・宗寶編,《六祖大師法寶壇經》,T48n2008p348b15。

【23】　星雲(2004),《迷悟之間・4.生命的密碼》,頁24。

【24】　星雲(2004),《迷悟之間・4.生命的密碼》,頁28。

【25】　星雲(2004),《迷悟之間・4.生命的密碼》,頁67。印光祖師詩與唐寒山詩。

【26】　星雲(2004),《迷悟之間・4.生命的密碼》,頁69。

【27】　宋・楊傑述,《淨土十疑論》卷1,T47n1961p77a6。

【28】　星雲(2004),《迷悟之間・4.生命的密碼》,頁129。

【29】　星雲(2004),《迷悟之間・4.生命的密碼》,頁162。

【30】　星雲(2004),《迷悟之間・4.生命的密碼》,頁166-167。唐・嗣法小師,《丹霞子淳禪師語錄》卷1,X71n1425p756a5。

【31】　梁・不詳《梁京寺記》卷1,T51n2094p1024b3;東晉・瞿曇僧伽提婆譯,《增壹阿含經》卷51,T02n125p826c。

胸來面對世事如幻的人生。[32] 第53.事業要交棒,將佛教的傳燈,[33] 譬喻為交棒和接棒。[34] 第72.空的真理,舉佛光山從無到有的「空中生妙有」;彌勒菩薩偈語:「大肚能容,了卻世間多少事?笑口常開,笑盡人間古今愁!」[35] 優婆先那比丘尼證悟空性後,即使遭毒蛇咬,不害怕也不痛苦。[36] 正如《般若心經》:能照見五蘊皆「空」,就能度一切苦厄。[37] 第86.無可奈何,舉僧侶所穿的僧鞋,隨緣、隨遇,與「無我相、無人相、無眾生相、無壽者相;甚至無法相,亦無非法相」,[38] 譬喻如幻人生,只要隨緣就會自在。上列四十九則譬喻都在說明緣起無自性的真理,隨緣自然自在。

　　上述十三篇四十九則譬喻具人間佛教的人間性(3)、生活性(6)、利他性(4)、喜樂性(3)、時代性(2)、與普濟性(6)等六種特性,其中以生活性與普濟性居多,時代性最少。(見附表5.1)

三、忍辱負重

　　第三項忍辱負重屬性包括編號20,23,57,62,78,90,93等七篇十九則譬喻,都在強調忍辱負重的重要。第20.勝利的條件,佛教裡的忍,不是消極、不是停頓,更不是退讓。「若不能忍受侮辱、惡罵、毀謗、譏評,如飲甘露者,不能名為有力大人。」舉釋迦牟尼佛在本生

【32】　星雲(2004),《迷悟之間‧4.生命的密碼》,頁181。

【33】　宋‧道原纂,《景德傳燈錄》卷1,T51n2076p196b15。

【34】　星雲(2004),《迷悟之間‧4.生命的密碼》,頁191。

【35】　明‧道霈編,《永覺元賢禪師廣錄》卷21,X72n1437p503b5。

【36】　《長老尼偈》《比丘尼相應》[36]。

【37】　星雲(2004),《迷悟之間‧4.生命的密碼》,頁255。唐‧玄奘譯,《般若波羅蜜多心經》卷1,T08n251p848。

【38】　星雲(2004),《迷悟之間‧4.生命的密碼》,頁302。道忠無著甫輯,《禪林象器箋》卷下,B19n103p167a11;姚秦‧鳩摩羅什譯,《金剛般若波羅蜜經》1卷,T08n235p748c18。

身為長生童子，以「實踐忍辱」為修行，終於取得國家最後的勝利；[39] 歌利王被「割截身體」[40] 時，無有瞋恨，因為「無我」，故能勝利。[41] 第23.五分鐘的熱度，採用佛教「摩訶薩」，[42] 就是做「大菩薩」，必須「經大時」；所以行菩薩道要能「千生萬劫」與「難行能行，難忍能忍」，[43] 譬喻只有「五分鐘的熱度」，是無法成就佛道。[44] 第57.器官移植，採用佛經中一則旅人住土地廟身被鬼吃的寓言故事，闡述「四大本空，五蘊非我」的道理。[45] 器官移植是內財的布施，佛陀當初割肉餵鷹，捨身飼虎，所謂「難行能行，難忍能忍」[46]，二千多年前佛陀已經做了一個最好的示範。[47] 第62.苦甘的先後，舉佛經所謂四種人生：先冥後明、先明後冥、先冥後冥、先明後明。[48] 來譬喻四種甘苦人生。[49] 第78.氣質芬芳，舉佛教裡，慈藏大師的「屢徵不就」，無業禪師的「三詔不赴」，唐代全付的「不受衣號」，五代恆超的「力辭賜紫」，[50] 譬喻古德不慕榮利，安貧守道的精神，即是氣質的芬芳。[51] 第90.征服自己，舉佛教裡的佛陀、大菩薩及羅漢，都是能征服自己的

【39】　東晉・瞿曇僧伽提婆譯，《中阿含經》卷17，T01n0026p532c。

【40】　姚秦・鳩摩羅什譯，《金剛經》，T8n235p750b9。

【41】　星雲(2004)，《迷悟之間・4.生命的密碼》，頁75-77。

【42】　唐・玄奘譯，《大般若波羅蜜多經》，T7n220p34b19。

【43】　陳・真諦譯，《攝大乘論釋》，T31n1595p222b11。

【44】　星雲(2004)，《迷悟之間・4.生命的密碼》，頁87。

【45】　唐・義淨譯，《佛說五蘊皆空經》卷1，T2n102p499c8。

【46】　陳・真諦譯，《攝大乘論釋》，T31n1595p222b11。

【47】　星雲(2004)，《迷悟之間・4.生命的密碼》，頁203。

【48】　後漢・支婁迦讖譯，《佛說無量清淨平等覺經》卷3，T12n361p290b5。

【49】　星雲(2004)，《迷悟之間・4.生命的密碼》，頁221。

【50】　明・袾宏輯，《緇門崇行錄》，X1627。

【51】　星雲(2004)，《迷悟之間・4.生命的密碼》，頁274。

人。[52] 第93.吃苦當成吃補，舉佛陀六年苦行，與達摩九年面壁[53] 的兩個實例譬喻吃苦如吃補。[54]

上述七篇十九則譬喻具人間佛教的生活性(4)、利他性(3)、時代性(2)、與普濟性(1)等四種特性，其中以生活性居多，未見有人間性與喜樂性。(見附表5.1)

四、動靜自如

第四項動靜自如屬性包括編號24，28，39，54，65，66，74，82等八篇十則譬喻，都在強調動靜自如的重要。第24.心靈淨化，心靈受到了污染，就如神秀大師說：「時時勤拂拭，勿使惹塵埃！」[55] 第28.動靜時間，舉「熱鬧場中作道場」，譬喻人生也能在靜態的世界裡享受「繽紛燦爛」。[56] 第39.提得起放得下，舉一婆羅門帶花瓶去見佛陀，[57] 佛陀教導其放下的道理。[58] 第54.生死一如，採用「有緣佛出世，無緣佛入滅；來爲眾生來，去爲眾生去！」[59] 譬喻生死是再自然不過的事。能把生死看成是如如不二，就沒有生喜死悲了。[60] 第65.魔鬼與天使，採用佛教一個類似的故事。即舍利弗尊者見過一位久未謀面的朋友，發現老友面現兇相，驚問何故？朋友說，最近正在雕刻一尊羅刹鬼面。[61]

【52】　星雲(2004)，《迷悟之間・4.生命的密碼》，頁274。宋失譯，《佛說法滅盡經》卷1，T12n0396p1119a。

【53】　明・通炯編，《憨山老人夢遊集》卷35，X73n1456p715a07。

【54】　星雲(2004)，《迷悟之間・4.生命的密碼》，頁323。

【55】　星雲(2004)，《迷悟之間・4.生命的密碼》，頁90。元・宗寶編，《六祖大師法寶壇經》，T48n2008p350c15。

【56】　星雲(2004)，《迷悟之間・4.生命的密碼》，頁105。

【57】　宋・求那跋陀羅譯，《雜阿含經》卷12，T2n99p79a25。

【58】　星雲(2004)，《迷悟之間・4.生命的密碼》，頁142。

【59】　宋・本覺編集，《釋氏通鑑》，X1516。

【60】　星雲(2004)，《迷悟之間・4.生命的密碼》，頁195。

【61】　星雲(2004)，《迷悟之間・4.生命的密碼》，頁220。

如《大乘起信論》的「一心開二門」[62]；「心真如門」即佛性，「心生滅門」即凡夫。[63]第66.忙與閒，採用佛陀到處行腳，[64]譬喻有的人像他們傳播和平的福音，穿梭於人群之間；也有人宣揚真理，雲水在世界各地，每天為己忙，也為人忙，更為世忙。[65] 第74.昂首與低頭，舉佛光山淨土洞窟做譬喻。[66] 第82.書香台灣，舉大部的《龍藏》，譬喻佛教的多種藏經。[67]上列十則譬喻都有自他不二、動靜自如屬性。

　　上述八篇十則譬喻具人間佛教的人間性(2)、生活性(4)、喜樂性(1)、與時代性(4)等四種特性，其中以生活性與時代性居多，未見有利他性與普濟性。(見附表5.1)

五、禪趣生活

　　第五項禪趣生活屬性包括編號41,52,60,64,69,83,85,87,92,94等十篇二十八則譬喻，都在強調禪趣生活的重要。第41.善用零碎時間，舉《普賢警眾偈》：「是日已過，命亦隨減；如少水魚，斯有何樂？」[68] 譬喻生命無常。[69] 生命可貴只在呼吸間。[70] 若能利用零碎時間念佛，正如王打鐵：「叮叮噹噹，久鍊成鋼；時辰已到，我往西方。」會利用時間的人，即使作夢也能思惟所聞所知。[71]第52.粥中有道，舉《摩訶僧祇律》「粥有十利」[72] 說明粥中有道。[73] 第60.一水四見，採用佛

【62】　梁・真諦譯，《大乘起信論》卷1，T32n1666p575a6。
【63】　星雲(2004)，《迷悟之間・4.生命的密碼》，頁221。
【64】　後秦・佛陀耶舍共竺佛念譯，《遊行經》第一中，T1n1p16b18。
【65】　星雲(2004)，《迷悟之間・4.生命的密碼》，頁233。
【66】　星雲(2004)，《迷悟之間・4.生命的密碼》，頁261。
【67】　星雲(2004)，《迷悟之間・4.生命的密碼》，頁285。
【68】　吳・維祇難等譯，《法句經》，T4n210p559a26。
【69】　星雲(2004)，《迷悟之間・4.生命的密碼》，頁149。
【70】　後漢・迦葉摩騰共法蘭譯，《佛說四十二章經》，T17n784p724a1-3。
【71】　星雲(2004)，《迷悟之間・4.生命的密碼》，頁151。
【72】　東晉・佛陀跋陀羅共法顯譯，《摩訶僧祇律》卷29，T22n1425p462c。
【73】　星雲(2004)，《迷悟之間・4.生命的密碼》，頁186。

教唯識家「一水四見」[74] 的論點：水，為所有眾生所共見。天人所見，水是琉璃；餓鬼所見，則為膿血；對於魚蝦來說，則是家居天堂。[75] 第64.清貧思想，舉釋迦牟尼佛為「清貧思想」的實踐者。譬喻「知足者雖臥地下，亦如天堂；不知足者，雖居天堂，亦如地獄。」[76] 第69.耕耘心田，佛陀出外行腳托缽，遇到一位婆羅門正在田裡耕種。佛陀譬喻心田如種田：「眾生都是我的田地，信心就是我的種子，善法就是露水，智慧是陽光，持戒是我的犁，精進不懈是我的牛，正念是繫牛的繩，真理是我握的柄，身口意三業煩惱是我要鏟除的穢草，不生不滅永恆的淨樂是我耕耘收穫的果實。」語云：「心田不長無明草、性地常開智慧花。」[77] 第83.要吃早飯，佛教強調「粥有十利」[78]，吃粥可以滋益身心、增長氣力。早餐也算是一堂功課。[79] 第85.生活中的修行，過去禪門大德們，像搬柴運水、典座行堂、種植山林、牧牛墾荒，甚至米坊篩米、修鞋補衣等，[80] 都是生活中的修行。[81] 第87.發掘內心之寶，舉大迦葉尊者，居住洞窟、水邊、樹下，宴坐自然，心內能源富有。阿育王心裡有豐富的能源，故能施仁政於全國。唐朝大珠慧海參訪馬祖道一，馬祖說：「現在問我話的『心』，不就是你的寶藏嗎？」[82] 趙州八十猶行腳，徒然空費草鞋錢，無益於自我的生死了悟，來比喻《六

【74】　唐‧釋一行撰，《大日經疏指心鈔》，D18n8863。

【75】　星雲(2004)，《迷悟之間‧4.生命的密碼》，頁212。

【76】　星雲(2004)，《迷悟之間‧4.生命的密碼》，頁228。明‧嗣詔錄，《千巖和尚語錄第1》卷1，J32nB273p203c6。

【77】　星雲(2004)，《迷悟之間‧4.生命的密碼》，頁245。清‧德潤錄，《普能嵩禪師淨土詩》卷1，X62n1215p874b21。

【78】　東晉‧佛陀跋陀羅共法顯譯，《摩訶僧祇律》卷29，T22n1425p462c。

【79】　星雲(2004)，《迷悟之間‧4.生命的密碼》，頁288，291。

【80】　唐‧懷海集編，《百丈清規證義記》卷6，X63n1244p443b13。

【81】　星雲(2004)，《迷悟之間‧4.生命的密碼》，頁299。

【82】　唐‧慧海撰，《頓悟入道要門論》卷1，X63n1223p17c9。

祖壇經》：「菩提只向心覓，何勞向外求玄？」[83] 第92.生活的品味，舉唐朝大梅法常禪師，以草衣木食爲生活，[84] 譬喻隱士高逸的生活品味。[85] 第94.山水生活，採用「青青翠竹，無非般若；鬱鬱黃花，皆是妙諦。」[86] 譬喻山是會笑的！「溪聲盡是廣長舌，流水都是說法聲。」[87] 譬喻水是有情的！舉依空法師曾以山水詩獲得高雄師範大學博士學位，譬喻「自古名山僧占多」。[88]

　　上述十篇二十八則譬喻具人間佛教的人間性(1)、生活性(7)、利他性(1)、喜樂性(2)、與普濟性(1)等五種特性，其中以生活性占多數成份，未見有時代性。(見附表5.1)

　　附表5.2《迷悟之間·4.生命的密碼》星雲採用的佛教經論典故譬喻中，以第6.承受教誨採用了高達二十則譬喻，其次爲第85.生活中的修行採用了六則譬喻，再其次爲第87.發掘內心之寶有五則，第1.疏解鬱卒、第20勝利的條件、第41.善用零碎時間、第46.偶像觀念、第72.空的眞理、第78.氣質芬芳、第94.山水生活等七篇各有四則譬喻；其餘有三則、二則或一則不等(見表5.2)。這些佛教經論典故譬喻的五種屬性中，以第二項緣起眞理屬性十四篇四十九則譬喻最多。其次爲第五項禪趣生活屬性十篇二十八則譬喻，接著爲第一項能識大體屬性九篇十五則譬喻，第三項忍辱負重屬性七篇十九則譬喻，以第四項動靜自如屬性七篇十則譬喻最少。

　　這些譬喻出自十七部佛經，如《中阿含經》、《增壹阿含經》、《長阿含經》、《法句經》、《遊行經》、《大般涅槃經》、《佛說無量清淨平等覺經》、《佛說四十二章經》、《佛說五蘊皆空經》，《般

【83】　星雲(2004)，《迷悟之間·4.生命的密碼》，頁303。

【84】　宋·法應集，《禪宗頌古聯珠通集》卷21，C78n1720。

【85】　星雲(2004)，《迷悟之間·4.生命的密碼》，頁320。

【86】　清·蔣篤謨，《逕庭宗禪師語錄》卷1，J40nB475p43a25。

【87】　明·憨山德清閱，《紫柏尊者全集》卷28，X73n1452p381b14。

【88】　星雲(2004)，《迷悟之間·4.生命的密碼》，頁327。

若波羅蜜多心經》、《金剛般若波羅蜜經》、《大般若波羅蜜多經》、《大方等大集經》、《大方廣佛華嚴經》、《佛說大迦葉問大寶積正法經》、《佛說法滅盡經》、《六祖大師法寶壇經》等。與二十三部論疏語錄,如《法華經三大部補注》、《攝大乘論釋》、《大乘起信論》、《大乘止觀》、《釋氏通鑑》、《楞伽師資記‧達摩傳》、《大日經疏指心鈔》、《頓悟入道要門論》、《禪林象器箋》、《百丈清規證義記》、《丹霞子淳禪師語錄》、《景德傳燈錄》、《禪宗頌古聯珠通集》、《紫柏尊者全集》、《憨山老人夢遊集》、《緇門崇行錄》、《千巖和尚語錄第1》、《永覺元賢禪師廣錄》、《逕庭宗禪師語錄》、《淨土十疑論》、《普能嵩禪師淨土詩》、《印光祖師詩》、《梁京寺記》。以及一部《摩訶僧祇律》。(見表5.2最後一欄)

　　其中《金剛般若波羅蜜經》與《六祖大師法寶壇經》各出現在四篇短文中。前者包括第19.智慧的重要、第20.勝利的條件、第75.心中有人與第86.無可奈何,後者包括第4.認識自己、第24.心寧淨化、第28.動靜時間與第87.發掘內心之寶。其他諸經論都僅被引用了一則譬喻。由此,可見星雲擅用佛教經論典故譬喻爲其說法著書的材料。此外,這四十七篇一二一則譬喻,與人間佛教人間性(8)、生活性(27)、利他性(11)、喜樂性(6)、時代性(11)與普濟性(11)等六種特性都有相應,尤以生活性相應度最高。

第二節、《迷悟之間‧4.生命的密碼》之一般譬喻解析

　　星雲在《迷悟之間‧4.生命的密碼》書中,引用此類一般譬喻計有六十九篇三二六則譬喻,其中第6.承受教誨採用了高達二十三則譬喻;其次爲第13.歷史的鏡子,採用了二十則譬喻;再其次爲第10.人生的高速路與第73.行走山河等兩篇,各採用了十七則譬喻;接著爲第45.一時的榮耀、第36.宗教生活與第29.人中之鬼,分別採用了十六則、

十五則與十一則譬喻，其他六十二篇亦採用了高達九則、八則、七則、六則至一則不等的譬喻，可見一般世俗譬喻被廣泛地引用在《迷悟之間‧4.生命的密碼》書中。這三二六則譬喻可概分爲能識大體、緣起眞理、忍辱負重、動靜自如、禪趣生活與俗世謀略等六種屬性。第一項能識大體屬性包括編號1，9，26，30，31，38，44，47，51，68，75，79，88，89，91等十五篇四十六則譬喻；第二項緣起眞理屬性包括編號6，11，18，32，35，45，49，50，53，55，86等十一篇六十二則譬喻；第三項忍辱負重屬性包括編號13，20，23 48，62，71，78，90，93等九篇五十七則譬喻；第四項動靜自如屬性包括編號3，28 ，37，39，42，54，61，65，66，74，82等十一篇四十六則譬喻；與第五項禪趣生活屬性包括編號8， 36，41，52，58，64，69，73，77，83，84，87，92等十三篇六十八則譬喻；與第六項俗世謀略屬性包括編號10，16，27，29，34，43，59，63，67，70等十篇四十七則譬喻。

　　爲便於對照閱覽與分析說明，特彙整上述六種屬性的一般譬喻如附表5.2，並依序說明如下：

一、能識大體

　　第一項能識大體屬性包括編號1，9，26，30，31，38，44，47，51，68，75，79，88，89，91等十五篇四十六則譬喻，都在強調識大體的重要。第1.疏解鬱卒，採用楚漢之爭，劉邦不爲戰敗鬱卒，終於滅楚興漢；[89] 唐太宗不因兄弟的壓制而鬱卒，終於玄武門兵變成爲一代雄主。謝安統領東晉，不因國弱兵少而鬱卒，終在淝水一戰而能起死回生；[90] 蔣中正三次下野不因此鬱卒，而在台灣復行視事，終於建設美麗的寶島。袁世凱未能如願稱帝，鬱卒而亡；林彪不得毛澤東的賞識，深感鬱卒而棄職逃亡，卻因飛機爆炸身亡等六個實例譬喻「不經

【89】　西漢‧司馬遷，《史記‧淮陰侯列傳》。
【90】　北宋‧司馬光，《資治通鑑》。

一事，不長一智」。[91] 第9.選對象的缺點，舉晉朝許允，經媒妁之言娶得一房面容醜陋妻子。以女子應有四德，反問其妻。[92] 諸葛孔明「受任於敗軍之際，奉命於危難之間」，不是反而成就了鼎立局勢的功業。[93] 兩個實例來譬喻選對象的缺點。[94] 第26.護短利弊，齊桓公要請鮑叔牙為相，管仲期以為不可。因為鮑叔牙嫉惡如仇，只能與善人交，不能與惡人來往，[95] 這就是宰相的短處；宰相之才要能如大海一樣，容納百川，長短善惡，都能了解，所謂「宰相肚裡能撐船」。[96] 第30.人要識大體，[97] 舉台灣前省主席吳先生，離台後，訴說台灣種種的不好；與民國汪精衛，賣國求榮，投靠日本。[98] 兩人不識大體，與杜月笙在上海處境艱難，卻識大體，始終沒有被日偽所利用。[99] 成了強烈的對比。第31.歡喜與不歡喜，舉菸酒、賭博等不當嗜好，都不能歡喜。與「獨樂樂不如眾樂樂」，[100] 擇要歡喜。[101] 第38.立足點，舉數學家阿基米得說：「給我一個立足點，我就能把地球推動。」[102] 第44.散發魅力，舉西方的馬克吐溫、邱吉爾、華盛頓、雷根；中國的諸葛亮、[103] 唐

【91】　星雲(2004)，《迷悟之間‧4.生命的密碼》，頁13-14。

【92】　魏晉‧劉義慶，《世說新語》。

【93】　元‧安虞氏，《三國志平話》。

【94】　星雲(2004)，《迷悟之間‧4.生命的密碼》，頁39。

【95】　宋‧無名氏，《京本通俗小說‧拗相公》。

【96】　星雲(2004)，《迷悟之間‧4.生命的密碼》，頁96。

【97】　東周‧孟子及弟子公孫丑、萬章編著，《孟子‧離婁篇上》第8章。

【98】　汪精衛(2002)，《最後之心情》。

【99】　星雲(2004)，《迷悟之間‧4.生命的密碼》，頁111-112。

【100】　東周‧孟子及弟子公孫丑、萬章編著，《孟子‧梁惠王下篇》。

【101】　星雲(2004)，《迷悟之間‧4.生命的密碼》，頁115。

【102】　星雲(2004)，《迷悟之間‧4.生命的密碼》，頁139。亞當‧哈特－戴維斯(2017)，《薛丁格的貓：50個改變歷史的物理學實驗》，臺北市：大石國際文化。

【103】　西漢‧劉向，《戰國策‧趙策一》。

太宗、[104] 玄奘、[105] 孫中山，他們的幽默、智慧、學識、涵養，來譬喻魅力。[106] 第47.以身作則，採用富蘭克林說：「一個良好的示範，才是最佳的訓詞。」[107] 王陽明爲兩位吵架的婦人說：「以身作則」才是教育！季康問政於孔子，孔子對曰：「政者，正也，子帥以正，孰敢不正？」[108] 以上三則實例來譬喻以身作則。[109] 第51.自殺的結果，採用《自殺的眞相》[110] 一書中說，自殺者所感受的痛苦，非筆墨所能形容。例如投河窒息而死者，自縊而死者，身如刀割；服食農藥、鹽酸等藥品中毒而死者，五臟壞爛，極痛難忍；服食安眠藥而死者，頭眩氣促，五臟翻攪，暫時停止呼吸，與死無異，常輾轉棺木之中，恐懼痛苦而死。[111] 第68.不耐他榮，舉「見不得人好」，[112] 與「沒有狀元老師，只有狀元學生。」[113] 的對照，說明不耐他榮。[114] 第75.心中有人，舉宋朝名相呂蒙正，積極發現人才，並適時推薦給朝廷去適才適用。譬喻「三人行，必有我師焉！」[115] 星雲認爲心中有人還不夠，還要會用人。[116] 第79.儲蓄與防備，採用「拔一毛而利天下，吾不爲也！」[117] 譬喻慳吝不捨。[118]

【104】　西漢・司馬遷，《三國演義》。
【105】　宋・李昉等編，《太平廣記・玄奘》。
【106】　星雲(2004)，《迷悟之間・4.生命的密碼》，頁160。
【107】　Black, Conrad. Franklin Delano Roosevelt(2003): Champion of Freedom .
【108】　東周・孔子門生編，《論語・顏淵》。
【109】　星雲(2004)，《迷悟之間・4.生命的密碼》，頁168。
【110】　紅葉居士編著(2012)，《自殺的真相》。
【111】　星雲(2004)，《迷悟之間・4.生命的密碼》，頁184。
【112】　西漢・司馬遷，《史記・高祖本紀》。
【113】　東周・孔子及其子弟，《論語・述而》。
【114】　星雲(2004)，《迷悟之間・4.生命的密碼》，頁241。
【115】　宋・呂蒙正，〈破窯賦〉。
【116】　星雲(2004)，《迷悟之間・4.生命的密碼》，頁264。
【117】　東周・孟子及弟子公孫丑、萬章編著，《孟子・滕文公下》。
【118】　星雲(2004)，《迷悟之間・4.生命的密碼》，頁275。

第88.放棄成見，採用「成事不足，敗事有餘」[119] 譬喻持反對意見的成見。[120] 第89.不貪為寶，舉春秋宋國做官的子罕，堅辭不受饋贈良玉。[121] 與漢朝楊震，為官不受千兩黃金，所謂「買得良田千萬頃，又無官職被人欺，七品五品猶嫌小，四品三品仍嫌低，一品當朝為宰相，又羨稱王作帝時，心滿意足為天子，更望萬世無死期。」[122] 譬喻世間無窮的欲望。[123] 第91.終身學習，採用「活到老，學不了」[124]、「三人行，必有我師焉」[125]、「愚者也有一得」[126]。孔子不恥下問，以童子項橐為師，正如孔子所說：吾不如老圃，吾不如老農！[127] 譬喻終身學習。[128]

上述十五篇四十六則譬喻具人間佛教的人間性(4)、生活性(6)、利他性(3)、喜樂性(4)、時代性(3)、與普濟性(3)等六種特性，其中以生活性居多。(見附表5.1)

二、緣起真理

第二項緣起真理屬性包括編號2，4，6，7，11，17，18，35，45，46，50，53，72，86等十四篇四十九則譬喻，都在強調緣起真理的重要。第6.承受教誨，學習講話，先要學習無諍的語言，例如：請、對不起、謝謝你、非常抱歉、非常慚愧、打擾你了、叨擾你了、感謝提拔、感謝給我學習的機會、我能為您服務什麼嗎？甚至在日常生活中，客來了：歡迎歡迎；客去了：請再光臨；請吃飯：承蒙賞光；喝茶：請用；乃

【119】　清·燕谷老人，《續孽海花·第四二回》。
【120】　星雲(2004)，《迷悟之間·4.生命的密碼》，頁306。
【121】　春秋·左丘明，《左傳·襄公》。
【122】　北宋·司馬光主編，《資治通鑒·漢紀·永初四年》。
【123】　星雲(2004)，《迷悟之間·4.生命的密碼》，頁311。
【124】　老舍，《老舍短篇小說選·後記》。
【125】　東周·孔子門生編，《論語·述而》。
【126】　西漢·劉向，《晏子春秋》。
【127】　東周·孔子門生編，《論語·子路》。
【128】　星雲(2004)，《迷悟之間·4.生命的密碼》，頁316，318。

至初次見面：久仰大名、幸會幸會、多承關注、請多指教、豈敢豈敢、不吝指教等等。所謂「一言以興邦，一言以喪邦」。[129] 第11.將心比心，舉一個畜欄裡，養了豬仔、綿羊、乳牛。綿羊、乳牛體會不到豬仔被捉，是要它的命。與獵人，直到被山民捉去火燒祭神時，才感受到面臨死亡的觳觫，才體會到死亡來臨的痛苦。來譬喻「不經一事，不長一智」；[130] 故平時就要「將心比心」的為別人設想。[131] 第18.最好的投資，舉「有心栽花花不發，無心插柳柳成蔭」[132] 譬喻無心無相的助人，卻能有大收穫，就是最好的投資。[133] 第32.家和萬事興，舉家不和被人欺；與家和萬事興，[134] 兩則俗語來譬喻。[135] 第35.愛就是尊重，舉義大利人把結婚當為歌劇，法國人把結婚當為喜劇，英國人把結婚當為悲劇，美國人把結婚當為鬧劇，中國人把結婚當為醜劇。譬喻所謂「愛烏及屋」，[136] 把對某個人的愛，擴及到一切眾生。[137] 第45.一時的榮耀，採用學子十年寒窗苦讀；奧林匹克的選手，袁世凱為了皇帝的尊榮，三個月就一命嗚呼；孫中山至今仍被尊為國父。李登輝十二年總統，卸任即消聲匿跡；白聖法師才圓寂幾時，佛教的新生代不識其人；蔣介石、蔣經國等元首，太虛、[138] 弘一等大師，至今仍為人所津津樂道。有的人生前榮耀，死後罵名，例如宋朝的秦檜、[139] 明朝的魏忠

【129】　星雲(2004)，《迷悟之間・4.生命的密碼》，頁30。東周・孔子門生編，《論語・子路》。

【130】　清・曹雪芹，《紅樓夢・第六〇回》。

【131】　星雲(2004)，《迷悟之間・4.生命的密碼》，頁45-47。

【132】　清・周希陶，《增廣賢文》。

【133】　星雲(2004)，《迷悟之間・4.生命的密碼》，頁69。

【134】　東周・孔子門生編，《論語》。

【135】　星雲(2004)，《迷悟之間・4.生命的密碼》，頁116。

【136】　漢・伏勝，《尚書大傳・大戰》。

【137】　星雲(2004)，《迷悟之間・4.生命的密碼》，頁129。

【138】　釋太虛，《太虛大師全書》，香港佛教＝Buddhism in Hong Kong, 1984.03。

【139】　明・田汝成編撰，《西湖遊覽志餘・卷四・佞幸盤荒》。

賢[140]等；有的人即使生前榮耀，死後悲涼，例如九合諸侯、一匡天下的霸主齊桓公，死後竟然六十餘日無人收屍！[141] 有的人忠肝義膽，生前雖然遭遇種種的災難，但是死後名垂青史，例如「趙氏孤兒」[142] 的趙盾一家，以及輔佐楚莊王稱霸的孫叔敖，幫助秦穆公征伐西戎、擴大疆土的百里奚等；[143] 因發現鐳而聞名全球的居禮夫人，[144] 她把英國皇家協會頒發給她的獎章，當成孩子的玩具。[145] 第49.主角與配角，所謂主角，並不代表身分的高低，例如「桃園三結義」中，劉、關、張並非主角，而以出謀擘畫、開創鼎足之勢的諸葛孔明為要角；[146]《西廂記》中，張生、崔鶯鶯也不是主角，穿針引線的紅娘才是全劇的靈魂人物。[147] 宋仁宗被喻為是歷史上的一代明君，但是宋仁宗之世，至今依然為時人所歌頌的是包青天。[148] 所謂「人生如戲，戲如人生」。[149] 前任副總統呂秀蓮曾自比為「花瓶」，並且為自己的角色感到不平。[150] 第53.事業要交棒，中國人對於交棒的觀念比較淡泊。例如古代的皇帝，總要等到老死以後，才有子孫爭相接棒；現在部分團體的負責人，乃至家族的長輩，不但不肯交棒，誠如李敖先生所說：「他還要給你當頭一棒！」[151] 近年來，國民黨在台灣的選舉，選況一日不如一日，這都是因為沒有交棒的計劃。即使是美國總統，也有任期制，一人得以

【140】　明·李賢，《天順日錄》。

【141】　西漢·司馬遷，《史記·刺客列傳》。

【142】　明·臧懋循編，《冤報冤趙氏孤兒》。

【143】　西漢·司馬遷，《史記·秦本紀》。

【144】　F.Girovd（1991），《居禮夫人─寂寞而驕傲的一生》，天下文化。

【145】　星雲(2004)，《迷悟之間·4.生命的密碼》，頁162-164。

【146】　元·羅貫中，《三國演義》。

【147】　唐·元稹，《會真記》。

【148】　東晉·葛洪，《西京雜記》卷三。

【149】　方方(2008)，〈水在時間之下〉，《收獲》2008年第六期。

【150】　星雲(2004)，《迷悟之間·4.生命的密碼》，頁219。

【151】　李敖(1999)，《李敖大全集》，中國友誼出版公司。

連選幾任，也必須受憲法的限制。[152] 第55.集體創作，採用「獨木不成林。」[153] 來譬喻集體創作。[154] 第86.無可奈何，例如，養了不肖的子孫、交了不好的朋友，或是被人冤枉、受了委屈、給長官欺負，甚至父母無理、恩愛別離、所求不遂、被人倒閉等等，都是「啞吧吃黃蓮，有苦說不出」，[155] 譬喻世間上有很多「無可奈何」的事。[156]

上述十四篇四十九則譬喻具人間佛教的人間性(1)、生活性(5)、利他性(4)、喜樂性(4)、時代性(2)、與普濟性(4)等六種特性，其中亦以生活性居多，人間性最少。(見附表5.1)

三、忍辱負重

第三項忍辱負重屬性包括編號13，20，23，48，62，71，78，90，93等九篇五十七則譬喻，都在強調忍辱負重的重要。第13.歷史的鏡子，舉歷史上二十位君王作爲譬喻氣量大小。如戰國時代魏武侯自豪江山美麗，國防堅固，一大臣諫曰：「國家堅固與否？在於國君的德行，不在於山河的險要。」[157] 當初苗氏一家，不修身養德，終被大禹所滅。大禹子孫夏桀，雖有山河護嶺，終被商湯放逐。[158] 紂王的國家山川險峻，但不得人心，傷德敗行，終爲武王所殺。[159] 曹操善用人才，甚至「化仇爲親」，把袁紹的重臣陳琳引爲己用；反觀袁紹器量狹窄，妒賢害能，不聽田豐勸諫，反在兵敗後怒而殺之。[160] 劉玄德大智若愚，善於韜光養晦，禮賢下士，故能從無到有；而楊修恃才傲物，鋒芒太

【152】　星雲(2004)，《迷悟之間‧4.生命的密碼》，頁189-191。

【153】　漢‧崔駰，《達旨》。

【154】　星雲(2004)，《迷悟之間‧4.生命的密碼》，頁196。

【155】　李六如，《六十年的變遷》。

【156】　星雲(2004)，《迷悟之間‧4.生命的密碼》，頁300。

【157】　漢‧劉向編訂，《戰國策》。

【158】　三國‧譙周曾著，《古史考》。

【159】　戰國‧呂不韋，《呂氏春秋‧過理》。

【160】　元‧羅貫中，《三國演義》。

露，最後終被曹操殺害。[161] 朱元璋曾說，漢武帝用張湯而政事衰；漢光武褒卓茂而王業盛。[162] 唐太宗用房玄齡、杜如晦，致斗米三錢，夜不閉戶的太平盛世；[163] 唐玄宗用楊國忠、李林甫，致安史之亂，幾乎亡國。[164] 朱元璋不傳賢能，致使明初子孫爭權奪利，而致天下大亂。許多一時不得志的賢人，例如湯被囚於夏台，文王被困羑里；[165] 齊桓公奔逃於莒，晉文公亡命於翟，但能堅此百忍，不變志節，故能成就王業。而一些不忠不義之人，心性殘忍，作惡多端，如「請君入甕」的來俊臣；[166] 商鞅變法，太過嚴苛，最後「作法自斃」；「螳螂捕蟬，黃雀在後」[167]；「鷸蚌相爭，漁翁得利」[168] 等這許多典故都可做為我們的借鏡。第20.勝利的條件，舉五個例子說明勝利的條件，即中國人八年抗戰，取得最後勝利；歐洲、美國軍隊在諾曼地登陸，取得第二次世界大戰決定性的勝利。[169] 世界各國，追求自由民主，每次選舉，得票最高者的勝利歡呼。當年李登輝提出對大陸「戒急用忍」政策。越王勾踐臥薪嘗膽，[170] 忍辱偷生，就是為了努力復國。[171] 第23.五分鐘的熱度，舉三實例譬喻僅有五分鐘的熱度是無法成器的。如「久病床前無孝子！」[172]；越王勾踐「臥薪嘗膽」；楚漢之爭，漢王劉邦忍辱含垢，

【161】　明‧宋濂，《喻中原檄》。

【162】　東漢‧班固，《漢書‧劉屈氂傳》。

【163】　唐‧房玄齡等撰，《晉書卷一零二》。

【164】　唐‧李商隱，《晚晴》。

【165】　西漢‧司馬遷，《史記‧殷本紀》。

【166】　晉‧司馬光，《資治通鑑》。

【167】　晉‧郭象，《莊子》。

【168】　星雲(2004)，《迷悟之間‧4.生命的密碼》，頁51-54。

【169】　芮納‧米德著林添貴譯(2014)：《被遺忘的盟友：揭開你所不知道的八年抗戰》，台北：遠見天下文化。

【170】　西漢‧司馬遷，《史記‧越王勾踐世家》。

【171】　星雲(2004)，《迷悟之間‧4.生命的密碼》，頁74-76。

【172】　西漢‧司馬遷，《史記‧越王勾踐世家》。

取得最後的勝利。¹⁷³ 第48.功過論，採用秦始皇廣征民伕，大築長城，當時天怒人怨，紛紛指為史無前例的暴君苛政。¹⁷⁴ 董仲舒罷黜百家，獨尊儒術，為中華文化奠定了以禮以孝立國的禮義之邦；¹⁷⁵ 武則天殺夫廢子，篡位為帝，¹⁷⁶ 後世唾棄其淫亂，她卻建立了盛唐。¹⁷⁷第62.苦甘的先後，採用四個實例譬喻苦甘的先後，即「由儉入奢易，由奢入儉難」¹⁷⁸；百年人生，希望一日過完；「未雨綢繆」；¹⁷⁹「少小不努力，老大徒傷悲。」¹⁸⁰ 第71.學徒性格，採用中西五個實例說明，即所謂「不經一番寒徹骨，哪有梅花撲鼻香？」；「吃得苦中苦，方為人上人」¹⁸¹；台塑董事長王永慶「刻苦耐勞，從基層做起。」；震旦企業創辦人陳永泰先生，把董事長位置交給毫無親戚關係的郭進財；美國總統胡佛，苦學出身。¹⁸² 第78.氣質芬芳，採用四個實例，用高尚人品來譬喻芬芳的氣質。劉禹錫「陋室銘」直陳「斯是陋室，唯吾德馨」，¹⁸³ 道德就是芬芳的氣質。李密「陳情表」婉言「臣無祖母，無以至今日；祖母無臣，無以終餘年。」¹⁸⁴ 孝順就是芬芳的氣質。陶淵明「歸去來辭」所謂「登東皋以舒嘯，臨清流而賦詩」；¹⁸⁵ 淡泊就是芬芳的氣質。蘇軾在

【173】　星雲(2004)，《迷悟之間‧4.生命的密碼》，頁87-88。

【174】　戰國‧呂不韋，《呂氏春秋》。

【175】　西漢‧班固，《漢書‧董仲舒傳》。

【176】　唐‧張鷟，《朝野僉載‧周興》。

【177】　星雲(2004)，《迷悟之間‧4.生命的密碼》，頁174-175。

【178】　北宋‧司馬光，《訓儉示康》。

【179】　漢‧佚名，《樂府詩集‧長歌行》。

【180】　星雲(2004)，《迷悟之間‧4.生命的密碼》，頁219-220。

【181】　唐‧黃檗禪師，《上堂開示頌》。

【182】　星雲(2004)，《迷悟之間‧4.生命的密碼》，頁251-252。明‧馮夢龍輯，《警世通言‧玉堂春落難逢夫》。

【183】　唐‧劉禹錫，《夢得文集》。

【184】　西晉‧李密，〈陳情表〉。

【185】　晉‧陶淵明，《陶淵明集》。

「放鶴亭記」高唱「子知隱居之樂乎？雖南面之君可與易也！」[186] 超塵就是芬芳的氣質。[187] 第90.征服自己，如甘地、孔子、老莊、耶穌、第一個登上聖母峰的紐西蘭籍希拉瑞爵士，都是征服自己的典範。[188] 第93.吃苦當成吃補，採用三則偈語與四則歷史人物當譬喻，即「吃得苦中苦，方為人上人」；「不經一番寒徹骨，焉得梅花撲鼻香」；[189] 俗語「不吃苦，就不能做佛祖」；[190] 王寶釧經過十八年苦守寒窯，才能為人記憶；蘇秦懸樑刺股，苦學有成，才能為人所稱道；[191] 孫中山一生辛苦半生奔走，才能創造民國；王冕窮困中不忘苦學，才能成功。[192]

　　上述九篇五十七則則譬喻具人間佛教的人間性(1)、生活性(5)、利他性(3)、時代性(4)、與普濟性(1)等五種特性，其中亦以生活性居多，未見有喜樂性。(見附表5.1)

四、動靜自如

　　第四項動靜自如屬性包括編號3，28，37，39，42，54，61，65，66，74，82等十一篇四十六則譬喻，都在強調動靜自如的重要。第3.戰爭與和平，採用西元二千年前的印度阿育王，和中國的秦始皇以及美國華盛頓說明：「和平是大家所共同嚮往的，但是絕非喪失尊嚴的苟安，而是人人必須在平等的原則下，共存共榮。」[193] 第28.動靜時間，採用四句詩偈譬喻我們的人生要能動也能靜。如「靜如處子，

【186】　宋·蘇軾，《經進東坡文集事略》。
【187】　星雲(2004)，《迷悟之間·4.生命的密碼》，頁273。
【188】　星雲(2004)，《迷悟之間·4.生命的密碼》，頁314。
【189】　明·馮夢龍輯，《警世通言·玉堂春落難逢夫》。
【190】　唐·黃檗禪師，《上堂開示頌》。
【191】　西漢·劉向，《戰國策·秦策一》。
【192】　星雲(2004)，《迷悟之間·4.生命的密碼》，頁323。清·吳敬梓，《儒林外史》。
【193】　星雲(2004)，《迷悟之間·4.生命的密碼》，頁21。

動如脫兔」[194]；所謂「動中乾坤大，靜裡日月長」[195]；「熱鬧場中作道
場」；「樹欲靜而風不止，子欲養而親不待」[196]，故要把握好動靜的時
間。[197] 第37.公平與不公平，採用四則實例譬喻，卽明太祖朱元璋微
服出巡來到鄉下，一農夫雙手奉上茶水一杯，皇帝感動封爲高官。令
一落第秀才心中不平，在一間土地廟題詩曰：「十年寒窗苦，不及一
杯茶！」數年後，皇帝再度出巡，再此詩旁加了兩行字：「他才不如你，
你命不如他！」[198]孫中山先生當初提倡革命，他曾對世界發出「以平等
（公平）待我之民族」的宣言。[199] 眞正孝養父母的子女，往往是最不
受父母喜愛的孩子；眞正爲國爲民的君子，往往也是飽受奸臣陷害，
不得君王歡心的臣子。[200] 第39.提得起放得下，採用九則實例譬喻要
能提得起放得下，卽蔣中正三次下野，最後建設台灣有成；鄧小平三
放三起，終於爲大陸建立改革開放的社會。毛澤東在共產黨裡曾受
過別人的排擠，但終能折服群雄，一人獨大；汪精衛、陶鑄等人在國
共兩黨中能「提起」而「放不下」，因此不得善終。中國大陸文化大革
命的時候，沈慶京先生一生歷經發財、倒閉、坐牢，出獄後又能「東
山再起」；現在社會上有一句名言：放下身段！因爲世間終究是「花無
百日紅，人無千日好」，[201] 能夠放下身段，才能「放得下、提得起」。卽
如清朝的宣統皇帝，原爲九五之尊，但是到了最後卻在北京的中山公

【194】　先秦・孫武，《孫子・九地》。

【195】　周・周文王，《易經》。

【196】　漢・韓嬰，《韓詩外傳》。

【197】　星雲(2004)，《迷悟之間・4.生命的密碼》，頁105。

【198】　春秋・老子，《道德經》七十六章。

【199】　孫中山 (1906.12.2)，〈在東京《民報》創刊週年慶祝大會演說〉，《孫中山選
集》，網路版。原始出處：《民報》，第1號，1905年11月25日。

【200】　星雲(2004)，《迷悟之間・4.生命的密碼》，頁135-136。

【201】　明・施耐庵，《水滸傳・第二二回》。

園做一名清潔工。[202] 第42.生氣與爭氣，舉文天祥的「正氣歌」，[203] 與孟夫子說要養浩然之氣，[204] 鼓勵我們要以開擴的心胸來對治褊狹之氣。[205] 第54.生死一如，譬喻現代社會的發展，一日千里。[206] 第61.君子與小人，採用七句諺語來譬喻君子與小人，即與君子交，其淡如水，因淡而久；與小人交，其甜如蜜，但因蜜而不長久。《孔子家語》說：「與善人居，如入芝蘭之室，久而不聞其香；與不善人居，如入鮑魚之肆，久而不聞其臭。」[207] 跟小人做朋友，如一把秤；[208] 與小人交，又如鮮花，你美麗鮮豔的時候，他把你插在頭上，如果你萎謝凋零，他就把你棄之於地，視你如無物。[209] 第65.魔鬼與天使，採用西方有一個畫家，先後畫一幅耶穌的畫像，再畫一幅魔鬼的畫像來對照比較善惡。原來模特兒卻是同一人。所謂「誠於衷，形於外」，[210] 一切都是唯識所變、唯心所現。[211] 第66.忙與閒，採用四則現象來譬喻忙與閒的生活。勞工要求週休二日，或力爭每日上班八小時；甚至有的人在忙碌工作中，總希望忙中偷閒。有人閒得發慌不自在，出錢出力去拜託別人給他一份工作。有的人像孔子周遊列國。[212] 第74.昂首與低頭，採用六位歷史人物來譬喻昂首與低頭的差別。晏子出使楚國，不肯走小門，他

【202】　星雲(2004)，《迷悟之間‧4.生命的密碼》，頁142-143。

【203】　南宋‧脫脫，《宋史‧文天祥傳》。

【204】　東周‧孟子及其弟子公孫丑、萬章等人編著，《孟子‧公孫丑上》。

【205】　星雲(2004)，《迷悟之間‧4.生命的密碼》，頁154。

【206】　星雲(2004)，《迷悟之間‧4.生命的密碼》，頁193。《莊子‧秋水》。

【207】　東周‧孔門弟子撰，《孔子家語》。

【208】　宋‧辛棄疾，〈洞仙歌‧丁卯八月病中作〉。

【209】　星雲(2004)，《迷悟之間‧4.生命的密碼》，頁216-217。

【210】　東周‧孔門弟子撰，《禮記‧大學》。

【211】　星雲(2004)，《迷悟之間‧4.生命的密碼》，頁230。

【212】　星雲(2004)，《迷悟之間‧4.生命的密碼》，頁232。明‧馮夢龍、清‧蔡元放，《東周列國志》第七十八回。

說：臣使大國，應走大門；若使小國，卽走狗門。[213]　諸葛孔明，在劉備困處荊州時，他奉命出使吳國，舌戰群儒，志氣昂揚，終能完成任務。[214] 藺相如的「完璧歸趙」，機智勇敢，不卑不亢；[215] 蘇秦、張儀的「合縱連橫」，在國際間捭闔縱橫，不可一世。[216] 林則徐每與外國人士談判，語云：「要成功，何妨低頭；爲處世，必須忍耐。」[217] 第82.書香台灣，採用四則現象來譬喻培養書香台灣的重要。文武周公、孔子提倡學術、詩書、禮樂，改變了社會的風氣；唐詩、宋文、元曲、明淸的小說，都爲中國社會提倡了文化建國的偉大力量。從唐宋以後，出版物興起，尤以淸朝康熙、雍正、乾隆等的《四庫全書》、[218]《四書五經》，[219] 以及佛教的多種藏經，尤以大部的《龍藏》，[220]浩浩蕩蕩湧現到社會民間。鼓勵培養讀書習慣。[221]

　　上述十一篇四十六則譬喻具人間佛教的人間性(3)、生活性(7)、利他性(2)、喜樂性(2)、時代性(4)、與普濟性(1)等六種特性，其中亦以生活性居多，普濟性殿後。(見附表5.1)

五、禪趣生活

　　第五項禪趣生活屬性包括編號8，36，41，52，58，64，69，73，77，83，84，87，92等十三篇六十八則譬喻，都在強調禪趣生活的重要。第8.讀書的樂趣，採用八則一般諺語與歷史人物來譬喻讀書的

【213】　西漢・劉向，《晏子春秋》。

【214】　三國・諸葛亮，〈誡子書〉。

【215】　西漢・司馬遷，《史記・廉頗藺相如列傳》。

【216】　西漢・劉向，《戰國策》。

【217】　星雲(2004)，《迷悟之間・4.生命的密碼》，頁260-261。胡安運，〈昂首與低頭的智慧〉；林則徐，《赴戍登程口占示家人》。

【218】　淸・康熙，《四庫全書》。

【219】　淸・雍正、乾隆，《四書五經》。

【220】　淸・翟灝，《風俗通・貨財・債多不愁》。

【221】　星雲(2004)，《迷悟之間・4.生命的密碼》，頁285。

樂趣，如「春日不是讀書天，夏日炎炎正好眠；秋有蚊蟲冬有雪，收拾書包好過年。」[222]，「書中自有黃金屋，書中自有顏如玉」。[223]「活到老，學到老」；古今經由讀書踏上成功之路者，如懸樑刺股的蘇秦、[224]鑿壁偷光的匡衡、[225]藏火苦讀的祖瑩、[226]廣涉書海的曹雪芹、[227]自學成才的王雲五，[228] 他們鍥而不捨的求學精神，皆爲後人良好的楷模。[229] 第36.宗教生活，宗教生活之前須有物質生活、精神生活與藝術生活，各舉了四、三、八個例子說明：「民以食爲天」，[230] 衣食住行、穿衣吃飯的物質生活滿足了，其次追求的是精神生活，例如讀書、娛樂、情愛等。進一步提升進入藝術的生活，例如：繪畫、音樂、雕刻、戲劇、舞蹈、文學、乃至蒔花植草、營造生活的氣氛等，也就是要過藝術美的生活。[231] 第41.善用零碎時間，採用唐伯虎「人生七十古稀，我年七十爲奇，前十年幼小，後十年衰老，中間只有五十歲，一半又在夜裡過去了，算來只有二十五年的歲月，當中要吃飯、拉尿，還有多少的挫折、多少的憂傷、多少的煩惱！」[232] 譬喻人生短暫，應懂得善用零碎時間。第52.粥中有道，採用宋朝名相范仲淹「粥中有道」。[233] 打油詩「煮飯何如煮粥強？好同兒女細商量；一升可作三升用，兩日堪爲六日糧。有客只須添水火，無錢不必作羹湯；莫嫌淡泊少滋味，淡泊之

【222】　勸多讀書打油詩。

【223】　宋‧真宗，〈勸學篇〉。星雲(2004)，《迷悟之間‧4.生命的密碼》，頁35。

【224】　西漢‧劉向，《戰國策‧秦策一》。

【225】　東晉‧葛洪，《西京雜記》卷2。

【226】　唐‧李延壽撰，《北史‧列傳第三十五》。

【227】　清‧曹雪芹，《紅樓夢》。

【228】　王雲五(2013)，《王雲五全集》，九州出版社。

【229】　星雲(2004)，《迷悟之間‧4.生命的密碼》，頁36。

【230】　東漢‧班固，《黃帝內經》。

【231】　星雲(2004)，《迷悟之間‧4.生命的密碼》，頁130。

【232】　星雲(2004)，《迷悟之間‧4.生命的密碼》，頁149。唐‧元稹，《鶯鶯傳》。

【233】　宋‧俞文豹，《清夜錄》。

中滋味長。」[234] 以及東漢光武帝劉秀，曾在天寒地凍，糧食不繼的戰場，受大將馮異一碗粥解飢寒，得天下後，下詔賞賜馮異。又如中國古代每逢兵荒馬亂，或遇水災、乾旱時節，慈善人士就以施粥救人。[235] 第58.拙處力行，採用五句諺語譬喻「取巧」不如「養拙」。如鄭板橋「難得糊塗」的人生哲學，[236] 俗云「熟能生巧，勤能補拙」，「一步一腳印」、「萬丈高樓平地起」，「養成大拙方爲巧，學到愚時才是賢」[237] 等，所以要得巧功，必先付出許多笨拙的苦功。[238] 第64.清貧思想，採用德蕾莎修女「擁有貧窮是我最大的驕傲。」說明「清貧思想」不一定是「一無所有」；真正的「無」才能生「有」，才能無量、無盡。[239] 第69.耕耘心田，舉「心田」、「心地」譬喻我們的心，要怎麼去開發、耕耘。如胡適之說：「要怎麼收穫，就必須先怎麼栽植。」[240]

第73.行走山河，採用十七則行走方法、人物與諺語等說明。如所謂「讀書要超萬卷，走路要遍五洲，求知要明真理，用心要懷山河。」千古以來，能夠走遍千山萬水的人，有僧侶的雲水行腳、尋師訪道；有探險家的航海登峰探險；有軍人的出戰絕域開疆拓土；有經商的行伍，帶動經濟的發展、文化的交流。山河，是大自然無限的寶藏！張騫出使番邦絕地；[241] 岳飛行軍八千里路雲和月；[242] 唐三藏橫渡八百里流沙；東晉法顯與海水搏鬥；東晉慧深法師早已到過美國西海岸。[243] 十五世紀哥倫布發現了美洲新大陸；十六世紀麥哲倫橫渡發現了菲

【234】　星雲(2004)，《迷悟之間‧4.生命的密碼》，頁186。

【235】　星雲(2004)，《迷悟之間‧4.生命的密碼》，頁187-188。

【236】　清‧鄭板橋，《板橋自敘》。

【237】　沈從文(1936)，《新與舊》，上海：良友圖書印刷公司。

【238】　星雲(2004)，《迷悟之間‧4.生命的密碼》，頁207。

【239】　星雲(2004)，《迷悟之間‧4.生命的密碼》，頁227。

【240】　星雲(2004)，《迷悟之間‧4.生命的密碼》，頁242，244。

【241】　東漢‧班固，《張騫傳》。

【242】　南宋‧脫脫，《宋史‧岳飛傳》。

【243】　唐德剛(1990)，〈從慧深大師到星雲大師〉。

律賓群島；十八世紀庫克船長發現了澳洲大陸；明朝鄭和下南洋，足
跡已到馬來西亞。古詩有云：「三山六水一分田」，[244] 意卽地球上有三
分是山嶽，六分是海洋，只有一分是平地，所以現在的青少年要有征
服海洋的志願，也要有登高山而小天下的抱負。[245] 第77.人比人，採用
「紅顏多薄命」；[246]「人為財死」；「樹大招風」；「他人騎馬我騎驢，
看看眼前我不如；回頭一看推車漢，比上不足下有餘。」[247] 來說明人
不要比人，要比慈悲、道德、心量、人緣。[248] 第83.要吃早飯，舉英國有
百分之四十的國民不吃早餐，因此連英國政府都出面，鼓勵國民要吃
早飯。美國白宮的歷任總統，都以早餐會議加強各部會的工作進度；
軍隊作戰，也都注重三更造飯，四更飽餐後出征。[249] 說明吃早飯的重
要。第84.無車日，採用三則實例說明無車日的悠閒。如法國巴黎提倡
星期日不開車運動，體驗一下「結廬在人間，而無車馬喧」[250] 的悠閒
生活。一個國家的建設，不能光靠物質欲樂的發展，應該更要重視道
德、理智，如此才能駕馭欲望，例如歐洲人倡導一個「無車日」。[251] 第
87.發掘內心之寶，舉孔門弟子顏回，居陋巷，一瓢飲，一簞食，不改其
樂；治世仁王唐太宗，他締造了「貞觀之治」，來譬喻他們心裡有充足
的能源。[252] 第92.生活的品味，採用戰國四君子的孟嘗君、信陵君等
人，以招賢納士、廣納賢才[253] 作為生活的品味。宋代林逋隱居西湖孤

【244】 李永熾著(1982)，《中國全集2歷史中國》，錦繡出版社有限公司，頁195。
【245】 星雲(2004)，《迷悟之間‧4.生命的密碼》，頁257-259。
【246】 元‧洪希文，《書美人圖》。
【247】 明‧吳承恩，《西遊記》第三十三回。
【248】 星雲(2004)《迷悟之間‧4.生命的密碼》，頁271。
【249】 星雲(2004)，《迷悟之間‧4.生命的密碼》，頁288，290。清‧馮夢龍，《喻世明
言》。
【250】 晉‧陶淵明，《陶淵明集》〈飲酒〉。
【251】 星雲(2004)，《迷悟之間‧4.生命的密碼》，頁292-295。
【252】 星雲(2004)，《迷悟之間‧4.生命的密碼》，頁304。
【253】 西漢‧劉向，《戰國策‧齊策》。

山,以種梅養鶴自娛,人稱「梅妻鶴子」。[254] 法國作家吉勒特‧默梅特在《歐洲風光》上說:一個人最好在盧森堡作事(工資最高),開德國的汽車、到英國去購屋(設備最齊全),住在葡萄牙(氣候最好),在法國養老(平均壽命最長),這就是懂得生活的人。[255]

　　上述十三篇六十八則譬喻具人間佛教的人間性(1)、生活性(9)、利他性(1)、喜樂性(2)、時代性(2)、與普濟性(3)等六種特性,其中以生活性高出許多,人間性與利他性最少。(見附表5.1)

六、俗世謀略

　　第六項俗世謀略屬性包括編號10,16,27,29,34,43,59,63,67,70等十篇四十七則譬喻,都在說明俗世謀略的重要性。第10.人生的高速路,採用高速公路上十七種常識,譬喻人生的高速路。例如:北上和南下道路中間的「安全島」上,種了各式各樣的花樹,稱為「分向綠地」;路的兩邊,都設有「護欄」,以及「路樹」、「路障」、「路燈」等設備。在同方向的路面上,二線、三線、四線道之間有「路眼」,另有「路肩」、「戰備車道」、「天橋」、「消音板」、「超速照相監視器」、「電話站」、「電子看板」,以及「收費站」、「交流道」、「休息站」等。防備高速公路上的警車,如「遇彎莫快車,逢橋須慢行;戰備車道旁,兩邊有警車。」[256] 第16.人要有理想,採用「哀莫大於心死」,[257] 譬喻沒有希望的人生,前途黯淡無光。[258] 第27.情緒化,採用「晴時多雲偶陣雨」譬喻我們的情緒變化莫測。[259] 第29.人中之鬼,採用十一種日常生活常稱謂的鬼,如鬼屋、鬼具、鬼妻、鬼事、鬼地、鬼行等。又如:

【254】　北宋‧沈括,《夢溪筆談》。

【255】　星雲(2004),《迷悟之間‧4.生命的密碼》,頁320。

【256】　星雲(2004),《迷悟之間‧4.生命的密碼》,頁41,43。

【257】　晉‧郭象,《莊子‧田子方》。

【258】　星雲(2004),《迷悟之間‧4.生命的密碼》,頁16。

【259】　星雲(2004),《迷悟之間‧4.生命的密碼》,頁102。

好酒者稱曰酒鬼；好煙者稱曰煙鬼；好色者稱曰色鬼；好賭者稱曰賭鬼。還有貪心鬼、風流鬼、懶惰鬼、骯髒鬼、小氣鬼等，妻子暱稱丈夫「死鬼」，母親對心愛的兒女暱稱「小鬼」，可見人中充滿各種鬼。[260] 第34.心胸要寬大，採用七則實例譬喻心胸要寬大。如「宰相肚裡能撐船」；沙漠民族享有豐富的石油能源；海島的民族擁有海洋的產物；孔孟賢聖只能隨緣「達則兼善天下，不達則獨善其身」；[261] 屈原不見容於小人，而投江自盡！[262] 所謂「道高一尺，魔高一丈」。[263] 第43.思想一二三，舉戰國時的田忌，和朋友賽馬，每賽必輸，特別請教於孫臏授予二勝一負之道。[264]

　　第59.心中的本尊，採用中國的封神榜裡，元始天尊、太上老君、太乙真人、北斗星君，[265] 彼此互相撕殺得一塌糊塗，譬喻心中本尊的壞處。[266] 第63.蜈蚣論，採用六個例子來譬喻蜈蚣的拖拉無力。如行政院的議案，遲遲不見結果，就如蜈蚣的腳太多，穿鞋子的時間太長，叫人難以苟同。談到國家的行政效率時，舉例：德國人做了不說，日本人邊說邊做，中國人說而不做。就如小學課本裡的「龜兔賽跑」，又如甲乙二人朝山，富人甲從未成行，貧人乙卻不到一年就徒步朝山而歸了。世間事，說道一丈，不如行道一尺。[267] 第67.一步一腳印，採用諺語「我走過的橋，比你走過路還多。」譬喻人生走過漫漫長途，到底

【260】　星雲(2004)，《迷悟之間‧4.生命的密碼》，頁109。

【261】　東周‧孟子及其弟子公孫丑、萬章等人編著，《孟子》卷十三《盡心上》。

【262】　戰國‧屈原，《九歌‧國殤》。

【263】　星雲(2004)，《迷悟之間‧4.生命的密碼》，頁125。明‧吳承恩，《西遊記》第五十回。

【264】　星雲(2004)，《迷悟之間‧4.生命的密碼》，頁157。西漢‧司馬遷，《史記》卷六十五。

【265】　明‧許仲琳；陸西星，《封神榜》。

【266】　星雲(2004)，《迷悟之間‧4.生命的密碼》，頁210。

【267】　星雲(2004)，《迷悟之間‧4.生命的密碼》，頁224。

留下了什麼腳印？[268] 第70.家有聚寶盆，採用諺語「穿不窮、用不窮，算盤不到一世窮。」[269] 譬喻家有聚寶盆。[270]

　　上述十篇四十七則譬喻具人間佛教的人間性(1)、生活性(3)、利他性(3)、喜樂性(1)、與時代性(3)等五種特性，其中以生活性、利他性與時代性居多，未見有普濟性。(見附表5.1)

　　《迷悟之間·4.生命的密碼》星雲採用的一般譬喻共有六十九篇三二六則，其中以第6.承受教誨的譬喻數二十三則最多，其次為第13.歷史的鏡子有二十則，第10.人生的高速路與第73.行走山河則各有十七則，再其次為第45.一時的榮耀有十六則，第36.宗教生活有十五則，第29.人中之鬼有十一則，第39.提得起放得下與第44.散發魅力各有九則，第8.讀書的樂趣有八則，第34.心胸要寬大、第61.君子與小人和第93.吃苦當成吃補三篇各有七則譬喻，第1.疏解鬱卒、第35.愛就是尊重、第63.蜈蚣論、第74.昂首與低頭等四篇各有六則譬喻，其餘五十二篇的一般譬喻，皆在五則或五則以下。

　　這些譬喻出處非常多元，上自《春秋左傳》、《論語》、《孟子》、《荀子》、《史記》、《戰國策》、《後漢書》、《黃帝內經》、《唐書》、《宋書》、《宋史》、《水滸傳》、《三國誌》、《三國演義》、《資治通鑑》、《儒林外史》，到清康熙《四庫全書》與清雍正、乾隆，《四書五經》，《紅樓夢》，甚至康熙給雍正的座右銘。以《史記》被引用九則居高，其次為《孟子》五則，《戰國策》與《漢書》各為四則，《宋史》兩則，其餘皆為一則。其餘四十五篇引用的譬喻則各出自不同典故。可見星雲國學涵養的豐厚。

　　另外，這六十九篇三二六則譬喻具人間佛教人間性(11)、生活性(35)、利他性(16)、喜樂性(13)、時代性(18)與等普濟性(12)六種特性，相

【268】　星雲(2004)，《迷悟之間·4.生命的密碼》，頁236。

【269】　王少堂，《武松》六回。

【270】　星雲(2004)，《迷悟之間·4.生命的密碼》，頁246。

應程度以生活性居首，其次依序為時代性、利他性、喜樂性、普濟性與人間性。

第三節、《迷悟之間‧4.生命的密碼》星雲自創譬喻闡釋

　　星雲在《迷悟之間‧4.生命的密碼》書中，自創譬喻有七十八篇短文計五二七則譬喻，其中第86.無可奈何短文出現多達二十四個譬喻。其次第24.心靈淨化出現二十則自創譬喻，第12.金錢不是萬能出現十九則自創譬喻，第80暗夜明燈有十八則自創譬喻，第92.生活的品味有十六則自創譬喻，第85.生活中的修行有十四則自創譬喻，第79.儲備與防備有十三則自創譬喻，第90.征服自己有十二則自創譬喻，第17.輪迴有十一則自創譬喻，第26.護短利弊則有十則自創譬喻。其餘則少於十則至一則不等。可見星雲在此書中自創的譬喻，占三類譬喻則數最高比例54.16%，幾乎占了五成五。這五二七則譬喻可概分為能識大體、緣起真理、忍辱負重、動靜自如、禪趣生活與俗世謀略等六種屬性。第一項能識大體屬性十九篇一三九則譬喻居多；第五項禪趣生活屬性十五篇一二八則譬喻居次；其次為第二項緣起真理屬性十五篇一○五則譬喻；再其次為第六項俗世謀略屬性十一篇六十則譬喻，第三項忍辱負重屬性九篇四十四則譬喻；第四項動靜自如屬性八篇五十一則譬喻殿後。為便於對照閱覽與分析說明，特彙整上述六種屬性的一般譬喻如附錄表5.4，並依序說明如下：

一、能識大體

　　第一項能識大體屬性包括編號1，9,19，21，25，26，30，33，37，38，44，47，56，68，79，80，88，89，91等十九篇一三九則譬喻，都在強調識大體的重要。第1.疏解鬱卒，採用八則現象來比喻，即青年男女失戀，如喪考妣般的鬱卒；學子考試名落孫山，好像末日來臨一

樣的鬱卒。求職不成，遇人不淑，遭友欺騙，臨事不明，給人倒閉，被人冤枉，都會感到無限的鬱卒。[271] 第9.選對象的缺點，採用鳳梨、柿子尚未成熟之前，酸澀無比；經過陽光和風的吹拂，它也會變得甜美可口。好比我們選優點，不要太過排斥缺點，因爲缺點也是可以改正的。[272] 第19.智慧的重要，採用兩則實例來譬喻智慧的重要性。如一個牙膏製造工廠，將牙膏出口，放大一倍，使得公司營業從此增加。與美國有一個植物園，推出告示：「如有檢舉偷盜花木者，獎賞美金二百元。」解決遊客盜花困擾。[273] 第21.凡事看兩面，採用七則十例子做說明，當兩個人爭執時，各有立場，無所謂誰是誰非。正如兒女說父親最可愛，說母親最可愛，不如說父母都可愛。佛教徒說佛教最偉大，基督教徒說基督教最偉大，不如說兩者都很偉大。東西方人互看彼此在公衆場所裡，袒胸露背，不夠莊重；赤膊半裸，不成體統。事事排隊，浪費時間，工作效率差；爭先恐後，亂成一團，毫無秩序。中國人與日本人互看彼此，彎腰作揖；昂首闊步不懂禮貌。中國人與西方人互看彼此，結婚離婚結婚，匪夷所思；三妻四妾，三代同堂，五代共住，不可思議。中國人見面，習慣問候對方「你吃飯了沒有？」西方人覺得實在奇怪；西方人一見面就互相擁抱親吻，中國人也覺得很難接受。[274] 第25.嫉妒心理，舉九個例子來說嫉妒心理，有人說不喜歡「買名牌」「穿名牌」；有人不歡喜和「官員」來往，不喜歡和「富商巨賈」往來；有人說從不買股票，不購買書籍；有人說「討厭選舉」「不想出國」；佛教界人士說「不建寺廟」「不收徒弟」「不寫文章」不辦「弘法活動」。[275]

　　第26.護短利弊，採用十則比喻。木材爲了建房屋、造桌椅的需

【271】　星雲(2004)，《迷悟之間‧4.生命的密碼》，頁12-13。
【272】　星雲(2004)，《迷悟之間‧4.生命的密碼》，頁40。
【273】　星雲(2004)，《迷悟之間‧4.生命的密碼》，頁71-72。
【274】　星雲(2004)，《迷悟之間‧4.生命的密碼》，頁80-81。
【275】　星雲(2004)，《迷悟之間‧4.生命的密碼》，頁92-93。

要，有需要長短參差。短非過失，例如，不會唱歌、不會繪畫、不會外文、不會數學，此雖短處，但短不掩長，人還有其他很多的特長。如不會唱會說；不會畫會欣賞；不會外文但通達本國文字；不會數學但懂得理則。精神毅力上的特長才重要。例如，度量寬宏、道德完美、機智過人，勤勞發心，這些特長，人人可得；若其不能，此乃不爲，非不能爲。[276] 第30.人要識大體，採用兩則譬喻分別說明不識大體與識大體。不識大體的人，經常發牢騷，批評、毀謗別人；猶如送禮給人，人家不接受，只有自己收回！識大體，才能有所爲有所不爲，才能樹立自己的道德人格，才能像松柏一樣，傲骨霜雪，氣節常青！[277] 第33.你我之間，採用身體上的爛瘡爛肉，也要好好的洗滌、敷藥、包紮、愛護，讓它不要受到傷害。來譬喻你我之間是一體的。[278] 第37.公平與不公平，採用你前生在銀行裡的存款，你今生還可以受用；比喻人的窮通禍福，有「自業自受」的原理。[279] 第38.立足點，採用十五個立足點譬喻其重要性。如飛機在空中的航線就是他的「立足點」；火車有起點、中途停靠站和終點站，都是火車的「立足點」。船隻在海洋裡航行的目標就是船隻的「立足點」。樹木的「根本」，就是其「立足點」。每一塊適當的土地都是每一間房屋的立足點。人生道上，十個立足點：1.孝順父母；2.勤勞負責；3.修身養性；4.吃苦耐勞；5.犧牲奉獻；6.尊重包容；7.慈悲喜捨；8.正知正見；9.有規有矩；10.守法守道。[280] 第44.散發魅力，舉十六個散發魅力的實例：如音樂家用動聽的歌聲扣人心弦；美術家用美麗的繪畫引人目光；建築家用宏偉的建築博人讚歎；演說家用精闢的講演令人會意；女性以阿娜多姿的儀態呈現她的婉約；男

【276】　星雲(2004)，《迷悟之間·4.生命的密碼》，頁97-98。

【277】　星雲(2004)，《迷悟之間·4.生命的密碼》，頁111-112。

【278】　星雲(2004)，《迷悟之間·4.生命的密碼》，頁120。

【279】　星雲(2004)，《迷悟之間·4.生命的密碼》，頁134。

【280】　星雲(2004)，《迷悟之間·4.生命的密碼》，頁138-139。

士用溫文儒雅的舉止展現他的修養；有人談吐幽默、詼諧風趣，讓人聽了如沐春風；有人博學多聞，聰明睿智，可以引人入勝；有人善解人意，處處為人設想，時時流露親和的態度；有人深具威嚴，能夠讓人心悅誠服的服從領導。太陽散發熱力，花朵吐露芬芳，空氣洋溢清新，做人表現祥和；專注工作，負責勤勞，讓主管欣賞你，讓同事擁戴你；你做義工，廣結善緣，讓朋友喜愛你，讓見者尊敬你，這些不都是有魅力的人嗎？[281]

　　第47.以身作則，採用四則實例來比喻說明：戰場上，指揮的將領能夠「身先士卒」，才能勝利；做老師的講學講道，要能「躬身實踐」，才能為學生所信服；父母長輩教育子弟要「以身作則」，兒女才肯聽話；政治人物與從政人員都要「以身作則」，才能端正善良民間的風氣。[282] 第56.拒絕的藝術，採用十個實例譬喻拒絕與替代。如，不要立刻拒絕、不要輕易拒絕，不要生氣拒絕，不要隨便拒絕，不要無情拒絕，不要傲慢拒絕。如果真是不得不拒絕的時候，也要注意維護對方的尊嚴。例如語言要婉轉、態度要和善，最好臉帶微笑，讓對方了解你的真誠、你的善意。拒絕時，要有替代方案，例如部屬要求安裝冷氣，至少給他一台電風扇；朋友希望你送她一盆玫瑰花，至少可以送她一盆薔薇。[283] 第68.不耐他榮，採用五個實例比喻說明。嫉妒如一把雙刃的刀，傷人傷己。有愛心有肚量，才能歡喜別人的榮耀與成就。就如父母不嫉妒兒女，全心培育成優秀的子女；老師不嫉妒學生，所謂「沒有狀元老師，只有狀元學生。」要養成「見好隨喜」、「見能讚歎」、「見美說好」、「見善宣揚」的美德，方得耐他榮。[284] 第79.儲蓄與防備，採用十三個實例比喻說明。蜜蜂採蜜，為了防備冬天來臨；螞蟻

【281】　星雲(2004)，《迷悟之間‧4.生命的密碼》，頁159-160。
【282】　星雲(2004)，《迷悟之間‧4.生命的密碼》，頁169-170。
【283】　星雲(2004)，《迷悟之間‧4.生命的密碼》，頁201。
【284】　星雲(2004)，《迷悟之間‧4.生命的密碼》，頁240-241。

聚糧，為了儲存來年所需。一隻小松鼠，也懂得要將一顆花生儲藏起來，以防飢餓的到來，這都是有儲蓄的好習慣。白天準備手電筒，以待黑夜降臨；晴天備妥雨傘，以防陰天下雨。養兒防老，積穀防飢。慳吝不捨，這就做了金錢的奴隸。真正的儲蓄與防備，是一種憂患意識，是一種防備心理，是一種預備動作。例如，夜晚關好門戶，以防患小偷；白天備妥茶水，以便客人隨時上門；各種資料蒐集齊全，以備他日應用；車輛隨時保有「備胎」，以應不時之需。所謂「有備無患，無備患無窮」，平時我們還要有防備災難、防備禍患、防患惡事的心態，以免遭遇無妄之災。例如，平時不濫砍伐樹木，反而植樹造木；藉著樹木儲水，以防旱災。平時不濫墾山坡地，進而做好水土保持，以防雨季來臨，大水沖刷，造成土壤流失。[285] 第80.暗夜明燈，採用十八個實例比喻說明。智慧是心靈的燈光、明理是心靈的燈光、慈悲喜捨是心靈的燈光、慚愧知恥是心靈的燈光。暗夜的明燈，不只是指路燈、心燈；一個人、一本書、一所學校、一個道場，都是暗夜明燈。又如，一個人有學問，他就像一盞明燈；一個人有道德，他就是一盞聖賢的明燈；一個人有能力，又肯助人，他就像一盞明燈；一個有慈悲心的人，他就是一盞明燈。高山叢林就像是鳥獸的明燈，可以做為依靠；江河海洋無污染的水域就是魚蝦的明燈，可以獲得安全的庇護。自問：我可以做家庭中的明燈嗎？我可以成為社區裡的明燈嗎？我可以點亮社會上的明燈嗎？我可以是照亮全人類的明燈嗎？[286]

第88.放棄成見，採用四個實例比喻說明。「成見」好像茶杯裡有了毒素、雜質，即使倒入再清淨的水，也不能飲用；「成見」好像田地裡的荊棘、雜草，即使播撒再好的種子，也不容易成長。人，都喜歡帶著有色的眼睛看人、看事，因此看不到真相。例如戴黃色的眼鏡，所看到的世界就是黃色的；戴紅色的眼鏡看人，所睹所見，必然也都是紅色

的。[287] 第89.不貪爲寶，採用四個實例比喻說明。世間上，有人以財爲寶，有人以名爲寶，有人以愛爲寶，有人以命爲寶。有些人，以珍珠瑪瑙、珊瑚琥珀、鑽石美玉等爲寶。其實，因爲有貪，才需要寶。例如，有的人把兒女當寶；有的人把傳家古董當寶；有的人愛書成癖，書就是他的寶；有的人好養寵物，貓狗寵物就是他的寶。更有的人以自己所蒐集之物爲寶：集郵者，視所集之郵票爲寶，收藏書籤、名片、飾物、樂器、火柴盒，甚至收藏石頭者，一塊石頭在他看來都是寶。[288] 第91.終身學習，採用三個實例比喻說明。終身學習，就如日常吃飯、睡覺一樣重要，如此終身學習才能推動得徹底。卽使取到博士學位後，還是要學做人。[289]

　　上述十九篇一三九則譬喻具人間佛教的人間性(4)、生活性(9)、利他性(5)、喜樂性(4)、時代性(5)、與普濟性(3)等六種特性，其中以生活性居多，普濟性居末。(見附表5.1)

二、緣起眞理

　　第二項緣起眞理屬性包括編號2，7，11，14，17，18，32，35，45，46，49，53，55，72，86等十五篇一〇五則譬喻，都在強調緣起眞理的重要。第2.生命的密碼，採用四個實例比喻說明業力。只要是身口意所造作的善惡業等，都會像電腦一樣，在業的倉庫裡有了儲存；「因緣會遇時，業報還自受」，等到善惡業的因緣成熟了，一切還得自作自受。「業力」像一條繩索，它把生生世世的「分段生死」都連繫在一起，既不會散失，也不會缺少一點點。「生命不死」，就是因爲有「業」的關係，像春去秋來，像秋涼轉爲春暖。「現報」就如種子，春耕秋收；「生報」就是今年播種，明年收成；「後報」則是今年播種，多年

【287】　星雲(2004)，《迷悟之間・4.生命的密碼》，頁307-308。
【288】　星雲(2004)，《迷悟之間・4.生命的密碼》，頁309-310。
【289】　星雲(2004)，《迷悟之間・4.生命的密碼》，頁317。

以後才能收成。[290] 第7.人生無量壽，採用二個實例比喻說明。人的生命正如花果萎謝了，只要留下種子，就會有第二期、第三期的生命，乃至無量無限期的生命。如果能把我們的精神、智慧、貢獻，都流入到無限的時空中，我們不就是「無量壽」了嗎？[291] 第11.將心比心，採用四個實例比喻說明。我們怕家禽飢餓，要餵牠飲食；我們怕花草乾枯，要給予澆水；我們對於動植物都能有此體諒的心，為什麼對於同胞、家人、朋友，不能「將心比心」給予體諒呢？「將心比心」就是佛心；體諒的心就是佛心。[292] 第14.學會處眾，採用五個實例比喻說明。以花園裡，五顏六色的花一樣都是花，所以要共同平等的存在。只要我肯跟別人結緣就會被接受，例如我以歡喜跟你結緣、以物品跟你結緣、以好的語言跟你結緣、以助成跟你結緣；我讚美助成你。[293] 第17.輪迴，採用十一個實例比喻說明。佛教講生命，不是從生到死，而是像時鐘，是圓型的；像車輪，是轉動的，故有「三世輪迴」。楊柳枯了會再青；花兒謝了會再開。太陽西下了，明晨會再昇起，冬天到了，春天就不遠。人吃了青菜五穀，排泄成為肥料；肥料再滋潤草木，又供人所需。人餵食豬羊，豬羊又供人食用，彼此輪迴。水被太陽蒸發為蒸氣，遇冷凝結致雨；花果枯萎成為種子，經過播種又再開花結果。一江春水向東流，還是有再回來的時刻。火車的車輪向前輾轉不停；輪船的輪機，不但向前，還可以左右。輪迴可以有好的未來，也有不幸的降臨。例如現在的政黨輪替、家族的興亡，都是說明了現世的輪迴。[294] 第18.最好的投資，採用六個實例比喻說明。個人的力量有限，集眾人之力好成事，正如獨木難撐大廈！今年播種，明年才有收成；做了一件

【290】　星雲(2004)，《迷悟之間‧4.生命的密碼》，頁17-18。

【291】　星雲(2004)，《迷悟之間‧4.生命的密碼》，頁33。

【292】　星雲(2004)，《迷悟之間‧4.生命的密碼》，頁47。

【293】　星雲(2004)，《迷悟之間‧4.生命的密碼》，頁57。

【294】　星雲(2004)，《迷悟之間‧4.生命的密碼》，頁66-67。

好事，要等多年以後才有回報。要在金錢上投資、事業上投資；在人情、信仰上，更要投資。有時投資一句好話、一臉笑容、一個點頭、一聲問好，將來可能會有不可思議的結果。佛教的「廣結善緣」，就是最好的投資。世間上的事業，有的人合夥投資不數月，便拆夥倒閉了；因爲他才播了種，即刻就想要有收成，這是缺乏投資的條件。投資如播種，投資如結緣；不播種、不結緣，那裡能有收穫呢？[295]

　　第32.家和萬事興，採用三個實例比喩說明。家，是人生的安樂窩；家，是人生的避風港。俗語說：家不和被人欺；又說：家和萬事興。所謂家人一條心，即使泥土也能變成金。[296] 第35.愛就是尊重，採用十個實例比喩說明。愛，好比是日光、空氣、水；沒有日光、空氣、水的愛，生命就無法生存了。但是，愛要愛得正當、合理、尊重，例如，有人把愛當作執著、有人把愛當爲占有、有人把愛當成自我、有人把愛變爲恨源。愛得不當，則愛如繩索，會束縛我們，使我們的身心不得自由；愛如枷鎖，會鎖住我們，片刻不得安寧；愛如盲者，使我們陷身黑暗之中而渾然不知；愛如苦海，使我們在苦海中傾覆滅頂。[297] 第45.一時的榮耀，採用四個實例比喩說明。有的人的榮耀天下皆知，有的人的榮耀只有一個人欣賞。例如，在父母的心目之中，我是一個榮耀的兒女；在夫妻相處之中，我是一個榮耀的妻子；在團體之中，我是一個榮耀的會員；在國家之中，我是一個榮耀的公民。[298] 第46.偶像觀念，採用五個實例比喩說明。一塊布做成國旗，我可以爲它犧牲。一塊木材可以拿來燒火，但做成祖先的牌位，我要把它供奉起來。製成了國旗的一塊布，即使破爛不堪，我還是會對它肅然起敬；一塊綾羅綢緞，因爲它不夠做成衣服，我可能捨棄不顧，因爲它對我沒有用。

【295】　星雲(2004)，《迷悟之間‧4.生命的密碼》，頁69-70。
【296】　星雲(2004)，《迷悟之間‧4.生命的密碼》，頁117。
【297】　星雲(2004)，《迷悟之間‧4.生命的密碼》，頁129。
【298】　星雲(2004)，《迷悟之間‧4.生命的密碼》，頁164。

同樣的布料，做成帽子就戴在頭上，做成鞋子則穿在腳下；布的價值都是一樣，但做成帽子或是製成鞋子，在我心中的尊卑價值就不一樣了。[299] 第49.主角與配角，採用五個實例比喻說明。荷花雖好，還需綠葉陪襯。世間的人物，尤其是縱橫政壇的政治人物，或是活躍在舞台上的演藝人員，我們不但要欣賞主角的丰采，更要肯定配角的能耐。一個公司裡，董事長好當，總經理難爲，此即主角易做，配角不易爲也；多少的人民團體，理事長好做，秘書長難爲，此即配角之可貴。[300] 第53.事業要交棒，採用三個實例比喻說明。當一個人在青壯年意氣飛揚、精神奮發的時候，一直在高壓之下，不得發揮，就如奴才一樣馴服、忠誠，又如綿羊一樣柔順、聽話；交棒的問題，等於一場四百公尺的田徑接力賽。[301]

第55.集體創作，採用十一個實例比喻說明。一部汽車，需要引擎、馬達、輪胎、座椅、板金等零件組合，才能出廠上路。一棟大樓，要有工程師、建築師、泥水土木等工程人員共同建造，才能矗立落成。一份報紙，要靠編輯、記者、發行、印刷工人等通力合作，才能出報。一個節目，製作人、導演、編劇、演員等，缺一不可。一個政府，需要內政、外交、財經、教育、國防等各部、各會的多少人才，集體創作，國家才能健全發展。一個人，要靠口鼻呼吸、腸胃消化、心臟製造血液供應全身細胞的代謝之外，手要動，腳要走，眼耳鼻舌身等六根合作，身體才能運作。人也是集體創作的成果，甚至一花一木，要靠風霜雨露的滋長；一磚一瓦，也要地水火風，四大和合，才能成就。一場籃球賽，單打獨鬥會輸，要靠前鋒後衛相互合作，集體創作，才能致勝；羽毛球比賽，即使是兩人單打，也需要教練、裁判，以及許多人供應場地、球具等所需，才能賽成。沙石水泥，經過混合才能堅固；五指合成

【299】　星雲(2004)，《迷悟之間‧4.生命的密碼》，頁167。

【300】　星雲(2004)，《迷悟之間‧4.生命的密碼》，頁178。

【301】　星雲(2004)，《迷悟之間‧4.生命的密碼》，頁191。

拳頭，才有力量。集體創作中，我是衆中的一個，我不是全部；全部叫做因緣，沒有個人。[302]　第72.空的眞理，採用八個實例比喻說明。什麼是「空」？電視機本來什麼都沒有，但是開關一開，一百多個電視台，裡面有話劇，有歌舞，有世界史，有山川河流，萬有俱全。茶杯不空怎麼能裝茶水呢？荷包不空怎麼能裝錢財物品呢？房子不空，怎麼能住人呢？土地不空，怎麼能建設房子呢？鼻孔要「空」，才能呼吸；耳朵要「空」，才能聽聲音；五臟六腑要「空」，才能健康；「不空」就沒有辦法生存了。[303]　第86.無可奈何，採用二十四個實例比喻說明。世間上有很多「無可奈何」的事，例如，養了不肖的子孫、交了不好的朋友、被人冤枉、受了委屈、給長官欺負，甚至父母無理、恩愛別離、所求不遂、被人倒閉等等，都是「啞吧吃黃蓮，有苦說不出」，只有徒歎奈何啊！有人參加考試，屢試不中，就是想要奮發上進，無奈求學無門；有人身體不好，經常生病，即使想要有所作爲，無奈沒有健康。爲人子女，不能養家賺錢；爲人妻女，不能懷孕生子；甚至天然災害，人爲戰爭，都叫人有「無可奈何」之歎！年齡老了，感到生命的短暫，非常無奈；身體病了，連生活都要人幫忙，眞是感到無奈！親戚朋友，一個個離我而去，眞是無奈；煩惱妄想，一直無法獲得心靈的安穩，只有徒歎奈何！談情說愛，最後還是遇人不淑，這不就是無奈嗎？一心想要找一個好的工作，偏偏遇到一個不近人情的主管，也只有慨歎無奈！怕熱的人，經常受到炎熱的煎熬；怕冷的人，必須經常忍受寒冷的侵襲，這不都是無奈嗎？人情裡的無奈、金錢上的無奈、家庭中的無奈、職業上的無奈、很多壓力的無奈，眞是無奈何其多啊！[304]

　　上述十五篇一〇五則譬喻具人間佛教的人間性(3)、生活性(8)、利他性(4)、喜樂性(3)、時代性(2)、與普濟性(5)等六種特性，其中以生

【302】　星雲(2004)，《迷悟之間・4.生命的密碼》，頁198。
【303】　星雲(2004)，《迷悟之間・4.生命的密碼》，頁254。
【304】　星雲(2004)，《迷悟之間・4.生命的密碼》，頁301。

活性居多，時代性居末。(見附表5.1)

三、忍辱負重

　　第三項忍辱負重屬性包括編號20，23，48，57，63，71，78，90，93等九篇四十四則譬喻，都在強調忍辱負重的重要。第20.勝利的條件，採用九個實例比喻說明贏得勝利的方法。如有用金錢買到勝利，有用權勢取得勝利；有用武力刀槍達到勝利，有用美麗言辭獲得勝利；有用欺騙的手段追逐勝利，有用大眾輿論的力量希求勝利；有用慈悲、智慧、道德、人格、感動、忍耐等力量獲致勝利；民主時代，掌握選民的力量，就能獲得勝利；平時讚美別人，讓步謙虛，為人解決問題，為人謀求福利，都能獲得真正的勝利。[305] 第23.五分鐘的熱度，採用六個實例比喻說明。如情緒化的人生，就如現在的速食，經過微波爐的加溫，熱得快也冷得快。如花草樹木，今年種，明年就長大的，必不耐久；必須耐久，才能長成「青松翠柏」。愛國護國，開店經商，立志發心，不能像朝露，所謂「露水道心」，經不起太陽一照，就自己消失了。[306] 第48.功過論，採用六個實例比喻說明。世間一切事物大都功過皆有，例如利刃可以殺人，也可以切菜；槍砲可以毀滅世界，也能維持和平。砒霜毒藥能害人，也能「以毒攻毒」來救人；再好的營養品吃多或吃不對，也會產生副作用，此即所謂「法非善惡，善惡是法」。身居高位者，即使有過，大家不敢舉發，只有在他的暴政迫害下，忍氣吞聲的苟且偷安；雖然功在社稷，由於當政者不喜歡，旁人也不敢推薦。[307] 第57.器官移植，採用三個實例比喻。捐眼角膜，就能把光明帶給別人；捐心臟，就能給人生命的動力；捐骨髓，將生命之流，流入他人的生命中。說明器官移植，不僅帶給別人生機，也是自我生命的

【305】　星雲(2004)，《迷悟之間‧4.生命的密碼》，頁75,77。

【306】　星雲(2004)，《迷悟之間‧4.生命的密碼》，頁85,87。

【307】　星雲(2004)，《迷悟之間‧4.生命的密碼》，頁173。

延續。[308] 第62.苦甘的先後，採用十四個實例比喻說明。凡是「先苦後甘」的人，必定後力無窮，漸入佳境，如同品嚐橄欖，先澀後甘，又如倒吃甘蔗，愈吃愈甜。[309] 第71.學徒性格，採用二個實例比喻說明學徒性格。一間房子要蓋得好，地基要牢固；一個運動員球技要打得好，基本動作要純熟。[310] 第78.氣質芬芳，採用三個實例比喻說明氣質芬芳。具有慈悲、道德、高尚、誠信的氣質，像花草一樣，散發芬芳的氣息，令人著迷；內在美如空谷幽蘭，洋溢陣陣芬芳，使人心情愉悅。時常心存感恩，才能像花朵一樣，散發芬芳的氣質。[311] 第90.征服自己，採用十二個無法征服自己的事例比喻說明。例如，無法征服自己的衰老、疾病、死亡。征服自己比征服別人甚至征服世界更難。征服別人，可以用金錢、用武力、用美色、用人情。真正能征服別人的是慈悲、是道德、是大公、是感動，別人對你心悅誠服了，也就被你征服了。[312] 第93.吃苦當成吃補，將吃苦比喻成吃補。[313]

　　上述九篇四十四則譬喻具人間佛教的人間性(1)、生活性(5)、利他性(3)、喜樂性(1)、時代性(2)、與普濟性(1)等六種特性，其中亦以生活性居多，喜樂性最少。(見附表5.1)

四、動靜自如

　　第四項動靜自如屬性包括編號22，24，39，42，54，66，74，82等八篇五十一則譬喻，都在強調動靜自如的重要。第22.贊成與反對，採用七個實例比喻說明爲反對而反對者，例如，反對興建高速公路，因爲太直、太平、太好行的道路，一直在出車禍。就不建高速公路了嗎？

【308】　星雲(2004)，《迷悟之間‧4.生命的密碼》，頁204。
【309】　星雲(2004)，《迷悟之間‧4.生命的密碼》，頁218，219。
【310】　星雲(2004)，《迷悟之間‧4.生命的密碼》，頁252。
【311】　星雲(2004)，《迷悟之間‧4.生命的密碼》，頁272，274。
【312】　星雲(2004)，《迷悟之間‧4.生命的密碼》，頁314。
【313】　星雲(2004)，《迷悟之間‧4.生命的密碼》，頁323。

反對製造輪船、飛機，因為飛機會失事，輪船會沉沒，就不製造飛機、輪船了嗎？反對建築高樓大廈，因為地震會傷亡，就不建高樓大廈了嗎？假如吃飯浪費米糧，就不吃飯了嗎？睡覺太浪費時間，就不睡覺嗎？生兒育女，兒女會為非作歹、傾家蕩產，就不生育兒女了嗎？[314] 第24.心靈淨化，採用二十個實例比喻說明。「心靈淨化」如同革命一樣，需要有一套理論與革命的主張。心靈的污染，如田園裡長了雜草，要有除草機來整理；荊棘葛藤擋路，要用利剪加以清除；銅鐵生鏽了，要用潤滑劑抹拭；身體污穢了，要用清水洗滌乾淨。改革淨化，用佛法才是究竟之道。例如國際佛光會推動「七誡運動」、「慈悲愛心列車」、「三好運動」，都是為了改善社會風氣，淨化心靈的一帖良藥。佛如良醫，法如良藥，僧如看護；佛教的因果觀念，令人能自制自律，從善如流；佛教的環保觀念、四無量心、六波羅蜜、八正道等教義，都是最佳的道德行為指南。此外，培養結緣的習慣、人我互調的觀念、散播慈悲的種子、遇事感恩的美德，都是淨化心靈的方法。[315]

　　第39.提得起放得下，採用二個實例比喻說明。「提得起、放得下」，就如打井水的水桶，能夠提起來，也能放下去。做人處事應該像皮箱一樣，用的時候要「提起」，不用的時候應該要「放下」。[316] 第42.生氣與爭氣，採用八個實例比喻說明。我們幾乎都是氣桶子，經常要拿人、拿事來出氣。例如見到你對我不友善、不尊重我，我要生氣；見到你好、你榮，我要生氣；見到你不同於我的思想、理念，我也要生氣。你發財了，我生氣；你金榜題名、功成名就，我也要生氣。你對我不好，我生氣；你做得太好了，我也要生氣，甚至因為自己過分敏感，因此容易因為別人的一句話、一個眼色而生氣。[317] 第54.生死一如，採

【314】　星雲(2004)，《迷悟之間・4.生命的密碼》，頁83-84。
【315】　星雲(2004)，《迷悟之間・4.生命的密碼》，頁89-91。
【316】　星雲(2004)，《迷悟之間・4.生命的密碼》，頁141，144。
【317】　星雲(2004)，《迷悟之間・4.生命的密碼》，頁152。

用四個實例比喻說明。人之死亡，如住久了的房子，一旦朽壞，就要拆除重建，才有新屋可住。一部舊的汽車，要淘汰換新。老朽的身體像房屋喬遷，像破落的汽車汰舊更新，人之生命如杯水，茶杯跌壞了不可復原，但生命之水卻一滴也不會少。人之身體，又如木材，縱然木材不同，但是生命之火，仍會一直延續不斷。[318] 第66.忙與閒，採用二個實例比喻說明。忙，是身心最滋養的補品；忙，爲今生和來世播下善美的種子。[319] 第74.昂首與低頭，採用四個譬喻說明人生在世，當昂首時要昂首，當低頭時低頭。如樹木花草都是向上生長，但是成熟的葵花，頭是低垂的；成熟的稻穗，也是低垂著頭。成熟的人生，往往懂得當低頭時低頭，當昂首時昂首。軍隊在操場上訓練，要抬頭挺胸，邁開大步，正步向前。但是到了沙場戰爭，一定要彎腰匍匐前進，才能克敵致勝。[320] 第82.書香台灣，採用四個實例說明如何成爲書香台灣。讀書，應該像國民義務教育一樣，要提升社會的力量，必須養成人人讀書的習慣。如佛光山文教基金會、人間文教基金會、國際佛光會、人間福報社等，聯合設立的「人間佛光讀書會」，以發展遍及世界萬千個讀書會爲目標。[321]

　　上述八篇五十一則譬喻具人間佛教的人間性(2)、生活性(5)、利他性(1)、喜樂性(1)、與時代性(5)等五種特性，其中以生活性與時代性同居首位，未見有濟性。(見附表5.1)

五、禪趣生活

　　第五項禪趣生活屬性包括編號8，12，15，36，41，58，60，64，69，73，77，83，84，85，92，94等十六篇一二八則譬喻，都在強調禪趣生活的重要。第8.讀書的樂趣，採用二個實例比喻說明。不肯讀書，

【318】　星雲(2004)，《迷悟之間・4.生命的密碼》，頁195。
【319】　星雲(2004)，《迷悟之間・4.生命的密碼》，頁234。
【320】　星雲(2004)，《迷悟之間・4.生命的密碼》，頁262。
【321】　星雲(2004)，《迷悟之間・4.生命的密碼》，頁287。

無異放棄了世界上最可貴的財富。如果不能不斷的讀書，吸收新知識，好比存在銀行的存款，只有支出，沒有收入，勢必收支不平衡，將會形成嚴重的虧空狀態，等到資本耗盡，人生也就停擺了。[322] 第12.金錢不是萬能，採用十九個實例比喻金錢不是萬能。如金錢可以買到很多的妻妾奴隸，買不到身體不死。金錢可以買到化妝用品，買不到高貴氣質；金錢可以買到美麗衣衫，買不到身形莊嚴；金錢可以買到珍饈美味，買不到食欲健康；金錢可以買到寬廣大床，買不到甜美睡眠；金錢可以買到高樓大廈，買不到崇高道德；金錢可以買到書報雜誌，買不到聰明知識；金錢可以買到器皿傢俱，買不到歡喜滿足；金錢可以買到酒肉朋友，買不到患難知交；金錢可以買到多數選票，買不到真正人心；金錢可以買到公司銀行，買不到般若智慧；金錢可以買到人呼萬歲，買不到合掌尊敬；金錢可以買到高官厚爵，買不到成聖成賢。金錢之外，慈悲、般若、慚愧、感恩、信仰、道德都是我們的財富。[323] 第15.以疾病為良藥，採用八個實例比喻說明。疾病的本身就是人生的一帖良藥。有了疾病，何妨「與病為友」！最好的醫師是自己；自己要做自己的醫師，自己身體上的疾病，應該自己首先知道。此外，物理可以治療疾病；時間可以治療疾病；飲食可以治療疾病；運動可以治療疾病；修行也能治療疾病。病，一般人把它比做「魔」；自己要有信心不懼怕病魔。[324] 第36.宗教生活，採用五個實例比喻說明。宗教生活是有思想與意境，例如慈悲威儀、禪悅為食、道德為家、正道為行。宗教生活不是牆壁上的一幅畫，是心靈上的美感；不是舞蹈的韻律，是懷抱一切眾生。[325] 第41.善用零碎時間，採用二個實例比喻說明。人生數十年寒暑，如銀行裡的存款，是有限、有量、有盡，因此要

【322】　星雲(2004)，《迷悟之間・4.生命的密碼》，頁36。
【323】　星雲(2004)，《迷悟之間・4.生命的密碼》，頁48-50。
【324】　星雲(2004)，《迷悟之間・4.生命的密碼》，頁60-61。
【325】　星雲(2004)，《迷悟之間・4.生命的密碼》，頁132。

好好的利用。能夠利用零碎時間，不但是增加工作的效率，而且也是在延長壽命。[326]

　　第58.拙處力行，採用十九個實例比喻說明。「巧」來自於「拙」；「巧」要能巧得「妙」、巧得「奇」。例如：把「笨手」變成「巧手」，把「愚言」變成「巧言」，把「邪思」變成「巧思」，把「惡計」變成「巧計」；甚至「巧學」、「巧心」、「巧行」，乃至做一個「巧婦」、「巧匠」、「巧人」等。如果基礎不紮實，或是懈怠疏懶，則如氣功師練功，一日不練，十日無功；十日不練，百日無功；時斷時續，斷送氣功。如鋼琴家，一天不練，自己知道；兩天不練，同行知道；三天不練，外行知道。如作家，要勤於寫作才能進步。現代人不注意「拙處力行」，例如軍隊未能刻苦訓練，怎能沙場取勝？學子不用心苦讀，怎能金榜題名？科學家不經百千次的實驗，無有發明；工程師繪圖，要不厭其煩的修改，才有傲人之作傳世。農夫種植，要一鏟一鋤的耕耘；機紡巧織，也要一經一緯的紡紗。[327] 第60.一水四見，採用三個實例比喻說明眾生各自的業感不同，故在果報上便有這許多的差異。就如每個人對酸甜苦辣各有愛好，又如臭豆腐、榴槤，好之者視為人間美味；惡之者食之難以下嚥。羊肉腥羶，愛之者美味佳餚；不習慣者，掩鼻作嘔。人的大便，自解者認為臭不可聞，而狗類則視同珍饈美食。現在的父母常常以自己的喜好來要求子女，這就如同對一個不能吃辣的人，硬叫他吃辣；不喜歡吃甜的人，硬叫他吃甜點。又如一個喜愛居住都市的人，硬叫他與自然為伍；喜歡居住山林水邊的人，硬叫他在都市裡生活。又例如一個女性，有的講究穿著，不重視飲食；有的偏好美食，不重居住環境；有的人在意家居品質，但不看重衣食的華美！[328] 第64.清貧思想，採用一個實例比喻說明「清貧思想」是一種觀念的播種，是喚起

【326】　　星雲(2004)，《迷悟之間‧4.生命的密碼》，頁151。

【327】　　星雲(2004)，《迷悟之間‧4.生命的密碼》，頁205-207。

【328】　　星雲(2004)，《迷悟之間‧4.生命的密碼》，頁214。

全人類的覺醒，也可以說是扭轉社會亂源的一帖良藥。[329] 第69.耕耘心田，採用九個實例比喻說明耕耘心田的方法，可以用思惟、觀照、反省、靜心、念佛，也可以透過禪定、參究、懺悔、發願等。[330] 第73.行走山河，採用四個實例比喻說明自然界的天是父親，地是母親，群山峰巒是父母的骨架，江海河流是父母的血液，想要認識我們的父母，就要從行走山河開始；在山河裡成長，在山河裡擁有世界。[331]

　　第77.人比人，採用七個實例比喻說明。騎腳踏車者，見騎摩托車者，就生氣、自卑，也去買了一部馬力更大的摩托車。見別人又買了小汽車，他不服氣，再買一部進口汽車。不久，別人又買了勞斯萊斯，這時他才慨歎：比來比去，只是增加無限的欲望，對自己毫無益處。居住草屋，見別人建瓦房，也建瓦房；別人建了高樓，自己也建高樓。房子建多了，住不了，每天還要忙著打掃、清理，因此做了房子的奴隸。文學家見了哲學家，自覺相形見絀。哲學家見科學家，自嘆不如。科學家卻羨慕著鄉村農夫悠閒自在的生活。鑽石，不要跟石頭比大；花草不要與松樹比高；溪流不要跟海洋爭大；平民不要跟政治人物比權力。[332] 第83.要吃早飯，採用五個實例比喻說明。一般不吃早飯的人，所從事的工作性質大都比較特殊。例如忙於採訪夜間新聞的記者等，他們早上起不來，所以才把早飯、中飯一起吃。樹上的飛鳥，只要天一亮，除了啼叫以外，就是要吃東西；河裡的魚兒，除了在水裡悠游、跳躍，就是要吃東西。即使樹木花草，也盼望每天早晨除了朝露以外，都能喝到充足的水分；甚至家中養的貓狗，也希望能吃得愈早愈好。[333] 第84.無車日，採用五個實例比喻說明。沒有汽車在街道上奔馳，就好

【329】　星雲(2004)，《迷悟之間・4.生命的密碼》，頁227。
【330】　星雲(2004)，《迷悟之間・4.生命的密碼》，頁243。
【331】　星雲(2004)，《迷悟之間・4.生命的密碼》，頁257。
【332】　星雲(2004)，《迷悟之間・4.生命的密碼》，頁270。
【333】　星雲(2004)，《迷悟之間・4.生命的密碼》，頁289。

像山林裡沒有老虎為患一樣，沒有「市虎」的日子，人民生活安全而自在。現在世界各國，車輛增加太快，但是道德的增長不及，所以車輛所造成的禍害也就跟著層出不窮。例如，超速、超載、闖紅燈、亂停車等，因為大家不守交通規則，所以每日的車禍不知造成多少人命的傷亡？[334]

　　第85.生活中的修行，採用十四個實例比喻說明。衣服破了，傢俱壞了，頭髮亂了，指甲長了，都要修補修剪。乃至鍋碗壞了，鞋襪壞了，也要修補；人的行為有了偏差過失，更需要修行。食衣住行、行住坐臥之間，乃至做人處事、交友往來、舉心動念、晨昏時空，都可以修行。例如：穿著衣服，莊嚴整齊，清潔淡雅，就是穿衣的修行。飲食三餐，粗茶淡飯，別有滋味，就是飲食的修行。居住簡陋小屋，也如天堂，就是居住的修行。出門無車無船，也能安步當車，就是行走的修行。其他諸如經商的人，將本求利，貨真價實，老少無欺；當官的人，為民服務，守信守法，就是生活中的修行。做人如果尖酸苛薄、無信義道德、慳貪吝嗇、陰謀算計，正如碗盤未洗，骯髒垢穢。[335]　第92.生活的品味，採用十六個實例比喻說明生活的品味。如吃喝玩樂的生活品味；追求富貴榮華的品味；周旋人我是非之中的人生品味；遊手好閒、遊戲人間的生活品味，都是不可取的。人的生活，應該要有藝術生活的品味，服務人群的品味，休閒運動的生活品味。又有以遊山玩水、蒔花植草為人生的品味；以讀書寫作、作育英才為生活品味。靜坐寧靜為生活的品味；與友下棋、打橋牌，或品茶談天；或是參觀美術館、博物館，參加讀書會、共修會，吟一首詩、唱一首歌，念個祈願文、聆聽古寺鐘聲，甚至朝山、義工，加入環保掃街、醫院助人的愛心行列，都可以提升生活的品味。乃至偶爾與三五好友到郊外遊山玩水，也會提升生活的品味。把自我融入工作或大自然之中，如花朵般給人歡喜，如山

【334】　星雲(2004)，《迷悟之間‧4.生命的密碼》，頁292，295。
【335】　星雲(2004)，《迷悟之間‧4.生命的密碼》，頁296-299。

水般與人遊玩，如橋樑般供人溝通，如樹蔭般讓人乘涼，如甘泉般解人飢渴；能夠自我創造生命的價值，這才是吾人所應該追求的生活品味。[336] 第94.山水生活，採用九個實例比喻說明。修養應該要有如山的穩重、如山的包容、如山的崇高、如山的堅忍；美德更要有如水的流通、如水的清澄、如水的深邃，如水的廣闊。山的美妙，在四時不同，所謂春山淡雅、夏山蒼翠、秋山明淨、冬山如睡；四時之山，如同人之一生，有濃淡、有動靜、有榮枯。水的流動，也富含人生哲理。水有漣漪、有波濤、有奔放；正如人生的際遇，有高低、有得失、有起伏。[337]

　　上述十六篇一二八則譬喻具人間佛教的生活性(12)、利他性(1)、喜樂性(3)、時代性(3)、與普濟性(2)等五種特性，其中以生活性遙遙領先，未見有人間性。(見附表5.1)

六、俗世謀略

　　第六項俗世謀略屬性包括編號5，10，16，27，28，29，40，43，63，67，76等十一篇六十則譬喻，都在說明俗世謀略的重要性。第5.過現未來，採用二個實例比喻說明。希望在未來的田園裡，能廣播五彩繽紛的花果種子，生活不虞匱乏；在未來的田地上，廣植福田的禾苗，能夠五穀豐收，生活不致短缺。[338] 第10.人生的高速路，採用九個實例比喻說明。人生，就像一條高速公路，高速公路上，保持距離尤其重要，當快則快，當慢則慢，就好像人生，何事優先？何事緩慢？都應該有個標準。在世間的人生高速公路上，當知：道德、法律、義理、良知都是人生的高速公路；謙虛禮讓是路邊的風光，因果報應是前進的規則，穩住方向盤是駕駛的要領，安全回家是唯一的目標。[339] 第16.人要有理想，採用四個實例比喻說明。貓狗動物，也希望有美好的

【336】　星雲(2004)，《迷悟之間‧4.生命的密碼》，頁321。

【337】　星雲(2004)，《迷悟之間‧4.生命的密碼》，頁326-327。

【338】　星雲(2004)，《迷悟之間‧4.生命的密碼》，頁26。

【339】　星雲(2004)，《迷悟之間‧4.生命的密碼》，頁43。

三餐；花草植物，也希望有朝露的滋潤；萬物之靈的人類，怎麼能沒有崇高的理想呢？人生有了理想，才有奮鬥的力量；沒有理想的人生，好比乾涸的泉水，就不會長養生機；沒有理想的人生，好比荒涼的沙漠，就無法孕育生命。[340] 第27.情緒化，採用四個實例比喻說明情緒化。當無明業風一起，大海會波濤洶湧，人間會黯淡無光，人性會雲遮日蔽，眞理會歪曲不正，情緒之爲害。[341] 第28.動靜時間，採用一個實例比喻說明。如果不當動的時候妄動，則如戰場上的戰事，後果不堪設想；不當靜的時候，如果一定要安靜，這是表示自己處理生活的無能。[342] 第29.人中之鬼，採用七個實例比喻說明。我們的心中有疑心鬼、瞋恨鬼、嫉妒鬼、多惱鬼小鬼，還有煩惱魔王，無明魔王，專門與慈悲道德的世界作戰。所謂「降伏其心」，就是「降伏魔鬼」，方能堂堂正正的做人。[343] 第40.橫豎人生，採用十一個實例比喻說明。我們可以用法身的意義，來活用我們的人生。例如，我們可以擴大人生，只要四通八達，就能有橫遍十方的人生；只要我們上下交流，就能有豎窮三際的人生。所謂「豎窮三際」，對於古往今來的聖賢、君子、長者、好人好事，我都能與他們神交往來。例如現在的網路、E-mail，我獨自一人，居於斗室，我就可以和普天下的人士來往；現在我們不就是已經「豎窮三際，橫遍十方」了嗎？「豎窮三際，橫遍十方」，也可以應用在做人處事上，例如，說一句話、做一件事，如果是應該知道的所有關係人等，我都應該一一周知大家；如果你做任何事情，應該要承上啓下的，你就要去「豎窮三際」。美國西部城市洛杉磯，高速公路像蜘蛛網，東西南北，縱橫數十條。儘管錯綜複雜，它是有規則的；因爲有規則，就好像「橫豎人生」，就比較周全。過去的情報人員，有的有「橫」的來往，

【340】　星雲(2004)，《迷悟之間‧4.生命的密碼》，頁63。

【341】　星雲(2004)，《迷悟之間‧4.生命的密碼》，頁102。

【342】　星雲(2004)，《迷悟之間‧4.生命的密碼》，頁104。

【343】　星雲(2004)，《迷悟之間‧4.生命的密碼》，頁108。

但是比較高級的，為了安全，只有「豎」的連繫。所以，當「橫」的時候要「橫遍十方」；當「豎」的時候要「豎窮三際」。織布，絲線有橫有豎，才能織成布匹；建房子的鋼筋，有橫有豎，才能牢固。[344]

　　第43.思想一二三，採用四個實例比喻說明。社會上，無論從事政治擘畫，或是工商經營，或是科技研究，或是興學育才的人，他的思想都不會只有「一」，而沒有其他，所以思想便有一、二、三等的內涵和層次。[345] 第63.蜈蚣論，採用二個實例比喻說明。有一個藝術家，雕塑一件藝術品，一月而成；另有一人，三年未成。老闆質問他，怎麼一件東西需要雕那麼久？他反而責問老闆：藝術品有時間嗎？工作不講效率，拖延再拖延，等於國防，飛機炮彈都已經打到頭頂了，我們還在研究作戰計劃呢？[346] 第67.一步一腳印，採用九個實例比喻說明。走路的時候，一定要先放棄後面的一步，才能向前一步。你走出的是泥濘裡的腳印呢？還是沙土裡的腳印呢？是荊棘裡的腳印呢？還是凹凸不平的腳印呢？還是康莊大道上的腳印呢？你檢查過自己的腳印嗎？你有慈悲的腳印嗎？你有智慧的腳印嗎？你有慚愧的腳印嗎？你有感恩的腳印嗎？你有聖賢志士的腳印嗎？你有光明磊落的腳印嗎？[347] 第76.福報漏了，採用七個實例比喻說明。我們賺得的錢財，放在有缺口口袋裡，錢財漏了；我們積聚的東西，把它放在有洞箱子或籃子裡，我們的東西漏了。修福積德，犧牲奉獻，如果不懂得「攝心守意」，讓身口意有了缺漏，善行義舉也會隨著缺口漏了。心不甘、情不願布施行善，傷害受者的尊嚴，甚至懷恨在心，如此縱有善行，布施的功德也會漏了。第二、要慎行：既已做了好事，就應該好好的把握，正如自己的物品，要懂得保養。第三、要慎思：否則助人後，心中又生懊惱有漏，如此即

【344】　星雲(2004)，《迷悟之間·4.生命的密碼》，頁145-148。

【345】　星雲(2004)，《迷悟之間·4.生命的密碼》，頁155。

【346】　星雲(2004)，《迷悟之間·4.生命的密碼》，頁224-225。

【347】　星雲(2004)，《迷悟之間·4.生命的密碼》，頁237-238。

使行三好，就如同鍋子、碗盤、房子、口袋漏了，你怎麼能積聚福報功德呢？世間的功德好事都被我們自己的身、口、意漏了，正如茶杯有了破洞，水就會漏失掉。[348]

上述十一篇六十則譬喻具人間佛教的人間性(1)、生活性(7)、利他性(1)、喜樂性(2)、與時代性(3)等五種特性，其中亦以生活性居多，未見有普濟性。(見附表5.1)

《迷悟之間·4生命的密碼》星雲自創譬喻共有七十八篇五二七則，其中以第86.無可奈何短文出現多達二十四個譬喻居首。其次第24.心靈淨化出現二十則自創譬喻，第12.金錢不是萬能出現十九則自創譬喻，第80.暗夜明燈有十八則自創譬喻，第92.生活的品味有十六則自創譬喻，第85.生活中的修行有十四則自創譬喻，第79.儲備與防備有十三則自創譬喻，第90.征服自己有十二則自創譬喻，第17.輪迴有十一則自創譬喻，第26.護短利弊則有十則自創譬喻。其餘則少於十則至一則不等。

上述七十八篇短文計五二七則星雲自創譬喻，依程度相應度依序具有人間佛教人間性(11)、生活性(46)、利他性(15)、喜樂性(14)、時代性(20)、與普濟性(11)等六種特性，以生活性遙遙領先其次五種特性許多，其他爲時代性，人間性與普濟性雙雙殿後。

星雲七十八篇自創譬喻，占整部書九十四篇中有採用譬喻的九十三篇的八成(83.87%)。五二七則自創譬喻則占整部書九七三則譬喻超過五成(54.16%)。可見含蓋大自然的山河大地、花草樹木、政商交通、爲人行事、居家還境、日常作務、生活用品、六道衆生等多元的自創譬喻，展現了星雲豐富的見聞覺知與深刻的生活體驗，更型塑出其成功說法的獨特模式。特彙整如下表5.5，以利下列的結論。

【348】　星雲(2004)，《迷悟之間·4.生命的密碼》，頁268。

小結

由表5.5星雲《迷悟之間・4.生命的密碼》三類譬喻數量統計,可見星雲在《迷悟之間・4.生命的密碼》的九十四篇短文中,有九十三篇運用譬喻來說法,占98.93%,近十成。其中引用佛教經論典故的譬喻有四十七篇計一二〇則譬喻,引用一般世俗的譬喻有六十九篇三二六則譬喻,自創譬喻有七十八篇計五二七則譬喻。七十八篇星雲自創譬喻,占整部書九十三篇有採用譬喻的83.87%,超過八成,五二七則自創譬喻則幾乎占整部書九七三則譬喻的五成五(54.16%)。

表5.5.《迷悟之間・4.生命的密碼》三類譬喻數與人間佛教六大特性對照統計表

#	譬喻種類	篇數 93/94	譬喻則數	人間佛教六大特性 a	b	c	d	e	f	小計
1	佛教經論	47	120	8	27	11	6	11	11	74
2	一般世俗	69	326	11	35	16	13	18	12	105
3	星雲自創	78	527	11	46	15	14	20	11	117
合計			194	973	30	108	42	33	49	34	296

a表人間性、b表生活性、c表利他性、d表喜樂性、e表時代性、f表普濟性

上述三類譬喻共運用了九七三則譬喻來宣說人間佛教的義理,一二〇則佛教經論典故的譬喻呼應人間佛教六大特性比例為8:27:11:6:11:11;三二六則一般世俗的譬喻呼應人間佛教六大特性比例為11:35:16:13:18:12;星雲五二七則自創譬喻呼應人間佛教六大特性比例為11:46:15:14:20:11,依這三組對應值來看,一般性譬喻與星雲自創譬喻呼應人間佛教六大特性的強度相同。

綜合三類譬喻與人間佛教六大特性，即人間性、生活性、利他性、喜樂性、時代性、普濟性的總比例為30：108：42：33：49：23，以生活性108遙遙領先，超出居次時代性49的兩倍以上，普濟性23殿後。兼具有五種特性者，有第1篇；兼具有四種特性者，有第3,6兩篇；兼具有三種特性者，有第17,18,20三篇；其次具兩種特性者有第2,5,8,9,10,12,13,14,22,23,24,25,29,32,82,84等十六篇(見附表5.1)，其餘僅具備一特性者多達三十四篇。足見書中星雲採用或創作的譬喻都或多或少富有人間佛教的特性，有助其宣揚人間佛教的思想與理念。

第四節、結語

譬喻是釋迦牟尼佛十二種或九種說法方式之一，屬善巧方便的說法方式。星雲在本世紀初所著的十二冊《迷悟之間》亦運用此方式來說法。本章就本套書的第四冊《4.生命的密碼》所採用到的譬喻內容，九十四篇短文中，有九十三篇運用譬喻來說法，占98.93%，近九成。九七三則譬喻先分為佛教經論典故譬喻、一般世俗譬喻與星雲自創譬喻三類，再逐類依屬性細分後製表，進一步做分析闡釋與比對，最後與星雲人間佛教的人間性、生活性、利他性、喜樂性、時代性與普濟性六大特性做比對。結論如下：

一二〇則佛教經論類譬喻分布在四十七篇短文中，是本書所採用的三類譬喻中最少數的一類，其中第6.承受教誨採用了高達二十則譬喻，其次為第85.生活中的修行，採用了六則譬喻。這一二一則譬喻可概分為能識大體、緣起真理、忍辱負重、動靜自如與禪趣生活等五種屬性。其中以第二項緣起真理屬性十四篇四十九則譬喻最多，其次為第五項禪趣生活屬性十篇二十八則譬喻，接著為第一項能識大體屬性九篇十五則譬喻，第三項忍辱負重屬性七篇十九則譬喻，以第四項動靜自如屬性七篇十則譬喻最少。這些譬喻出自《中阿含經》、《增壹

阿含經》等十七部佛經，與《攝大乘論釋》、《大乘起信論》、《大乘止觀》等二十三部論疏語錄，其中《金剛般若波羅蜜經》與《六祖大師法寶壇經》各出現在四篇短文。可見星雲擅用佛教經論典故譬喻爲其說法著書的材料。這些來自佛教經論的一三一則譬喻呼應人間佛教六大特性比例爲8：27：11：6：11：11，仍以生活性譬喻居冠。

三二六則一般世俗類譬喻分布在六十九篇短文中，其中第6.承受教誨採用了高達二十三則譬喻；其次爲第13.歷史的鏡子，採用了二十則譬喻；再其次爲第10.人生的高速路與第73.行走山河等兩篇，各採用了十七則譬喻；接著爲第45.一時的榮耀、第36.宗教生活第與第29.人中之鬼，分別採用了十六則、十五則與十一則譬喻，其他六十二篇亦採用了高達九則、八則、七則、六則至一則不等的譬喻，可見一般世俗譬喻被廣泛地引用在《迷悟之間·4.生命的密碼》書中。這三二六則譬喻可槪分爲能識大體、緣起眞理、忍辱負重、動靜自如、禪趣生活與俗世謀略等六種屬性。第一項能識大體屬性十九篇一三九則譬喻居多；第四項動靜自如屬性八篇五十一則譬喻殿後。這些譬喻出處多元，從《春秋左傳》、《論語》、《孟子》、《荀子》、《史記》、《戰國策》、《後漢書》、《黃帝內經》、《唐書》、《宋書》、《宋史》、《水滸傳》、《三國志》、《三國演義》、《資治通鑑》、《儒林外史》，到清康熙《四庫全書》與清雍正、乾隆，《四書五經》，《紅樓夢》，甚至康熙給雍正的座右銘。以《史記》被引用九則居高，其次爲《孟子》五則，《戰國策》與《漢書》各爲四則，《宋史》兩則，其餘皆爲一則。其餘四十五篇引用的譬喻則各出自不同典故。來自一般世俗的這三二六則譬喻呼應人間佛教六大特性比例爲11：35：16：13：18：12，仍是以生活性譬喻居冠。

五二七則星雲自創譬喻分布在七十八篇短文中，其中第86.無可奈何短文出現多達二十四則譬喻。其次第24.心靈淨化出現二十則自創譬喻，第12.金錢不是萬能出現十九則自創譬喻，第80.暗夜明燈有

十八則自創譬喻，第92.生活的品味有十六則自創譬喻，第85.生活中的修行有十四則自創譬喻，第79.儲備與防備有十三則自創譬喻，第90.征服自己有十二則自創譬喻，第17.輪迴有十一則自創譬喻，第26.護短利弊則有十則自創譬喻。其餘則少於十則至一則不等。可見星雲在此書中自創的譬喻，占三類譬喻則數最高比例54.16%，幾乎占了五成五。這五二七則譬喻可概分爲能識大體、緣起眞理、忍辱負重、動靜自如、禪趣生活與俗世謀略等六種屬性。第一項能識大體屬性十九篇一三九則譬喻居多；第五項禪趣生活屬性十五篇一二八則譬喻居次；其次爲第二項緣起眞理屬性十五篇一〇五則譬喻；再其次爲第六項俗世謀略屬性十一篇六十則譬喻，第三項忍辱負重屬性九篇四十四則譬喻；第四項動靜自如屬性八篇五十一則譬喻殿後。這些自創譬喻含蓋大自然的山河大地、花草樹木、政商交通、爲人行事、居家還境、日常作務、生活用品、六道衆生等多元的自創譬喻，展現了星雲豐富的見聞覺知與深刻的生活體驗，更型塑出其成功說法的獨特模式。星雲自創譬喻呼應人間佛教六大特性比例爲11：46：15：14：20：11，亦以生活性譬喻居冠。

綜合三類譬喻呼應人間佛教六大特性，卽人間性、生活性、利他性、喜樂性、時代性、普濟性的比例爲30：108：42：33：49：23，以生活性高居108，超出居次時代性49的兩倍以上，普濟性23殿後。足見本書中星雲採用譬喻著述的模式，是兼具佛教經論譬喻、一般譬喻與自創譬喻，其中以富有人間佛教特性的自創譬喻爲主，其次爲一般譬喻，佛教經論譬喻。有助其宣揚人間佛教的思想與理念。

星雲《迷悟之間4.生命的密碼》每一篇文章雖然篇幅不長，卻富含深義與禪味，並與日常生活息息相關。也都多少具有星雲人間佛教的人間性、生活性、利他性、喜樂性、時代性與普濟性。尤其書中高比例的自創譬喻，不但從中可見星雲豐富的人生閱歷與深度的佛法體悟，更顯示其高超的智慧以及運用譬喻詮釋人生哲理的技巧，使人讀

來輕鬆不會感到沉重，卻能激發讀者透過簡單的譬喻做深思，並自我檢視周遭的種種問題，進一步在日常生活中體現禪意、轉迷成悟。可以說譬喻運用與高比例的自創譬喻，是促成星雲講說佈教及著作論述受歡迎的重要原因。

附錄

表5.1.星雲《迷悟之間・4.生命密碼》譬喻分佈總表

篇號/篇名	分類 A	B	C	譬喻數	人間佛教六大特性 a	b	c	d	e	f	小計
1.疏解鬱卒	4	6	8	18	v	v	v		v	v	5
2.生命的密碼	1		4	5	v	v					2
3.戰爭與和平		3		3	v		v	v		v	4
4.認識自己	1			1						v	1
5.過現未來			2	2		v		v			2
6.承受教誨	20	23		43		v	v	v	v		4
7.人生無量壽	1		2	3		v					1
8.讀書的樂趣		8	2	10		v			v		2
9.選對象的缺點		2	4	4		v			v		2
10.人生的高速路		17	9	26		v			v		2
11.將心比心		3	4	7			v				1
12.金錢不是萬能			19	19		v			v		2
13.歷史的鏡子		20		20			v		v		2
14.學會處眾			5	5		v	v				2
15.以疾病為良藥			8	8			v				1
16.人要有理想		1	4	5				v			1
17.輪迴	2		11	13	v				v		3
18.最好的投資	1	1	6	8		v	v	v			3
19.智慧的重要	1		2	3		v					1
20.勝利的條件	4	5	9	18		v			v		3
21.凡事看兩面			7	7	v				v		2
22.贊成與反對			7	7					v		2
23.五分鐘的熱度	1	4	6	11		v			v		2
24.心靈淨化	1		20	21		v			v		2
25.嫉妒心理	1		9	10		v			v		2
26.護短利弊		1	10	11		v					1
27.情緒化		1	4	5		v					1
28.動靜時間	1	4	1	5		v					1
29.人中之鬼		11	7	18	v	v					2

篇號/篇名	分類			譬喻數	人間佛教六大特性						小計
	A	B	C		a	b	c	d	e	f	
30.人要識大體	1	4	2	7						V	1
31.歡喜與不歡喜		3		3			V				1
32.家和萬事興		2	3	5		V	V				2
33.你我之間			1	1			V				1
34.心胸要寬大	2	7		9			V			V	2
35.愛就是尊重	3	6	10	19	V		V				2
36.宗教生活		15	5	20		V		V			2
37.公平與不公平		4	1	5		V			V		2
38.立定點		1	15	16	V						2
39.提得起放得下	1	9	2	12	V				V		2
40.橫豎人生			11	11	V						1
41.善用零碎時間	4	1	2	7	V						1
42.生氣與爭氣		2	8	10	V	V					2
43.思想一二三		1	4	5					V		1
44.散發魅力		9	16	25			V	V			2
45.一時的榮耀	3	16	4	23			V			V	2
46.偶像觀念	4		5	9						V	1
47.以身作則	3	3	4	10		V	V				2
48.功過論		3	6	9	V				V		2
49.主角與配角		5	5	10	V						1
50.蒲團上的體驗	5	1		6						V	1
51.自殺的結果		4		4	V						1
52.粥中有道	1	4		5	V		V				2
53.事業要交棒	1	3	3	7						V	1
54.生死一如	2	1	4	7	V				V		2
55.集體創作		1	11	12					V	V	2
56.拒絕的藝術			10	10				V			1
57.器官移植	3		3	6			V				1
58.拙處力行		5	19	24	V						1
59.心中的本尊		1		1					V		1
60.一水四見	1		3	4			V				1

篇號/篇名	分類			譬喻數	人間佛教六大特性						小計
	A	B	C		a	b	c	d	e	f	
61.君子與小人		7		7		V					1
62.苦甘的先後	1	4	2	7		V					1
63.蜈蚣論		6	2	8					V		1
64.清貧思想	2	1	1	4		V					1
65.魔鬼與天使	2	2		4		V					1
66.忙與閒	1	4	2	7		V					1
67.一步一腳印		1	9	10			V				1
68.不耐他榮	1	2	5	8	V				V		1
69.耕耘心田	2	2	9	13		V		V			2
70.家有聚寶盆		1		1		V					1
71.學徒性格		5	2	7		V					1
72.空的真理	4		8	12						V	1
73.行走山河		17	4	21						V	1
74.昂首與低頭	1	6	4	11		V					1
75.心中有人	1	1		2		V					1
76.福報漏了			7	7		V					1
77.人比人		4	7	11		V					1
78.氣質芬芳	4	4	3	11			V				1
79.儲蓄與防備		1	13	14					V		1
80.暗夜明燈			18	18			V				1
82.書香台灣	1	4	4	9				V	V		2
83.要吃早飯	2	3	5	10		V					1
84.無車日		3	5	8					V	V	2
85.生活中的修行	6		14	20		V					1
86.無可奈何	3	1	24	28		V					1
87.發掘內心之寶	5	2		7						V	1
88.放棄成見		1	4	5				V			1
89.不貪為寶		3	9	12				V			1
90.征服自己	3	5	12	20						V	1
91.終身學習	1	5	3	9		V					1
92.生活的品味	1	3	16	20		V					1
93.吃苦當成吃補	2	7	1	10		V					1

篇號/篇名	分類			譬喻數	人間佛教六大特性						小計
	A	B	C		a	b	c	d	e	f	
94.山水生活	4		9	13		v					1
94/93	120	327	526	971	14	51	20	16	24	16	141

註：表內A表經論譬喻；B表一般譬喻；C表自創譬喻
a表人間性、b表生活性、c表利他性、d表喜樂性、e表時代性、f表普濟性

表5.2.《迷悟之間‧4.生命的密碼》佛典譬喻內容表

屬性	篇號篇名	譬喻數	內容與出處
一、能識大體9	1.疏解鬱卒	4	周利槃陀伽p.14掃地開悟；羅睺羅說謊，受教於佛陀……；道生大師到南方說法頑石點頭；達摩祖師……面壁，讓禪門一花五葉。鬱卒可以給人發憤圖強，藉機向上。pp.14-15 東晉‧瞿曇僧伽提婆譯《增一阿含經》T2n125p601c27 東晉‧瞿曇僧伽提婆譯《中阿含經》卷3,T1n26p436ab 晉‧不詳《蓮社高賢傳》中華書局,1991。 唐‧淨覺《楞伽師資記‧達摩傳》T85n2837
	19智慧的重要	1	一首四句偈價值十兩黃金。《金剛經》說，三千大千世界的七寶，其價值都比不過一句智慧的偈語。p73姚秦‧鳩摩羅什譯《金剛經》T8n235p752b23
	25嫉妒心理	1	弘一大師說「鹹有鹹的味道」，毛巾壞了捨不得丟棄。p95
	30人要識大體	1	民初，霜庭法師法兄宗仰上人不搶作金山寺的住持。p112 http://www.kks.asia/content/%E5%AE%97%E4%BB%B0%E6%B3%95%E5%B8%AB 金剛山國際禪林網址
	34心胸要寬大	2	佛陀的偉大「心包太虛，量周沙界」p123社團領袖如轉輪聖王的寬宏大肚。p125 北涼‧曇無讖譯《大方等大集經》T13n397p108a
	47以身作則	3	佛陀「以身作則」，親自為疾病的弟子倒茶端藥，為年老的弟子穿針引線，到了八十高齡，仍然在外托缽乞食。p171 後秦‧佛陀耶舍共竺佛念譯《長阿含經》T1n1p101b24
	68不耐他榮	1	雙腿有關節炎毛病的老和尚，不堪兩個徒弟計較性按摩。p239
	75心中有人	1	《金剛經》「無人相、無我相、無眾生相、無壽者相」，是覺悟者體悟法界平等的最高境界。世間法中，可以「無我相」，但不能「目中無人」，更不能「心中無人」。p265姚秦‧鳩摩羅什譯《金剛般若波羅蜜經》1卷,T08n235p748c18
	91終身學習	1	佛教的磐達特與鳩摩羅什，大乘小乘互為師。p317 姚秦‧鳩摩羅什譯《法華經三大部補注》卷4,X28n586p187c4

屬性	篇號篇名	譬喻數	內容與出處
二、緣起真理13	2.生命的密碼	1	「假使百千劫，所作業不亡」，p.17 唐·實叉難陀譯《大方廣佛華嚴經》T10n279p846a
	4.認識自己	1	「認識自己的本來面目」，真能確實認識自己的本來面目嗎？p24 元·宗寶編《六祖大師法寶壇經》T48n2008p348b15
	6.承受教誨	20	叢林寺院裡，大家「口和無諍」的和平相處。例如：上下、法號、大名、令師、貴常住、禮座、接駕、法駕、告假、請開示、慚愧、晚學、大德、學p28人、不敢打擾、慈悲開示、慈悲原諒、您好威儀、您真親切、您很發心……等，p28西漢·司馬遷《史記·呂太後本紀》
	7.人生無量壽	1	生命是不死的！……就是我們的真如自性！p.32 陳·慧思《大乘止觀》卷1，T46n1924p642a21
	17輪迴	2	所謂「眼看他人死，我心急如焚；不是傷他人，看看輪到我。」「世間輪回苦，孫子娶祖母；牛羊席上座，六親鍋裡煮。」p67 印光祖師詩　唐·寒山詩
	18最好的投資	1	佛教所謂的「廣結善緣」，就是最好的投資。p.69 明·笑笑生《金瓶梅詞話》第五十七回
	35愛就是尊重	3	所謂「愛不重不生娑婆」。p127佛陀的弘法利生、示教利喜，就是愛；觀世音菩薩的大慈大悲、救苦救難，就是愛。p129 宋·楊傑述《淨土十疑論》卷1，T47n1961p77a6
	45一時的榮耀	3	白聖法師做了四十年的中國佛教會理事長，圓寂後無人知曉！太虛、弘一大師，至今仍然為人津津樂道。p162
	46偶像觀念	4	我頂禮膜拜佛陀聖像；讚美耶穌的十字架。……p165正如一個人，還沒有過河前需要船筏，一旦過了河，就不必背著舟船走路了。p1 昔日的丹霞禪師天氣嚴寒，取下木刻的佛像烤火。pp166-167 唐·嗣法小師《丹霞子淳禪師語錄》X71n1425p756a5
	50蒲團上的體驗	5	七種禮佛之法。p180中國古代虔信佛的帝王，如梁武帝、隋文帝、武則天等，每逢重大法會，必定親自到場觀禮、禮佛；印度的波斯匿王遇佛必拜，以開闊心胸面對世如幻的人生。p181 東晉·瞿曇僧伽提婆譯《增壹阿含經》卷51，T02n125p826c 梁·不詳《梁京寺記》卷1，T51n2094p1024b3
	53事業要交棒	1	佛教的傳燈，含有交棒和接棒的意義。p191 宋·道原纂《景德傳燈錄》卷1，T51n2076p196b15

屬性	篇號篇名	譬喻數	內容與出處
二、緣起真理 13	72空的真理	4	佛光山原本空曠的荒野，如今殿堂林立，「空中生妙有」？彌勒菩薩偈語：「大肚能容，了卻世間多少事？笑口常開，笑盡人間古今愁！」證悟空理的優婆先那比丘尼，一朝被毒蛇咬，既不恐怖，也不痛苦。如《般若心經》：能照見五蘊皆「空」，就能度一切苦厄。p255 道霈編《永覺元賢禪師廣錄》卷21，X72n1437p503b5 《長老尼偈》《比丘尼相應》[36]唐・玄奘譯，《般若波羅蜜多心經》卷1，T08n251p
	86無可奈何	3	僧侶所穿的僧鞋，有象徵「六度」的六個孔，就是要我們照顧腳下，看透世間的無常與人情的虛幻。隨緣才能自在！如果能夠「無我相、無人相、無眾生相、無壽者相；甚至無法相，亦無非法相」，世間上沒有解決不了的問題。p302 道忠無著甫輯《禪林象器箋》卷下，B19n103p167a11 姚秦・鳩摩羅什譯《金剛般若波羅蜜經》1卷，T08n235p748c18
三、忍辱負重 7	20勝利的條件	4	釋迦牟尼佛在本生修行時，以「實踐忍辱」為修行，終於取得國家最後的勝利；乃至歌利王被「割截身體」時，無有瞋恨，因為他「無我」，故能勝利。p76「若不能忍受侮辱、惡罵、毀謗、譏評，如飲甘露者，不能名為有力大人。」p77 東晉・瞿曇僧伽提婆譯《中阿含經》卷17，T01n0026p532c 姚秦・鳩摩羅什譯《金剛經》T8n235p750b9
	23五分鐘的熱度	2	佛教「摩訶薩」，就是要做「大菩薩」，「經大時」。所謂「難行能行，難忍能忍」，只有「五分鐘的熱度」，就無法成就佛道。p87 唐・玄奘譯《大般若波羅蜜多經》T7n220p34b19 陳・真諦譯《攝大乘論釋》T31n1595p222b11
	57器官移植	3	佛經寓言故事，闡述「四大本空，五蘊非我」二鬼吃旅人身體，旅人茫然自問：「我是誰？」器官移植是內財的布施，佛陀割肉餵鷹，捨身飼虎，「難行能行，難忍能忍」做了一個最好的示範。p203 唐・義淨譯《佛說五蘊皆空經》卷1，T2n102p499c8； 東晉・瞿曇僧伽提婆譯《中阿含經》卷17，T1n26p532c； 陳・真諦譯《攝大乘論釋》T31n1595p222b11
	62苦甘的先後	1	佛經有所謂四種人生：先冥後明、先明後冥、先冥後冥、先明後明。p221 後漢・支婁迦讖譯《佛說無量清淨平等覺經》T12n361p290b5
	78氣質芬芳	4	佛教慈藏大師「屢徵不就」，無業禪師「三詔不赴」，唐代全付「不受衣號」，五代恆超的「力辭賜紫」；古德不慕榮利，安貧守道的精神，就是氣質的芬芳。p274　明・袾宏輯《緇門崇行錄》X1627

屬性	篇號篇名	譬喻數	內容與出處
忍辱負重	90征服自己	3	佛陀、諸大菩薩、羅漢等，他們能征服自己，所以他們倡導慈悲無我，能夠弘法利生。p313　宋失譯《佛說法滅盡經》卷1，T12n0396p1119a
	93吃苦當成吃補	2	佛陀六年苦行；達摩九年苦苦面壁。p323 明·通炯編《憨山老人夢遊集》卷35，X73n1456p715a07
四、動靜自如8	24心靈淨化	1	心靈受到了六塵污染，如神秀大師說：「時時勤拂拭，勿使惹塵埃！」p90元·宗寶編《六祖大師法寶壇經》T48n2008p350c15
	28動靜時間	1	人生要能夠在「熱鬧場中作道場」，享受靜態世界的「繽紛燦爛」p105元·宗寶編《六祖壇經·坐禪品》T48n2008p350c15
	39提得起放得下	1	一婆羅門外道帶兩個花瓶去見佛陀。佛陀一見面就叫他「放下」，……佛陀說：「我叫你放下，不是叫你放下花瓶，而是放下傲慢、驕瞋、嫉妒、怨恨等不善的念頭與不好的情緒。」p142 宋·求那跋陀羅譯《雜阿含經》卷12，T2n99p79a25
	54生死一如	2	佛陀也要「有緣佛出世，無緣佛入滅；來為眾生來，去為眾生去！」把生死看成是如如不二，無足喜悲。p195　宋·本覺編集《釋氏通鑑》X1516
	65魔鬼與天使	2	舍利弗尊者一位朋友面現兇相，因為正在雕刻一尊羅剎鬼面。p220《大乘起信論》「一心開二門」；「心真如門」即佛性，「心生滅門」即凡夫。p221梁·真諦譯《大乘起信論》卷1，T32n1666p575a6
	66忙與閒	1	有人像佛陀到處行腳。他們傳播和平的福音，……也有人宣揚真理，雲水世界各地，每天為己，為人，為世忙。p233 後秦·佛陀耶舍共竺佛念譯《遊行經》第二中T1n1p16b18
	74昂首與低頭	1	佛光山淨土洞窟內有一道四尺高大門，必須低頭進入。在聖賢真理之前，要懂得謙卑。p261
	82書香台灣	1	佛教的多種藏經，尤以大部的《龍藏》，湧現到社會民間p285 《藏文大藏經之甘珠爾部》1057種經典
五、禪趣生活10	41善用零碎時間	4	《《普賢警眾偈》：「是日已過，命亦隨減；如少水魚，斯有何樂？」p149生命雖可貴，只在呼吸間。善用零碎時間念佛，如王打鐵：「叮叮噹噹，久鍊成鋼；時辰已到，我往西方。」p150會利用時間的人，即使作夢也在夢中思惟所聞所知p151 法救撰吳維祇難等譯《法句經》T4n210p559a26 後漢·迦葉摩騰共法蘭譯《佛說四十二章經》T17n784p724a1-3

屬性	篇號篇名	譬喻數	內容與出處
五、禪趣生活10	禪趣生活	1	佛教《摩訶僧祇律》:「粥有十利」p186 東晉·佛陀跋陀羅共法顯譯《摩訶僧祇律》卷29,T22n1425p462c
	10	1	唯識家:宇宙山河都是唯識所現、唯心所變,如「一水四見」。p212　唐釋一行撰《大日經疏指心鈔》D18n8863
	64清貧思想	2	釋迦牟尼佛是「清貧思想」的實踐者。放棄王宮的享受,……卻擁有了宇宙萬有。p227　經典云:「知足者雖臥地下,亦如天堂;不知足者,雖居天堂,亦如地獄。」p228 明·嗣詔錄《千巖和尚語錄第1》卷1,J32nB273p203c6
	69耕耘心田	2	佛教「發心」就是要開發我們的心地,種植我們的心田。p242 佛陀對一位正在田裡耕種婆羅門說:「眾生都是我的田地……煩惱是我要鏟除的穢草,永恆的淨樂是我耕耘收穫的果實。」語云:「心田不長無明草、性地常開智慧花。」pp243,245 北涼曇無讖譯《大般涅槃經》卷38,T12n374p587a10 德潤錄《普能嵩禪師淨土詩》卷1X,62n1215p874b21
	83要吃早飯	2	佛教裡鼓勵要吃早飯,強調「粥有十利」。p288早餐也算是一堂功課。p291東晉·佛陀跋陀羅共法顯譯《摩訶僧祇律》卷29,T22n1425p462c
	85生活中的修行	6	過去禪門大德們,搬柴運水、典座行堂、種植山林、牧牛墾荒,甚至米坊篩米、修鞋補衣等,這都是生活中的修行。p299 唐·懷海集編《百丈清規證義記》卷6,X63n1244p443b13
	87發掘內心之寶	5	《六祖壇經》說:「菩提只向心覓,何勞向外求玄?」p303大迦葉尊者,宴坐自然,充分享受了心內的能源。護法明君阿育王,施仁政於全國,……。唐朝大珠慧海參訪馬祖道一。求問『心』的寶藏。p304趙州八十猶行腳,無益於自我的生死了悟。p305 元·宗寶編《六祖大師法寶壇經》T48n2008p350c15 唐·慧海撰《頓悟入道要門論》卷1,X63n1223p17c9 宋·施護譯《佛說大迦葉問大寶積正法經》卷5,T12n352p214c25
	92生活的品味	1	山是會笑的!所謂「青青翠竹,無非般若;鬱鬱黃花,皆是妙諦。」水是有情的!所謂「溪聲盡是廣長舌,流水都是說法聲。」p325「自古名山僧占多」,依空法師曾以山水詩獲得高雄師範大學博士的學位。p327 清·蔣肇譔《逕庭宗禪師語錄》卷1,J40nB475p43a25
	94山水生活	4	山是會笑的!所謂「青青翠竹,無非般若;鬱鬱黃花,皆是妙諦。」水是有情的!所謂「溪聲盡是廣長舌,流水都是說法聲。」p325「自古名山僧占多」,依空法師曾以山水詩獲得高雄師範大學博士的學位。p327 清·蔣肇譔《逕庭宗禪師語錄》卷1,J40nB475p43a25
	47篇		120則譬喻

表5.3.星雲《迷悟之間‧4.生命密碼》一般譬喻分佈總表

屬性	篇號篇名	譬喻數	內容與出處
一、能識大體15	1.疏解鬱卒	6	「不經一事，不長一智」，楚漢之爭，劉邦經常戰敗而不鬱卒，終滅楚；唐太宗戰功彪炳，受制兄弟不鬱卒，終受擁護成為一代雄主。謝安統領東晉，不因國弱兵少而鬱卒，淝水一戰終能起死回生；蔣中正三次下野但不鬱卒，終將台灣建設成美麗的寶島。p13袁世凱稱帝不果，鬱卒而亡；林彪不得毛澤東賞識，鬱卒而棄職逃亡，卻於蒙古上空因飛機爆炸身亡。p14《紅樓夢第六○回》西漢‧司馬遷《史記‧淮陰侯列傳》晉‧司馬光《資治通鑑》
	9.選對象的缺點	2	晉朝的許允，……問醜妻女子四德具幾德？」諸葛孔明「受任於敗軍之際，奉命於危難之間」，反而成就了鼎立局勢的功業。p39魏晉‧劉義慶《世說新語》元‧安虞氏《三國志平話》
	26.護短利弊	1	鮑叔牙嫉惡如仇，不宜為齊桓公相；宰相之才要如大海一樣，容納百川，長短善惡，都能了解，所謂「宰相肚裡能撐船」。p96宋‧無名氏《京本通俗小說‧拗相公》
	30.人要識大體	4	「天作孽，猶可為；自作孽，不可活。」「不識大體」自他兩傷。台灣省前吳主席離開台灣後，訴說台灣種種的不好；民國的汪p111精衛，賣國求榮，投靠日本。因為不識大體。很多情報人員識大體，即使被逮捕，寧死也不會招供，如上海杜月笙始終沒有被日偽所利用。pp.110,112《孟子‧離婁篇上》第8章　汪精衛《最後之心情》2002
	31.歡喜與不歡喜	3	不能歡喜不當習慣如菸酒、賭博等嗜好。「獨樂樂不如眾樂樂」p115《孟子‧梁惠王下篇》
	38.立足點	1	數學家阿基米得說：「給我一個立足點，我就能把地球推動。」p139《薛丁格的貓：50個改變歷史的物理學實驗》
	44.散發魅力	9	「女為悅己者容」西方的馬克吐溫、邱吉爾、華盛頓、雷根；中國的諸葛亮、唐太宗、玄奘、孫中山，他們的幽默、智慧，學識、涵養，散發魅力！p160《戰國策‧趙策一》《三國演義》《太平廣記‧玄奘》
	47.以身作則	3	富蘭克林說：「一個良好的示範，才是最佳的訓詞。」王陽明先生：「以身作則」才是教育。季康問政於孔子，孔子對曰：「政者，正也，子帥以正，孰敢不正？」p168 Black, Conrad. Franklin Delano Roosevelt: Champion of Freedom, 2003.《群書治要‧顏淵》
	51.自殺的結果	4	《自殺的真相》一書：自殺者所感受的痛苦，非筆墨所能形容。例如投河窒息而死者，……；自縊而死者，……；服食農藥、鹽酸等藥品中毒而死者，……；服食安眠藥而死者，……恐懼痛苦而死。p184紅葉居士編著《自殺的真相》

屬性	篇號篇名	譬喻數	內容與出處
一、能識大體15	68.不耐他榮	2	「見不得人好」,就是「不耐他榮」。p240「沒有狀元老師,只有狀元學生。」如此才能造就傑出的青年。p241 《史記·高祖本紀》台灣諺語
	75.心中有人	1	宋朝名相呂蒙正,挖掘人才,不遺餘力。「三人行,必有我師焉!」還要會用人。p264　宋·呂蒙正《破窯賦》孔子及其子弟《論語·述而》
	79.儲蓄與防備	1	家財萬貫,卻「拔一毛而利天下,吾不為也!」就是慳吝不捨。p275 《孟子·滕文公下》
	88.放棄成見	1	持反對意見是成見,所謂「成事不足,敗事有餘」p306 《續孽海花·第四二回》
	89.不貪為寶	3	春秋時,宋國有一個人得到一塊美玉,獻給做官的子罕,子罕堅辭不受。p309漢朝的楊震為官時,不受千兩黃金致贈,說:「天知、地知、你知、我知,怎麼可以說沒有人知道呢?」貪心,是永遠無法滿足的,所謂「買得良田千萬頃,又無官職被人欺,七品五品猶嫌小,四品三品仍嫌低,一品當朝為宰相,又羨稱王作帝時,心滿意足為天子,更望萬世無死期。」p311 《左傳·襄公》《資治通鑑·漢紀·永初四年》《佛遺教經》
	91.終身學習	5	民間許多好話:「活到老,學不了」、「三人行,必有我師焉」、「愚者也有一得」。p316孔子以項橐為師,⋯⋯孔子說:吾不如老圃,吾不如老農!p318老舍《老舍短篇小說選·後記》/《論語·述而》《晏子春秋》《論語·子路》
二、緣起真理11	6.承受教誨	23	講話要先學習無諍的語言,例如:請、對不起、謝謝你、⋯⋯我能為您服務什麼嗎?日常生活中,客來了:歡迎歡迎;客去了:請再光臨;請吃飯:承蒙賞光;喝茶:請用;乃至初次見面:久仰大名、⋯⋯不吝指教等。所謂「一言以興邦,一言以喪邦」。p30孔子《論語·子路》
	11.將心比心	3	畜欄裡養了豬仔、綿羊、乳牛。有一天,飼主捉豬仔去宰,豬仔奮力抵抗,大聲叫喊。一旁的綿羊、乳牛聽了很厭惡的斥責?」豬仔回答:「牛羊呀,主人捉你們,只是要你們的羊毛和乳汁,捉我,卻是要我的命呀!」p45一個獵人,每日捕殺野獸無數,直到他被山民所捉,火燒祭神,才體會到死亡來臨的痛苦。p46所謂「不經一事,不長一智」;平時就要「將心比心」為別人設想。p47《紅樓夢·第六〇回》
	18.最好的投資	1	有時候你不執著,無心無相的助人,卻能有大收穫,所謂「有心栽花花不發,無心插柳柳成蔭」p69清·周希陶《增廣賢文》
	32.家和萬事興	2	俗語說:家不和被人欺;又說:家和萬事興。p116《論語》

屬性	篇號篇名	譬喻數	內容與出處
二、緣起真理 11	35.愛就是尊重	6	義大利人把結婚當為歌劇，法國人把結婚當為喜劇，英國人把結婚p128當為悲劇，美國人把結婚當為鬧劇，中國人把結婚當為醜劇。所謂「愛烏及屋」。p129
	45.一時的榮耀	16	學子十年寒窗苦讀，為「金榜題名」的榮耀；奧林匹克選手，長年苦練，希望贏得獎牌的榮耀。袁世凱為了皇帝的尊榮，三個月就一命嗚呼；孫中山只擔任三個月中華民國大總統即辭職下台。李登輝十二年的總統，卸任不久即消聲匿跡；白聖法師四十年中國佛教會理事長，圓寂不久新生代不識。蔣介石、蔣經國等元首，太虛、弘一等大師，至今仍為人津津樂道。 生前榮耀，死後罵名，例如宋朝的秦檜、明朝的魏忠賢等；生前榮耀，死後悲涼，例如九合諸侯、天下的霸主齊桓公，死後六十餘日無人收屍！p162生前遭遇災難，死後名垂青史，p162例如「趙氏孤兒」的趙盾一家，輔佐楚莊王稱霸的孫叔敖，幫助秦穆公征伐西戎、擴大疆土的百里奚等。因發現鐳而聞名全球的居禮夫人知道：「一時的榮耀」不能永遠守著。p164 釋太虛；《太虛大師全書》香港佛教=Buddhism in Hong Kong, 1984.03.明‧田汝成編撰《西湖遊覽志餘‧卷四‧佞幸盤荒》李賢《天順日錄》漢‧司馬遷《史記‧刺客列傳》《史記‧秦本紀》F.Girovd（1991）《居禮夫人──寂寞而驕傲的一生》天下文化。明‧臧懋循編《冤報冤趙氏孤兒》
	49.主角與配角	5	所謂主角，並不代表身分的高低，例如「桃園三結義」中，劉、關、張並非主角，而以出謀擘畫的諸葛孔明為要角；《西廂記》中，穿針引線的紅娘才是靈魂人物。宋仁宗之世，至今p176依然為時人所歌頌的是包青天。所謂「人生如戲，戲如人生」。前呂副總統曾自比為「花瓶」，p177羅貫中《三國演義》唐‧元積《會真記》《西京雜記》卷三　　方方《水在時間之下》
	50.蒲團上的體驗	1	世間上，凡是成熟的稻穗，頭都是低垂的；一個人能有蒲團上的體驗，也才會懂得謙虛、禮敬、低頭，繼而以一種更開闊的心胸來面對世事如幻的人生。p181屈原《楚辭‧九歌‧少司命》
	53.事業要交棒	3	中國人對於交棒的觀念比較淡泊。例如古代的皇帝，總要等到老死以後，才有子孫爭相接棒；現在部分團體的負責人，乃至家族的長輩，不但不肯交棒，誠如李敖先生：「他還要給你當頭一棒！」p189近年來，國民黨在台灣的選況一日不如一日，因為沒有交棒的計劃。p190即使是美國總統，也有第一任、第二任。p191 《李敖大全集》中國友宜出版公司1999
	55.集體創作	1	語云：「獨木不成林。」p196漢‧崔駰《達旨》

屬性	篇號篇名	譬喻數	内容與出處
	86.無可奈何	1	世間上有很多「無可奈何」的事，例如，養了不肖的子孫、交了不好的朋友，或是被人冤枉、受了委屈、給長官欺負，甚至父母無理、恩愛別離、所求不遂、被人倒閉等等，都是「啞吧吃黃蓮，有苦說不出」!p300 李六如《六十年的變遷》
三、忍辱負重9	13.歷史的鏡子	20	戰國時代魏武侯自豪魏國江山美麗險峻嶺，大臣諫：「國家堅固在於國君的德行。」苗氏一家，不修身養德，被大禹所滅。大禹的子孫夏p51桀，不仁不義，終被商湯放逐。殷紂王傷德敗行，終為武王所殺p53曹操善用人才與「化仇為親」，引用他人重臣；反觀袁紹器量狹窄，妒賢害能。劉玄德善於韜光養晦，禮賢下士，故能從無到有；楊修恃才傲物，終被曹操殺害。漢武帝用張湯而政事衰；漢光武褒卓茂而王業盛。唐太宗用房玄齡、杜如晦，致夜不閉戶的太平盛世；唐玄宗用楊國忠、李林甫，致安史之亂，幾乎亡國。但是朱元璋不傳賢、不傳能，致使明初子孫爭權奪利，天下大亂。p53 又如湯被囚於夏台，文王被困羑里；齊桓公奔逃於莒，晉文公亡命於翟，他們能堅忍不變志節，故能成就王業。而一些不忠不義之人，我們看：「請君入甕」的來俊臣，心性殘忍，作惡多端；商鞅變法，太過嚴苛，最後「作法自斃」；「螳螂捕蟬，黃雀在後」，「鷸蚌相爭，漁翁得利」。漢·劉向編訂《戰國策》三國譙周曾著《古史考》戰國·呂不韋《呂氏春秋過理》明·羅貫中《三國演義》《喻中原檄》東漢·班固《漢書劉屈氂傳》唐·李商隱〈晚晴〉西漢·司馬遷《史記·殷本紀》唐·房玄齡等撰《晉書卷一零二》晉·司馬光《資治通鑑》晉·郭象《莊子·山木》漢·劉向《戰國策·燕策二》
	20.勝利的條件	5	日本侵華，中國人八年抗戰勝利，舉國狂歡；歐洲、美隊在諾曼地登陸，取得第二次世界大戰勝利，舉世重視。每次選舉，得票最高者的勝利歡呼!p74多年前，李登輝先生提出對大陸的政策要「戒急用忍」。忍，是積極為取得勝利所必然的犧牲。例如越王勾踐臥薪嘗膽。p76芮納·米德著林添貴譯：《被遺忘的盟友：揭開你所不知道的八年抗戰》台北：遠見天下文化，2014康熙給雍正的座右銘/西漢·司馬遷《史記·越王勾踐世家》
	23.五分鐘的熱度	4	孝順父母不能「久病床前無孝子!」越王勾踐二十餘年「臥薪嘗膽」終於復國；楚漢之爭，漢王劉邦忍辱含垢，一直以低姿態和項羽p87周旋，終獲最後的勝利。所謂「爭千秋，不爭一時」p88西漢·司馬遷《史記·越王勾踐世家》
	48.功過論	3	秦始皇廣征民伕，大築長城，當時天怒人怨，紛紛指為史無前例的暴君苛政。董仲舒罷黜百家，獨尊儒術，為中華文化奠定以禮以孝立國的禮義之邦!武則天殺大廢子，篡位為帝，後世唾棄，p174其所建立的盛唐治績值得歌頌?p175《呂氏春秋》西漢《董仲舒傳》唐·張鷟《朝野僉載·周興》

屬性	篇號篇名	譬喻數	內容與出處
三、忍辱負重9	62.苦甘的先後	4	「由儉入奢易，由奢入儉難」；百年人生，希望一日過完。反觀中華民族的習性，最懂得「未雨綢繆」。p219所謂「少小不努力，老大徒傷悲。」p220　　北宋·司馬光《訓儉示康》《樂府詩集·長歌行》
	71.學徒性格	5	「不經一番寒徹骨，哪有梅花撲鼻香？」青少年初出社會，要p250能「吃得苦中苦，方為人上人」，台塑董事長王永慶：「成功要刻苦耐勞，從基層做起。」震旦企業創辦人陳永泰先生，把董事長位置交給毫無親戚關係的郭進財。p251美國總統胡佛，苦學出身。p252唐·黃檗禪師《上堂開示頌》明·馮夢龍輯《警世通言·玉堂春落難逢夫》
	78.氣質芬芳	4	劉禹錫的〈陋室銘〉直陳道德就是芬芳的氣質。李密的〈陳情表〉呈現孝順就是芬芳的氣質。陶淵明的〈歸去來辭〉所謂淡泊就是芬芳的氣質。蘇軾在〈放鶴亭記〉高唱超塵就是芬芳的氣質。p273劉禹錫《夢得文集》/西晉·李密〈陳情表〉陶淵明《陶淵明集》宋蘇軾《經進東坡文集事略》
	90.征服自己	5	如甘地、孔子、老莊、耶穌，他們能征服自己，所以他們的思想、精神，都能造福人類。p313第一個登上聖母峰的紐西蘭籍希拉瑞爵士說：「我們要征服的，不是山，而是自己。」p314Edmund Hillary,1919～2008,首位登上聖母峰的人
	93.吃苦當成吃補	7	所謂「吃得苦中苦，方為人上人」；又說：「不經一番寒徹骨，焉得梅花撲鼻香」。俗語說：「不吃苦，就不能做佛祖」；王寶釧十八年苦守寒窯，才能為人記憶；蘇秦懸樑刺股，苦學有成，才能為人所稱道；孫中山一生辛苦，半生奔走，才能創造民國；王冕窮困中不忘苦學，才能成功。p323明·馮夢龍輯《警世通言·玉堂春落難逢夫》/唐·黃檗禪師《上堂開示頌》/西漢·劉向《戰國策·秦策一》/清·吳敬梓《儒林外史》
四、動靜自如11	3.戰爭與和平	3	西元二千年前的印度阿育王，和中國的秦始皇一樣，南征北討，所戰皆捷。最後阿育王深歎說：「法，可以戰勝一切；唯有法的勝利，才是真正的勝利。」美國華盛頓曾說：「和平是大家所共同嚮往的，但是絕非喪失尊嚴的苟安，而是人人必須在平等的原則下，共存共榮。」p21堪布益西彭措著《因果明鏡論》西漢·司馬遷《史記·秦始皇本紀》約瑟夫·埃利斯《華盛頓傳》Alfred A. Knopf;2004
	28.動靜時間	4	「靜如處子，動如脫兔」。p104所謂「動中乾坤大，靜裡日月長」。人生要能夠在「熱鬧場中作道場」，也能在靜態的世界裡享受「繽紛燦爛」！「樹欲靜而風不止，子欲養而親不待」，「青春已逝，勞力不再」，想要爭取時間，也不易有所作為。p105先秦·孫武《孫子·九地》《易經》　漢·韓嬰《韓詩外傳》

屬性	篇號篇名	譬喻數	內容與出處
四、動靜自如 11	37.公平與不公平	4	明太祖朱元璋一日來到鄉下，接受農夫盛情奉上茶水一杯。感動之餘，回京後，馬上差人封為高p134官。一個落第的秀才得知心中不平，在一間土地廟題詩：「十年寒窗苦，不及一杯茶！」皇帝再度出巡，見到此詩，不動聲色的加了兩行字：「他才不如你，你命不如他！」孫中山先生提倡革命，曾對世界發出「以平等（公平）待我之民族」的宣言。世間有太多不平事。例如，真正孝養父母的子女，往往是最不受父母喜愛的孩子；真正為國為民的p135君子，往往也是飽受奸臣陷害，不得君王歡心的臣子。p136老子《道德經》七十六章　孫中山　0906,12月2日)，〈在東京《民報》創刊週年慶祝大會演說〉，孫中山選集》，第1號，1905年11月25日。
	39.提得起放得下	9	現代的政治人物「提得起、放得下」而成功者。蔣中正三次下野，最後建設台灣有成；鄧小平三放三起，終於為大陸建立改革開放的社會。毛澤東當初曾受過別人的排擠，終能折服群雄，一人獨大；汪精衛、陶鑄等人在國共兩黨中能「提起」而「放不下」，不得善終。p141中國文化大革命時，沈慶京先生一生歷經發財、倒閉、坐牢；出獄後又能「東山再起」，是「放得下」，才能再提起。世間終究是「花無百日紅，人無千日好」，能夠放下身段，才能「放得下、提得起」。如清朝p143宣統皇帝，最後卻在北京的中山公園做一名清潔工。p143《水滸傳第二二回》
	42.生氣與爭氣	2	所謂「爭氣」，要爭千秋萬世的正氣。如文天祥的「正氣歌」，鼓勵人要以正氣對治邪氣；孟夫子養浩然之氣，以開擴的心胸來對治褊狹之氣。p154《宋史文天祥傳》《孟子公孫丑上》
	54.生死一如	1	現代社會的發展，一日千里。p193《莊子・秋水》
	61.君子與小人	7	所謂與君子交，其淡如水，因淡而久；與小人交，其甜如蜜，但因蜜而不長久。《孔子家語》說：「與善人居，如入芝蘭之室，久而不聞其香；與不善人居，如入鮑魚之肆，久而不聞其臭。」p216跟小人做朋友，如一把秤，⋯⋯；與小人交，又如鮮花，⋯⋯，視你如無物。p217 孔門弟子撰《孔子家語》 宋・辛棄疾〈洞仙歌・丁卯八月病中作〉
	65.魔鬼與天使	2	西方有一個畫家，想要畫一幅魔鬼的畫像來對照比較耶穌像，找到淫p229妄，無惡不作，面目猙獰，好似的模特兒。原來是同一人。所謂「誠於衷，形於外」，一切都是唯識所變、唯心所現。p230《禮記大學》
	66.忙與閒	4	有的人忙中有閒，例如勞工要求週休二日，或者力爭每日上班八小時；有的人在忙碌工作中，希望喝茶看報，想辦法藉機出p232差，總希望忙中偷閒。有的人閒得發慌，自己出錢出力去拜託別人給他一份工作，無非是希望用忙碌來打發時間。有的人像孔子周遊列國。 清・蔡元放《東周列國志》第七十八回

屬性	篇號篇名	譬喻數	內容與出處
四、動靜自如11	74.昂首與低頭	6	矮小晏子出使楚國，晏子不肯由小門入。諸葛孔明，在劉備困處荊州時，他奉命出使吳國，舌戰群儒，志氣p260昂揚，終能完成任務。藺相如「完璧歸趙」，機智勇敢，不卑不亢；蘇秦、張儀的「合縱連橫」，在國際間捭闔縱橫，不可一世。清朝鴉片戰爭，林則徐每與外國人士談判，義正詞嚴！語云：「要成功，何妨低頭；為處世，必須忍耐。」p261 西漢‧劉向《晏子春秋》諸葛亮《誡子書》西漢‧司馬遷《史記‧廉頗藺相如列傳》《戰國策》胡安運〈昂首與低頭的智慧〉。林則徐《赴戍登程口占示家人》
	82.書香台灣	4	中國古代自從文武周公、孔子提倡學術、詩書、禮樂，改變了社會的風氣；唐詩、宋文、元曲、明清的小說，都為中國社會提倡了文化建國的偉大力量。從唐宋以後，出版物興起，清朝康熙、雍正、乾隆等的《四庫全書》、《四書五經》，以及佛教的多種藏經，尤以大部的《龍藏》，浩浩蕩蕩湧現到社會民間。但是，不知從什麼時候起，社會流行著「債多不愁、蝨多不癢、書多不讀」的習慣，致使我中華民族人民的氣質沒有書香來培養，人人粗俗不堪。p285清康熙《四庫全書》/雍正乾隆《四書五經》/清翟灝《風俗通貨財債多不愁》
五、禪趣生活13	8.讀書的樂趣	8	「春日不是讀書天，夏日炎炎正好眠；秋有蚊蟲冬有雪，收拾書包好過年。」這是沒有體會出讀書樂趣的人最佳的寫照。p34知道讀書樂趣的人，才能體會「書中自有黃金屋，書中自有顏如玉」的哲理。p35「活到老，學到老」懸樑刺股的蘇秦、鑿壁偷光的匡衡、藏火苦讀的祖瑩、廣涉書海的曹雪芹、自學成才的王雲五，鍥而不捨的求學精神，皆為後人樹立了良好的楷模。p36 勁多讀書打油詩/宋真宗〈勸學篇〉/梭倫吟誦/西漢劉向《戰國策‧秦策一》/東晉‧葛洪《西京雜記》卷2/曹雪芹《紅樓夢》/《王雲五全集》九州出版社2013年《北史‧列傳第三十五》
	36.宗教生活	15	所謂「民以食為天」，衣食住行的物質生活滿足了，其次追求的是精神生活，例如讀書、娛樂、情愛等。有了精神生活，進一步提升，則進入藝術的生活，例如：繪畫、音樂、雕刻、戲劇、舞蹈、文學、乃至蒔花植草、營造生活的氣氛等，也就是要過藝術美的生活。p130 漢‧班固《黃帝內經》
	41.善用零碎時間	1	唐伯虎說：「人生七十古稀，我年七十為奇，前十年幼小，後十年衰老，中間只有五十歲，一半又在夜裡過去了，算來只有二十五年的歲月，當中要吃飯、拉尿，還有多少的挫折、多少的憂傷、多少的煩惱！」p149 唐‧元稹《鶯鶯傳》

屬性	篇號篇名	譬喻數	內容與出處
五、禪趣生活13	52.粥中有道	4	宋朝名相范仲淹，年輕時家貧，苦讀三年，每日以饘粥果腹，終得有成，他說：「粥中有道」。打油詩：「煮飯何如煮粥強？好同兒女細商量；一升可作三升用，兩日堪為六日糧。有客只須添水火，無錢不必作羹湯；莫嫌淡泊少滋味，淡泊之中滋味長。」p186東漢光武帝劉秀，曾於天寒地凍，糧食不繼時期，喝大將馮異一碗豆粥，飢寒俱解。劉秀後得天下，下詔賞賜馮異。p187中國古代戰亂頻仍，或遇水災、乾旱，慈善人士就以施粥救人，中國人就在這樣的情況下獲得救濟。p188 宋·俞文豹《清夜錄》《後漢書·隗囂傳》
	58.拙處力行	5	鄭板橋一生服膺「難得糊塗」的人生哲學，所謂「取巧」不如「養拙」。若能「心細身拙」，比靈巧重要。p205俗云「熟能生巧，勤能補拙。」所謂「一步一腳印」、「萬丈高樓平地起」p206所謂「養成大拙方為巧，學到愚時才是賢」；要得巧功，必先付出許多笨拙的苦功。p207 鄭板橋《板橋自敘》宋邵雍《弄筆吟》沈從文《新與舊》老子
	64.清貧思想	1	德蕾莎修女說：「擁有貧窮是我最大的驕傲。」「清貧思想」也不一定是「一無所有」；真正的「無」中才能生「有」，「無」才能無量、無盡。p227電影《愛無止盡德蕾莎》
	69.耕耘心田	2	外界的田地需要耕耘、種植；我們的內心也稱作「心田」、「心地」，也有待我們去開發、耕耘。p242《華嚴經》偈語 胡適之說 胡適之說：「要p244怎麼收穫，就必須先怎麼栽植。」你希望你心田裡成長慈悲智慧呢？還是成長愚癡邪見呢？就看你如何耕耘你的心田了！
	73.行走山河	17	所謂「讀書要超萬卷，走路要遍五洲，求知要明真理，用心要懷山河。」現在資訊時代，已經不容「坐井觀天」，……千古以來，能夠走遍千山萬水的人，有僧侶的雲水行腳；有探險家的航海登峰；有軍人的出戰絕域；有經商的行伍p256。山河，是大自然無限的寶藏！p257張騫出使番邦絕地；岳飛行軍八千里路雲和月；唐三藏橫渡八百里流沙；東晉法顯與海水搏鬥。東晉時代的慧深法師早已到過美國西海岸。十五世紀因為有歐洲人哥倫布的遊歷探險，才發現了美洲新大陸；十六世紀葡萄牙人麥哲倫橫渡太平洋，故而發現了菲律賓群島；十八世紀庫克船長發現了澳洲大陸的東海岸；明朝的鄭和下南洋，足跡已到了今之馬來西亞。詩云：「三山六水一分田」，現在的青少年要有征服海洋的志願，也要p258有登高山而小天下的抱負。p259 東漢班固《張騫傳》《宋史岳飛傳》東晉法顯《佛國記》唐德剛「從慧深大師到星雲大師」1990歐陽哲生〈盛世下的陰影〉《北京大學學報》2017庫克船長的傳奇領航員《了不起的圖帕伊亞》2015李永熾著(1982)《中國全集2歷史中國》錦繡出版社有限公司。頁195。

屬性	篇號篇名	譬喻數	內容與出處
五、禪趣生活13	77.人比人	4	人不要比人，她雖然比我美麗，但是「紅顏多薄命」；他雖然比我有錢，但是「人為財死」；名氣雖然比我大，但是「樹大招風」；他的兒孫比我多、事業比我大，但是他的煩惱也會比我多。所謂「他人騎馬我騎驢，看看眼前我不如；回頭一看推車漢，比上不足下有餘。」p271 元‧洪希文《書美人圖》 東漢班固《漢書鄧通傳》明‧吳承恩《西遊記》第三十三回
	83.要吃早飯	3	英國有百分之四十的國民不吃早餐，因此連英國政府都出面，鼓勵國民要吃早餐。p288美國白宮的歷任總統，都以早餐會議加強各部會的工作進度；軍隊作戰，也都注重三更造飯，四更飽餐後出征。p290 《喻世明言》
	84.無車日	3	法國巴黎首先提倡星期日不開車運動，有很多的部長、官員們，都率先騎自行車。p292「無車日」，體驗一下「結廬在人間，而無車馬喧」的悠閒生活。pp292-3一個國家的建設，不能光靠物質欲樂的發展，應該更重視道德、理智，才能駕馭欲望，如歐洲人想要倡導一個「無車日」！p295陶淵明〈飲酒〉
	87.發掘內心之寶	2	孔門七十二賢之一的顏回，居陋巷，一瓢飲，一簞食，人不堪其憂，而回也不改其樂，因為他找到心內的能源；治世仁王唐太宗，締造了「貞觀之治」，代表他心裡的能源充足。p304　《史記》清人編《全唐詩》
	92.生活的品味	3	戰國四君子的孟嘗君、信陵君，以招賢納士、廣納賢才作為生活的品味。宋代林逋隱居西湖孤山，以種梅養鶴自娛，人稱「梅妻鶴子」樹立了隱士高逸的生活品味。法國吉勒特‧默梅特《歐洲風光》說：一個人最好在盧森堡作事（工資最高），開德國的汽車、到英國去購屋（設備最齊全），住在葡萄牙（氣候最好），在法國養老（平均壽命最長），這就是懂得生活的人。p320 《戰國策‧齊策》沈括《夢溪筆談》吉勒特‧默梅特在《歐洲風光》
六、俗世謀略10	10.人生的高速路	17	高速公路有很多的常識。例如：北上和南下道路中間的「安全島」上，種了各式各樣的花樹，稱為「分向綠地」；路的兩邊，設有「護欄」「路樹」「路障」「路燈」等設備。在同方向的路面上，二線、三線、四線道之間有「路眼」，另有「路肩」「戰備車道」「天橋」「消音板」「超速照相監視器」「電話站」「電子看板」，以及「收費站」「交流道」「休息站」等。p41高速公路防備高速公路上的警車，如「遇彎莫快車，逢橋須慢行；戰備車道旁，兩邊有警車。」p43
	16.人要有理想	1	所謂「哀莫大於心死」，沒有希望的人生，前途一片灰色，黯淡無光。p16　晉‧郭象《莊子‧田子方》
	27.情緒化	1	經常鬧情緒的人，一般人形容為「晴時多雲偶陣雨」。p102 《荀子》

屬性	篇號篇名	譬喻數	內容與出處
六、俗世謀略 10	29.人中之鬼	11	中國民間有許多談鬼色變的故事，例如鬼屋、鬼具、鬼妻、鬼事、鬼地、鬼行等。p106　在人間有形有相的鬼非常之多！例如：好酒者，稱曰酒鬼；好煙者，稱曰煙鬼；好色者，稱曰色鬼；好賭者，稱曰賭鬼。還有貪心鬼、風流鬼、懶惰鬼、骯髒鬼、小氣鬼等！妻子暱稱丈夫「死鬼」，母親對心愛的兒女暱稱「小鬼」，可見鬼也有為人所愛的呀！p107　陳然《我的「自白」書》詩
	34.心胸要寬大	7	「宰相肚裡能撐船」p123例如，沙漠的民族享有豐富的石油能源；海島的民族擁有海洋的產物，如孔孟者，雖有匡時救世的心胸，卻苦無時機因緣，只有隨緣的「達則兼善天下，不達則獨善其身」p124有抱負的賢臣良將，往往被一些妒賢害能的小人所排斥，例如三閭大夫屈原，最後除了投江以外，又能奈何！所謂「道高一尺，魔高一丈」p125　宋無名氏《京本通俗小說拗相公》《孟子·盡心上》屈原《九歌·國殤》明·吳承恩《西遊記》第五十回
	43.思想一二三	1	戰國田忌，和朋友賽馬，每賽必輸，特別請教於孫臏授予二勝一負之道。p157《史記》卷六十五
	59.心中的本尊	1	有些宗教徒常常誇示其本尊是如何的神通廣大，p209法力無邊，手拿刀劍，勇猛傳教，坑死不信者，鼓起世間的鬥爭等；正如中國的封神榜裡，元始天尊、太上老君、太乙真人、北斗星君，彼此互相撕殺得一塌糊塗。p210明許仲琳；　陸西星《封神榜》
	63.蜈蚣論	6	行政院對於許多的議案，只說不做，就如蜈蚣的腳太多，穿鞋子的時間太長，叫人難以苟同。p222德國人做了不說，日本人邊說邊做，中國人說而不做，都是民族性使然。就如小學課本裡的「龜兔賽跑」。又如甲乙二人朝山，富人甲過了許多年依然尚未成行，p223貧人乙不到一年就徒步朝山而歸。世間事，說道一丈，不如行道一尺p224【仁禪法師】說
	67.一步一腳印	1	有人說：「我走過的橋，比你走過路還多。」人生漫漫長途，你留下了什麼腳印呢？p236諺語
	70.家有聚寶盆	1	所謂「穿不窮、用不窮，算盤不到一世窮。」p246　王少堂《武松》六回
	69/93	326	

表5.4.《迷悟之間‧4生命的密碼》星雲自創譬喻內容表

屬性	篇號篇名	譬喻數	內　　容
一、能識大體 19/139	1.疏解鬱卒	8	青年男女失戀，如喪考妣般的鬱卒；學子考試名落孫山，好像末日來臨一樣的鬱卒。求職不成，遇人不淑，遭友欺騙，臨事不明，給人倒閉，被人冤枉，都會感到無限的鬱卒。pp.12-13
	9.選對象的缺點	2	鳳梨、柿子尚未成熟之前，酸澀無比；經過陽光和風的吹拂，它也會變得甜美可口。所以吾人選優點，但不要太過排斥缺點，因為缺點也是可以改正的呀！p40
	19.智慧的重要	2	曾經有一個牙膏製造工廠，因為產品滯銷，公司營業受挫，負責人召告員工，如果有人獻出智慧的妙計，能使公司的營業額增加，就可獲得十萬元獎賞。有一個員工只提供了一句：「牙膏出口，放大一倍」，當下就輕易的獲得了十萬元獎金，而公司的營業也從此增加何止百倍、千倍。p71
			美國有一個植物園，每天吸引大批遊客。因為園大樹多，經常有人採摘花木，使園林受損。守門者就在園門上方，寫著一排告示：「如有檢舉偷盜花木者，獎賞美金二百元。」好奇的遊客問管理員：為何不按通常的習慣，寫成「凡偷盜花木者，罰款二百美元？」管理員不假思索的答道：「要是那麼寫，就只能靠我的兩隻眼睛辛苦的到處巡邏，而現在可能有幾百雙眼睛，幫我看管園中的花木呢！」這一則告示，真可以說是充滿了智慧的匠心獨運之作。p72
	21.凡事看兩面	7	有時候兩個人爭執，各說各的道理，這是因為各有各的立場，無所謂誰是誰非、誰對誰錯。正如兒女說父親最可愛，說母親最可愛，都「是」的，但都不圓滿，應該說：父母都可愛。佛教徒說佛教最偉大，基督教徒說基督教最偉大，都是對的；但是，如果能夠尊重對方，佛教徒說基督教也很偉大，基督教徒說佛教也很偉大，這樣會更圓滿。 東方人看西方人，在公眾場所裡，袒胸露背，妖里妖氣，不夠莊重；西方人看東方人，在大庭廣眾中，赤膊半裸，不成體統。p79 東方人看西方人事事排隊，認為是浪費時間，不懂工作效率；西方人看東方人，時時爭先恐後，亂成一團，認為是毫無秩序的民族。 中國人看日本人，彼此彎腰作揖，一個告別，沒有三彎五屈，走不出門；日本人看中國人昂首闊步、驕橫無比，認為是一個不懂禮貌的民族。 中國人看西方人，結婚離婚、離婚結婚，第一任丈夫、第二任丈夫，第一任太太、第二任太太，甚至第四、第五任太太，p80簡直匪夷所思；西方人看中國人，三妻四妾，兒女繞膝、三代同堂，五代共住，真是不可思議。 中國人一見面，習慣問候對方「你吃飯了沒有？」西方人覺得實在奇怪；西方人一見面就互相擁抱親吻，中國人也覺得很難接受。p81

屬性	篇號篇名	譬喻數	内　容
一、能識大體 19 / 139	25.嫉妒心理	9	言上舉例來說，有的人說，我就是不喜歡「買名牌」的東西，我就是不喜歡「穿名牌」的服飾；這是表示他嫉妒別人買名牌、穿名牌。有的人不歡喜和「官員」來往，不喜歡和「富商巨賈」往來，這就表示他有嫉妒官商的心理。p92 也有人說，我從不買股票，我從不購買書籍，這表示他嫉妒別人投資股票、閱讀書籍。還有人說，我「討厭選舉」，我從來「不想出國」，這表示他看到別人出國，看到別人選舉，他心有嫉妒。甚至連佛教界的人士，也會在言語上流露出「嫉妒心理」，例如：我就是「不建寺廟」，我就是「不收徒弟」，我從來「不寫文章」，我就是不喜歡辦「弘法活動」p93
	26.護短利弊	10	十個指頭，伸出來有長有短；長固然很好，短也有需要。 一根木材，本來很長，但是為了建房屋、造桌椅的需要，所以把長的鋸短；長短參差，實際上也有需要。短處不是過失，例如，不會唱歌、不會繪畫、不會外文、不會數學，此雖短處，但短不掩長，人還有其他很多的特長。 不會唱歌，但是會說話也很好；不會繪畫，但是會欣賞也很好；不會外文，但能夠通達本國文字也很好；不會數學，但懂得理則也很好。 技術上的短處無可厚非，精神毅力上的特長，是非常重要。例如，度量寬宏、道德完美、機智過人，勤勞發心，此皆特長，人人可得；若其p97不能，此乃不為，非不能為也！p98
	30.人要識大體	2	不識大體的人，經常口沫橫飛的大發牢騷，批評、毀謗別人；其實，猶如送禮給人，人家不接受，只有自己收回！p111 人，要識大體，才能有所為有所不為，才能樹立自己的道德人格，才能像松柏一樣，傲骨霜雪，氣節常青！p112
	33.你我之間	1	是一體的東p119西，即使是身體上的爛瘡爛肉，我也要好好的洗滌、敷藥、包紮、愛護，讓它不要受到傷害。p120
	37.公平與不公平	1	人的窮通禍福，有「自業自受」的原理。你前生在銀行裡的存款，你今生還可以受用；你前生負債累累，今生又何能奢望擁有財富呢？p134
	38.立足點	15	飛機在空中飛航，航線就是他的「立足點」；在規定的航線上才可以起飛、降落，才不會錯亂了「立足點」。火車不管行馳多遠，都有起點和最後的終點站；乃至每一個中途停靠的站台，都是火車的「立足點」。船隻在海洋裡航行，也要有目標；因為目標就是船隻的「立足點」。p138 樹木有「根本」，它才能滋盛榮茂；「根本」就是樹木的「立足點」。房屋也要建築在適當的土地上，每一塊適當的土地都是每一間房屋的立足點。

屬性	篇號篇名	譬喻數	內　　容
一、能識大體 19／139	續38.		在人生的道上，什麼才是我們真正的立足點呢？1.孝順父母是我們的立足點；2.勤勞負責是我們的立足點；3.修身養性是我們的立足點；4.吃苦耐勞是我們的立足點；5.犧牲奉獻是我們的立足點；6.尊重包容是我們的立足點；7.慈悲喜捨是我們的立足點；8.正知正見是我們的立足點；9.有規有矩是我們的立足點；10.守法守道是我們的立足點。p139
	44.散發魅力	16	音樂家，能用動聽的歌聲扣人心弦，這就是散發魅力；美術家，能用美麗的繪畫引人目光，這即是展現魅力；建築家，能用宏偉的建築博人讚歎，這也是魅力的呈現；演說家，能用精闢的講演令人會意，這更是魅力的傳達。魅力人人都有，只是表現不同。女性以阿娜多姿的儀態呈現她的婉約；男士用溫文儒雅的舉止展現他的修養，這也是魅力。p158有的人談吐幽默、詼諧風趣，讓人聽了如沐春風，這就是說話的魅力；有的人博學多聞，聰明睿智，可以引人入勝，這就是智慧的魅力；有的人善解人意，處處為人設想，時時流露親和的態度，這就是他處眾的魅力；有的人深具威嚴，能夠讓人心悅誠服的服從領導，這就是他具有領袖的魅力。p159太陽散發熱力，花朵吐露芬芳，空氣洋溢清新，做人表現祥和；只要有心，那裡不能散發魅力呢？你專注工作，負責勤勞，讓主管欣賞你，讓同事擁戴你，這不就是有魅力的人嗎？你做義工，廣結善緣，讓朋友喜愛你，讓見者尊敬你，你不就是有魅力的人嗎？p160
	47.以身作則	4	一場戰爭，身為指揮的將領能夠「身先士卒」，才能勝利；做老師的講學講道，要能「躬身實踐」，才能為學生所信服。父母長輩教育子弟都要「以身作則」，父母說謊，卻叫兒女誠實；父母自私慳吝，卻叫兒女要服務奉獻，兒女怎肯聽話呢？p169一個學生在學校裡偷了同學的鉛筆，老師認為這種偷盜的行為很不好，就向家長反應。家長即刻給兒子兩個耳光，指著兒子罵道：「你真是莫名奇妙！你要鉛筆，我可以從辦公室帶回一打給你，為什麼你要偷同學的。」像這樣子的教育，怎麼能教出行為正派的兒女呢？　現在社會上的政治人物，貪贓枉法，如何叫老百姓守法？從政的人員官僚自大，民間的風氣怎麼會端正善良呢？p170
	56.拒絕的藝術	10	我們應該要學會拒絕的藝術。例如，不要立刻拒絕、不要輕易拒絕，不要生氣拒絕，不要隨便拒絕，不要無情拒絕，不要傲慢拒絕。如果真是不得不拒絕的時候，也要注意維護對方的尊嚴。例如語言要婉轉、態度要和善，最好臉帶微笑，讓對方了解你的真誠、你的善意。p200

屬性	篇號篇名	譬喻數	内　　容
一、能識大體 19／139	續56.		此外，拒絕時，如果能夠有另外的替代方案，例如部屬要求安裝冷氣，至少你可以給他一台電風扇；朋友希望你送她一盆玫瑰花，至少你可以送她一盆薔薇；能夠有替代、有出路、有幫助的拒絕，必能獲得對方的諒解。p201
	68.不耐他榮	5	嫉妒，如一把雙刃的刀，不僅傷害了別人，同時也會傷及自己。p240 有愛心的人，才能歡喜別人的榮耀；有肚量的人，才能分享別人的成就。例如父母不嫉妒兒女，一心一意培育優秀的子弟；老師不嫉妒學生，所謂「沒有狀元老師，只有狀元學生。」如此才能造就傑出的青年。因此，吾人要養成「見好隨喜」、「見能讚歎」、「見美說好」、「見善宣揚」的美德。看別人的成就，即是我們的成就；對別人的榮耀，視同我們的榮耀。p241
	79.儲蓄與防備	13	蜜蜂採蜜，為了防備冬天來臨；螞蟻聚糧，為了儲存來年所需。甚至連一隻小松鼠，當牠獲得了一顆花生，得到了一粒小豆子，牠也懂得要儲藏起來，以防飢餓的到來，這都是有儲蓄的好習慣。 白天準備手電筒，以待黑夜降臨；晴天備妥雨傘，以防陰天下雨。養兒防老，積穀防飢，這都是有情眾生懂得儲蓄與防備的意義。p275慳吝不捨，這就做了金錢的奴隸；如此積蓄，即使錢財再多，也無意義。真正的儲蓄與防備，是一種憂患意識，是一種防備心理，是一種預備動作。例如，夜晚關好門戶，以防患小偷；白天備妥茶水，以便客人隨時上門；各種資料蒐集齊全，以備他日應用；車輛隨時保有「備胎」，以應不時之需。所以，儲蓄防備，就是懂得「未雨綢繆」，就是懂得「九耕三餘」之道，這是人人應具有的生活態度。p276　所謂「有備無患，無備患無窮」，平時我們還要有防備災難、防備禍患、防患惡事的心態，以免遭遇無妄之災。例如，平時不濫砍伐樹木，反而植樹造木；藉著樹木儲水，以防旱災。平時不濫墾山坡地，進而做好水土保持，以防雨季來臨，大水沖刷，造成土壤流失。p277
	80.暗夜明燈	18	心靈的燈光是什麼呢？智慧是心靈的燈光、明理是心靈的燈光、慈悲喜捨是心靈的燈光、慚愧知恥是心靈的燈光。暗夜的明燈，也不只是指路燈、心燈；一個人、一本書、一所學校、一個道場，都是暗夜明燈啊！ 例如，一個人有學問，他就像一盞明燈，學子就會向他集中而來；一個人有道德，他就是一盞聖賢的明燈，求道者自然會慕名而來；一個p279人有能力，又肯助人，他就像一盞明燈，日久自然會近悅遠來；一個有慈悲心的人，他就是一盞明燈，很多人都會心無罣礙的向他投靠。 高山叢林，為什麼鳥獸聚集？高山叢林就像是鳥獸的明燈，可以做為牠們的依靠；江河海洋，魚蝦總要找一個無污染的水域為家，因為無污染的水域就是魚蝦的明燈，可以獲得安全的庇護。

屬性	篇號篇名	譬喻數	內　容
一、能識大體 19／139	續80.		一個人，既然可以像明燈一樣，我們自問：我可以做家庭中的明燈嗎？我可以成為社區裡的明燈嗎？我可以點亮社會上的明燈嗎？我可以是照亮全人類的明燈嗎？p280
	88.放棄成見	4	「成見」好像茶杯裡有了毒素、雜質，即使倒入再清淨的水，也不能飲用；「成見」好像田地裡的荊棘、雜草，即使播撒再好的種子，也不容易成長。p306 人，都喜歡帶著有色的眼睛看人、看事，因此看不到真相。例如戴黃色的眼鏡，所看到的世界就是黃色的；戴紅色的眼鏡看人，所睹所見，必然也都是紅色的。p307 p308
	89.不貪為寶	9	世間上，有的人以財為寶，有的人以名為寶，有的人以愛為寶，有的人以命為寶。還有一些人，一提到「寶」，就想到珍珠瑪瑙、珊瑚琥珀、鑽石美玉等。其實，所謂「寶」，就是一個貪愛、貪執；因為有貪，才需要寶。例如，有的人把兒女當寶；有的人把傳家古董當寶；有的人愛書成癖，書就是他的寶；有的人好養寵物，貓狗寵物就是他的寶。更有的人以自己所蒐集之物為寶：集郵者，視所集之郵票為寶，收藏書籍、名片、飾物、樂器、火柴盒，甚至收藏石頭者，一塊石頭在他看來都是寶。p309 p310
	91.終身學習	3	終身學習，這也不是政府倡導口號就行了，必須由知識分子領導，造成風氣，讓全民都感覺到終身學習就如日常吃飯、睡覺一樣重要，如此終身學習才能推動得徹底。p316有一位青年，拿到博士學位後，回家問家長：「我已得到博士學位了，以後要做什麼？」家長說：「學做人！」p317
二、緣起真理 15／105	2.生命的密碼	4	只要是身口意所造作的善惡業等，都會像電腦一樣，在業的倉庫裡有了儲存；「因緣會遇時，業報還自受」，等到善惡業的因緣成熟了，一切還得自作自受，這是因果業報不變的定律。「業力」像一條繩索，它把生生世世的「分段生死」都連繫在一起，既不會散失，也不會缺少一點點。「生命不死」，就是因為有「業」的關係，像春去秋來，像秋涼轉為春暖；「一江春水向東流」，一切都是循環，都是輪回。p.17「現報」就如種子，春耕秋收；「生報」就是今年播種，明年收成；「後報」則是今年播種，多年以後才能收成。所謂「不是不報」，只是「時辰未到」而已。p.18 p.16
	7.人生無量壽	2	人的生命，這一期過了，還有下一期，甚至有無限期的生命；正如花果萎謝了，只要留下種子，就會有第二期的生命、第三期的生命，乃至無量無限期的生命。如果我們能把我們的精神、智慧、貢獻，都流入到無限的時空中，我們不就是「無量壽」了嗎？p33

屬性	篇號篇名	譬喻數	內　容
二、緣起真理15／105	11.將心比心	4	我們怕家禽飢餓，要餵牠飲食；我們怕花草乾枯，要給予澆水；我們對於動植物都能有此體諒的心，為什麼對於同胞、家人、朋友，不能「將心比心」給予體諒呢？「將心比心」就是佛心；體諒的心就是佛心。p47
	14.學會處衆	5	花園裡，儘管開放的花朵有黃色、有紅色、有紫色、有白色、有藍色等五顏六色的不同，但是在我看來，一樣都是花；因為都是花，所以要共同平等的存在，這不是很好嗎？只要我肯跟別人結緣，例如我以歡喜跟你結緣、以物品跟你結緣、以好的語言跟你結緣、以助成跟你結緣；我讚美你，助成你，你會不接受我嗎？p57
	17.輪迴	11	佛教講生命，不是從生到死，而是像時鐘，是圓型的；像車輪，是轉動的，故而有所謂的「三世輪迴」。楊柳枯了，會有再青的時候；花兒謝了，還有再開的時候。太陽西下了，明晨會再昇起，冬天到了，春天還會很遠嗎？像這樣的輪迴思想，多麼美麗，多麼真實，多麼光明的未來希望啊！p65 人吃了青菜五穀，排泄成為肥料；肥料再滋潤草木，又供人所需。人餵食豬羊，豬羊又供人食用，彼此輪迴。水被太陽蒸發為蒸氣，遇冷凝結致雨；花果枯萎成為種子，經過播種又再開花結果。一江春水向東流，流到哪裡去呢？還是有再回來的時刻。火車的車輪輾轉不停，這是向前；輪船的輪機，不但向前，還可以左p66右。輪迴可以有好的未來，可是也有不幸的降臨。例如現在的政黨輪替、家族的興亡，在在都是說明了現世的輪迴。p67
	18.最好的投資	6	個人的力量有限，不得不集衆力而能有所為；正如獨木難撐大廈，集衆人之力，人多好成事！今年播種，明年才有收成；做了一件好事，要等多年以後才有回報。吾人不但在金錢上投資、事業上投資；在人情、信仰上，更要投p68資。有時投資一句好話、一臉笑容、一個點頭、一聲問好，將來可能會有不可思議的結果。 佛教所謂的「廣結善緣」，就是最好的投資。世間上的事業，有的人合夥投資不數月，便拆夥倒閉了；因為他才播了種，即刻就想要有收成，這是缺乏投資的條件。p69投資如播種，投資如結緣；不播種、不結緣，那裡能有收穫呢？p70
	32.家和萬事興	3	家，是人生的安樂窩；家，是人生的避風港。俗語說：家不和被人欺；又說：家和p116萬事興。在家庭裡，能夠父慈子孝，能夠兄友弟恭，能夠夫唱婦隨，所謂家人一條心，即使泥土也能變成金。p117
	35.愛就是尊重	10	愛，好比是日光、空氣、水；沒有日光、空氣、水的愛，生命就無法生存了。但是，愛也要愛得正當、愛得合理、愛得尊重，否則假冒的善名，做出多少醜陋的事情。例如，有的人把愛當作執著、有的人把愛p127當為占有、有的人把愛當成自我、有的人把愛變為恨源。

屬性	篇號篇名	譬喻數	內　容
二、緣起真理15／105	續35.		如果愛得不當，則愛如繩索，會束縛我們，使我們的身心不得自由；愛如枷鎖，會鎖住我們，使我們片刻不得安寧；愛如盲者，使我們陷身黑暗之中而渾然不知；愛如苦海，使我們在苦海中傾覆滅頂。p129
	45.一時的榮耀	4	有的人的榮耀天下皆知，有的人的榮耀只有一個人欣賞。例如，在父母的心目之中，我是一個榮耀的兒女；在夫妻相處之中，我是一個榮p163耀的妻子；在團體之中，我是一個榮耀的會員；在國家之中，我是一個榮耀的公民，此種榮耀不是要比一時的榮耀更有意義嗎？p164
	46.偶像觀念	5	一塊布做成國旗，我可以為它犧牲，因為它不是一塊布，它是代表我的國家。一塊木材可以拿來燒火，但做成祖先的牌位，我要把它供奉起來，這就是偶像的崇拜。製成了國旗的一塊布，即使破爛不堪，我還是會對它肅然起敬；一塊綾羅綢緞，因為它不夠做成衣服，我可能捨棄不顧，因為它對我沒有用。同樣的布料，做成帽子就戴在頭上，做成鞋子則穿在腳下；布的價值都是一樣，但做成帽子或是製成鞋子，在我心中的尊卑價值就不一樣了。p167
	49.主角與配角	5	荷花雖好，還需綠葉陪襯。我們對世間的人物，尤其是縱橫政壇的政治人物，或是活躍在舞台上的演藝人員，我們不但要欣賞主角的丰采，更要肯定配角的能耐。 你看，一個公司裡，董事長好當，總經理難為，此即主角易做，配角不易為也；多少的人民團體，理事長好做，秘書長難為，此即配角之可貴也。p178
	53.事業要交棒	3	當一個人在青壯年意氣飛揚、精神奮發的時候，一直在高壓之下，不得發揮，就如奴才一樣馴服、忠誠，又如綿羊一樣柔順、聽話；p190 交棒的問題，等於一場四百公尺的田徑接力賽，p191
	55.集體創作	11	一部汽車，需要引擎、馬達、輪胎、座椅、板金等零件組合，才能出廠上路。一棟大樓，要有工程師、建築師、泥水土木等工程人員共同建造，才能矗立落成。一份報紙，要靠編輯、記者、發行、印刷工人等通力合作，才能出報。一個節目，製作人、導演、編劇、演員等，缺一不可。一個政府，需要內政、外交、財經、教育、國防等各部、各會的多少人才，集體創作，國家才能健全發展。一個人，要靠口鼻呼吸、腸胃消化、心臟製造血液供應全身細胞的代謝之外，手要動，腳要走，眼耳鼻舌身等六根合作，身體才能運作。人p196也是集體創作的成果，甚至一花一木，要靠風霜雨露的滋長；一磚一瓦，也要地水火風，四大和合，才能成就。一場籃球賽，單打獨鬥會輸，要靠前鋒後衛相互合作，集體創作，才能致勝；羽毛球比賽，即使是兩人單打，也需要教練、裁判，以及許多人供應場地、球具等所需，才能賽成。沙石水泥，經過混合才能堅固；五指合成拳頭，才有力量。集體創p197作中，我是眾中的一個，我不是全部；全部叫做因緣，沒有個人。p198

屬性	篇號篇名	譬喻數	内　容
二、緣起真理15／105	72.空的真理	8	什麼是「空」？我們可以告訴他，電視機本來什麼都沒有，但是開關一開，一百多個電視台，裡面有話劇，有歌舞，有世界史，有山川河流，萬有俱全。 茶杯不空怎麼能裝茶水呢？荷包不空怎麼能p253裝錢財物品呢？房子不空，怎麼能住人呢？土地不空，怎麼能建設房子呢？ 鼻孔要「空」，才能呼吸；耳朵要「空」，才能聽聲音；五臟六腑要「空」，才能健康；「不空」就沒有辦法生存了。p.254
	86.無可奈何	24	世間上有很多「無可奈何」的事，例如，養了不肖的子孫、交了不好的朋友，或是被人冤枉、受了委屈、給長官欺負，甚至父母無理、恩愛別離、所求不遂、被人倒閉等等，都是「啞吧吃黃蓮，有苦說不出」，只有徒歎奈何啊！ 有的人參加考試，屢試不中，就是想要奮發上進，無奈求學無門；有的人身體不好，經常生病，即使想要有所作為，無奈沒有健康。爲人子女，不能養家賺錢；爲人妻女，不能懷孕生子；甚至天然災害，人爲戰爭，都叫人有「無可奈何」之歎！p300年齡老了，感到生命的短暫，非常無奈；身體病了，連生活都要人幫忙，真是感到無奈！親戚朋友，一個個離我而去，真是無奈；煩惱妄想，一直無法獲得心靈的安穩，只有徒歎奈何！談情說愛，最後還是遇人不淑，這不就是無奈嗎？一心想要找一個好的工作，偏偏遇到一個不近人情的主管，也只有慨歎無奈！怕熱的人，經常受到炎熱的煎熬；怕冷的人，必須經常忍受寒冷的侵襲，這都是無奈嗎？人情裡的無奈、金錢上的無奈、家庭中的無奈、職業上的無奈、很多壓力的無奈，真是無奈何其多啊！p301
三、忍辱負重9／44	20.勝利的條件	9	世界上，有的人用金錢買到勝利，有的人用權勢取得勝利；有的人用武力、刀槍達到勝利，有的人用美麗言辭獲得勝利；也有的人用欺騙的手段追逐勝利，乃至有的人用大眾輿論的力量希求勝利。但是也有人用慈悲、智慧、道德、人格、感動、忍耐等力量獲致最後的勝利。p75現在是民主時代，掌握選民的力量，就能獲得勝利；平時讚美別人，讓步謙虛，爲人解決問題，爲人謀求福利，都能獲得真正的勝利。p77
	23.五分鐘的熱度	6	情緒化的人生，大多數忽冷忽熱，就如現在的速食，經過微波爐的加溫，熱得快，也冷得快。又如花草樹木，今年種，明年就長大的，必不耐久；必須在時間之流中，歷經多少的寒暑，才能長成所謂的「青松翠柏」。p86 我們愛國護國也不是喊喊口號，回家就忘記了！我們開店經商，知名度與信用都還沒有建立，就因爲賺錢有限而不耐煩，如此短見，怎麼能有未來呢？ 立志發心，不能像朝露，所謂「露水道心」，經不起太陽一照，就自己消失了。p87

屬性	篇號篇名	譬喻數	内　　容
三、忍辱負重 9／44	48.功過論	6	世間上凡一切事物，大都是功過皆有，例如利刃可以殺人，也可以切菜；槍砲可以毀滅世界，也能維持和平。砒霜毒藥能害人，然而對高明的醫師而言，它也能「以毒攻毒」來救人；再好的營養品吃多了，或是吃得不對，也會產生副作用，此即所謂「法非善惡，善惡是法」。p173 有的人身居高位，即使有過，大家也不敢舉發，只有在他的暴政迫害下，忍氣吞聲的苟且偷安；有的人雖然功在社稷，由於當政者不喜歡，旁人也不敢推薦。p173
	57.器官移植	3	當你捐出一個眼角膜，就能把光明帶給別人；當你捐他一個心臟，就能給他生命的動力；當你捐贈骨髓，就是把生命之流，流入他人的生命之中。器官移植，帶給別人生機，也是自我生命的延續。p204
	62.苦甘的先後	2	凡是「先苦後甘」的人，必定後力無窮，漸入佳境，這就如同品嚐橄欖，先澀後甘，又如倒吃甘蔗，愈吃愈甜。p219
	71.學徒性格	2	一間房子要蓋得好，地基要牢固；一個運動員球技要打得好，基本動作要純熟。p252
	78.氣質芬芳	3	有的人表現出慈悲的氣質、道德的氣質、高尚的氣質、誠信的氣質，這些氣質都能像花草一樣，散發芬芳的氣息，令人著迷。p272内心莊嚴美麗，勝過外在的百千裝扮；内在美如空谷幽蘭，洋溢陣陣芬芳，使人心情愉悦。一個時常心存感恩的人，才能增長品德、變化氣質，才能像花朵一樣，散發芬芳的氣質。p274
	90.征服自己	12	吾人無法征服自己的，還有更多。例如，衰老來了，我能征p312服嗎？疾病來了，我能征服嗎？死亡來了，我能征服嗎？所以，征服別人容易，甚至征服世界也還容易；但是，征服自己可就難如登天了。征服別人，有時候用金錢可以征服別人；有時候用武力可以征服別人；有時候用美色可以征服別人；有時候用人情可以征服別人。但是，我們能以這些來征服別人，別人也能以這些來征服我們。所以，真正能征服別人的是慈悲、是道德、是大公、是感動，別人對你心悦誠服了，也就被你征服了。p314
	93.吃苦當成吃補	1	吃苦就如吃補。p323
四、動靜自如 8／51	22.贊成與反對	7	為反對而反對者，例如，我反對興建高速公路，因為太直、太平、太好行的道路，一直在出車禍。難道我們就不建高速公路了嗎？有人反對製造輪船、飛機，他說，飛機在空中失事，輪船在海中沉沒，難道我們就不製造飛機、輪船了嗎？有人反對建築高樓大廈，理由是地震傷亡，大樓比較危險。難道我們就不建高樓大廈了嗎？p83 假如吃飯說是浪費米糧，難道我們就不要吃飯嗎？如果說睡覺太浪費時間，難道人就不要睡覺嗎？生兒育女，兒女會為非作歹、傾家蕩產，難道就不要生育兒女了嗎？p84

屬性	篇號篇名	譬喻數	內　容
四、動靜自如8／51	24.心靈淨化	20	就算把「心靈淨化」說成「心靈改革」吧！就如同革命一樣，也需要有一套理論，要有革命的主張。p89 心靈的污染，來自色聲香味觸法等六塵；六塵染污了心靈，因此必需要有方法來對治。就如田園裡長了雜草，也要有除草機來整理；荊棘葛藤擋路，也要用利剪加以清除；銅鐵生鏽了，要用潤滑劑抹拭；身體污穢了，要用清水洗滌乾淨。 改革也好，淨化也好，只有用佛法才是究竟之道。例如國際佛光會最早推動「七誡運動」，一誡煙毒、二誡色情、三誡暴力、四誡偷盜、五誡賭博、六誡酗酒、七誡惡口。接著又再推動「慈悲愛心列車」巡迴全島來宣傳慈悲愛心，不但落實民間，而且落實人心。最後又提出說好話、做好事、存好心的「三好運動」，凡此都是為了改善社會風氣，p90都是淨化心靈的一帖良藥。 佛如良醫，法如良藥，僧如看護；佛教的因果觀念，令人不須經由法律規章的約束，就能自制自律，從善如流；佛教的環保觀念，令人自動自發維護環境整潔，又能改善社會風氣，淨化人心，達到心靈環保的功效；佛教的四無量心、六波羅蜜、八正道等教義，都是最佳的道德行為指南。 此外，培養結緣的習慣、人我互調的觀念、散播慈悲的種子、遇事感恩的美德，都是淨化心靈的方法。吾人日常生活中，由於眼看耳聽，無形中增加了心理的壓力；唯有用慈悲的法水、智慧的法水，才能洗滌塵埃，才能真正發揮淨化心靈之功！p91
	39.提得起放得下	2	所謂「提得起、放得下」，就如打井水的水桶，能夠提起來，也能放下去。p141做人處事應該像皮箱一樣，用的時候要「提起」，不用的時候應該要「放下」。p144
	42.生氣與爭氣	8	我們幾乎都是氣桶子，經常要拿人、拿事來出氣。例如見到你對我不友善、不尊重我，我要生氣；見到你好、你榮，我要生氣；見到你不同於我的思想、理念，我也要生氣。你發財了，我生氣；你金榜題名、功成名就，我也要生氣。你對我不好，我生氣；你做得太好了，我也要生氣，甚至因為自己過分敏感，因此容易因為別人的一句話、一個眼色而生氣。p152
	54.生死一如	4	人之死亡，如住久了的房子，一旦朽壞，就要拆除重建，才有新屋可住。當新居落成之時，這是可喜呢？還是可悲呢？一部舊的汽車，將要淘汰換新，當換一部新車之時，我們是歡喜呢？還是悲傷呢？老朽的身體像房屋喬遷，像破落的汽車汰舊更新，這是正常的過程，應該可喜，不是可悲！

屬性	篇號篇名	譬喻數	內　　容
四、動靜自如 8／51	續54. p194		人之生命如杯水，茶杯跌壞了不可復原，水流到桌上、地下，可以用抹布擦拭，重新裝回茶杯裡。茶杯雖然不能復原，但生命之水卻一滴也不會少。人之身體，又如木材；木材燒火，一根接著一根，縱然木材不同，但是生命之火，仍會一直延續不斷。p195
	66.忙與閒	2	忙，是身心最滋養的補品；忙，更為今生和來世播下善美的種子。p234
	74.昂首與低頭	4	樹木花草都是向上生長，但是成熟的葵花，頭是低垂的；成熟的稻穗，也是低垂著頭。成熟的人生，往往懂得低頭時低頭，當昂首時昂首。軍隊在操場上訓練，長官都一直鼓勵他們要挺起胸膛，要抬頭挺胸，要邁開大步，要正步向前。但是一旦到了沙場戰爭，一定要彎腰匍匐前進，才能克敵致勝。所以人生在世，當昂首時要昂首，當低頭時要低頭；而且在昂首的時候要懂得謙卑，在低頭時要知道尊嚴，如此才能不失去自我的中道人生。p262
	82.書香台灣	4	讀書，應該像國民義務教育一樣，要提升社會的力量，必須養成人人讀書的習慣。現在由佛光山文教基金會、人間文教基金會、國際佛光會、人間福報社等，聯合設立的「人間佛光讀書會」，以發展遍及世界萬千個讀書會為目標。讓書聲代替吵聲，讓書籍代替鈔票，讓書香洋溢在社會各個階層及大街小巷裡，讓台灣不僅只是發展經濟，更能成為一個書香台灣。p287
五、禪趣生活 16／128	8.讀書的樂趣	2	如果不肯讀書，無異放棄了世界上最可貴的財富。一個人如果不能不斷的讀書，吸收新知識，好比存在銀行的存款，只有支出，沒有收入，勢必收支不平衡，將會形成嚴重的虧空狀態，等到資本耗盡，人生也就停擺了。p36
	12.金錢不是萬能	19	金錢可以買到很多的妻妾奴隸，但是不能買到身體不死。金錢可以買到化妝用品，但是買不到高貴氣質；金錢可以買到美麗衣衫，但是買不到身形莊嚴；金錢可以買到珍饈美味，但是買不到食欲健康；金錢可以買到寬廣大床，但是買不到甜美睡眠；p48金錢可以買到高樓大廈，但是買不到崇高道德；金錢可以買到書報雜誌，但是買不到聰明知識；金錢可以買到器皿傢俱，但是買不到歡喜滿足；金錢可以買到酒肉朋友，但是買不到患難知交；金錢可以買到多數選票，但是買不到真正人心；金錢可以買到公司銀行，但是買不到般若智慧；金錢可以買到人呼萬歲，但是買不到合掌尊敬；金錢可以買到高官厚爵，但是買不到成聖成賢。p49金錢之外，慈悲是我們的財富，般若是我們的財富，慚愧是我們的財富，感恩是我們的財富，信仰是我們的財富，道德是我們的財富。p50

屬性	篇號篇名	譬喻數	內　　容
五、禪趣生活16／128	15.以疾病為良藥	8	疾病的本身就是人生的一帖良藥。P59有了疾病，其實也不必恐懼，何妨「與病為友」！生病了，要找醫生治療，其實最好的醫師就是自己；自己要做自己的醫師，自己身體上的疾病，應該自己首先知道。p60此外，物理可以治療疾病；時間可以治療疾病；飲食可以治療疾病；運動可以治療疾病；修行也能治療疾病。病，一般人把它比做「魔」；病魔要來為難我們，我們如何才能不被病魔所打倒呢？首先我們要能不懼怕病魔，自己要對自己有信心。p61
	36.宗教生活	5	所謂宗教的生活，它有思想、有意境，例如慈悲威儀、禪悅為食、道德為家、正道為行。p131宗教的生活不是牆壁上的一幅畫，它是心靈上的美感；它不是舞蹈的韻律，它是懷抱一切眾生。p132
	41.善用零碎時間	2	人生數十年寒暑，也如銀行裡的存款，也是有限、有量、有盡，因此要好好的利用。p149能夠利用零碎時間，不但是增加工作的效率，而且也是在延長壽命啊！p151
	58.拙處力行	19	「巧」來自於「拙」；「巧」要能巧得「妙」、巧得「奇」。例如：把「笨手」變成「巧手」，把「愚言」變成「巧言」，把「邪思」變成「巧思」，把「惡計」變成「巧計」；甚至「巧學」、「巧心」、「巧行」，乃至做一個「巧婦」、「巧匠」、「巧人」等。p205如果基礎不紮實，或是懶怠疏懶，則如氣功師練功，一日不練，十日無功；十日不練，百日無功；時斷時續，斷送氣功。如果是鋼琴家，則一天不練，自己知道；兩天不練，同行知道；三天不練，外行知道。如果是一個作家，也要勤於寫作才能進步p206現代人不注意「拙處力行」，例如軍隊未能刻苦訓練，怎能沙場取勝？學子不用心苦讀，怎能金榜題名？科學家也是要經過百千次的實驗，才能有所發明；工程師繪圖，也是要不厭其煩的修改，才有傲人之作傳世。農夫種植，也要一鏟一鋤的耕耘；機紡巧織，也要一經一緯的紡紗。p207
	60.一水四見	3	眾生各自的業感不同，故在果報上便有這許多的差異。就如每個人對酸甜苦辣各有愛好，又如臭豆腐、榴槤，好之者視為人間美味；惡之者食之難以下嚥。羊肉腥羶，愛之者美味佳餚；不習慣者，掩鼻作嘔。人的大便，自解者認為臭不可聞，而在狗類則視同珍饈美食。p212現在的父母常常以自己的喜好來要求子女，這就如同對一個不能吃辣的人，硬叫他吃辣；不喜歡吃甜的人，硬叫他吃甜點。又如一個喜愛居住都市的人，硬叫他與自然為伍；喜歡居住山林水邊的人，硬叫他在都市裡生活，此皆違反個性，強人所難，自然難有好的結果。又例如一個女性，有的講究穿著，不重視飲食；有的偏好美食，不重居住環境；有的人在意家居品質，但不看重衣食的華美！p214
	64.清貧思想	1	「清貧思想」是一種觀念的播種，是喚起全人類的覺醒，也可以說是扭轉社會亂源的一帖良藥。p227

屬性	篇號篇名	譬喻數	內　　容
五、禪趣生活16／128	69.耕耘心田	9	耕耘心田的方法，可以用思惟、觀照、反省、靜心、念佛，也可以透過禪定、參究、懺悔、發願等。p243
	73.行走山河	4	如果說自然界的天是父親，地是母親，那麼群山峰巒是父母的骨架，江海河流是父母的血液，我們想要認識我們的父母，就要從行走山河開始；在山河裡成長，在山河裡擁有世界。中國的雲貴、西藏地區之少數民族，他們征服高山，以高山為家；歐美的人士，也以攀登高山作為訓練青少年意志的課程。p257
	77.人比人	7	有一個人，騎腳踏車，看到別人騎摩托車，他就生氣、自卑，自己也去買一部馬力更大的摩托車。但p269是，別人又買了小汽車，四個輪胎總比兩個輪胎好！他不服氣，自己再買一部進口的汽車。不久，別人又買了勞斯萊斯，這時他才慨歎：比來比去，只是增加無限的欲望，對自己毫無益處。 有人居住草屋，看到別人建了瓦房，自己也建瓦房；別人建了高樓，自己也建高樓。房子建多了，住不了，每天還要忙著打掃、清理，因此做了房子的奴隸。文學家，見了哲學家，自己相形見絀，認為哲學的義理高深，比起文學的文字之美，更有內涵，更為高貴。哲學家，看到現在的科技發達，認為自己只是空談理論，比不上科學家對現代的文明適用。科學家，每天埋首在實驗室裡，卻一心羨慕著一個鄉村的農夫，渴望自己也能過一過那種悠閒自在的生活。p270鑽石，不要跟石頭比大；花草，不要與松樹比高；溪流，不要跟海洋爭大；平民，不要跟政治人物比權力。
	83.要吃早飯	5	社會上一般不吃早飯的人，所從事的工作性質大都比較特殊。例如忙於採訪夜間新聞的記者等，他們早上起不來，所以才把早飯、中飯一起吃。 樹上的飛鳥，只要天一亮，除了啼叫以外，就是要吃東西；河裡的魚兒，除了在水裡悠游、跳躍，就是要吃東西。即使樹木花草，也盼望每天早晨除了朝露以外，都能喝到充足的水分；甚至家中養的貓狗，也希望能吃得愈早愈好。p289
	84.無車日	5	沒有汽車在街道上奔馳，就好像山林裡沒有老虎為患一樣，沒有「市虎」的日子，人民生活安全而自在。p292 現在世界各國，大都因為車輛增加太快，但是道德的增長不及，所以車輛所造成的禍害也就跟著層出不窮。例如，超速、超載、闖紅燈、亂停車等，因為大家不守交通規則，所以每日的車禍不知造成多少人命的傷亡？p295
	85.生活中的修行	14	衣服破了，要修補一下，傢俱壞了，要修理一下；頭髮亂了，要修整一下，指甲長了，要修剪一下。不管日用、儀容，都需要修理、修補、修飾、修正。乃至鍋碗壞了，也要修鍋補碗；鞋襪壞了，也要修鞋補襪；人的行為有了偏差過失的時候，更需要修行。

屬性	篇號篇名	譬喻數	內　容
五、禪趣生活16／128	續85.生活中的修行	14	p296食衣住行、行住坐臥之間，乃至做人處事、交友往來、舉心動念、晨昏時空，都可以修行。例如：穿著衣服，莊嚴整齊固然需要，但是即使破舊損壞，只要清潔淡雅，也無不好，這就是穿衣的修行。飲食三餐，美味可口，人之所欲，所謂粗茶淡飯，也覺得別有滋味，這就是飲食的修行。p297居住房屋，深宅大院，固然很好；簡陋小屋，也如天堂，這就是居住的修行。出門有汽車代步，快速敏捷；無車無船，也能安步當車，這就是行走的修行。其他諸如經商的人，將本求p298利，貨真價實，老少無欺；當官的人，為民服務，守信守法，這就是生活中的修行。所謂修行，就是先要把人做好。做人如果尖酸苛薄、無信無義、無道無德、慳貪吝嗇、陰謀算計；心性品德上的缺點不去除，正如碗盤未洗，骯髒垢穢，如此怎麼能用來盛裝美味的佳餚供人受食呢？p299
	92.生活的品味	16	人要生活，豬馬牛羊也要生活，即使昆蟲、動物，都需要生活。但是，生活的品味，各有不同。 世間上，有的人吃喝玩樂，這就是他的生活品味；有的人追求富貴榮華，作為人生的品味；有的人周旋在人我是非之中，這也是他不同於人的人生品味；更有的人遊手好閒、遊戲人間，這許多的生活品味，都是不可取的。 人的生活，應該要有藝術生活的品味，要有服務人群的品味，也要有休閒運動的生活品味。p319有的人以遊山玩水、蒔花植草作為人生的品味；有的人以讀書寫作、作育英才為他的生活品味。每天能夠抽出半個小時靜坐，你會從寧靜中找到生活的品味；如果你能偶爾與朋友下個圍棋、打個橋牌，或者到滴水坊品茶談天；或是參觀美術館、博物館，參加讀書會、共修會，吟一首詩、唱一首歌，念個祈願文、聆聽古寺鐘聲，甚至朝山、義工，加入環保掃街、醫院助人的愛心行列，都可以提升生活的品味。 乃至偶爾與三五好友到郊外遊山玩水，也會提升生活的品味。尤其能把自我融入工作或大自然之中，如花朵般給人歡喜，如山水般與人遊玩，如橋樑般供人溝通，如樹蔭般讓人乘涼，如甘泉般解人飢渴；能夠自我創造生命的價值，這才是吾人所應該追求的生活品味。p321
	94.山水生活	9	吾人的修養，也應該要有如山的穩重、如山的包容、如山的崇高、如山的堅忍；吾人的美德，更要有如水的流通、如水的清澄、如水的深邃、如水的廣闊。山的美妙，在四時不同，所謂春山淡雅、夏山蒼翠、秋山明淨、冬山如睡；四時之山，也如同人之一生，有濃淡、有動靜、有榮枯。 水的流動，也富含人生哲理。水有漣漪、有波濤、有奔放；正如人p326生的際遇，有高低、有得失、有起伏，就看你如何任運揮灑！

屬性	篇號 篇名	譬喻數	內　容
六、俗世謀略 11／60	5.過現未來	2	希望在未來的田園裡，能廣播五彩繽紛的花果種子，讓我的生活不虞匱乏；在未來的田地上，我廣植福田的禾苗，能夠五穀豐收，使我的生活不致短缺。p26
	10.人生的高速路	9	人生，就像一條高速公路，高速公路上，保持距離尤其重要，當快則快，當慢則慢，就好像人生，何事優先？何事緩慢？都應該有個標準。p42
			吾人在世間的人生高速公路上，當知：道德是人生的高速公路，法律是人生的高速公路，義理是人生的高速公路，良知是人生的高速公路；謙虛禮讓是路邊的風光，因果報應是前進的規則，穩住方向盤是駕駛的要領，安全回家是唯一的目標。p43
	16.人要有理想	4	動物中，就算貓狗，也希望有美好的三餐；植物界，就算花草，也希望有朝露的滋潤；自詡為萬物之靈的人類，怎麼能沒有正當的希望，怎麼能沒有崇高的理想呢？人生有了理想，才有奮鬥的力量；沒有理想的人生，好比乾涸的泉水，就不會長養生機；沒有理想的人生，好比荒涼的沙漠，就無法孕育生命。p63
	27.情緒化	4	當無明業風一起，大海會波濤洶湧，人p101間會黯淡無光，人性會雲遮日蔽，真理會歪曲不正，情緒之為害，實在不謂不大呀！p102
	28.動靜時間	1	如果不當動的時候妄動，則如戰場上的戰事，後果不堪設想；不當靜的時候，如果一定要安靜，這是表示自己處理生活的無能。p104
	29.人中之鬼	7	所謂鬼，就是見不得陽光，躲在陰暗處作祟。p106 所謂疑心生暗鬼，我們的心中除了有疑心鬼之外，還有瞋恨鬼、嫉妒鬼、多惱鬼等。可以說，我們的身體軀殼裡原來住了許多的鬼怪。p107 鬼，還算是小鬼，如果鬼變成了魔，所謂魔王，那就更加的可怕了！煩惱就是魔王，無明就是魔鬼的君主；由無明煩惱的君主統領貪瞋癡的大將，率領八萬四千的小鬼，專門與慈悲道德的世界作戰。 所謂「降伏其心」，就是「降伏魔鬼」，否則心中的鬼怪不除，何能堂堂正正的做人呢？p108
	40.橫豎人生	11	我們可以用法身的意義，來活用我們的人生。例如，我們可以擴大人生，只要四通八達，就能有橫遍十方的人生；只要我們上下交流，就能有豎窮三際的人生。p145所謂「豎窮三際」，對於古往今來的聖賢、君子、長者、好人好事，我都能與他們神交往來。例如現在的網路、E-mail，我獨自一人，居於斗室，我就可以和普天下的人士來往；現在我們不就是已經「豎窮三際，橫遍十方」了嗎？「豎窮三際，橫遍十方」，我們也可以把它應用在做人處事上，例如，說一句話、做一件事，如果是應該知道的所有關係人等，我都應該一一周知大家，因為不能「橫遍十方」，就會有批評你的聲浪紛至沓來；如果你做任何事情，應

屬性	篇號篇名	譬喻數	内　容
六、俗世謀略11/60	續40.橫豎人生		該要承上啓下的，你就要去「豎窮三際」，不然就會受到許多外來的抗爭、壓力。p146 美國西部城市洛杉磯，高速公路像蜘蛛網，東西南北，縱橫數十條。你仔細的觀察，凡是東西向的，都是雙號；凡是南北行的，都是單號。儘管錯綜複雜，它是有規則的；因為有規則，就好像「橫豎人生」，就比較周全。過去的情報人員，有的有「橫」的來往，但是比較高級的，為了安全，只有「豎」p147的連繫。所以，當「橫」的時候要「橫遍十方」；當「豎」的時候要「豎窮三際」。織布，絲線有橫有豎，才能織成布匹；建房子的鋼筋，有橫有豎，才能牢固。p148
	43.思想一二三	4	社會上，無論從事政治擘畫，或是工商經營，或是科技研究，或是興學育才的人，他的思想都不會只有「一」，而沒有其他，所以思想便有一、二、三等的内涵和層次。p155
	63.蜈蚣論	2	有一個藝術家，雕塑一件藝術品，一月而成；另有一人，三年未成。老闆質問他，怎麼一件東西需要雕那麼久？他反而責問老闆：藝術品有時間嗎？p224工作不講效率，拖延再拖延，等於國防，飛機炮彈都已經打到頭頂了，我們還在研究作戰計劃呢？p225
	67.一步一腳印	9	人在走路的時候，一定要先放棄後面的一步，才能向前一步。 你走出p236的是泥濘裡的腳印呢？還是沙土裡的腳印呢？是荊棘裡的腳印呢？還是凹凸不平的腳印呢？還是康莊大道上的腳印呢？p237 聰明的人兒，你檢查過自己的腳印嗎？你有慈悲的腳印嗎？你有智慧的腳印嗎？你有慚愧的腳印嗎？你有感恩的腳印嗎？你有聖賢志士的腳印嗎？你有光明磊落的腳印嗎？p238
	76.福報漏了	7	我們賺得的錢財，把它放在口袋裡，口袋有缺口，錢財漏了；我們積聚的東西，把它放在箱子或籃子裡，箱子或籃子有洞，我們的東西漏了。有的人修福積功德，犧牲奉獻，但是如果不懂得「攝心守意」，讓身口意有了缺漏，善行義舉也會隨著缺口漏了，殊為可惜。有的人布施行善，只是布施的時候，心不甘、情不願，讓受者的尊嚴受到傷害，對方不但不感謝你的施予，反而因為你的語言行為刻薄，因此懷恨在心，如此縱有善行，布施的功德也會漏了。p266 第二、要慎行：既已做了好事，就應該好好的把握，不可拿石頭砸自己的腳。正如自己的物品，不懂得保養，反而加以踐踏，當然好的東p267西也會壞了。第三、要慎思：既已給別人的好因好緣，就要往好處去想：如果幫助了別人，心中又生懊惱，如此即使身做好事、口說好話、心想好意，但是因為有漏，就如同鍋子漏了、碗盤漏了、房子漏了、口袋漏了，你怎麼能積聚福報功德呢？
	續76.福報漏了	7	有的人一面賺錢，一面浪費；一面種植，一面踐踏。有漏的世間，有漏的眾生，保不住功德因緣。世間的功德好事都被我們自己的身、口、意漏了，正如茶杯有了破洞，水就會漏失掉。所以，吾人應該要時時刻刻謹言慎行、攝身防意，千萬不要讓三業把我們的「福報漏了」，這是非常重要的。p268
	78/93	527	

第六章
星雲《迷悟之間·5.人生加油站》之譬喻運用

　　本章特針對星雲《迷悟之間》套書第五冊《人生加油站》所收錄九十四篇短文，[1] 是自二〇〇一年四月十五日至二〇〇一年七月十七日

【1】　1.供養的用心 2.常識人生 3.尊重異己 4.五彩繽紛 5.凡事靠自己 6.名詞的魔術 7.沒有辦法 8.不要等待 9.知足與能忍 10豁達人生11.自我肯定 12.時間管理 13.學習與嫉妒 14.此岸彼岸 15.赤子之心16.真正的財富 17.人生本色 18.老來子 19.你給我 20.車速的快慢 21.義工與志工 22.死刑的因果 23.感恩之美 24.日日是好日 25.未來學26.有容乃大 27.面對問題 28.心靈的畫師 29.工作信條 30.慎言的重要31.放下與拿開 32.朋友的種類 33.搶功 34.人生山水畫 35.流行文化36.最好的選擇 37.養生與養性 38.教育的愛與嚴 39.進退之間 40.失敗的原因41.人權與生權 42.難忍能忍 43.正信與迷信 44.藉口之害 45.十字路口 46.留下什麼？ 47.名牌 48做個螺絲釘49.心香一瓣50.掌聲與噓聲51.我是財神爺 52.應世無畏 53.保密的涵養 54.業力與願力 55.惜緣56.分一杯羹 57.神佛之間 58.心平氣和 59.從過去到未來 60.浮生若夢61.換一個跑道62.各種面孔63.從今天做起64.人生的黃金歲月 65.人要活多少歲66.以客為尊 67.生命教育 68.馬馬虎虎 69.休息的意義 70.知錯就改71.放下自在 72.認識自我 73.理路清楚 74.燒金銀紙 75.清白人生76.不知道苦的危機 77.偶像 78.獨家新聞79.福氣與福報 80.剩菜的故事81.俗氣與道氣 82.地球人 83.上癮 84.愛好公義

期間，每天刊載在《人間福報》頭版所結集的七五八則譬喻做研究。這些出現在八十七篇短文的譬喻，將初分為佛典譬喻、一般譬喻、與星雲自創譬喻三類，各類再細分為不同屬性，然後加以彙整製表，以利深入探討星雲如何運用譬喻來攝受教化讀者，再依據這三類譬喻數量的比例，以及這些被採用的譬喻與人間佛教六大特性的相應度比對(見附表6.1)，來建構星雲運用譬喻著述的模式。茲逐節分述如下。

第一節、《迷悟之間・5.人生加油站》之經論譬喻分析

　　星雲在《迷悟之間・5.人生加油站》書中，引用此類佛典譬喻計有五十一篇一二二則譬喻，是本書所採用的三類譬喻中最少數的一類，其中第38.教育的愛與嚴出現七則譬喻最多，其次是第15.赤子之心、第70.知錯就改、與第85.生命馬拉松分別採用了六則譬喻，再其次為第1.供養的用心、第10.豁達人生、第31.放下與拿開、第37.養生與養性、第81.俗氣與道氣與第90.黑白二鼠等六篇各採用了五則譬喻。這一二二則譬喻可概分為平等互惠、假名施設、把握當下、自在人生、兩面對待與業果不失等六種屬性。第一項平等互惠屬性包括編號1，13，15，23，38，41，58，75，89，93等十篇二十七則譬喻；第二項假名施設屬性包括編號4，6，25，28，30，44，51，60，62，76，77等十一篇十七則譬喻；第三項把握當下屬性包括編號8，12，45，53，71等五篇十一則譬喻；第四項自在人生屬性包括編號9，10，11，26，42，82，86，88等八篇十九則譬喻；第五項兩面對待屬性包括編號14，21，31，32，37，39，54，69，81等九篇二十三則譬喻；與第六項業果不失屬性包括編號46，49，59，65，70，85，87，99等八篇二十八則譬喻。

　　為便於對照閱覽與分析說明，特彙整上述六種屬性的佛典譬喻如

85.生命馬拉松 86.打破僵局 87.早晚課 88.求籤與法語 89.私房錢 90.黑白二鼠91.問號的得失 92.睡經 93.人生加油站 94.貴人在那裏？

附表6.2，並依序說明如下：

一、平等互惠

　　第一項平等互惠屬性包括編號1，13，15，23，38，41，58，75，89，93等十篇二十五則譬喻，都在強調平等互惠的重要。第1.疏解鬱卒，舉佛陀的「十供養」、「三供養」、「四供養」，與《四十二章經》「飯十億阿羅漢，不如飯一辟支佛。……飯千億三世諸佛，不如飯無念無住無修無證之者。」[2] 等供養，以及玄奘曾對唐太宗以崑山玉含泥沙；麗水金摻瓦礫；破壞銅佛像遭懲罰；泥塑龍不能降雨卻能祈雨等四例，來譬喻僧眾不一定能降福給人，但是修福還是需要禮敬僧眾。重要的是供養的人，能因塑像而引發出來的一顆慈善尊貴之心。[3]第13.學習與嫉妒，舉鳩摩羅什與盤頭達多大小乘互相為師[4] 的例子，[5]來說明我們應以學習取代嫉妒。第15.赤子之心，採用了六則事例譬喻赤子之心。即大智文殊菩薩稱為文殊童子；善財童子「五十三參」；[6]講經弘法的妙慧童女；[7] 幫助弱小的慈童女；佛門的師徒之間，老和尚替做住持的徒弟倒茶、切水果來招待客人，這都是赤子之心。[8] 第23.感恩之美，舉「一粥一飯，當思來處不易；一絲一縷，應知物力維艱。」[9] 譬喻感恩之美。[10] 第38.教育的愛與嚴，採用了五則事例與一則佛論摘錄文，來譬喻佛陀與佛教教育的愛與嚴。這五則事例為羅睺

【2】　後漢‧迦葉摩騰共法蘭譯，《四十二章經》，T17n784722c01。

【3】　星雲大師(2004)，《迷悟之間‧5.人生加油站》，高雄：佛光出版社，頁14。

【4】　梁‧釋慧皎撰，《高僧傳》卷2，T50n2059p330a07。

【5】　星雲大師(2004)，《迷悟之間‧5.人生加油站》，頁54。梁釋慧皎撰，《高僧傳》卷2，T50n2059p330a07。

【6】　唐‧澄觀撰《大方廣佛華嚴經疏》卷55〈39入法界品〉，T35n1735p920。

【7】　唐‧菩提流志譯，《大寶積經》卷98，T11n0310p547b16。

【8】　星雲大師(2004)，《迷悟之間‧5.人生加油站》，頁60-63。

【9】　元‧熙仲集，《歷朝釋氏資鑑》，X76n1517。

【10】　星雲大師(2004)，《迷悟之間‧5.人生加油站》，頁88。

羅成爲十大弟子中的密行第一;首陀羅出身的優婆離,終於成爲持戒第一的弟子。目犍連與其母親,都受佛陀慈愛的關懷與濟度;佛陀侍者阿難成爲多聞第一的弟子。在禪堂裡,出了一個小偷,堂主一直沒有驅除他。眞正的教育,有時要以力的折服,有時也要有愛的撫慰。正如《禪林寶訓》說:「煦之嫗之,春夏之所以成長也;霜之雪之,秋冬之所以成熟也!」[11] 第41.人權與生權,採用了「大地衆生皆有如來智慧德相」[12] 來譬喻當人權有了,進一步更要注重生權。[13] 第58.心平氣和,舉《妙法蓮華經》「願將佛手雙垂下,摸得人心一樣平。」[14] 譬喻心平是非常重要的。[15] 第75.清白人生,採用了佛教的「將此生命,佈施衆生」,譬喻清白人生。[16] 第89.私房錢,採用了「五家共有」[17] 譬喻錢一旦公開了,就不是自己個人所有。[18] 第93.人生加油站,舉民國太虛大師得到蔣中正三千美元的資助,才得以展開環球弘法,終得成爲一個國際大師。[19] 這筆資助譬喻爲太虛大師人生的加油站。

　　上述十篇二十五則譬喻具人間佛教的人間性(1)、生活性(3)、利他性(5)、喜樂性(1)、時代性(4)、與普濟性(1)等六種特性,其中亦以利他性居多,人間性與普濟性殿後。(見附表6.1)

二、假名施設

　　第二項假名施設屬性包括編號4,6,25,28,30,44,51,60,62,76,77等十一篇十七則譬喻,都在強調假名施設的原理。第4.五

【11】　星雲大師(2004),《迷悟之間‧5.人生加油站》,頁136。
【12】　唐‧實叉難陀譯,《大方廣佛華嚴經》卷50,T10n279p99b13。
【13】　星雲大師(2004),《迷悟之間‧5.人生加油站》,頁146。
【14】　姚秦‧鳩摩羅什譯,《妙法蓮華經》,T9n262p60a27。
【15】　星雲大師(2004),《迷悟之間‧5.人生加油站》,頁197。
【16】　星雲大師(2004),《迷悟之間‧5.人生加油站》,頁253。
【17】　姚秦‧鳩摩羅什譯,《大莊嚴論經》卷5,T4n201p282a28。
【18】　星雲大師(2004),《迷悟之間‧5.人生加油站》,頁297。
【19】　星雲大師(2004),《迷悟之間‧5.人生加油站》,頁311。

彩繽紛，說明我們不能只是單一的做一件事，應該像觀世音菩薩一樣，化身千百億，在生活中同時扮演好各種不同的角色。[20] 第6.名詞的魔術，舉《金剛經》：「凡所有相，皆是虛妄。」[21] 說明名相雖然千差萬別，但是其理是一如的。[22] 第25.未來學，採用了《阿彌陀經》極樂淨土黃金鋪地，有冷熱流水；共命鳥的啼叫和流水的聲音，都是眞理的法音，[23]譬喻未來世界的殊勝。[24] 第28.心靈的畫師，舉《大方廣佛華嚴經》「心如工畫師，能畫種種物！」[25] 與《法華經》的「百界千如」[26]，譬喻我們的心，每天遊走在十法界眾生之中。[27] 第30.愼言的重要，舉維摩居士「一默一聲雷」，與佛陀說法四十九年，卻自謙沒有說過一個字，譬喻佛教裡禪門大師們常是一言不發的。[28] 第44.藉口之害，採用了維摩居士藉口老病，邀約諸大菩薩前來議論，較量修行的高低；[29] 與蓮花色女，藉口先去迎接由忉利天宮回來的佛陀，幸而佛陀知道，須菩提「觀空」才是第一個迎接佛陀的人，故而未讓蓮花色女的好勝得逞，[30]以譬喻藉口之害。第51.我是財神爺，舉佛經財神是女性的大功德天，財神爺就如忉利天主，名叫帝釋天，[31] 譬喻人人都可做財神爺。第60.浮生若夢，舉「夢裡明明有六趣，覺後空空無

【20】　星雲大師(2004)，《迷悟之間‧5.人生加油站》，頁25。

【21】　姚秦‧鳩摩羅什譯，《金剛般若波羅蜜》，T8n235p0749a23。

【22】　星雲大師(2004)，《迷悟之間‧5.人生加油站》，頁32。

【23】　宋‧王日休校輯，《佛說大阿彌陀經》，T12n364p331c13。

【24】　星雲大師(2004)，《迷悟之間‧5.人生加油站》，頁95。

【25】　唐‧實叉難陀譯，《大方廣佛華嚴經》卷19，T10n279p99b13。

【26】　姚秦‧鳩摩羅什譯，《妙法蓮華經》，T9n262p60a27。

【27】　星雲大師(2004)，《迷悟之間‧5.人生加油站》，頁102-103。

【28】　星雲大師(2004)，《迷悟之間‧5.人生加油站》，頁112。

【29】　姚秦‧鳩摩羅什譯，《維摩詰所說經》，T14n475p538c06。

【30】　星雲大師(2004)，《迷悟之間‧5.人生加油站》，頁156。

【31】　星雲大師(2004)，《迷悟之間‧5.人生加油站》，頁175。

大千」，[32] 與「大夢誰先覺，平生吾自知」。[33] 譬喻「癡人說夢」。[34] 第62.各種面孔，以佛陀所謂的「三十二相」；菩薩慈眉善目，慈悲祥和，做爲譬喻。[35] 第76.不知道苦的危機，能夠懂得「失之東隅，收之桑榆」，就能建立「悟得心空及第歸」[36] 的修養譬喻。[37] 第77.偶像，舉佛教的觀音、地藏也是偶像的譬喻。[38]

　　上述十一篇十七則譬喻具人間佛教的人間性(2)、生活性(7)、利他性(1)、喜樂性(2)、時代性(2)、與普濟性(1)等六種特性，其中亦以生活性居多，利他性與普濟性殿後。(見附表6.1)

三、把握當下

　　第三項把握當下屬性包括編號8，12，45，53，71等五篇十一則譬喻；都在強調把握當下的重要。第8.不要等待，舉道元在大太陽下曬香菇，與佛教「照顧當下！」說明不要等待明天，因爲明天過了還有明天。[39] 第12.時間管理，舉了佛陀的說法，玄奘的西行，馬祖的叢林三個實例，譬喻「精神不死」，就是你能留下了時間中多少的傑作？[40] 第45.十字路口，舉《大乘起信論》「一心開二門」：心眞如門、心生滅門；[41] 心能開天堂佛道，或人間惡行。又舉丹霞禪師在上京趕考路上，經過一座寺院時，覺悟「考官不如選佛」，因此選擇皈佛爲生。[42] 來譬

【32】　宋・德最集，《證道歌註》卷1，X65n1292p449c24。

【33】　唐・永嘉玄覺，〈永嘉大師證道歌〉，T48n2014p394a09。

【34】　星雲大師(2004)，《迷悟之間・5.人生加油站》，頁204。

【35】　星雲大師(2004)，《迷悟之間・5.人生加油站》，頁212。

【36】　清・最正等編，《秀野林禪師語錄》卷3，J36nB357p598c23。

【37】　星雲大師(2004)，《迷悟之間・5.人生加油站》，頁255。

【38】　雲大師(2004)，《迷悟之間・5.人生加油站》，頁257。

【39】　星雲大師(2004)，《迷悟之間・5.人生加油站》，頁37-38。

【40】　星雲大師(2004)，《迷悟之間・5.人生加油站》，頁53。

【41】　唐・實叉難陀譯，《大乘起信論》，T32n1667p585a04。

【42】　星雲大師(2004)，《迷悟之間・5.人生加油站》，頁159。

喻人生隨時都會面臨十字路口的選擇。第53.保密的涵養，舉《六祖壇經》中，弟子聽過六祖大師說法後，還要問：「另有『密』意否？」師答：「密在汝邊！」[43] 說明好探秘密，實乃人的天性。[44] 第71.放下自在，舉蘇東坡做不到「八風吹不動」，才被「一屁打過江」。做人，每天拖著一具死屍東奔西跑不肯放下！又舉形容彌勒菩薩的詩偈：「大肚能容，容卻人間多少事；笑口常開，笑盡天下古今愁。」譬喻做人要像彌勒菩薩一樣，大肚能容，放下自在。[45]

　　上述五篇十一則譬喻具人間佛教的人間性(1)、生活性(1)、利他性(3)、與喜樂性(1)等四種特性，其中以利他性居多，未見時代性與普濟性。(見附表6.1)

四、自在人生

　　第四項自在人生屬性包括編號9，10，11，26，42，82，86，88等八篇十九則譬喻，都在強調自在人生的重要。第9.知足與能忍，舉富上大師故意前往無人的地方化緣，[46] 大梅法常禪師以松果為食、以荷葉為衣，[47] 譬喻知足乃無上財寶。[48] 第10.豁達人生，採用了五個譬喻。如有豁達的人生，「心量如同虛空界，思惟多如恆河沙」[49]，如彌勒不被布袋所拖累，金碧峰不為玉缽所拘囚；趙州不受趙州茶的操縱，雲門不受雲門餅的牽絆。[50] 第11.自我肯定，舉釋迦牟尼佛能夠自我肯定，故能不畏辛苦，終而夜睹明星，證悟成佛；六祖惠能因為自我肯

【43】　元·宗寶編，《六祖大師法寶壇經》，T48n2008p348b15。

【44】　星雲大師(2004)，《迷悟之間·5.人生加油站》，頁182。

【45】　星雲大師(2004)，《迷悟之間·5.人生加油站》，頁241。

【46】　明·蓮池袾宏，《緇門崇行錄》卷1，X87n1627p0640a08。

【47】　明末清初·釋道霈述，《聖箭堂述古》卷1，X73n1455p445c01。

【48】　星雲大師(2004)，《迷悟之間·5.人生加油站》，頁43。

【49】　唐·般剌蜜帝譯，《楞嚴經》：「邪師說法如恒河沙」，T19n945p132a19。

【50】　星雲大師(2004)，《迷悟之間·5.人生加油站》，頁46。明·道忞撰述，《密雲怡禪師語錄》，L154n1640p592b13。

定，雖然暫居磨房舂米，終能見到自性，而成一代祖師。[51] 第26.有容乃大，舉佛陀行腳弘化五印度，講經時卻有百萬人天，經常跟隨者也有千二百五十人之多。又舉經「一花一世界，一葉一如來。」[52] 譬喻萬物都能相互包容。藉此譬喻，鼓勵人要「怨親平等」。[53] 第42.難忍能忍，舉佛陀：「不能忍受譏諷毀謗，如飲甘露者，不能名爲有力大人。」；布袋和尚：「有人罵老拙，老拙自說好；有人打老拙，老拙自睡倒；有人唾老拙，任他自乾了；他也省力氣，我也少煩惱。」須菩提尊者在修忍辱波羅蜜的時候，你叫他坐，他就不站；以及《金剛經》中，佛陀作忍辱仙人時，被歌利王誣陷、割截身體，他都不生氣。這些正是「難行能行，難忍能忍」的修行功夫。[54] 第82.地球人，如西方極樂世界，所有的人民從早晨餐後，「各以衣裓，盛衆妙華，供養他方十萬億佛」。[55] 譬喻環繞地球一周雖然是數十萬公里，但是乘坐噴射客機，幾乎是朝發夕至。[56] 第86.打破僵局，將佛教裡，三皈五戒的弟子，譬喻是佛；既然是佛，還要跟他計較、劍拔弩張嗎？[57] 第88.求籤與法語，舉明朝憨山德清禪師說：「拋卻身心見法王，前程不必問行藏；若能識得娘生面，草木叢林盡放光。」[58] 說明人生，要交代給因果與自己；不要讓神明來定自己的吉凶。[59]

　　上述八篇十九則譬喻具人間佛教的人間性(1)、生活性(1)、利他性(2)、喜樂性(3)、時代性(2)、與普濟性(1)等六種特性，其中以喜樂性

【51】　星雲大師(2004)，《迷悟之間‧5.人生加油站》，頁48。
【52】　姚秦‧鳩摩羅什譯，《梵網經盧舍那佛說菩薩心地戒品》卷10，J40nB494。
【53】　星雲大師(2004)，《迷悟之間‧5.人生加油站》，頁97-98。
【54】　星雲大師(2004)，《迷悟之間‧5.人生加油站》，頁149。
【55】　姚秦‧鳩摩羅什譯，《佛說阿彌陀經》，T12n366p347a07。
【56】　星雲大師(2004)，《迷悟之間‧5.人生加油站》，頁274。
【57】　星雲大師(2004)，《迷悟之間‧5.人生加油站》，頁287。
【58】　明‧通迥編輯，《憨山老人夢遊集》卷52，X73n1456p830c09。
【59】　星雲大師(2004)，《迷悟之間‧5.人生加油站》，頁292。

居多，人間性、生活性與普濟性殿後。(見附表6.1)

五、兩面對待

　　第五項兩面對待屬性包括編號14，21，31，32，37，39，54，69，81等九篇二十三則譬喻，都在強調兩面對待的迥異。第14.此岸彼岸，舉「八苦交煎」的人間，就是此岸；「八種解脫」的淨土，就是樂國，[60]來譬喻此岸與彼岸。第21.義工與志工，舉「義」和「志」之不同，正如佛經所說，般若智與聰明知識之不同。[61]第31.放下與拿開，採用了五則實例來譬喻放下與拿開：用佛法的戒定慧搬開心上的石頭，用八正道化解心上的石頭。心外、面前的石頭，可以用智慧、慈悲、結緣，改變外在的石頭，自我一改變，石頭就不成其爲石頭了！[62]第32.朋友的種類，舉《孝經》說的「有友如華」[63]，譬喻在你得意的時候，他把你戴在頭上；當你失敗的時候，他就棄你如敝屣。[64]第37.養生與養性，採用了五則實例來譬喻養生與養性。如佛陀的弟子，各自在山林水邊崖穴洞窟，修煉養性的功夫；中國的禪者，像雪竇禪師等人，在古寺叢林裡陸沉多年，苦修養性功夫，冀望將來可以福利大眾，普利人天；廬山慧遠，三十年足不出廬山，以養性的功夫受人尊敬；達摩祖師九年面壁，在佛教講，豈但養生、養性，最主要的，是要明心見性。[65]第39.進退之間，舉《百喻經》中「不退一步」譬喻在進退之間，需重新估定一個立場。[66]第54.業力與願力，舉《地藏經》：什麼人才能進入地獄呢？一是惡業的牽引，二是願力的發揮。[67]說明業力與願力的不

【60】　星雲大師(2004)，《迷悟之間‧5.人生加油站》，頁57。

【61】　星雲大師(2004)，《迷悟之間‧5.人生加油站》，頁83。

【62】　星雲大師(2004)，《迷悟之間‧5.人生加油站》，頁115。

【63】　吳‧支謙譯，《佛說孝經抄》，T17n0790p729b28。

【64】　星雲大師(2004)，《迷悟之間‧5.人生加油站》，頁116-117。

【65】　星雲大師(2004)，《迷悟之間‧5.人生加油站》，頁132。

【66】　星雲大師(2004)，《迷悟之間‧5.人生加油站》，頁140。

【67】　唐‧實叉難陀譯，《地藏菩薩本願經》，B10n67p627a05。

同。[68]第69.休息的意義，舉阿那律尊者聞法好睡，佛陀教訓他：「咄咄汝好睡，螺螄蚌殼內；一睡一千年，不聞佛名字。」阿那律慚愧，從此精進不再休息，導致眼睛失明。與佛陀指導二十億耳，修行亦如彈琴，鬆緊適中的「中道」，譬喻適當的休息也是精進![69] 第81.俗氣與道氣，舉佛教的阿難、舍利弗、須菩提，譬喻他們是有道氣的人。佛教要人養心；所謂出眾，三千威儀，八萬細行，都像法界隨心，天地合一。[70]

　　上述九篇二十三則譬喻具人間佛教的人間性(2)、生活性(4)、利他性(1)、喜樂性(1)、時代性(3)、與普濟性(1)等六種特性，其中以生活性居多，利他性、喜樂性與普濟性殿後。(見附表6.1)

六、業果不失

　　第六項業果不失屬性包括編號46，49，59，65，70，85，87，99等八篇二十八則譬喻，都在強調業果不失的道理。第46.留下什麼？佛教要把慈悲、解脫分享給大眾!與佛陀留下佛性禪心。[71] 第49.心香一瓣，深山古寺裡，老頭陀的鐘聲祈願：「洪鐘初扣，寶偈高吟，上徹天堂，下通地府。」與叢林寺院的住持方丈，每月初一、十五，也在「心香一瓣」，祝福世人安樂，社會親和![72] 第59.從過去到未來，舉死了獨子的婦人，哭訴於佛陀，求子復活。佛陀要他去向沒有死過人的家裡要一枝吉祥草，就可以救回他的兒子。婦人找了數日，終無所獲。《三世因果經》亦云：「欲知前世因，今生受者是；欲知來世果，今生作者是。」[73] 第65.人要活多少歲，舉阿難尊者、趙州禪師、虛雲和尚都活了一百二十歲，來譬喻人壽。[74] 第70.知錯就改，舉佛門六則對話方式，

【68】　星雲大師(2004)，《迷悟之間‧5.人生加油站》，頁184。
【69】　星雲大師(2004)，《迷悟之間‧5.人生加油站》，頁234-235。
【70】　星雲大師(2004)，《迷悟之間‧5.人生加油站》，頁271。
【71】　星雲大師(2004)，《迷悟之間‧5.人生加油站》，頁162。
【72】　星雲大師(2004)，《迷悟之間‧5.人生加油站》，頁170。
【73】　星雲大師(2004)，《迷悟之間‧5.人生加油站》，頁202。
【74】　星雲大師(2004)，《迷悟之間‧5.人生加油站》，頁223。

譬喻知錯就改。即「弟子對老師多所冒犯，罪過，罪過！」「學長見多識廣，小弟愚昧，請多多指教！」「慚愧如我，未能替你服務周到！」「請大家原諒！」「請大家指教！」「請容弟子懺悔！」[75]第85.生命馬拉松，舉所謂「人生六十稱甲子，真正歲月七十才開始，八十還是小弟弟，九十壽翁多來兮，百歲人傑不稀奇。神秀一百零二歲，佛圖澄大師還可稱做老大哥，多聞第一的阿難陀，整整活了一百二十歲，趙州和虛雲，各自活了二甲子，菩提流支一百五十六，其實人人都是無量壽，生命馬拉松，看誰活得久？」[76] 來譬喻生命馬拉松。第87.早晚課，舉「萬般帶不去，唯有業隨身」[77]，比喻自己今生所做的功德，不但今生為自己所用，甚至延續到來生，成為建設幸福快樂人生的資糧。[78] 第99.黑白二鼠，採用了佛經中枯井喻故事寓意：大象是指「無常」的時光，無常一直在追著我們不捨。我們往枯井中躲藏，此枯井即為「生死」之淵。四條大蛇就是組合我們人體的「四大」地、水、火、風。四大靠著生命線的枯藤，一時沒有被無常所囓，可是井邊的黑白二鼠，即「晝夜」時光卻不停地、慢慢地會把枯藤咬斷。此時五隻蜜蜂滴下五滴蜜，就是「五欲」的財、色、名、食、睡，此一旅人嚐到這些許的甜蜜，竟忘記了上下、左右、前後的危險。[79]

　　上述八篇二十八則譬喻具人間佛教的人間性(1)、生活性(5)、利他性(1)、與普濟性(1)等四種特性，其中亦以生活性居多，未見喜樂性與時代性。(見附表6.1)

　　《迷悟之間‧5.人生加油站》星雲採用的佛教經論典故譬喻中，其中以第38.教育的愛與嚴出現七則譬喻居多，其次是第15.赤子之

【75】　星雲大師(2004)，《迷悟之間‧5.人生加油站》，頁237。

【76】　星雲大師(2004)，《迷悟之間‧5.人生加油站》，頁282。

【77】　宋‧王日休譔，《龍舒增廣淨土文》卷12，T47n1970p286b10。

【78】　星雲大師(2004)，《迷悟之間‧5.人生加油站》，頁290。

【79】　星雲大師(2004)，《迷悟之間‧5.人生加油站》，頁299。

心、第70.知錯就改、與第85.生命馬拉松三篇分別採用了六則譬喻，再其次為第1.供養的用心、第10.豁達人生、第31.放下與拿開、第37.養生與養性、第81.俗氣與道氣，與第90.黑白二鼠等六篇各採用了五則譬喻。其餘則採用了四則至一則不等的譬喻。

　　這些譬喻出自二十部佛經，如《中阿含經》、《雜阿含經》、《百喻經》《四十二章經》、《佛說八正道經》、《佛說阿彌陀經》、《佛說五王經》《佛說孝經》、《大寶積經》、《賢愚因緣經》、《金剛般若波羅蜜經》、《梵網經》、《大莊嚴論經》、《大方廣佛華嚴經》、《法華經》、《維摩詰所說經》、《六祖大師法寶壇經》、《地藏經》等。與二十八部論疏語錄，如《大乘起信論》、《高僧傳》、《梁高僧傳》、《宋高僧傳》、《慈悲道場懺法》、《禪林寶訓》、《法華經三大部補注》、《虛堂和尚語錄》、《歷朝釋氏資鑑》、《證道歌註》、《聯燈會要》、《五燈全書》、《東坡禪喜集》、《禪宗頌古聯珠通集》、《密雲怡禪師語錄》、《憨山老人夢遊集》、《雪竇石奇禪師語錄》、《歷代三寶紀》、《淨土修證儀》、《龍舒增廣淨土文》《溈山警策註》、《禪宗頌古聯珠通集》等。(見附表6.2最後一欄)

　　其中《大方廣佛華嚴經》出現在三篇短文中：第15.赤子之心、第28.心靈的畫師與第41.人權與生權。《維摩詰所說經》、《妙法蓮華經》與《六祖大師法寶壇經》各出現在二篇短文中。依序為第30.慎言的重要與第44.藉口之害；第4.五彩繽紛與第58.心平氣和；第11.自我肯定與第53.保密的涵養。其他諸經論都僅被引用了一則譬喻。由此，可見星雲擅用佛教經論典故譬喻為其說法著書的材料。此外，這五十一篇一二二則譬喻，與人間佛教人間性(8)、生活性(21)、利他性(13)、喜樂性(8)、時代性(11)與普濟性(5)等六種特性都有相應，尤以生活性相應度最高。

第二節、《迷悟之間・5.人生加油站》之一般譬喻解析

　　星雲在《迷悟之間・5.人生加油站》書中，引用一般世俗譬喻的短文有六十七篇，計三四〇則譬喻，是本書所採用的三類譬喻中最多的一類，在本書中一般譬喻的短文篇數與譬喻數，占三類譬喻最高比例，分別為77%與44.85%。其中第21.義工與志工高居二十四則譬喻，第17.人生本色亦有二十三則譬喻，第81.俗氣與道器則有二十則譬喻，第57.神佛之間有十九則譬喻，第40.失敗的原因有十六則譬喻，第26.有容乃大有十五則譬喻，第32.朋友的種類與第65.人要活多少歲各有十二則譬喻，第15.赤子之心與第75.清白人生以及第93.人生加油站各有十一則譬喻，其餘則各有十至一則不等譬喻。

　　這三四〇則譬喻可概分為平等互惠、假名施設、把握當下、自在人生、兩面對待與業果不失等六種屬性。第一項平等互惠屬性包括編號1，3，13，15，23，41，55，57，61，75，84，89，93等十三篇四十七則譬喻；第二項假名施設屬性包括編號2，6，25，30，33，44，60，62，76，77等十篇四十二則譬喻；第三項把握當下屬性包括編號7，8，12，45，53，71，79等七篇二十則譬喻；第四項自在人生屬性包括編號9，10，11，17，26，29，35，42，66，67，73，86，88，91等十四篇六十四則譬喻；第五項兩面對待屬性包括編號21，31，32，37，39，40，50，52，54，69，78，81等十二篇一〇〇則譬喻；與第六項業果不失屬性包括編號5，22，36，46，65，68，70，83，87，90，94等十一篇三十六則譬喻。

　　為便於對照閱覽與分析說明，特彙整上述六種屬性的佛教經論典故譬喻如附表6.2，並依序說明如下：

一、平等互惠

　　第一項平等互惠屬性包括編號1，3，13，15，23，41，55，57，61，

75，84，89，93等十三篇四十七則譬喻，都在強調平等互惠的重要。
第1.疏解鬱卒，所謂「財進山門，福歸施主」，譬喻只要發心純正、供養清淨，對方如何，就不必去計較了。[80] 第3.尊重異己，舉梁啓超「今日之我，不惜與昨日之我宣戰」；昔日恩愛的情侶，今日可能反目成仇；莊子《盜蹠》譬喻「順我者生，逆我者亡」[81]，想把不同的、差異的都排除難也。[82] 第13.學習與嫉妒，舉孔子也曾說過，自己不如一個老農，所謂「青出於藍，更勝於藍」[83]、「麻布袋、草布袋，一代不如一代」、「見賢思齊」[84]、「三人行必有我師焉！」[85] 譬喻父母師長不必要嫉妒兒女、學生的成就。[86]第15.赤子之心，舉十一則例子譬喻赤子之心。如老子、莊子、孔子、墨子、朱子等子，童子之心、童女之心，花木蘭代父從軍，緹縈喊冤救父，[87]唐太宗、乾隆皇帝、紀曉嵐，美國民主黨總統候選人史帝文生，中國二十四孝中老萊子娛親，[88] 他們都有赤子之心。[89]第23.感恩之美，採用了羔羊跪乳，烏鴉反哺，[90] 說明動物尚且感恩，何況萬物之靈的人類？再舉台南秋茂園的黃秋茂、日本松下電器的松下幸之助，從苦難中奮鬥有成後，都能積極地回饋社會，譬喻他們所表現的，就是感恩之美。[91] 第41.人權與生權，儒家提出「順

【80】　星雲大師(2004)，《迷悟之間・5.人生加油站》，頁14。

【81】　戰國・莊子，〈盜蹠〉。

【82】　星雲大師(2004)，《迷悟之間・5.人生加油站》，頁20。

【83】　戰國・荀子，《荀子・勸學》。

【84】　東周・孔子門生編，《論語・里仁第四》。

【85】　東周・孔子門生編，《論語・述而第七》。

【86】　星雲大師(2004)，《迷悟之間・5.人生加油站》，頁54-55。

【87】　東漢・班固，《漢書・刑法志》。

【88】　西漢・劉向，《列女傳》。

【89】　星雲大師(2004)，《迷悟之間・5.人生加油站》，頁63。

【90】　清・周希陶，《增廣賢文》。

【91】　星雲大師(2004)，《迷悟之間・5.人生加油站》，頁89。

民者昌，逆民者亡」；[92] 又說，「天地人」三才必定有同等的權威。語云：「莫道群生性命微，一般骨肉一般皮；勸君莫打三春鳥，子在巢中望母歸。」[93] 來譬喻人權與生權是平等的。[94] 第55.惜緣，舉過去中國的讀書人「敬惜字紙」[95]，乃至「惜水如金」[96]，這都表現了一種生活的美德。[97]

　　第57.神佛之間，舉十九個例子譬喻神佛之間。如天有天神、地有地神、山有山神、水有水神；樹木花草、石頭磚塊，都各有神明。甚至大自然的雷電風雨，都有雷神、風神、電神、雨神。到中古的君權時代，又添加了許多英雄人物，像王爺、將軍、城隍、土地、媽祖、關公、岳飛等武神；以及孔孟、孔明等文神。[98] 第61.換一個跑道，舉「三百六十五行，行行出狀元！」[99] 來譬喻。[100] 第75.清白人生，舉了所謂清白的人生，例如：顏回的「一簞食，一瓢飲，在陋巷，人不堪其憂，回也不改其樂」；[101]曾子的「寧可正而不足，不可斜而有餘」[102]；林覺民的化小愛為大愛，范仲淹的以天下蒼生為念；岳飛的精忠報國，文天祥的浩然正氣。儒家的立功、立德、立言「三不朽」[103] 事業，甚至春秋戰國的四君子、清末民初的六君子、晉朝的竹林七賢、漢朝的商山

【92】　春秋‧左丘明，《左傳‧昭公二十年》。

【93】　唐‧白居易，《山裡的俗話》鳥。

【94】　星雲大師(2004)，《迷悟之間‧5.人生加油站》，頁146-147。

【95】　明清‧廣銳，《惜字律》。

【96】　漢‧桓寬，《鹽鐵論‧水旱》。

【97】　星雲大師(2004)，《迷悟之間‧5.人生加油站》，頁187。

【98】　星雲大師(2004)，《迷悟之間‧5.人生加油站》，頁194。

【99】　明‧馮惟敏，《玉抱肚‧贈趙今燕》。

【100】　星雲大師(2004)，《迷悟之間‧5.人生加油站》，頁206。

【101】　周‧孔子及其弟子，《論語‧雍也》。

【102】　漢‧劉向，《列女傳‧魯黔婁妻》。

【103】　春秋‧左丘明，《左傳‧襄公二十四年》。

四皓，乃至古代民間的二十四孝等，都被譬喻爲淸白人生。[104] 第84.愛好公義，舉孟子對梁惠王曰：「王何必曰利？亦有仁義而已矣！」[105] 與文天祥提倡「正氣」，曰：「天地有正氣，雜然賦流形。下則爲河嶽，上則爲日星。於人曰浩然，沛乎塞蒼冥。」[106] 其實，這不但是正氣，也是公義。[107] 第89.私房錢，舉私房錢的儲蓄，有時候也有好處，例如，家庭、朋友、國家社會緊急需要時，將私房錢拿出來遞補，也是應急之道。[108] 第93.人生加油站，舉十一則實例做譬喻。如呂蒙正、蘇東坡、謝靈運、[109] 王維、[110] 王守仁，[111] 現代的馬一浮、豐子愷、夏丏尊、梁漱溟等，唐朝的六祖大師，受了劉志略的鼓勵、安道誠的獎助金，自此如出海的蛟龍，人生不一樣了。明朝的朱元璋，得到馬家小姐的資助，一如在加油站加了油，後面的人生就此飛黃騰達。[112]

　　上述十三篇四十七則譬喻具人間佛教的人間性(2)、生活性(5)、利他性(7)、時代性(4)、與普濟性(3)等五種特性，其中以生活性居多，未見喜樂性。(見附表6.1)

二、假名施設

　　第二項假名施設屬性包括編號2，6，25，30，33，44，60，62，76，77等十篇四十二則譬喻，都在強調假名施設的原理。第2.常識人生，在社會上，遇到各種人事與稱呼，是大有學問。例如，稱呼鄉長、

【104】　星雲大師(2004)，《迷悟之間‧5.人生加油站》，頁252-253。

【105】　東周‧孟子及弟子公孫丑、萬章編著，《孟子‧梁惠王》

【106】　南宋‧文天祥，〈正氣歌〉。

【107】　星雲大師(2004)，《迷悟之間‧5.人生加油站》，頁278-280。

【108】　星雲大師(2004)，《迷悟之間‧5.人生加油站》，頁296。

【109】　劉宋‧謝靈運，《謝康樂集》。

【110】　唐‧王維，〈輞川閒居贈裴秀才迪〉。

【111】　明‧王守仁，《王陽明全集》。

【112】　星雲大師(2004)，《迷悟之間‧5.人生加油站》，頁311。

世兄、王總、副座、夫人，甚至於台府、仙鄉、貴居、尊號等等。[113] 第6.名詞的魔術，舉太太暱稱先生爲「死鬼」；母親叫自己的小孩爲「小鬼」，勝過被人比如畜牲，說明這就是名詞的魔術。[114] 第25.未來學，舉「愛麗絲夢遊記」[115] 不再只是一個童話故事，而是可以成爲眞實的世界。[116] 第30.愼言的重要，語言如刀劍一樣，足見愼言的重要。孔子亦云：「言忠信，行篤敬，雖蠻貊之邦，行矣！言不忠信，行不篤敬，雖州裡行乎哉！」[117] 范睢被衛國秦王求教再三，都沈默不語；[118] 諸葛亮在荊州，劉琦多所請教，諸葛亮再三不肯說。東晉王獻之，一日偕同二兄徽之、操之，一起去拜訪東晉當代名人謝安，亦保持「沈默是金」。[119] 第33.搶功，曹操兵敗赤壁，張飛擄獲了多少的車輛馬匹，趙子龍也攔截了多少的俘虜，關雲長卻說：我一點戰功也沒有，反而放走了曹孟德。[120]第44.藉口之害，舉兩件史實說明藉口之害。秦王藉口喜歡玉璧，不肯給予趙國的土地，幸經藺相如以死相抗，才得以完璧歸趙；東吳藉口要找劉備和親，欲加傷害，幸虧孔明拆穿奸謀，才得以救了劉備一命。[121] 第60.浮生若夢，像浮萍一樣的人生，就如「南柯一夢」[122] 人生如夢，在如夢的人生中，又做了多少迷妄的夢？所以古人常說「癡人說夢」[123]。夢，經常都會纏繞著我們的人生，如詩人杜

【113】　星雲大師(2004)，《迷悟之間·5.人生加油站》，頁17。

【114】　星雲大師(2004)，《迷悟之間·5.人生加油站》，頁30。

【115】　路易士·卡羅(1865)，《愛麗絲夢遊記》。

【116】　星雲大師(2004)，《迷悟之間·5.人生加油站》，頁95。

【117】　東周·孔子門生編，《論語·衛靈公》。

【118】　西漢·劉向編，《范睢至秦》。

【119】　星雲大師(2004)，《迷悟之間·5.人生加油站》，頁110,112。

【120】　星雲大師(2004)，《迷悟之間·5.人生加油站》，頁120。明·羅貫中，《三國演義》。

【121】　星雲大師(2004)，《迷悟之間·5.人生加油站》，頁155。

【122】　唐·李公佐，《南柯太守傳》。

【123】　宋·惠洪，《冷齋夜話·癡人說夢》。

牧的「十年一覺揚州夢，贏得靑樓薄倖名」。[124] 第62.各種面孔，語云：「人心不同，各如其面。」[125] 希望有著撲克牌面孔、判官面孔、僵屍面孔、兇狠面孔的人，都能重新換一張充滿慈悲、生氣的面孔，來面對人間。[126] 第76.不知道苦的危機，舉戰國時代唐雎：「事有不可知者，有不可不知者；有不可忘者，有不可不忘者。」[127] 所謂「人有德於我，不可忘也；人之瞋我也，不可不知也。」[128]與「知人知面不知心」[129]；譬喻世人更是「知世知樂不知苦」。[130] 第77.偶像，舉了八個譬喻，如基督教的十字架，天主教的聖母，民間的媽祖、城隍、土地、關公，家庭正廳裡掛的父母照，居家正堂上，安的先人牌位，都是偶像。[131]

　　上述十三篇四十七則譬喻具人間佛教的人間性(2)、生活性(5)、利他性(1)、喜樂性(1)、與時代性(3)等五種特性，其中亦以生活性居多，未見普濟性。(見附表6.1)

三、把握當下

　　第三項把握當下屬性包括編號7，8，12，45，53，71，79等七篇二十則譬喻，都在強調把握當下的重要。第7.沒有辦法，舉四則實例譬喻「條條大路通長安」，說明世間一切事，都會「有辦法」。如漢高祖劉邦、明太祖朱元璋，一個是街亭的亭長，一個是皇覺寺的沙彌，[132] 他們都是「有辦法」能當上皇帝。王永慶賣米，林百里在台灣的

【124】　星雲大師(2004)，《迷悟之間・5.人生加油站》，頁204。唐・杜牧，〈遺懷〉。

【125】　春秋・左丘明，《左傳・襄公三十一年》

【126】　星雲大師(2004)，《迷悟之間・5.人生加油站》，頁209，212。

【127】　西漢・劉向編，《戰國策》。

【128】　西漢・劉向編，《戰國策》唐雎說信陵君。

【129】　晉・郭象，《莊子・至樂》。

【130】　星雲大師(2004)，《迷悟之間・5.人生加油站》，頁256。

【131】　星雲大師(2004)，《迷悟之間・5.人生加油站》，頁257。

【132】　元・覺岸著，《釋氏稽古略》。

僑生,他們都能憑「有辦法」成為百萬億的富翁。[133] 第8.不要等待,採用了飯未煮熟,鍋蓋不要輕易一掀;蛋未孵熟,母雞不可輕易一啄![134]第12.時間管理,舉孔子的傳道,即所謂的「精神不死」,留下了時間中的許多傑作。[135] 第45.十字路口,自古的大臣,是忠是奸,例如清朝乾隆皇帝的宰相劉羅鍋,死忠是他的選擇;另一弄臣和珅,奸滑也是他的抉擇,所以一念的選擇,差之毫釐,但對人的一生,甚至對整個歷史的影響,可就謬之千里了。[136] 第53.保密的涵養,舉了五則譬喻。公事要保密,例如國家的政策、機要;否則太多人知道不但不能成事,反而壞事,例如國家間的間諜,商團往來的業務機密等。保密工作做得周全,就是保護自己,如燕太子丹,與田光欲謀刺秦王。田光推薦荊軻,太子丹要求保密,田光回家後立即自殺來表示不會洩密,[137] 這種保密的涵養,可說功夫到家。[138]第71.放下自在,當身負重職的時候,一旦完成任務,放下責任,所謂如釋重負,[139] 多麼的快樂呀![140]第79.福氣與福報,舉了六則實例譬喻福氣與福報。如所謂「心想事成」,就是福報!連戰先生雖然競選總統失敗,但還是一個有「福報」的人;陳水扁雖然當選總統,但是個有「福氣」的人。富甲全台的王永慶、許文龍,到大陸投資發電廠、鎮江奇美,招來多少的麻煩,真是有「福」也有「氣」。[141]

　　上述七篇二十則譬喻具人間佛教的人間性(1)、生活性(1)、利他性

【133】　星雲大師(2004),《迷悟之間·5.人生加油站》,頁34-35。
【134】　星雲大師(2004),《迷悟之間·5.人生加油站》,頁36。秦·呂不韋及門人編,《呂氏春秋》。
【135】　星雲大師(2004),《迷悟之間·5.人生加油站》,頁53。
【136】　星雲大師(2004),《迷悟之間·5.人生加油站》,頁158-159。
【137】　西漢·劉向編,《戰國策·燕策三》。
【138】　星雲大師(2004),《迷悟之間·5.人生加油站》,頁181-183。
【139】　春秋·穀梁子,《穀梁傳·昭公二十九年》。
【140】　星雲大師(2004),《迷悟之間·5.人生加油站》,頁239。
【141】　星雲大師(2004),《迷悟之間·5.人生加油站》,頁264。

(4)、與喜樂性(2)等四種特性，其中以利他性居多，未見時代性與普濟性。(見附表6.1)

四、自在人生

　　第四項自在人生屬性包括編號9，10，11，17，26，29，35，42，66，67，73，86，88，91等十四篇六十四則譬喻，都在強調自在人生的重要。第9.知足與能忍，採用了紀渻子鬥雞師，爲周宣王訓練一隻鬥雞，紀渻子說要忍耐至不戰而勝，才算是眞正的鬥雞。至聖先賢立身處世，乃得力於忍，例如孔子忍飢、顏子忍貧、淮陰忍辱、[142] 婁公忍侮[143] 等。[144] 第10.豁達人生，舉莊子「鼓盆而歌」[145]，能夠「擁有」，也能「空無」，在功名富貴、窮通得失之間，都不忘自在，譬喻豁達的人生。[146]第11.自我肯定，舉美國黑人的教科書上寫著：「黑，是世界上最美的顏色。」與越楚兩國不識鴻雁，來譬喻自我肯定的有無。[147] 第17.人生本色，所謂做人的本色，像史可法、文天祥、岳飛等就是忠臣的本色；像楊國忠、秦檜、魏忠賢等就是奸臣的本色；宰相劉羅鍋就是一個忠臣的本色。和珅只能算是弄臣的本色。再如唐玄宗身旁的高力士，乾隆皇帝的三德子，只能算是小丑的本色。其他諸如抗日的張自忠、抗清的林覺民，都算得上有英雄的本色；曹操、王莽、袁世凱只能算是梟雄的本色；武則天夠稱有女強人的本色，慈禧太后只能算是亂政弄權；孟母、岳母都是慈母的本色；花木蘭、緹縈、秋瑾都是女青年的本色。眞如《古文觀止》「誡兄子嚴敦書」說：「刻鵠不成尙類鶩者

【142】　西漢・司馬遷，《史記・淮陰侯列傳》。
【143】　宋・歐陽修，《新唐書・婁師德傳》。
【144】　星雲大師(2004)，《迷悟之間・5.人生加油站》，頁41，43。
【145】　戰國・莊子，〈鼓盆而歌〉。
【146】　星雲大師(2004)，《迷悟之間・5.人生加油站》，頁46。
【147】　星雲大師(2004)，《迷悟之間・5.人生加油站》，頁49。

也，畫虎不成反類狗者也」。[148] 第26.有容乃大，舉了十五則實例譬喻有容乃大。如孔子周遊列國，居無定處，卻能擁有三千弟子；漢高祖楚漢之爭時，多少死忠之士效命於他；唐太宗能容諫臣，因此成就「貞觀之治」。武則天不計較駱賓王「為徐敬業討武曌檄」，說：「如此人才不用，真是宰相之過」[149]，故能成為一代女皇。慈禧不能包容新政，所以導致亡國；袁世凱不能包容民國，所以稱帝失敗。孫中山包容異議人士，最後被尊為「國父」；美國華盛頓、傑弗遜、林肯，他們民主、包容，所以能成為偉大的政治家。包容並非姑息養奸，諸葛亮雖然包容各方人才，但他為了執法，也不得不忍痛「揮淚斬馬謖」[150]；張廷玉是康熙、雍正的重臣，親弟弟被綁赴刑場，他也不置一詞。耶穌說：「愛你的仇敵」，泰山不辭土壤，[151] 所以才能成其高，大海不撿細流，所以才能成其大。[152]第29.工作信條，舉《信心門》之歌說：「世間的財富，要用信心的手去取；遼闊的江海，要用信心的船來渡；豐碩的果實，要用信心的根生長；無盡的寶藏，要從信心的門進入。」[153] 譬喻工作信條。

第35.流行文化，舉了四則實例說明不隨俗的流行文化。如古代的聖賢君子，他們不肯媚俗，不肯隨世浮沉，只一心一意地充實自我，表現自我的特色，最後反能留名青史。例如，姜太公垂釣於渭水，[154] 不攀附權貴，最後為文王發現，成為最早的政治家；諸葛亮高臥隆中，不

【148】　星雲大師(2004)，《迷悟之間・5.人生加油站》，頁69。清・吳楚才吳調侯編，《古文觀止》。

【149】　唐・駱賓王，《駱臨海集》卷十。

【150】　元・羅貫中，《三國演義》第95、96回。

【151】　秦・李斯，《諫逐客書》。

【152】　星雲大師(2004)，《迷悟之間・5.人生加油站》，頁97-98。

【153】　星雲大師(2004)，《迷悟之間・5.人生加油站》，頁106。

【154】　唐・佚名，《武王伐紂平話》卷下。

求聞達於諸侯，最後仍受劉備的「三顧茅廬」[155]，而於隆中爲劉備奠定了「三國鼎立」[156] 的局勢。很多的文人擧子，受佛教思想的熏習，不尙物欲，不受世累，像蘇東坡貶官海南島仍能怡然自適；[157] 像陶淵明不爲五斗米折腰，辭官享受田園之樂。[158] 第42.難忍能忍，忍之一字，是接受，是擔當，是負責，是處理，是化解，是承擔的意思。正如孟子說：「天將降大任於是人也，必先苦其心志、勞其筋骨、餓其體膚，空乏其身，行拂亂其所爲，所以動心忍性，增益其所不能。」[159] 第66.以客爲尊，擧五個史實譬喻「以己爲尊」，自能無事不辦！如蘇秦遊說秦惠王不成，家人不以其爲家人，但蘇秦立志奮發，懸樑刺骨，得姜太公兵法研究，最後終於佩帶六國相印，揚眉吐氣於天下。[160] 越王句踐，記取會稽之恥，勵精圖治，最後終能再興越國雄風；[161] 魯國曹沫，不忘失城之辱，發憤圖強，最後終於收回失地，一雪前恥。[162] 宋朝的文天祥，明朝的史可法，他們「以國爲尊」，最後雖然仍不免以死報國，但千秋萬世，爲人歌頌。[163] 第67.生命教育，採用了「落水要命，上岸要錢」；[164] 譬喻生命比金錢重要。又擧「蜉蝣朝生夕死，人生百年難再」；[165] 譬喻卽使身體死亡了，也不是生命的結束！[166] 第73.理路淸

【155】　東漢‧諸葛亮，〈前出師表〉。

【156】　西晉‧陳壽著，《三國志‧蜀‧趙雲傳》。

【157】　宋‧蘇軾，〈北歸詩文〉。

【158】　星雲大師(2004)，《迷悟之間‧5.人生加油站》，頁127。

【159】　星雲大師(2004)，《迷悟之間‧5.人生加油站》，頁150。戰國‧孟子，《生於憂患死於安樂》。

【160】　西漢‧劉向編，《戰國策‧秦策一》。

【161】　唐‧司馬貞，《史記索隱》。

【162】　西漢‧司馬遷，《史記‧刺客列傳》。

【163】　星雲大師(2004)，《迷悟之間‧5.人生加油站》，頁225。元‧脫脫，《宋史‧文天祥傳》。

【164】　清‧張南莊，《何典》。

【165】　周‧佚名，《詩經》。

【166】　星雲大師(2004)，《迷悟之間‧5.人生加油站》，頁228。

楚，舉俗語：「有理走遍天下，無理寸步難行。」[167] 譬喻理路清楚。第
86.打破僵局，所謂「舉拳不打笑臉人，惡口不罵讚美者。」[168] 春風吹
來，寒冰還能不破解嗎？[169] 第88.求籤與法語，採用了三則譬喻。例如
有人想購地辦學，卻說要求籤問神？又如政府要在某地修建一座橋
樑，但社區村莊集眾反抗，認為這是神籤指示，這樣合理嗎？正如漢
朝的賈誼說：「不問蒼生問鬼神」，[170]豈不愚癡！[171] 第91.問號的得失，
舉《戰國策》裡，有許多君與君、君與臣、臣與臣之間的問答故事，乃
至一些遊說舌辯之士，在一問一答之間，都蘊含了無限的智慧，以及
人際之間的倫理綱常，來譬喻問號的得失。[172]

　　上述十四篇六十四則譬喻具人間佛教的人間性(3)、生活性(1)、
利他性(3)、喜樂性(4)、時代性(4)、與普濟性(2)等六種特性，其中以喜
樂性與時代性居多，生活性殿後。(見附表6.1)

五、兩面對待

　　第五項兩面對待屬性包括編號21，31，32，37，39，40，50，52，
54，69，78，81等十二篇一○○則譬喻，都在強調兩面對待的迥異。
第21.義工與志工，譬喻古人尚義，例如：升斗小民貢獻社會，稱為義
民；[173] 士林學者義務興學，稱為義教。軍人仗義保國衛民，稱為義軍；
俠客行世除暴安良，稱為義俠；劫富濟貧的小偷，稱為義賊。動物中，
也有義犬、義牛、義馬、義鴿等。古人更有義井、義亭、義村、義田、義
糧、義山等慈善福利設施；今人則以義診、義演、義唱、義賣等方法，

【167】　星雲大師(2004)，《迷悟之間‧5.人生加油站》，頁245。

【168】　唐‧劉禹錫，〈陋室銘〉。

【169】　星雲大師(2004)，《迷悟之間‧5.人生加油站》，頁287。

【170】　西漢‧司馬遷，《史記‧屈原賈生列傳》。

【171】　星雲大師(2004)，《迷悟之間‧5.人生加油站》，頁293。

【172】　星雲大師(2004)，《迷悟之間‧5.人生加油站》，頁303。

【173】　唐‧房玄齡等人合著，《晉書‧桓溫傳》。

協助社會公益事業的推展。又如義警、義消、義僕、義母(愛心媽媽)，來表達自己為人的價值。江洋大盜，為害社會的敗類，也不能說他們無志。例如汪精衛先生說：「做人不能流芳百世，亦當遺臭萬年。」[174] 第31.放下與拿開，以石頭做譬喻，無論是放下石頭，還是拿開石頭，最重要的是「解鈴還須繫鈴人」。[175] 第32.朋友的種類，舉了如蠅等譬喻十二種類的朋友。有交友反受其累，比如損友、惡友、利友，這些酒肉之交、狐群狗黨，有時趨炎附勢，有時攀龍附鳳，見利忘義，也有的朋友如蠅逐臭、如蟻附羶，所謂利害相交，吃喝玩樂，無法成為義友、好友了。古人交友，所謂「君子之交淡如水，小人之交甜如蜜」；[176] 三國時代的劉備，對朋友的看重更甚於妻子。他曾說：朋友如手足，妻子如衣服；衣服破可以補，手足斷不能合。[177]第37.養生與養性，採用了三則譬喻說明所謂「皮之不存，毛將焉附」[178]？所以，人生修養心性，在儒家講「吾善養浩然正氣」。[179]人，學壞很容易，學好，則如水往上流，十分艱難，所以說「學如逆水行舟，不進則退」。[180]

　　第39.進退之間，舉語云：大丈夫達則兼善天下，不達則獨善其身。[181] 不能向前的時候，你硬是向前，則前途多乖危險；不應該後退的時候卻一直後退，退到無路可退的時候，你又怎麼辦呢？[182] 第40.失敗的原因，舉了十六個實例說明。驕者必敗的例子，如歷史上氣

【174】　星雲大師(2004)，《迷悟之間‧5.人生加油站》，頁81-82。

【175】　星雲大師(2004)，《迷悟之間‧5.人生加油站》，頁115。

【176】　戰國‧莊子，《莊子‧山木》。

【177】　星雲大師(2004)，《迷悟之間‧5.人生加油站》，頁116-118。明‧羅貫中，《三國演義》。

【178】　春秋‧左丘明，《左傳‧僖公十四年》。

【179】　東周‧孟子，《孟子‧公孫丑上》。

【180】　星雲大師(2004)，《迷悟之間‧5.人生加油站》，頁133。清‧周希陶，《增廣賢文》。

【181】　東周‧孟子，《孟子‧盡心上》。

【182】　星雲大師(2004)，《迷悟之間‧5.人生加油站》，頁140。

蓋山河的楚霸王；[183] 私欲必敗的例子，如王莽篡位，[184] 曹操竊國；[185]
只圖一己私利，如：昏庸無能的後漢獻帝、桓帝，[186] 西蜀的劉禪；[187]再
如荒淫無度的商朝紂王、[188] 隋朝煬帝等；[189] 不擅領導，如崇禎皇帝
至死仍說「朕非亡國之君，臣乃亡國之臣」；[190] 政策錯誤，如梁武帝的
「時而佛教，時而道士；時而出家，時而做皇帝」。美國華盛頓立國無
私，成爲美國國父；反之，尼克森因「水門案」而丟失了總統的寶座。
法國的拿破崙，好勇急進，最後慘遭「滑鐵盧」之敗。唐朝的楊國忠，
擅長迎合上意，吹牛拍馬，導致「安史之亂」；[191] 明朝的魏忠賢，陰
狠狡黠，玩弄權勢，引來「東林黨爭」，可見國有小人，豈能不滅？阿富
汗、克什米爾一帶的絲路佛教藝術，數度遭受異教徒的破壞，在在都
是失敗的原因。[192] 第50.掌聲與噓聲，秦始皇興建萬里長城，[193] 隋煬
帝開鑿千里運河，[194] 蔣中正領導全國軍民八年抗戰，死傷數千萬人；
繼續又領導國共內戰，最後經濟垮臺，兵敗如山倒。漢高祖、明太祖，
都是平民奮起革命而登基爲王，眞是一將功成萬骨枯，汪精衛行刺攝
政王時，那種「引刀成一快，不負少年頭」[195] 的英雄豪氣，但是後來與
日本妥協，成立僞政府，出賣國家，上五例應該要給他們掌聲呢？還是

【183】　元‧王實甫，《麗春堂》。

【184】　漢‧班固，《漢書‧賈誼傳》。

【185】　西漢‧司馬遷，《三國演義》第五十七回「耒陽縣鳳雛理事」。

【186】　南朝宋‧范曄，《後漢書》。

【187】　三國‧劉備，〈劉備敕劉禪遺詔〉。

【188】　西漢‧司馬遷，《史記》卷三《殷本紀》。

【189】　唐‧魏徵，《隋書》卷3〈煬帝紀〉。《明實錄》。

【190】　明‧魏忠賢，《久抱建祠之愧疏》。

【191】　清‧王夫之，《讀通鑑論‧唐宣宗》。

【192】　星雲大師(2004)，《迷悟之間‧5.人生加油站》，頁143-144。

【193】　西漢‧司馬遷，《史記‧蒙恬列傳》。

【194】　唐‧皮日休，《汴河懷古》。

【195】　汪兆銘，《被逮口占》。

噓聲呢?[196] 第52.應世無畏,舉「知人知面不知心」[197] 與「害人之心不可有,防人之心不可無。」[198] 兩則諺語來譬喻交友不得不提防將來的變化,才能應世無畏。[199] 第54.業力與願力,舉商紂、嬴政,甚至王莽、煬帝之流,權勢喧天,可惜業報一到,高樓大廈傾倒,還有什麼存身之地呢?漢高祖、朱洪武,都是村野小民,風雲際會,不是一樣可以稱王稱帝,一統天下嗎?分別譬喻業力與願力的結果。[200]

　　第69.休息的意義,舉八個自然生物的例子說明休息的意義。如日月星辰,山河大地,都要休息。昆蟲要多眠,山雞要早睡。勤勞的螞蟻,也要作窩休息;忙碌的蜜蜂釀蜜以後,也要有一段休息的時間。政府團隊、公務人員,週休二日,強迫休假,也都是要他們休息,可見休息的重要。[201] 第78.獨家新聞,舉西方國家的記者,對於有些社會消息,雖然可能成爲獨家新聞,例如有人跳樓、投水自殺等,他也不肯報導。爲什麼?因爲怕有人效法,引發社會不良的效應。[202] 第81.俗氣與道氣,舉《水滸傳》裡的一百零八條好漢,光從書上描述他穿什麼衣服,手拿什麼武器,走起路來的樣子,說話的聲音等,就會知道,他是黑旋風李逵,還是行者武松、智多星吳用、花和尚魯智深。如果是《三國演義》,看到身騎赤兔馬,手提青龍掩月刀,口說「俺來也!」,那一定是關雲長駕到。如果有一個手提丈八點鋼矛,像黑羅刹降臨,威風凜凜,殺氣騰騰,這一定是張飛。如果是手持羽扇,座下獨輪車,身穿八卦長袍,那是臥龍先生諸葛亮出場了。同樣的,儒家的曾子、子

―――――――――――――――

【196】　星雲大師(2004),《迷悟之間‧5.人生加油站》,頁173-174。

【197】　清‧馮夢龍,《警世通言》。

【198】　明‧洪應明,《菜根譚》。

【199】　星雲大師(2004),《迷悟之間‧5.人生加油站》,頁179。

【200】　星雲大師(2004),《迷悟之間‧5.人生加油站》,頁186。

【201】　星雲大師(2004),《迷悟之間‧5.人生加油站》,頁243。

【202】　星雲大師(2004),《迷悟之間‧5.人生加油站》,頁260。

思、顏回；小丑形的人物，例如唐朝的高力士、[203] 來俊臣，[204] 明朝的魏忠賢，清朝的李蓮英，這是一群俗不可耐的小人。周公、孔子提倡禮樂，就是鼓勵人生要有道氣；黑道的幫派領袖，不懂得道氣，只以爲霸氣、兇氣就能服眾，這幫人也就免不了都要成爲俗人了。孟子要人養氣。[205]

　　上述十二篇一○○則譬喻具人間佛教的人間性(4)、生活性(4)、利他性(3)、喜樂性(1)、時代性(2)、與普濟性(1)等六種特性，其中以人間性與生活性居多，喜樂性與普濟性殿後。(見附表6.1)

六、業果不失

　　第六項業果不失屬性包括編號5，22，36，46，65，68，70，83，87，90，94等十一篇三十六則譬喻，都在強調業果不失的概念。第5.凡事靠自己，採用了韓愈先生：「世有伯樂，而後有千里馬；千里馬常有，伯樂不常有。」[206] 伯樂與千里馬的譬喻，說明因果是不能代替的！[207] 第22.死刑的因果，因果論更是法律中的法律，舉孫中山先生：「佛法乃救世之仁，可以補法律之不足；法律防患於已然，而佛法可防患人民的犯罪於未然！」[208] 譬喻能防患於未然者，就是因果的觀念。[209] 第36.最好的選擇，採用五則事例說明世間上的事，有的可以選擇，有的由不得你選擇。例如，父母兄弟姊妹，生男育女，容貌美醜，身材高矮，都由不得你作選擇。有許多的罪業，不是大家有心違反；例如牢獄裡的罪犯，也不是自己有心要關進去的。[210] 第46.留下什麼？舉

【203】　唐‧李肇，《唐國史補》。

【204】　唐‧張鷟，《朝野僉載‧周興》。

【205】　星雲大師(2004)，《迷悟之間‧5.人生加油站》，頁269-271。

【206】　唐‧韓愈，〈馬說〉。

【207】　星雲大師(2004)，《迷悟之間‧5.人生加油站》，頁26。

【208】　孫中山(1923)，《國父全集》。

【209】　星雲大師(2004)，《迷悟之間‧5.人生加油站》，頁86。

【210】　星雲大師(2004)，《迷悟之間‧5.人生加油站》，頁129。

了五則譬喻，如孔子把四維八德留在人間，老莊把清淨無爲的哲學思想留給後人；達文西留下了「蒙娜麗莎的微笑」，貝多芬留下許多不朽的樂章；周公旦留下禮章制度。[211] 第65.人要活多少歲，採用了十二譬喻壽命長短與生命意義的關係。如所謂「白髮人送黑髮人」[212]，這樣的人生很好過嗎？日本有一對活到一百多歲的姊妹，叫金婆婆、銀婆婆，名字叫金叫銀，生活的意義不知道是否像金銀？顏回、僧肇，都只活了三十一歲，歷史、後人都一直歌頌他們對人間的影響。鄭成功活了三十八歲，岳飛活了三十九歲，耶穌活了三十六歲，秦始皇活了四十九歲，唐太宗和諸葛亮也都活了五十三歲，孫中山活了六十歲，穆罕默德活了六十二歲。[213] 第68.馬馬虎虎，採用了「馬虎圖」[214] 的譬喻。胡適之先生「差不多先生傳」提到一知名畫家，其「馬虎圖」影響二名稚子，長大後不辨馬虎，老大誤射鄰居馬死，畫家只好賠錢了事。老二則喪身虎口，畫家痛悔不已！[215] 第70.知錯就改，舉了三則譬喻。如戰國時代趙國的廉頗老將，知道自己錯了，即刻向藺相如「負荊請罪」。[216] 「危如累卵」的故事，[217] 也是說明「知錯能改」的重要。過去的帝王仁君，向全國「下詔罪己」[218]，這就是「知錯就改」的實踐。[219] 第83.上癮，舉吸毒的人；嗜酒的人；好賭的人都會「上癮」。上癮之後成爲習慣，便不容易改除了！[220] 第87.早晚課，採用了兩則譬喻。如

【211】　星雲大師(2004)，《迷悟之間‧5.人生加油站》，頁162。

【212】　明‧吳承恩，《西遊記》第四十七回。

【213】　星雲大師(2004)，《迷悟之間‧5.人生加油站》，頁221，223。

【214】　清‧李寶嘉，《官場現形記》第五十六回。

【215】　星雲大師(2004)，《迷悟之間‧5.人生加油站》，頁232。

【216】　西漢‧司馬遷，《史記‧廉頗藺相如列傳》。

【217】　西漢‧司馬遷，《史記‧范睢蔡澤列傳》。

【218】　清‧畢沅，《續資治通鑑》。

【219】　星雲大師(2004)，《迷悟之間‧5.人生加油站》，頁237。

【220】　星雲大師(2004)，《迷悟之間‧5.人生加油站》，頁275。

曾子的「吾日三省吾身」，[221] 袁了凡的「每日功過格」。[222] 第90.黑白二鼠，採用了古人說：「光陰似箭，日月如梭。」[223] 譬喻日夜如黑白二鼠。[224] 第94.貴人在那裏？採用了所謂「解鈴還須繫鈴人」[225]，從因地上來改良、改進，當然就會有不同的結果了！[226]

　　上述十一篇三十六則譬喻具人間佛教的人間性(1)、生活性(9)、利他性(1)、時代性(1)、與普濟性(1)等五種特性，其中以生活性居多，未見喜樂性。(見附表6.1)

　　《迷悟之間‧5.人生加油站》採用的一般譬喻共有八十七篇七六〇則，其中以第21.義工與志工高居二十四則譬喻，第17.人生本色亦有二十三則譬喻，第81.俗氣與道器則有二十則譬喻，第57.神佛之間有十九則譬喻，第40.失敗的原因有十六則譬喻，第26.有容乃大有十五則譬喻，第32.朋友的種類與第65.人要活多少歲各有十二則譬喻，第15.赤子之心與第75.清白人生以及第93.人生加油站各有十一則譬喻，其餘則各有十至一則不等譬喻。

　　這些譬喻出處非常多元，上自《春秋左傳》、《論語》、《孟子》、《列子》、《大學》、《史記》、《戰國策》、《尚書》、《老子》、《詩經》、《漢書》、《後漢書》、《三國志》、《三國演義》、《隋書》、《唐書》、《新唐書》、《宋史》、《水滸傳》等，到《紅樓夢》、《菜根譚》，甚至《西遊記》。以《史記》被引用十則居高，其次為《論語》六則，《戰國策》四則，《左傳》、《莊子》與《紅樓夢》各三則，《後漢書》《尚書》、與《增廣賢文》各兩則，其餘皆為一則。可見星雲國學涵養的豐厚。

【221】　東周‧孔子及其弟子，《論語‧學而篇》。

【222】　星雲大師(2004)，《迷悟之間‧5.人生加油站》，頁291。明‧袁了凡，《了凡四訓》。

【223】　唐‧韋莊，〈關河道中〉詩。

【224】　星雲大師(2004)，《迷悟之間‧5.人生加油站》，頁299。

【225】　清‧曹雪芹，《紅樓夢》第九十回。

【226】　星雲大師(2004)，《迷悟之間‧5.人生加油站》，頁314。

另外，這六十七篇三四○則譬喻具人間佛教人間性(13)、生活性(25)、利他性(19)、喜樂性(8)、時代性(14)與等普濟性(7)六種特性，相應程度以生活性居首，其次依序爲利他性、時代性、人間性、喜樂性與普濟性。

第三節、《迷悟之間・5.人生加油站》星雲自創譬喻闡釋

星雲在《迷悟之間・5.人生加油站》書中，自創譬喻有五十九篇短文計二九九則譬喻。其中第91.問號的得失短文出現多達二十一則譬喻，第4.五彩繽紛有十六則譬喻，第2.常識人生與第15.赤子之心各有十四則譬喻，第5.凡事靠自己有十三則譬喻，第3.尊重異己有十一則譬喻，與第29.工作信條有十則譬喻。其餘五十二篇短文的譬喻都在十則以下，可見在本書中星雲自創了相當豐富的譬喻。這二九九則譬喻可概分爲平等互惠、假名施設、把握當下、自在人生、兩面對待與業果不失等六種屬性。第一項平等互惠屬性包括編號1，3，13，15，19，23，41，48，56，57，61，74，75，89等十四篇六十二則譬喻；第二項假名施設屬性包括編號2，4，28，33，44，51，62，76等八篇五十二則譬喻；第三項把握當下屬性包括編號7，8，12，55，58，71，93等七篇十九則譬喻；第四項自在人生屬性包括編號9，10，16，17，24，29，47，67，73，82，86，91等十二篇八十三則譬喻；第五項兩面對待屬性包括編號20，21，31，34，37，39，43，52，54，69等十篇三十一則譬喻；與第六項業果不失屬性包括編號5，22，36，46，70，83，85，90等八篇四十一則譬喻。

爲便於對照閱覽與分析說明，特彙整上述六種屬性的星雲自創譬喻如附表6.4，並依序說明如下：

一、平等互惠

　　第一項平等互惠屬性包括編號1，3，13，15，19，23，41，48，56，57，61，74，75，89等十四篇六十三則譬喻，都在強調平等互惠的重要。第1.供養的用心，說明僧眾應該對信徒有四種結緣供養，也就是要給信徒佛法、給信徒鼓勵、給信徒信心、給信徒照顧。[227] 第3.尊重異己，採用了十一則實例譬喻尊重異己的重要。例如一個母親生養的兒女，各有不同的性格；中國十幾億人口，就有十幾億不同的心。江海溪流，同樣是水，但水質各有不同；山嶽丘陵，同樣是山，但沒有絕對相同的兩座山。十個手指，伸出來有長短不同；兩個眼睛，也有大小的分別；即使滿口牙齒，也不會全部相同！世間萬象，水火不相容，但是台灣的關仔嶺卻有「水火同源」；桃李不一體，但可以互相接枝；男女不一樣，但常說「你中有我，我中有你」；彩虹的顏色有多種，就因為大家互不排斥，故能顯現出它的美麗。[228]第13.學習與嫉妒，採用了兩則譬喻說明嫉妒的可怕。例如見不得別人比自己好、比自己強者，就會心生嫉妒，甚而障礙、打擊對方，像公雞的性格，見不得別人抬頭高叫，最後只有同歸於盡。嫉妒猶如一把火，不是燒毀一個人才，而是燒毀整個社會的成就。[229] 第15.赤子之心，採用了十七則例子譬喻赤子之心。如赤子之心就是佛心；就是母心；就是聖心；就是童心。或者也可以說：慈悲、誠實、天真、善美，都是赤子之心。你見到眾生受苦，心生不忍，那就是赤子之心；你看到他人受難，心生惻隱，那也是赤子之心。收容流浪狗、成立兒童中途之家、關懷老弱婦孺、救濟各種傷殘，都是赤子之心！[230] 第19.你給我，採用了三則相關譬喻。如有一位法師到佛光山向星雲大師索取壽山寺；又有人到美國，向星雲

【227】　星雲大師(2004)，《迷悟之間‧5.人生加油站》，頁13。

【228】　星雲大師(2004)，《迷悟之間‧5.人生加油站》，頁19，21。

【229】　星雲大師(2004)，《迷悟之間‧5.人生加油站》，頁54，56。

【230】　星雲大師(2004)，《迷悟之間‧5.人生加油站》，頁60。

大師索取西來寺。新莊某寺重建而尚未落成，便有另外一寺的信徒前往要求把寺院交給他們的禪師，被回絕說：「我有師父，我飲水思源，應該認祖歸宗，所以不能給你。」[231] 第23.感恩之美，佛光山在海內外各別分院設立滴水坊，目的就是要發揚「滴水之恩，湧泉以報」的美德。[232]第41.人權與生權，採用了四則實例譬喻人權外還要重視生權。在一些落後的地區，大量地屠殺稀有動物，如撒網捕鳥，電毒遊魚，多吃香肉（狗肉），甚至大街小巷公然地掛出生吃活魚等。[233]

　　第48.做個螺絲釘，採用了四則譬喻。人，都要做偉大的人物，像鋼骨，像棟樑，負擔重責。做人，要像螺絲釘，當有用的時候，人家並不知道我們的價值；沒有用的時候，人家就知道少不了我了。[234]第56.分一杯羹，採用了一則譬喻。人與人之間的相處，不能計較一時，不要像商業買賣一樣，銀貨兩訖就算了；利害是一時的，道義是永久的，何必斤斤計較眼前的一杯羹呢？[235] 第57.神佛之間，採用了七尊神佛做譬喻。所謂神，若非武功蓋世，令人懷念，卽是有功於社會大衆者，如：月下老人就是今日的媒婆，瘟神就是今日的衛生署署長；此外，城隍是縣長，土地是里長，文昌帝君是教育部長，哪吒太子是警察局局長。佛陀好像人間的光明，所謂「佛光普照」。[236] 第61.換一個跑道，採用了三則譬喻常換跑道的缺點。例如，浪費了時間、失去了先機，一切都必須重頭做起。再以樹木要固本，如果常常移植，可能會更茂盛，但也可能會死亡。[237] 第74.燒金銀紙，採用了五則譬喻。有說燒金銀紙製造環境污染，且太過浪費，就和抽菸一樣，都是浪費社會的資源。

【231】　星雲大師(2004)，《迷悟之間‧5.人生加油站》，頁76。
【232】　星雲大師(2004)，《迷悟之間‧5.人生加油站》，頁89。
【233】　星雲大師(2004)，《迷悟之間‧5.人生加油站》，頁147。
【234】　星雲大師(2004)，《迷悟之間‧5.人生加油站》，頁167。
【235】　星雲大師(2004)，《迷悟之間‧5.人生加油站》，頁191。
【236】　星雲大師(2004)，《迷悟之間‧5.人生加油站》，頁194-195。
【237】　星雲大師(2004)，《迷悟之間‧5.人生加油站》，頁208。

如何改良。例如，以提供獎助學金來贊助青年學子、幫助傷殘人士、佈施社會公益、助印善書報刊等，以此功德來回向神祇、冥界、先人，比燒金銀紙還要來得更有意義。[238] 第75.清白人生，採用了三則譬喻人生在世，多少的追逐營求，到了最後，反而慨歎自己一身的罪孽；如果能夠消除罪孽，像石灰一樣的留得一些清白在人間，如此也就不枉來世間走一回了。[239]

上述十四篇六十二則譬喻具人間佛教的人間性(2)、生活性(4)、利他性(8)、時代性(5)、與普濟性(2)等五種特性，其中以利他居多，未見喜樂性。(見附表6.1)

二、假名施設

第二項假名施設屬性包括編號2，4，28，33，44，51，62，76等八篇五十二則喻，都在強調假名施設的重要。第2.常識人生，採用了十四則實例譬喻之。如人不但要知道過去的歷史，也要知道地球的空間，甚至天氣，乃至各種民族間的文化、生活習慣。就如看到烏雲覆蓋，就知道天要下雨；感覺風向變化，就知道氣候要變冷。現代社會新人類的用語，不能不知道，例如：「K書、A錢、很酷、HIGH到最高點、哈日族、E世代、銀髮族、辣妹、作秀」等。對許多學科不能沒有一些常識。例如，現在的升斗小民，也要懂得填報稅單向政府交稅；出外旅行，進出國境，也要懂得填寫表格，否則舉步艱難，生活不易。[240] 第4.五彩繽紛，採用了十六則譬喻五彩繽紛的世界。天上的白雲雖比烏雲好看，但總不及彩虹和晚霞，將天幕妝點成大自然最美的色彩。森林裡，百鳥以歌聲找尋知音；大海中，魚類也以彩色來引起友誼。世間上，有的人講話如詩如畫，他的「舌燦蓮花」可以把語言講得燦爛繽紛，生動活潑；有的人為文寫作，起承轉合，曲折委婉，所謂「文情

【238】 星雲大師(2004)，《迷悟之間‧5.人生加油站》，頁249-250。

【239】 星雲大師(2004)，《迷悟之間‧5.人生加油站》，頁253。

【240】 星雲大師(2004)，《迷悟之間‧5.人生加油站》，頁16-17。

並茂」，令人捧讀，直歎「文中有畫，畫中有詩」。多彩多姿的生活。例如：爲人服務、與人結緣、給人歡喜、從善如流等，能夠到處受人歡迎，到處隨緣自在；能夠以微笑、讚美來製造色彩，就能活出繽紛的人生。人，當然也不能只是單一的做一件事。例如，回到家裡，要把妻子、丈夫、兒女、父母、公婆、媳婦的身分扮演好；出門在外，也要認清自己的角色，是主管，就要承擔負責，愛護屬下；是部屬，就要勤勞盡職，擁護主管；是老師，就要化雨均霑，誨人不倦；是公僕，就要爲民喉舌，服務人群。[241]

　　第28.心靈的畫師，採用了四種心的譬喻。我們的心就像藝術家，可以把世界美麗的風光畫得非常的逼眞；心像一個雕塑家，可以雕塑出天使、女神或魔鬼小丑等藝術作品。心又像一個音樂家，可以唱出清脆動聽或淒涼悲哀的歌聲；心也像一個工程師，可以建築華屋廣廈，也可以建成茅房陋居。[242] 第33.搶功，舉例說明一些宗教團體，到災區大量烹煮飯菜，另一個宗教團體卻以他們的碗盤盛裝熱食，供給災民食用；結果大家一再感謝眼前施飯施粥的人，卻不知道後面眞正供應飯菜的人是誰？[243] 第44.藉口之害，採用了四個例子比喻藉口之害。如約會遲到，總要說出多少理由。例如：我要出門的時候，正好來了一通電話；今天路上塞車嚴重；今天下雨；臨出門時，忽然有個朋友來找我。[244] 第51.我是財神爺，採用了三則譬喻財神就是自己。如我的雙手勞動，辛勤奮發賺錢，雙手就是我的財神爺；我的雙腿勤於走路，開發財源，雙腿就是我的財神爺；我耳聰目明，我滿面笑容，我口中多說好話，我肯得向人點頭示好，它們都能爲我帶來財富；我的

【241】　星雲大師(2004)，《迷悟之間‧5.人生加油站》，頁22-25。

【242】　星雲大師(2004)，《迷悟之間‧5.人生加油站》，頁103-104。

【243】　星雲大師(2004)，《迷悟之間‧5.人生加油站》，頁121。

【244】　星雲大師(2004)，《迷悟之間‧5.人生加油站》，頁154。

五根六識，不就是我的財神爺嗎？[245] 第62.各種面孔，採用了四則譬喻。如微笑的面孔，讓人欣賞；友愛的面孔，讓人生起好感；有表情的面孔，讓人樂於親近；慈悲善良的面孔，讓人無須設防。[246] 第76.不知道苦的危機，採用了六則譬喻不知道世間之苦，就好像不知道天高地厚，不知道人情輕重。如天氣有寒冷炎熱的苦，飲食有飢餓飽漲的苦，人情有冷暖好壞的苦，世間終有生滅變化的苦。[247]

上述八篇五十二則譬喻具人間佛教的人間性(3)、生活性(4)、喜樂性(1)、時代性(2)、與普濟性(1)等五種特性，其中以生活性居多，未見利他性。(見附表6.1)

三、把握當下

第三項把握當下屬性包括編號7，8，12，55，58，71，93等七篇十九則譬喻，都在強調把握當下的重要。第7.沒有辦法，凡是你拜託能幹的人，他的回答都是正面的OK（好）；凡是不能幹的人，他的回答都是NO（不好）。例如，我不會寫信，請一個能幹的人幫忙，他必定都是OK。如果他實在沒有時間，他會有取代方式幫你把事情完成。[248] 第8.不要等待，採用了兩則譬喻。如陽明山上的櫻花很美，你要趕在花季的時候前往欣賞；等有時間，永遠沒有時間，正如等到發財，永遠不能發財！[249] 第12.時間管理，採用了兩則譬喻時間管理。一生就在時間裡七顛八倒。例如，童年應該讀書，他偏要遊玩；中年了，應該要做事，他想到讀書。許多偉大的建寺、偉大的雕刻、偉大的藝術、偉大的文學作品之光輝，都能輝耀人間，這才是一流的時間管理。[250] 第

【245】   星雲大師(2004)，《迷悟之間·5.人生加油站》，頁176。

【246】   星雲大師(2004)，《迷悟之間·5.人生加油站》，頁210。

【247】   星雲大師(2004)，《迷悟之間·5.人生加油站》，頁254。

【248】   星雲大師(2004)，《迷悟之間·5.人生加油站》，頁33。

【249】   星雲大師(2004)，《迷悟之間·5.人生加油站》，頁37-38。

【250】   星雲大師(2004)，《迷悟之間·5.人生加油站》，頁53。

55.惜緣，採用了一則譬喻。就算我們的人生如花，我們不是也應該要珍惜生命中的陽光、空氣、水分嗎？[251] 第58.心平氣和，採用了三則譬喻。如我們的心，經常都是心煩意亂、心浮氣躁、心私不公、心暗不明，所以心的工廠生產不出好的東西。就如現在的青年學子，每遇考試，要能心平氣和，就會有好的成績；員警處理違警事故，如果心平氣和，則能獲得民間的尊重。[252] 第71.放下自在，採用了兩則譬喻。如一位年輕的小姐，在禪堂裡參禪，有人來轉告她已考取留學獎學金，她卽刻想到禪者的「不管他」、「放下他」，當下豁然大悟。做人應該要像皮箱，用時提起，不用時放下。[253] 第93.人生加油站，採用了六則譬喻人生的加油站。如明師和善知識就是我們的加油站；補習班、講習會、學校，都是我們的加油站；藏經樓、圖書館，都是我們的善知識，都是我們人生的加油站。一座寺院，一間佛殿，就如設立了一座人生的加油站。你在人生的道路上，跑得疲倦了、煩惱了、受到委屈了，你到寺院裡、佛殿上，跪下來，經過佛力的加被，就像能源、汽油一樣，滾滾的加入到你的心田裡，你再往前方行走，加過油的人生，自然前途無量喔！[254]

　　上述七篇十九則譬喻具人間佛教的人間性(1)、生活性(1)、利他性(5)、與喜樂性(2)等四種特性，其中以利他性居多，未見時代性與普濟性。(見附表6.1)

四、自在人生

　　第四項自在人生屬性包括編號9，10，16，17，24，29，47，67，73，82，86，91等十二篇八十三則譬喻，都在強調自在人生的重要。第9.知足與能忍，採用了九則譬喻我們的一些染汙欲，例如貪財好色、

【251】　星雲大師(2004)，《迷悟之間・5.人生加油站》，頁189。

【252】　星雲大師(2004)，《迷悟之間・5.人生加油站》，頁197。

【253】　星雲大師(2004)，《迷悟之間・5.人生加油站》，頁240，241。

【254】　星雲大師(2004)，《迷悟之間・5.人生加油站》，頁310。

貪名好利、貪杯好酒、貪玩好物；貪圖一些不當的欲樂，若欲望像一匹野馬，知足宛若一條韁繩，必須靠知足的韁繩來駕馭貪欲，才不會成爲欲望的奴隸；瞋恚像一把利刃，忍耐像武士的盔甲，內在的精神有了忍耐的盔甲武裝，卽使人生如戰場，也不致危險了。不能節制、知足，則欲望無窮，就找不回自己了。[255] 第10.豁達人生，採用了三則譬喻。如善慧大士一家人的「坐化立亡」，王打鐵在火爐邊的「站立往生」，丹霞禪師覺悟「考官不如考佛」而剃度等；他們能夠「擁有」，也能「空無」，他們在功名富貴、窮通得失之間，都不忘自在，這就是豁達的人生。[256] 第16.眞正的財富，採用了八則譬喻人生眞正的財富，如信仰、滿足、歡喜、慚愧、人緣、平安、健康、智慧等，才是眞正的財富。[257] 第17.人生本色，採用了八則譬喻。如有一些人往往把人做得失去了本色，例如青年好強鬥狠，這是狗熊的本色；少女虛榮遊蕩，這不是女人的本色。本色可以說是做人的形象，有的人以堅貞不渝爲他的本色；有的人以忠誠不二爲他的本色；有的人以勇於負責爲他的本色；有的人以勤勞精進爲他的本色；但也有一些人，一生不管做什麼都不像，也就失去了人的本色。[258] 第24.日日是好日，採用了六則譬喻。只要你覺得適中，覺得適可，就是好地理。例如佛教的行者，當他每天上殿拜佛、齋堂用餐，都不時地找好的地理。當他進殿門時，一眼就要看清楚，那個地方對他禮拜、讓他敲打法器最有利的地方，那就是最好的地理；進了齋堂，那一個位置能獲得行堂服務者早一點爲他添飯菜，他認爲那就是最好的地理。一個家裡的客廳，供佛像、供祖先的地方，就是好風水；一個客廳裡，最大的主位，那就是好地理。一張

【255】　星雲大師(2004)，《迷悟之間‧5.人生加油站》，頁40，42。
【256】　星雲大師(2004)，《迷悟之間‧5.人生加油站》，頁46。
【257】　星雲大師(2004)，《迷悟之間‧5.人生加油站》，頁66。
【258】　星雲大師(2004)，《迷悟之間‧5.人生加油站》，頁68-69。

辦公桌，擺在中間非常的氣派，那就是好地方。[259] 第29.工作信條，採用了十則譬喻。如有的人以誠實做為工作的信條，有的人以勤奮做為工作的信條，還有以服務、犧牲、親切、熱誠，做為工作的信條。佛光山的工作信條，要幫人解決一些困難，多一些服務給人。例如，在暗夜的地方，點亮一盞明燈；逢到乾旱的時候，在路邊施一壺茶水；陰雨的時候，在公共地方佈施一些雨傘，在曠野之中建設一些涼亭等，這都是給人一些方便。[260]

　　第47.名牌，採用了五則譬喻。如日用是不是名牌不重要，重要的是自己的信用是名牌、自己的道德是名牌、自己的待人處世是名牌、自己的善良純真都是名牌。名牌何必要外求呢？如一位師姑長得莊嚴美貌，和善大方，穿著也很入時在路邊地攤買的「彎腰牌」！[261] 第67.生命教育，採用了三則譬喻。所謂生命，是活力，是活用，是活動；自己的生命，要用活動、活力、活用，跟大家建立相互的關係。例如，雨水要灌溉樹木叢林，樹木叢林也能保護水分；人吃了萬物後排泄肥料，肥料又再成為萬物的養分。[262] 第73.理路清楚，採用了兩則譬喻。如理路不清楚的人，以是為非，以非為是，以善為惡，以惡為善，好像明鏡蒙塵，又像霧裡看花，無法知道事實的真相。[263] 第82.地球人，採用了四則譬喻。如極樂世界的人每天遊走許多國家，心念所想，如願所成。這不正像現在的電話、電腦資訊、遙控、E-Mail，不都是已經把地球上的人聯結得愈來愈近了嗎？[264] 第86.打破僵局，採用了五則譬喻。如果對方先存成見，不妨先跟他招呼；例如：「請坐」，或者倒一杯茶，對其噓寒問暖，則寒冬必能化為春天的來臨。巧匠對於再難開的鎖，他

【259】　星雲大師(2004)，《迷悟之間‧5.人生加油站》，頁91-93。

【260】　星雲大師(2004)，《迷悟之間‧5.人生加油站》，頁105，108。

【261】　星雲大師(2004)，《迷悟之間‧5.人生加油站》，頁164。

【262】　星雲大師(2004)，《迷悟之間‧5.人生加油站》，頁227。

【263】　星雲大師(2004)，《迷悟之間‧5.人生加油站》，頁245。

【264】　星雲大師(2004)，《迷悟之間‧5.人生加油站》，頁274。

也能解得開；妙手所到，再難琢磨的玉石，他也能把它雕琢成好的器皿。只要吾人熱忱，自然能溶化寒冰似的僵局。[265] 第91.問號的得失，採用了二十一則譬喻。有時候問號也會產生不良的結局。例如，對人問安時說：你好嗎？你吃過飯了嗎？你近來如何？這些都是善意的問號。也有的人跟人請示：你對時局的看法如何？你對社會的經濟發展有何見解？你對核四的興建有何意見？你對現在立法院的表現滿意嗎？這些都是中性的，無所謂好壞。最可怕的就是責備的問號：你來這裡幹什麼？怎麼到現有還沒有做完？為什麼花了那麼多錢？為什麼吃那麼多東西？為什麼今天遲到了？你今天怎麼起得那麼遲？有時候我們做人，成了一個問號的人物，這就非常麻煩了。例如：人家會問：他靠得住嗎？你能信任他嗎？他有資格嗎？他能擔當嗎？甚至因為自己過去不良的記錄，也會成為別人質疑的問號：他過去不是持反對意見嗎？他不是曾經對你有過不滿的舉動嗎？他曾經擅離職守你知道嗎？他曾經沒有完成任務你記得嗎？所以，一個人一旦變成問號人物，就很難令人信賴。[266]

　　上述十二篇八十三則譬喻具人間佛教的人間性(4)、生活性(2)、利他性(1)、喜樂性(4)、時代性(5)、與普濟性(1)等六種特性，其中以時代性居多，利他性與普濟性殿後。(見附表6.1)

五、兩面對待

　　第五項兩面對待屬性包括編號20，21，31，34，37，39，43，52，54，69等十篇三十一則譬喻，都在強調兩面對待的道理。第20.車速的快慢，採用了二則譬喻。人生如行車，在人生的道路上，我們能夠行走多遠？就看我們人體這一部車輛是新是舊？馬力是大是小？車子的性能是好是壞？車速的行駛是快是慢？如果只顧奔馳，不知保養，不懂愛

【265】　星雲大師(2004)，《迷悟之間‧5.人生加油站》，頁286，288。

【266】　星雲大師(2004)，《迷悟之間‧5.人生加油站》，頁301-302。

惜，就如身體過分疲勞，也會有中途拋錨的時候。[267] 第21.義工與志工，採用了一則譬喻。知識有善有惡，聰明也會被聰明誤，而般若智慧純是善良的。如世間的科學，即爲知識，有利有弊；而般若純是讓人圓滿、昇華，是純善、純淨而無染汙的。[268] 第31.放下與拿開，採用了七則譬喻。如心上的石頭是什麼？憂愁、苦惱、悲傷、怨恨、煩悶、罣礙；尤其一股委屈之氣，比石頭更加嚴重！不把這許多東西放下，心上壓力太重了，日子實在不好過！[269] 第34.人生山水畫，採用了五則譬喻。人生像什麼？人生就像一幅山水畫！有的山水畫裡：懸崖絕壁，千山萬壑，山峰高聳，插入雲霄，猶如人生身居高位，達於顛峰，卻又不免令人興起高處不勝寒的唏噓！也有的山水畫裡，峭壁小徑，前途無路，就好像人生的艱辛，找不到出路。有的山水畫，環山抱水，波光粼粼，金碧耀眼，就像是浮宦世家，豪門貴府，好一幅氣象萬千，氣勢磅礴的豪邁景象。人生，有的人生來一路順暢，就像色彩鮮明的山水畫；也有的人生不逢時，一生當中，這裡挫折，那裡阻撓，就像山水畫裡的「山窮水盡」。[270]第37.養生與養性，採用了二則譬喻。如吾人的心性如水，水性下流；人，學壞很容易，學好，則如水往上流，十分艱難，所以說「學如逆水行舟，不進則退」。[271]

第39.進退之間，採用了一則譬喻。如一部機器性能好的時候，就能進退自如；一個人能夠通情達理，自然也會進退有序。[272] 第43.正信與迷信，採用了四則譬喻迷信也不是絕對不好。因爲不懂，迷信得對，無太大的傷害。例如，我要爲國家犧牲、爲主義犧牲、爲感情犧牲、爲責任犧牲，你就必須要迷信，如果不迷信，你爲什麼要犧牲呢？

【267】　星雲大師(2004)，《迷悟之間‧5.人生加油站》，頁79。

【268】　星雲大師(2004)，《迷悟之間‧5.人生加油站》，頁83。

【269】　星雲大師(2004)，《迷悟之間‧5.人生加油站》，頁113。

【270】　星雲大師(2004)，《迷悟之間‧5.人生加油站》，頁123-124。

【271】　星雲大師(2004)，《迷悟之間‧5.人生加油站》，頁133。

【272】　星雲大師(2004)，《迷悟之間‧5.人生加油站》，頁140。

第52.應世無畏，採用了六則譬喻。人和人相處中，最不安的就是畏懼和恐慌，所以觀世音菩薩不但救苦救難，而且佈施給人「無畏」。就如有力量的人和有辦法的人，我們要發願作眾生的保護傘，不受雨淋；要作眾生的手電筒，消除暗夜恐慌；要作眾生的舟航，讓大眾能離開苦海；要作眾生的家園，讓他免於餐風露宿，這就如觀世音菩薩的施無畏。[273] 第54.業力與願力，採用了四則譬喻。如不幸造了惡業，補救的方法：第一是消業。正如衣服上的塵埃、身體上的垢穢，你可以用清潔劑、非肥皂來消除；造了惡業，也要懂得懺悔，才能消除業障。有權有勢的、有錢有位的，一旦業報現前，好像冰山傾倒，轉眼成空；人生的際遇，好像走在一條道路上，高低起伏，時而順暢，時而坎坷，這都是由於我們的善惡業力所鼓動。[274]第69.休息的意義，採用了三則譬喻。休息就好像輪船、飛機要加油、要補給！又如軍隊，歷經了一場戰役之後，也要開到後方去整編，休養生息，以便再出發！[275]

　　上述十篇三十一則譬喻具人間佛教的人間性(1)、生活性(7)、利他性(3)、喜樂性(1)、時代性(1)、與普濟性(1)等六種特性，其中以生活性居多，其次為利他性。(見附表6.1)

六、業果不失

　　第六項業果不失屬性包括編號5，22，36，46，70，83，85，90等八篇四十一則譬喻，都在強調業果不失的概念。第5.凡事靠自己，採用了十三則譬喻。人生有很多事情，別人是沒有辦法幫忙、代替的，例如年老力衰、疾病痛苦；讀書求學，別人不能代替；創業發展，別人不能幫忙創業。自己喝茶，自己才能解渴；自己吃飯，自己才能飽。即使是現代的民主政治，也要靠自己有選票，才能進入議會。例如一個國家要靠眾臣輔佐，如果國君不賢，縱有良將賢臣，也是無濟於事。外

【273】　星雲大師(2004)，《迷悟之間‧5.人生加油站》，頁179。

【274】　星雲大師(2004)，《迷悟之間‧5.人生加油站》，頁185-186。

【275】　星雲大師(2004)，《迷悟之間‧5.人生加油站》，頁233。

緣再多，若是自己不振，即使天降鑽石、黃金，你不去把它撿起，你仍然貧窮；即使獎章、獎狀憑空而來，你不去親自領取，榮譽也非你所屬。[276]靠大樹可以乘涼、靠橋樑可以通行；如人遭逢大水時，儘管佛菩薩化身各種人等來救你，如果你執著不肯上船，你也無法得度！又如田地裡沒有播種，縱有雨露肥料，也不能生長萬物啊！[277]　第22.死刑的因果，採用了四則譬喻。除非殺人致死的重刑犯之外，其他的罪刑都可以斟酌輕重，給予特赦，或者以代替役來受罰，例如，罰他勞役、罰他賠償、罰他關閉、罰他銬鐐。[278]　第36.最好的選擇，採用了七則譬喻。有一些事情實在是由不得你的選擇。例如，貧富之間，你當然希望選擇榮華富貴，不喜歡選擇貧窮下賤，但有時候因為過去的業力因緣，也由不得你決定；信仰、勤儉、施捨、知足、精勤、慚愧等，都是我的選擇；你有了這許多的選擇，雖然一時不能全都如願，但是一旦因緣際會，你又何愁你的選擇不能稱心滿意呢？[279]　第46.留下什麼？採用了兩則譬喻。如儒家說，人應該要把立功、立德、立言三不朽留給人間；基督教說，把愛留給世間。[280]

　　第70.知錯就改，採用了八則譬喻。死不認錯的人，就如一個人穿了一件骯髒的衣服，一直不肯洗滌；一身的污垢，不知道沐浴，穢氣薰人，令人生厭，甚至人人見了都要退避三舍，可是他還不知道。所謂「知過必改，善莫大焉」。不肯改過的人，好像漆黑的牆壁，為什麼不肯替它添加一些色彩？又如酸澀的菜餚，為什麼不給它一些淨水，沖淡它的味道？一篇好的文章，要經過多次的修改；一幅名畫，也要經過多少顏料的粉飾。樹木花草，需要整理才會整齊；長髮短鬚，也要

【276】　星雲大師(2004)，《迷悟之間‧5.人生加油站》，頁26-27。
【277】　星雲大師(2004)，《迷悟之間‧5.人生加油站》，頁28-29。
【278】　星雲大師(2004)，《迷悟之間‧5.人生加油站》，頁85。
【279】　星雲大師(2004)，《迷悟之間‧5.人生加油站》，頁129。
【280】　星雲大師(2004)，《迷悟之間‧5.人生加油站》，頁161。

靠修剪才會美觀，爲什麼錯誤就不肯改呢？[281] 第83.上癮，採用了五則譬喻。如現在社會上又多了一些新的「癮君子」，例如看電視、電影，看了成癮；看跑馬、賭博，也可以上癮；甚至賴在電腦網路邊上，成癮了。[282] 第85.生命馬拉松，採用了一則譬喻。我們的人生亦如馬拉松賽跑，青年的時候意氣風發，覺得捨我其誰？經過了一段賽程的考驗，到了壯年，自己是殿後，還是超前，結果已經明朗化了。也有的人具有運動家的精神，雖然是落後了，仍然奮力向前。正如我們的人生，當我們參加了人生馬拉松的競賽，人人都應該具有運動家的精神，要能持久不懈，即使落後，還是可以奮力追趕，堅持到底，把全程跑完，這才是人生最大的意義。[283]第90.黑白二鼠，採用了一則譬喻。人生歲月的無常，好像我們在銀行裡的存款，爲數日日短少，年年蝕本；當存款用盡的時候，就看黑白二鼠肯不肯口邊留情了！[284]

　　上述八篇四十一則譬喻具人間佛教的人間性(1)、生活性(6)、利他性(1)、時代性(1)、與普濟性(1)等五種特性，其中以生活性居多，未見喜樂性。(見附表6.1)

　　《迷悟之間‧5.人生加油站》星雲自創譬喻共有五十九篇二九九則，其中以第91.問號的得失短文出現多達二十一則譬喻，第4.五彩繽紛有十六則譬喻，第2.常識人生與第15.赤子之心各有十四則譬喻，第5.凡事靠自己有十三則譬喻，第3.尊重異己有十一則譬喻，與第29.工作信條有十則譬喻。其餘五十二篇短文所採用的譬喻都在十則以下至一則不等。

　　上述五十九篇短文計二九九則星雲自創譬喻，依程度相應度依序具有人間佛教人間性(12)、生活性(24)、利他性(18)、喜樂性(8)、時代

【281】　星雲大師(2004)，《迷悟之間‧5.人生加油站》，頁237-238。

【282】　星雲大師(2004)，《迷悟之間‧5.人生加油站》，頁276。

【283】　星雲大師(2004)，《迷悟之間‧5.人生加油站》，頁284。

【284】　星雲大師(2004)，《迷悟之間‧5.人生加油站》，頁300。

性(14)、與普濟性(6)等六種特性，以生活性領先其次五種特性，其次為利他性，普濟性雙雙殿後。

　　星雲五十九篇自創譬喻，占整部書九十四篇中有採用譬喻的八十七篇的八成(67.81%)。二九九則自創譬喻則占整部書七六一則譬喻近四成(39.29%)。可見含蓋大自然的山河大地、花草樹木、政商交通、為人行事、居家還境、日常作務、生活用品、六道眾生等多元的自創譬喻，展現了星雲豐富的見聞覺知與深刻的生活體驗，更型塑出其成功說法的獨特模式。特彙整如下表6.5，以利下列的結論。

小結

　　由表6.5星雲《迷悟之間·5.人生加油站》三類譬喻數量統計，可見星雲在《迷悟之間·5.人生加油站》的九十四篇短文中，有八十七篇運用譬喻來說法，占92.55%，近九成三。其中引用佛教經論的譬喻有五十一篇計一二二則譬喻，引用一般世俗的譬喻有六十七篇計三四○則譬喻，自創譬喻有五十九篇計二九九則譬喻。數量上，以一般世俗的譬喻六十七篇三四○則譬喻居首，星雲五十九篇二九九則自創譬喻居次，是自《迷悟之間》第一冊迄今第五冊才出現的現象。

表6.5.《迷悟之間·5.人生加由站》三類譬喻數與人間佛教六大特性對照統計表

#	譬喻種類	篇數 87/94	譬喻則數	人間佛教六大特性						小計
				a	b	c	d	e	f	
1	佛教經論	51	122	8	21	13	8	11	5	66
2	一般世俗	67	340	13	25	19	8	14	7	86
3	星雲自創	59	299	12	24	18	8	14	6	82
合計	合	177	761	33	70	50	24	39	18	234

a表人間性、b表生活性、c表利他性、d表喜樂性、e表時代性、f表普濟性

　　這八十七篇運用譬喻說法三類分法的比例,具有三類譬喻的短文有二十六篇,具有兩類譬喻的短文有三十七篇,單一類譬喻的短文有二十四篇,重疊性極高,故三類譬喻均分爲平等互惠、假名施設、把握當下、自在人生、兩面對待與業果不失等六種屬性。

　　上述三類譬喻共運用了七六○則譬喻來宣說人間佛教的義理,一二二則佛教經論典故的譬喻呼應人間佛教六大特性比例爲8：21：13：8：11：5;三四○則一般世俗的譬喻呼應人間佛教六大特性比例爲13：25：18：8：14：7;星雲二九八則自創譬喻呼應人間佛教六大特性比例爲12：24：18：8：14：6,依這三組對應值來看,一般性譬喻與星雲自創譬喻呼應人間佛教六大特性的強度相同。

　　綜合三類譬喻與人間佛教六大特性,卽人間性、生活性、利他性、喜樂性、時代性、普濟性的總比例爲33：70：50：24：39：18,以生活性70領先,普濟性18殿後。兼具有五種特性者,有第1篇;兼具有三種特性者,有第4篇;其次具兩種特性者有第2,12,17,24,29,30,

31，37，43，44，54，55，57，82，83，89，90等十七篇(見附表6.1)，其餘僅具備一特性者多達六十八篇。足見書中星雲採用或創作的譬喻都或多或少富有人間佛教的特性，有助其宣揚人間佛教的思想與理念。

第四節、結語

譬喻是釋迦牟尼佛十二種或九種說法方式之一，屬善巧方便的說法方式。星雲在本世紀初所著的十二冊《迷悟之間》亦運用此方式來說法。本章就本套書的第五冊《5.人生加油站》所採用到的譬喻內容，九十四篇短文中，有八十七篇運用譬喻來說法，占92.55%，近九成三。七六一則譬喻先分爲佛教經論典故譬喻、一般世俗譬喻與星雲自創譬喻三類，再逐類依屬性細分後製表，進一步做分析闡釋與比對，最後與星雲人間佛教的人間性、生活性、利他性、喜樂性、時代性與普濟性六大特性做比對。結論如下：

一二二則佛教經論類譬喻分佈在五十一篇短文中，是本書所採用的三類譬喻中最少數的一類，其中第6.承受教誨採用了高達二十則譬喻，其次爲第85.生活中的修行，採用了六則譬喻。這一二二則譬喻可概分爲平等互惠、假名施設、把握當下、自在人生、兩面對待與業果不失等六種屬性。其中以篇數來看，以第二項假名施設屬性十一篇最多，其次爲第一項平等互惠屬性十篇居次。若以譬喻來看，則以第六項業果不失屬性二十八則譬喻居冠，第一項平等互惠屬性二十五則譬喻居次。第三項把握當下五篇十一則譬喻最少。這些譬喻出自《中阿含經》、《百喻經》、《佛說八正道經》、《佛說孛經》、《大寶積經》、《賢愚因緣經》、《金剛般若波羅蜜經》、《地藏經》等二十部佛經，與《大乘起信論》、《高僧傳》、《禪林寶訓》、《法華經三大部補注》、《虛堂和尚語錄》、《歷朝釋氏資鑑》、《證道歌註》、《憨山老人夢遊集》等二十八部論疏語錄，其中《大方廣佛華嚴經》最頻繁出現在三篇短文中、《維摩詰所說經》、《妙法蓮華經》與《六祖大師法

寶壇經》各出現在二篇短文中。可見星雲擅用佛教經論典故譬喻為其說法著書的材料。這些來自佛教經論的一二二則譬喻呼應人間佛教六大特性比例為8：21：13：8：11：5，仍以生活性譬喻居冠。

　　三四〇則一般世俗類譬喻分佈在六十七篇短文中，是三類譬喻數量最多的一類。其中第21.義工與志工高居二十四則譬喻，第17.人生本色亦有二十三則譬喻，第81.俗氣與道器則有二十則譬喻，第57.神佛之間有十九則譬喻，第40.失敗的原因有十六則譬喻，第26.有容乃大有十五則譬喻，第32.朋友的種類與第65.人要活多少歲各有十二則譬喻，第15.赤子之心與第75.清白人生以及第93.人生加油站各有十一則譬喻，其餘則各有十至一則不等譬喻。這三四〇則譬喻亦分為平等互惠、假名施設、把握當下、自在人生、兩面對待與業果不失等六種屬性。以篇數來看，以第四項自在人生屬性十四篇最多，其次為第一項平等互惠屬性十三篇居次。若以譬喻數來看，則以第五項兩面對待屬性一〇〇則譬喻居冠，第四項自在人生屬性六十四則譬喻居次。第三項把握當下七篇二十則譬喻殿後。這些譬喻非常多元，上自《春秋左傳》、《論語》、《孟子》、《列子》、《大學》、《史記》、《戰國策》、《尚書》、《老子》、《詩經》、《漢書》、《後漢書》、《三國志》、《三國演義》、《隋書》、《唐書》、《新唐書》、《宋史》、《水滸傳》等，到《紅樓夢》、《菜根譚》，甚至《西遊記》。以《史記》被引用十則居高，其次為《論語》六則，《戰國策》四則，《左傳》、《莊子》與《紅樓夢》各三則，《後漢書》《尚書》、與《增廣賢文》各兩則，其餘皆為一則。可見星雲國學涵養的豐厚。來自一般世俗的這三四〇則譬喻呼應人間佛教六大特性比例為13：25：18：8：14：7，仍是以生活性譬喻居冠。

　　二九九則星雲自創譬喻分佈在五十九篇短文中，其中第91.問號的得失短文出現多達二十一則譬喻，第4.五彩繽紛有十六則譬喻，第2.常識人生與第15.赤子之心各有十四則譬喻，第5.凡事靠自己有十三則譬喻，第3.尊重異己有十一則譬喻，與第29.工作信條有十則譬喻。

其餘五十二篇短文的譬喻都在十則以下，可見在本書中星雲自創了相當豐富的譬喻。這二九九則譬喻可概分為平等互惠、假名施設、把握當下、自在人生、兩面對待與業果不失等六種屬性。以篇數來看，以第一項平等互惠屬性十四篇最多，其次為第四項自在人生屬性十二篇居次。若以譬喻數來看，則以第四項自在人生屬性八十三則譬喻居冠，第一項平等互惠屬性六十三則譬喻居次。第三項把握當下七篇十九則譬喻殿後。這些自創譬喻含蓋大自然的山河大地、花草樹木、政商交通、為人行事、居家還境、日常作務、生活用品、六道眾生等多元的自創譬喻，展現了星雲豐富的見聞覺知與深刻的生活體驗，更型塑出其成功說法的獨特模式。星雲自創譬喻呼應人間佛教六大特性比例為12：24：18：8：14：6，亦以生活性譬喻居冠。

綜合三類譬喻呼應人間佛教六大特性，卽人間性、生活性、利他性、喜樂性、時代性、普濟性的比例為33：70：50：24：39：18，以生活性高居70，幾乎為居次時代性39的兩倍，普濟性18殿後。足見本書中星雲採用譬喻著述的模式，是兼具佛教經論譬喻、一般譬喻與自創譬喻，其中以富有人間佛教特性的自創譬喻為主，其次為一般譬喻，佛教經論譬喻。有助其宣揚人間佛教的思想與理念。

星雲《迷悟之間5.人生加油站》每一篇文章雖然篇幅不長，卻富含深義與禪味，並與日常生活息息相關。也都多少具有星雲人間佛教的人間性、生活性、利他性、喜樂性、時代性與普濟性。書中高比例的一般譬喻，有別於《迷悟之間》前四冊高比例的自創譬喻。從中可見星雲豐富的人生閱歷與深度的佛法體悟，更顯示其高超的智慧以及運用譬喻詮釋人生哲理的技巧，使人讀來輕鬆不會感到沉重，卻能激發讀者透過簡單的譬喻做深思，並自我檢視周遭的種種問題，進一步在日常生活中體現禪意、轉迷成悟。可以說譬喻運用與高比例的自創譬喻，是促成星雲講說佈教及著作論述受歡迎的重要原因。

附錄

表6.1.星雲《迷悟之間‧5.人生加油站》譬喻分佈總表

篇號/篇名	分類			譬喻數	人間佛教六大特性						小計
	A	B	C		a	b	c	d	e	f	
1.供養的用心	8	1	4	13	V	V	V		V	V	5
2.常識人生		10	14	24	V				V		2
3.尊重異己		3	11	14						V	1
4.五彩繽紛	1		16	17	V			V		V	3
5.凡事靠自己		1	13	14		V					1
6.名詞的魔術	1	3		4		V					1
7.沒有辦法		4	1	5			V				1
8.不要等待	2	1	2	5			V				1
9.知足與能忍	2	8	9	19		V					1
10.豁達人生	5	1	3	9				V			1
11.自我肯定	2	2		4				V			1
12.時間管理	3	1	6	10	V		V				2
13.學習與嫉妒	1	5	2	8					V		1
14.此岸彼岸	2			2					V		1
15.赤子之心	6	11	14	31			V				1
16.真正的財富			8	8				V			1
17.人生本色		23	8	31	V				V		2
19.你給我			3	3			V				1
20.車速的快慢			2	2		V					1
21.義工與志工	1	24	1	26			V				1
22.死刑的因果		1	4	5						V	1
23.感恩之美	1	3	1	5			V				1
24.日日是好日			6	6		V			V		2
25.未來學	1	1		2				V			1
26.有容乃大	3	15		18						V	1
28.心靈的畫師	2		4	6		V					1
29.工作信條		1	10	11	V				V		2
30.慎言的重要	2	5		7	V	V					2

篇號/篇名	分類			譬喻數	人間佛教六大特性						小計
	A	B	C		a	b	c	d	e	f	
31.放下與拿開	5	1	7	13		V		V			2
32.朋友的種類	1	12		13	V						1
33.搶功		1	1	2					V		1
34.人生山水畫			5	5	V						1
35.流行文化		4		4					V		1
36.最好的選擇		5	7	12	V						1
37.養生與養性	5	3	2	10	V				V		2
38.教育的愛與嚴	7			7					V		1
39.進退之間	1	1	1	3						V	1
40.失敗的原因		16		16	V						1
41.人權與生權	1	2	4	7	V						1
42.難忍能忍	4	1		5			V				1
43.正信與迷信			4	4	V	V					2
44.藉口之害	2	2	4	8	V				V		2
45.十字路口	2	2		4	V						1
46.留下什麼？	3	5	2	10			V				1
47.名牌			5	5					V		1
48.做個螺絲釘			3	3			V				1
49.心香一瓣	2			2						V	1
50.掌聲與噓聲		5		5	V						1
51.我是財神爺	2		3	5	V						1
52.應世無畏		2	6	8			V				1
53.保密的涵養	1	5		6			V				1
54.業力與願力	1	6	4	11	V	V					2
55.惜緣		2	1	3	V	V					2
56.分一杯羹			1	1			V				1
57.神佛之間		19	7	26	V	V					2
58.心平氣和	1		3	4				V			1
59.從過去到未來	2			2	V						1
60.浮生若夢	2	4		6	V						1

篇號/篇名	分類			譬喻數	人間佛教六大特性						小計
	A	B	C		a	b	c	d	e	f	
61.換一個跑道		1	3	4		V			V		2
62.各種面孔	1	5	4	10	V						1
65.人要活多少歲	3	12		15		V					1
66.以客為尊		4		4			V				1
67.生命教育		2	2	4						V	1
68.馬馬虎虎		2		2		V					1
69.休息的意義	2	8	3	13		V					1
70.知錯就改	6	3	8	17		V					1
71.放下自在	3	1	2	6				V			1
73.理路清楚		1	2	3	V						1
74.燒金銀紙			5	5					V		1
75.清白人生	1	11	1	13			V				1
76.不知道苦的危機	1	3	6	10		V					1
77.偶像	2	8		10		V					1
78.獨家新聞		2		2			V				1
79.福氣與福報		6		6				V			1
81.俗氣與道氣	5	20		25					V		1
82.地球人	1		4	5	V				V		2
83.上癮		3	5	8		V			V		2
84.愛好公義		2		2						V	1
85.生命馬拉松	6		1	7		V					1
86.打破僵局	1	1	5	7			V	V			2
87.早晚課	1	2		3		V					1
88.求籤與法語	1	3		4					V		1
89.私房錢	1	4	10	15		V			V		2
90.黑白二鼠	5	1	1	7	V	V					2
91.問號的得失		1	21	22					V		1
93.人生加油站	1	11	4	16			V				1
94.貴人在那裏?		1		1	V						1
94/87	51/122	67/340	59/299	87/761	16	32	23	11	21	9	112

註：表內A表經論譬喻；B表一般譬喻；C表自創譬喻
　a人間性、b生活性、c利他性、d喜樂性、e時代性、f普濟性

表6.2.《迷悟之間‧5.人生加油站》佛教經論典故譬喻內容表

屬性	篇號篇名	譬喻數	內　　　容	出　處
一、平等互惠10／27	1.供養的用心	8	所謂「供養」，也不只是指信徒用財物來供養，例如對佛陀的「十供養」：香、花、燈、塗、果、茶、食、寶、珠、衣；對法寶的「三供養」：身體的禮拜、口頭的稱讚、意念的觀想；對僧眾的「四供養」：衣服、飲食、臥具、湯藥。p12所謂「供養五百個普通人，不如供養一個有學問的人；供養五百個有學問的人，不如供養一個有慈悲心的人；供養五百個有慈悲心的人，不如供養一個明理的人；供養五百個明理人，不如供養一個有菩提心的人。」p13唐太宗李世民曾對玄奘說：「我很想供養僧眾，但是聽說現在的出家人，大多數沒有修行，應該怎麼辦呢？」玄奘：「崑山雖產玉，但都含有泥沙；麗水雖然產金，也都摻有瓦礫；泥塑木雕的羅漢，對它恭敬就有福報；銅鐵鑄成的佛像金容，破壞它就會遭受懲罰；用泥土塑成的龍雖不能降雨，但是祈雨還是需要泥龍。僧眾不一定能降福給人，但是修福還是需要禮敬僧眾。重要的是供養的人，能因塑像而引發出來的一顆慈善尊貴之心。」p14	梁武帝《慈悲道場懺法》卷二，後漢‧迦葉摩騰共法蘭譯《四十二章經》T17n784722c01《獻給旅行者365日》第122集
	13.學習與嫉妒	1	吾人不但應該向先賢前輩學習，甚至像鳩摩羅什與盤頭達多，大乘小乘，互相為師；p54姚秦‧鳩摩羅什譯《法華經三大部補注》卷4 X28n586p187c4	梁‧釋慧皎撰《高僧傳》卷2，T50n2059p330a07
	15.赤子之心	6	大智文殊菩薩稱為文殊童子；……是因為他有赤子之心。善財童子「五十三參」，因為他追求真理，所以也以童子為名。p60講經弘法的妙慧童女，以及幫助弱小的慈行童女，她們也有赤子之心喔！p61佛門的師徒之間，老和尚替做住持的徒弟倒茶、切水果來招待客人，就是赤子之心。p63唐菩提流志譯《大寶積經》卷98，T11n0310p547b16	唐‧澄觀撰《大方廣佛華嚴經疏》卷55，〈39入法界品〉T35n1735p920
	23.感恩之美	1	我們教導子弟，從小就要他知道所謂「一粥一飯，當思來處不易；一絲一縷，應知物力維艱。」目的就是要他懂得感恩。p88元‧熙仲集《歷朝釋氏資鑑》X76n1517	妙源編《虛堂和尚語錄》T47n2000p

屬性	篇號篇名	譬喻數	內　　　容	出　處
一、平等互惠10／27	38.教育的愛與嚴	6	真正的教育，有時要以力的折服，有時也要有愛的撫慰。正如《禪林寶訓》說：「煦之嫗之，春夏之所以成長也；霜之雪之，秋冬之所以成熟也！」p136 在佛教裡，喜以捉弄人為樂的羅睺羅，在佛陀嚴與愛的攝受下，終於成為十大弟子中的密行第一；優婆離因其為首陀羅出身，自卑感重，經過佛陀給予許多的慈愛鼓勵，終於成為持戒第一的弟子。為佛陀殉難的目犍連，佛陀不僅對他關照有加，甚至連他的母親，佛陀都慈愛的關懷，給予濟度；阿難尊者幾十年的侍者生涯，佛陀的教導、愛護，因此成其為多聞第一的弟子。在禪堂裡，出了一個小偷，禪者大眾請堂主依戒規加以遷單驅逐。堂主點頭示意說好，但卻一直沒有採取行動。p137	南宋・淨善重編，《禪林寶訓》T48n2022p16b12
	41.人權與生權	1	當人權有了，進一步更要注重生權。佛說：「大地眾生皆有如來智慧德相」p146	實叉難陀譯《大方廣佛華嚴經》卷50，T10n279p99b13
	58.心平氣和	1	心平是非常重要的！如平常說「願將佛手雙垂下，摸得人心一樣平。」p197	後秦鳩摩羅什譯《妙法蓮華經》T9n262p60a27
	75.清白人生	1	佛教的「將此生命，佈施眾生」p253	
	89.私房錢	1	錢一旦公開了，就不是自己個人所有。所謂「五家共有」，金錢不公開，多少冤枉錢都在私心、非法之下，成了冤哉枉也！p297	後秦・鳩摩羅什譯《大莊嚴論經》卷5，T4n201p282a28
	93.人生加油站	1	民國的太虛大師，他得到蔣中正三千美元的捐助，展開環球弘法；太虛大師得到蔣中正這一筆香油錢的資助，終得成為一個國際大師。p311	《太虛大師全書》
二、假名施設11／17	4.五彩繽紛	1	不能只是單一的做一件事，應該像觀世音菩薩一樣，化身千百億。例如，回到家裡，要把妻子、丈夫、兒女、父母、公婆、媳婦的身分扮演好；p25 姚秦鳩摩羅什譯/闍那崛多譯重頌。	《妙法蓮華經觀世音菩薩普門品》T09n262p57a2
	6.名詞的魔術	1	《金剛經》說：「凡所有相，皆是虛妄。」名相，千差萬別，但是其理一如也。p32 姚秦・鳩摩羅什譯《金剛般若波羅蜜經》	T08n235p749a23
	25.未來學	1	在《阿彌陀經》裡早已說明，極樂淨土是黃金鋪地，流水有冷有熱；共命鳥的啼叫和流水的聲音，都是真理的法音。p95	王日休校輯《佛說大阿彌陀經》T12n364p331c13

屬性	篇號篇名	譬喻數	內容	出處
二、假名施設 11/17	28.心靈的畫師	2	「心如工畫師，能畫種種物！」p102 我們的心，每天往來遊走在十法界眾生之中，所以每一法界都擁有「十法界」，每一法界又有「十如是」，這就是《法華經》裡所說的「百界千如」p103 唐·智顗《妙法蓮華經玄義》卷2,T33n1716p69318 後秦鳩·摩羅什譯《妙法蓮華經》T9n262p60a27	實叉難陀譯《大方廣佛華嚴經》卷19，T10n279p99b13
	30.慎言的重要	2	在佛教裡，禪門的大師們常常是一言不發，如維摩居士在不二法門的辯論會上，他不發一言，使文殊菩薩大為折服，稱讚老維摩是「一默一聲雷」，這才是真正會說話的人。佛陀說法四十九年，但佛陀卻自謙地說：「我沒有說過一個字」！p112	姚秦·鳩摩羅什譯《維摩詰所說經》T14n475p538c06
	44.藉口之害	2	維摩居士藉口老病，邀約諸大菩薩前來議論，較量修行的高低；蓮花色女，藉口先去迎接忉利天宮回來的佛陀，幸而佛陀知道，須菩提「觀空」才是第一個迎接佛陀的人，故而未讓蓮花色女的好勝得逞。p156	姚秦·鳩摩羅什譯《維摩詰所說經》T14n475p538c06
	51.我是財神爺	2	佛經說，財神是女性，是美麗的女郎，名叫大功德天。有人把財神加個「爺」，說財神爺怎麼會是個女的呢？佛經裡面也說，財神爺就如忉利天主，名叫帝釋天。p175	《梨俱吠陀》
	60.浮生若夢	2	古人往往教誡吾人是「癡人說夢」。「夢裡明明有六趣，覺後空空無大千」，所以智者又說：「大夢誰先覺，平生我自知」。p204 〈永嘉大師證道歌〉	德最集《證道歌註》卷1，X65n1292p449c24
	62.各種面孔	1	佛陀也講究所謂的「三十二相」；菩薩，也要慈眉善目，慈悲祥和。p212	東晉·瞿曇僧伽提婆譯《中阿含經》卷41，T1n26p685c18
	76.不知道苦的危機	1	能夠懂得「失之東隅，收之桑榆」，就能建立「悟得心空及第歸」的修養。p255	唐·龐蘊《聯燈會要》卷六，X79n1557p55b22
	77.偶像	2	佛教的觀音、地藏，也是偶像。p257	
三、把握當下	8.不要等待	2	道元曬香菇，不在大太陽的時候曬，難道要等太陽下山才曬嗎？p37佛教講「照顧當下！」等待明天，明天過了還有明天p38	日本曹洞宗初祖道元禪師當年至中國天童寺參學

屬性	篇號篇名	譬喻數	內　　容	出　處
三、把握當下 5／11	12.時間管理	3	所謂「精神不死」，就是你能留下了時間中的許多傑作，昭昭都能存在，例如佛陀的說法，例如玄奘的西行，例如馬祖的叢林；p53	清‧超永《五燈全書》卷66，X82n1571p297b14
	45.十字路口	2	《大乘起信論》有謂「一心開二門」：心真如門、心生滅門；一是天堂佛道，一是人間惡行，你心中的傾向，是往那一邊去呢？p157 佛教裡，丹霞禪師當初本來是要上京城考狀元，但是經過一座寺院，他終於覺悟「考官不如選佛」，因此選擇皈佛為生p159	唐‧實叉難陀譯《大乘起信論》T32n1667p585a04
	53.保密的涵養	1	《六祖壇經》中，弟子聽過六祖大師說法後，還要問：「另有『密』意否？」六祖大師回答：「密在汝邊！」可見好探秘密，實乃人的天性也！p182	元宗寶編《六祖大師法寶壇經》T48n2008p348b15
	71.放下自在	3	蘇東坡雖然自認對參禪頗有體悟，但是他對佛印禪師一句責罵他的p240「放屁」放不下，所以做不到「八風吹不動」，因此才被「一屁打過江」。做人，因為有「我」，如禪者開導世人，每天拖著一個死屍東奔西跑，如此不肯放下，是何等辛苦！有一首形容彌勒菩薩的詩偈雲：「大肚能容，容卻人間多少事；笑口常開，笑盡天下古今愁。」做人若能像彌勒菩薩一樣，大肚能容，何愁不能放下自在！p241	日森大狂校《東坡禪喜集》卷9，B26n148p793a06 宋‧贊寧撰《宋高僧傳》卷21，T50n2061p
四、自在人生 8／19	9.知足與能忍	2	知足乃無上財寶，富上大師故意前往無人的地方化緣，大梅法常禪師以松果為食、以荷葉為衣；乃至古來多少仁人君子，一錢二錢只求生活能夠溫飽，他們並非不知錢財物質的寶貴，只是不想被欲望所役使。p43 明‧蓮池袾宏《緇門崇行錄》卷1，87n1627p0640a08	宋‧法應集《禪宗頌古聯珠通集》卷21，C78n1720
	10.豁達人生	5	有豁達的人生，「心量如同虛空界，思惟多如恆河沙」，那裡會被世間的這許多葛藤牽絆呢？金碧峰禪師，過分喜愛他食用的玉缽，因為一念貪執，幾乎被陰間的獄卒拘去，幸虧他覺醒得早，擲破玉缽，捨去貪念。p45他說：「若人欲拿金碧峰，除非鐵鍊鎖虛空；虛空若能鎖得住，再來拿我金碧峰。」此即突破貪執的觀念，而進入到豁達的人生。彌勒菩薩的「行也布袋，坐也布袋；放下布袋，何等自在！」彌勒不被布袋所拖累，金碧峰不為玉缽所拘困；乃至趙州不受趙州茶的操縱，雲門不受雲門餅的牽絆，p46 明‧如㳂《禪宗正脈》卷3 X1593pb10	唐‧般剌蜜帝譯《楞嚴經》：「邪師說法如恆河沙」。T19n945p132a19 道忞撰述《密雲怡禪師語錄》L154n1640p592b13

屬性	篇號篇名	譬喻數	內　　容	出　處
四、自在人生 8／19	11.自我肯定	2	釋迦牟尼佛能夠自我肯定，故能不畏辛苦，終而夜睹明星，證悟成佛；六祖惠能大師因為自我肯定，因此雖然暫居磨房春米，終能見到自性，而成一代祖師。p48	元‧宗寶編《六祖大師法寶壇經》T48n2008p348b15
	26.有容乃大	3	佛陀行腳弘化五印度，講經時卻有百萬人天，經常跟隨者也有千二百五十人之多。p97 經雲：「一花一世界，一葉一如來。」在沙石中可以見到三千大千世界；萬物都能相互包容，我人對於不同的民族、不同的國家、不同的宗教、不同的身分，為什麼不能相互包容呢？p98佛陀鼓勵人要「怨親平等」p.98	後秦‧鳩摩羅什譯《梵網經盧舍那佛說菩薩心地戒品》卷10，J40nB494
	42.難忍能忍	4	佛陀說：「不能忍受譏諷毀謗，如飲甘露者，不能名為有力大人。」p148　布袋和尚說：「有人罵老拙，老拙自說好；有人打老拙，老拙自睡倒；有人唾老拙，任他自乾了；他也省力氣，我也少煩惱。」須菩提尊者在修忍辱波羅蜜的時候，你叫他坐，他就不站；你要他立，他就絕對不坐，這不是懦弱，這是忍的力量。《金剛經》中，佛陀說他自己作忍辱仙人的時候，被歌利王誣陷、割截身體，他都不生氣，他所表現的正是「難行能行，難忍能忍」的修行功夫。p149	彌勒《忍辱偈》姚秦‧鳩摩羅什譯《金剛經》749b T8n235p262a16
	82.地球人	1	環繞地球一周雖然是數十萬公里，但是乘坐噴射客機，幾乎是朝發夕至。這正如西方極樂世界，所有的人民從早晨餐後，「各以衣裓，盛眾妙華，供養他方十萬億佛」。p274	姚秦‧鳩摩羅什譯《佛說阿彌陀經》T12n366p347a07
	86.打破僵局	1	佛教裡，三皈五戒的弟子，都曾經許諾過自己是佛；既然是佛，我是佛，我還要跟他計較、劍拔弩張嗎？p287	
	88.求籤與法語	1	明朝憨山德清禪師說：「拋卻身心見法王，前程不必問行藏；若能識得娘生面，草木叢林盡放光。」人生，要交代給因果，交代給自己；不要交給神明，不要讓神明來定自己的吉凶。p292	《憨山老人夢遊集》卷52，X73n1456p830c09
五、兩面對待	14.此岸彼岸	2	「八苦交煎」的人間，就是此岸；「八種解脫」的淨土，就是樂國。p57	失譯人名今附東晉錄《佛說五王經》卷1，T14n523p796a2b

屬性	篇號篇名	譬喻數	內　容	出　處
五、兩面對待 9/23	21.義工與志工	1	「義」和「志」之不同，正如佛經所說，般若智聰明知識之不同。因為知識有善有惡，聰明也會被聰明誤，而般若智慧純是善良的。p83	
	31.放下與拿開	5	最好是學習佛法，用戒定慧搬開你心上的石頭，用八正道化解你心上的石頭。如果是心外、面前的石頭，你可以用智慧、慈悲、結緣，改變外在的石頭；外在的石頭獲得了你自我的改變，那麼石頭也就不成其為石頭了！p115	後漢·安世高譯《佛說八正道經》T2n112p504c29
	32.朋友的種類	1	就如《孛經》說的p116「有友如華」：當你得意的時候，他把你戴在頭上；當你失敗的時候，他就棄你如敝屣。pp116-117	吳支謙譯《佛說孛經抄》T17n790p729a06
	37.養生與養性	5	在佛教講，豈但養生、養性，最主要的，是要明心見性。p132 佛陀的弟子，隨佛出家後，各自在山林水邊，崖穴洞窟，修煉養性的功夫；中國的禪者，像雪竇禪師等人，在古寺叢林裡陸沉多年，總希望能把養性的功夫做好，將來龍天推出，可以福利大眾，普利人天。p134盧山慧遠，三十年足不出盧山，以養性的功夫受人尊敬；達摩祖師九年面壁。	明行正等編錄《雪竇石奇禪師語錄》J26nB183p483a02 隋費長房《歷代三寶紀》卷7，T49n2034p70c08
	39.進退之間	1	《百喻經》中「不退一步」的譬喻，實在可以做為我們在進退之間，重新估定一個立場。p140	蕭齊求那毘地譯《百喻經》T4n209
	54.業力與願力	1	《地藏經》說：什麼人才能進入地獄呢？一是惡業的牽引，二是願力的發揮。p184	唐·實叉難陀《地藏經》B10n67p627a05
	69.休息的意義	2	阿那律尊者，為了一次在聽佛陀說法的時候打瞌睡，佛陀教訓他：「咄咄汝好睡，螺螄蚌殼內；一睡一千年，不聞佛名字。」阿那律慚愧，p234從此精進，不再休息，導致眼睛失明。佛陀告訴他，適當的休息，也是精進！ 二十億耳彈琴，佛陀問他：「琴弦太緊、太鬆，後果如何？」二十億耳說：「弦太鬆，則彈不出聲；弦太緊，則容易斷。」佛陀說，修行亦如彈琴，不可太鬆，也不可太緊，所謂「中道」而已！p235	蕭齊·伽跋陀羅譯《善見律毘婆沙》卷8，T24n1462p727c18 宋·求那跋陀羅譯《雜阿含經》卷9，T2n99p62b24
	81.俗氣與道氣	5	佛教的阿難、舍利弗、須菩提，我們聽到這些名字，就好像看到他們的樣子，就知道他們是有道氣的人。p270 佛教要人養心；所謂出眾，三千威儀，八萬細行，一舉手，一投足，都像法界隨心，天地合一。p271	唐·玄覺撰《永嘉證道歌》卷1，T48n2014p001

屬性	篇號篇名	譬喻數	內　　容	出　處
六、業果不失 8/28	46.留下什麼？	3	佛教說，要把慈悲、解脫分享給大眾！p161 佛陀留下佛性禪心。p162	
	49.心香一瓣	2	深山古寺裡，老頭陀的鐘聲祈願：「洪鐘初扣，寶偈高吟，上徹天堂，下通地府。」你再聽聽！叢林寺院的住持方丈，每月初一、十五，也在「心香一瓣」，祝福世人安樂，社會親和！p170	宋擇瑛《淨土修證儀》（已失傳） 唐·韓偓《仙山》詩
	59.從過去到未來	2	有一位婦人，生養的獨子長到十二歲，卻生了一場疾病而逝世。婦人想不開，到處找人哭訴，後來找到了佛陀，希望佛陀能讓他的兒子再p199復活回來。佛陀要他去向沒有死過人的家裡要一枝吉祥草，就可以救回他的兒子。婦人找了數日，找不到一戶人家從來沒有死過人的，當然也就沒有這一枝吉祥草。p200《三世因果經》云：「欲知前世因，今生受者是；欲知來世果，今生作者是。」p202	《三世因果經》偽經
	65.人要活多少歲	3	阿難尊者、趙州禪師、虛雲和尚都活了一百二十歲。p223	
	70.知錯就改	6	叢林中大眾的一些語言說：「弟子對老師多所冒犯，罪過，罪過！」「學長見多識廣，小弟愚昧，請多多指教！」「慚愧如我，未能替你服務周到！」「請大家原諒！」「請大家指教！」「請容弟子懺悔！」p237	
	85.生命馬拉松	6	生命的馬拉松，所謂「人生六十稱甲子，真正歲月七十才開始，八十還是小弟弟，九十壽翁多來兮，百歲人傑不稀奇。神秀一百零二歲，佛圖澄大師還可稱做老大哥，多聞第一的阿難陀，整整活了一百二十歲，趙州和虛雲，各自活了二甲子，菩提流支一百五十六，其實人人都是無量壽，生命馬拉松，看誰活得久？」p282	南朝梁·慧皎撰《梁高僧傳》T50n2059p387b23
	87.早晚課	1	所謂「萬般帶不去，唯有業隨身」，自己今生所做的功德，不但今生為自己所用，甚至延續到來生，成為建設幸福快樂人生的資糧。p290	王日休撰《龍舒增廣淨土文》卷12，T47n1970p012

屬性	篇號篇名	譬喻數	內　　　容	出　處
六、業果不失 8 / 28	90.黑白二鼠	5	佛經中有一個枯井喻故事寓意：大象是指「無常」的時光，無常一直在追p298著我們不捨。我們往枯井中躲藏，此枯井即為「生死」之淵。四條大蛇就是組合我們人體的「四大」地、水、火、風。四大靠著生命線的枯藤，一時沒有被無常所囓，可是井邊的黑白二鼠，即「晝夜」時光卻不停地、慢慢地會把枯藤咬斷。此時五隻蜜蜂滴下五滴蜜，就是「五欲」的財、色、名、食、睡，此一旅人嚐到這些許的甜蜜，竟忘記了上下、左右、前後的危險。p299	大香註《為山警策註》T65n1294p468b08
	51篇		122則譬喻	

表6.3.星雲《迷悟之間・5.人生加油站》一般譬喻分佈總表

屬性	篇號／篇名	譬喻數	內　　容	出　處
一、平等互惠 13／47	1.供養的用心	1	所謂「財進山門，福歸施主」，只要你的發心純正，只要你的供養清淨，至於對方如何，就不必去計較了。p14 正是「三寶門中福好修，一文喜捨萬文收。」	《賢愚因緣經》卷12，龍藏106n1315
	3.尊重異己	3	梁啓超先生說：「今日之我，不惜與昨日之我宣戰」；可見昨日的我，與今日的我，就已經不同了！昔日恩愛的情侶，今日可能反目成仇。人，都不歡喜與自己不同的存在，所謂「順我者生，逆我者亡」，想把不同的、差異的都排除！p20　莊子《盜跖》	梁啓超(1936)《新民說》北京大學出版社
	13.學習與嫉妒	5	孔子也曾說過，自己不如一個老農p54所謂「青出於藍，更勝於藍」，老師的成就不一定要比學生高；甚至父母因為不嫉妒兒女接受高等教育，如果父母師長都要嫉妒兒女、學生的話，那麼所謂「麻布袋、草布袋，一代不如一代」「見賢思齊」、「三人行必有我師焉！」p55　孔子及其弟子《論語·述而》	唐·白居易〈賦賦〉 宋·無名氏《聖宋掇遺》
	15.赤子之心	11	如老子、莊子、孔子、墨子、朱子等子，皆成為聖賢的美稱。童子之心是赤子之心，童女之心也是赤子之心。花木蘭代父從軍，緹縈喊冤救父，p61唐太宗最有赤子之心。有一次，太宗正在宮中把玩一隻小鳥，聽到大臣魏徵到來，迅速將小鳥藏在袖子裡，表面故作鎮定的與魏徵對談，實p61則內心一直在掛念袖中的小鳥，深怕牠悶死，急得額上冒汗，真摯的「赤子之心」顯露無遺。清朝的乾隆皇帝也不失為一個有赤子之心的人。有一天，紀曉嵐在背後稱他為「老頭子」，不巧被乾隆聽到，乾隆故意藉機為難紀曉嵐，要他解說何意？否則絕不輕饒。機智過人的紀曉嵐答曰：「皇帝稱萬歲，此謂之『老』；皇帝乃萬民之首，此謂之「頭」；皇帝為天子，此謂之『子』！」乾隆與紀曉嵐君臣不但機鋒相對，兩人也都有赤子之心。民主黨總統候選人史帝文生，在競選期間，為了贏得選民的好感，他表示非常重視兒童，所以在演說時，總會問：「請問你們有誰願意當總統候選人嗎？請舉手。」p62在場的小孩幾乎都會舉起手來。接著他又問道：「請問各位孩子們，美國總統候選人有誰想再當孩子嗎？」中國的二十四孝中，老萊子娛親，他就是有赤子之心p63	孟子《孟子·離婁下》 姚瑩康《輶紀行》 《史記·扁鵲倉公列傳》

屬性	篇號/篇名	譬喻數	內　容	出　處
一、平等互惠13/47	23.感恩之美	3	羔羊跪乳，烏鴉反哺，說明動物尚且感恩，何況我們萬物之靈的人類呢？p88台南秋茂園的黃秋茂、日本松下電器的松下幸之助，他們都是從苦難中奮鬥有成，他們都在積極地回饋社會，他們所表現的，就是感恩之美。p89	清·周希陶《增廣賢文》
	41.人權與生權	2	儒家早就提出「順民者昌，逆民者亡」；又說，「天地人」三才必定有同等的權威。p146　有一些落後的地區，大量地屠殺稀有動物，如撒網捕鳥，電毒遊魚，冬吃香肉（狗肉），甚至大街小巷公然地掛出生吃活魚等語雲：「莫道群生性命微，一般骨肉一般皮；勸君莫打三春鳥，子在巢中望母歸。」p147	《左傳·昭公二十年》唐·白居易《山裡的俗話》鳥
	55.惜緣	2	過去中國的讀書人「敬惜字紙」，乃至「惜水如金」，這都表現了一種生活的美德。p187	清·李漁《閒情偶寄》
	57.神佛之間	19	天有天神、地有地神、山有山神、水有水神；樹木花草、石頭磚塊，都各有神明。甚至大自然的雷電風雨，都有雷神、風神、電神、雨神。可以說，大自然無一沒有神在。及至人類文明的發展，從蠻荒的神權到中古的君權時代，又添加了p193許多英雄人物，像王爺、將軍、城隍、土地、媽祖、關公、岳飛等武神；以及孔孟、孔明等文神。p194	
	61.換一個跑道	1	「三百六十五行，行行出狀元！」p206 如果一再的換跑道，對個人難免會有一些損傷。例如，浪費了時間、失去了先機，一切都必須重頭做起。所以又有人喊出「一動不如一靜」p207	明·馮惟敏《玉抱肚·贈趙今燕》
	75.清白人生	11	所謂清白的人生，例如：顏回的「一簞食，一瓢飲，在陋巷，人不堪其憂，回也不改其樂」；曾子的「寧可正而不足，不可斜而有餘」；p252林覺民的化小愛為大愛，范仲淹的以天下蒼生為念；嶽飛的精忠報國，文天祥的浩然正氣，這就是清白人生。儒家的立功、立德、立言「三不朽」事業，甚至春秋戰國的四君子、清末民初的六君子、晉朝的竹林七賢、漢朝的商山四皓，乃至古代民間的二十四孝等p253	《論語雍也》/明·佚名《增廣昔時賢文》《大學》明·黃鳳池輯《梅竹蘭菊四譜》《史記·留侯世家》
	84.愛好公義	2	孟子見梁惠王。王曰：「叟！不遠千里而來，亦將有以利吾國乎？」孟子對曰：「王何必曰利？亦有仁義而已矣！」一個國家，在國際間能夠居於領導地位，	《孟子滕文公篇》南宋·文天祥〈正氣歌〉

屬性	篇號/篇名	譬喻數	內　容	出　處
一、平等互惠 13／47	續84.		受到全世界的尊敬，並非完全看這個國家的財富，主要的是看這個國家有崇尚仁義否？p278 文天祥先生提倡「正氣」，正氣和公義一樣，如果被社會另外的烏煙瘴氣所矇蔽，人活在這樣的一個國家社會裡，也不會有多大的生活情趣。p279文天祥曰：「天地有正氣，雜然賦流形。下則為河嶽，上則為日星。於人曰浩然，沛乎塞蒼冥。」其實，這不但是正氣，也是公義。p280	
	89.私房錢	4	私房錢的儲蓄，有時候也有好處，例如，家庭、朋友，緊急需要時，或是急難救助，當四處告貸無門的時候，能將私房錢拿出來遞補，也是應急之道。或者當國家社會有所需要時，也能挺身而出，表示急功好義。p296	《家庭醫學上半月》2017年第10期頁43
	93.人生加油站	11	呂蒙正、蘇東坡、謝靈運、王維、王守仁等，如果沒有信仰上的加p310油，如果沒有寺院的加油站，他們何能成為一代大儒？現代的馬一浮、豐子愷、夏丏尊、梁漱溟等，不就因為寺院容他們住了三年五年，作長期的加油，而能成功的成為一代學人嗎？唐朝的六祖大師，受了劉志略的鼓勵、安道誠的獎助金，他得到了這些人給他的加油，自此出如海的蛟龍，人生不一樣了。明朝的朱元璋，他得到馬家小姐的資助，一如在加油站加了油，後面的人生就此飛黃騰達。p311	北宋·呂蒙正《勸世章》劉宋·謝靈運《謝康樂集》/王維〈輞川閒居贈裴秀才迪〉明·王守仁《王陽明全集》
二、假名施設 10／42	2.常識人生	10	古人有謂「秀才不出門，能知天下事。」在社會上，遇到各種人事，種種稱呼，也是大有學問。例如，稱呼鄉長、世兄、王總、副座、夫人，甚至於台府、仙鄉、貴居、尊號等等，這些稱呼的常識也不能不知啊！p17	《老子》第47章：「不出戶，知天下。」
	6.名詞的魔術	3	太太暱稱先生為「死鬼」；母親叫自己的小孩為「小鬼」，可見「鬼」之一詞，也是人所最愛，這不就是名詞的魔術嗎？p30人，如果被人比如畜牲，說你是狗、是虎狼，甚至連狗都不如、連虎狼都比你好，你必然會生氣。p31	《紅樓夢》
	25.未來學	1	來的世界裡，「愛麗絲夢遊記」不再只是一個童話故事，而是可以成為真實的世界。我們只希望未來的文明，能讓大家和平共有，同體共生；能讓大家和平尊重，公正生活。p95	路易士·卡羅(1865)《愛麗絲夢遊記》

屬性	篇號／篇名	譬喻數	內　　　容	出　處
二、假名施設 10／42	30.慎言的重要	5	有人把語言形容成刀劍一樣，因此愈顯得慎言的重要。孔子是一個非常慎言的人，他待人誠懇恭謙，看起來好像不擅言辭，但在公開場合裡，他說話又非常地能言善辯。所以，孔子一直在陳說一個道理：「言忠信p109，行篤敬，雖蠻貊之邦，行矣！言不忠信，行不篤敬，雖州裡行乎哉！」范睢在衛國見到秦王，儘管秦王求教再三，他都沈默不語；諸葛亮在荊州，劉琦也是多所請教，諸葛亮同樣再三不肯說。最後到了偏僻的一座閣樓上，去了樓梯，范睢和諸葛亮才分別對秦王和劉琦指示今後方向，所以歷史上的「去梯言」，就表示慎言的意思。p110東晉時代的王獻之，一日偕同二個哥哥王徽之、王操之，一起去拜訪東晉當代名人謝安。「沈默是金」，誠信然也！p112	孔子《論語》西漢‧劉向編《范睢至秦》《戰國策》
	33.搶功	1	曹操兵敗赤壁，張飛擄獲了多少的車輛馬匹，趙子龍也攔截了多少的俘虜，關雲長卻說：我一點戰功也沒有，反而放走了曹孟德。但是，在劉玄德的心目當中，建立第一戰功的人，不是張飛，也不是趙子龍，而是關雲長，因為他代替劉備和自己報答了當年受曹操收留的情義，今後可以不必再顧忌人情，正可好好放手一搏，所以劉玄德認為真正有功的人，是關雲長。p120	明‧羅貫中《三國演義》《三國志》
	44.藉口之害	2	秦王藉口喜歡玉璧，不肯給予趙國的土地，幸經藺相如以死相抗，才得以完璧歸趙；東吳藉口要找劉備和親，欲加傷害，幸虧孔明拆穿奸謀，才得以救了劉備一命。p155	西漢‧司馬遷《史記‧廉頗藺相如列傳》
	60.浮生若夢	4	像浮萍一樣的人生，就如「南柯一夢」！p203人生夢，在如夢的人生中，又做了多少迷妄的夢？所以古人往往教誡吾人是「癡人說夢」。夢，經常都會纏繞著我們的人生，如詩人杜牧的「十年一覺揚州夢，贏得青樓薄倖名」，真是何苦來哉啊！p204	唐‧李公佐《南柯太守傳》/宋‧釋惠洪《冷齋夜話》唐‧杜牧〈遣懷〉
	62.各種面孔	5	語云：「人心不同，各如其面。」由此可見，千萬種不同的心，就有千萬種不同的面孔。p209希望那許多有著撲克牌面孔、判官面孔、僵屍面孔、兇狠面孔的人，都能重新換一張充滿慈悲、生氣的面孔，來面對人間吧！p212	《左傳‧襄公三十一年》

屬性	篇號／篇名	譬喻數	內　　容	出　處
二、假名施設 10／42	76.不知道苦的危機	3	能夠懂得「失之東隅，收之桑榆」，就能建立「悟得心空及第歸」的修養。戰國時代的唐睢說：「事有不可知者，有不可不知者；有不可忘者，有不可不忘者。」所謂「人有德於我，不可忘也；人之瞋我也，不可不知也。」p255語云：「知人知面不知心」；其實，世人更是「知世知樂不知苦」。p256	南朝劉宋·范曄《後漢書·馮異傳》/《戰國策》《戰國策·魏策》《警世通言》
	77.偶像	8	基督教的十字架，是偶像；天主教的聖母，是偶像；甚至於民間的媽祖、城隍、土地、關公，也都是偶像。家庭的正廳裡，掛了一張父母的照片，居家的正堂上，安了一座先人的牌位；管你用紙寫的，用木刻的，甚至於是金銀銅鐵所雕塑鑄造，都是偶像。p257	
三、把握當下 7／20	7.沒有辦法	4	「條條大路通長安」，狡兔都有三窟，世間一切事，哪會「沒有辦法」呢！pp34-35漢高祖劉邦、明太祖朱元璋，一個是街亭的亭長，一個是皇覺寺的沙彌，他們都能當上皇帝，他們不都是「有辦法」？王永慶先生是賣米的，林百里先生只是一個在台灣的僑生，他們都能成為百萬億的富翁，憑的不就是「有辦法」？p35	呂薇電視劇《漢武帝》片尾曲之一西漢·司馬遷《史記本紀第八漢高祖》元·覺岸著《釋氏稽古略》
	8.不要等待	1	飯未煮熟，鍋蓋不要輕易一掀；蛋未孵熟，母雞不可輕易一啄。p36	秦·呂不韋及門人編《呂氏春秋》
	12.時間管理	1	所謂「精神不死」，就是你能留下了時間中的許多傑作，昭昭都能存在，例如孔子的傳道。p53	孔子《論語》
	45.十字路口	2	自古的大臣，是忠是奸，例如清朝乾隆皇帝的宰相劉羅鍋，死忠是他的選擇；另一弄臣和珅，奸滑也是他的抉擇，所p158以一念的選擇，差之毫釐，但對人的一生，甚至對整個歷史的影響，可就謬之千里了。p159	《宰相劉羅鍋》電視劇
	53.保密的涵養	5	公事，例如國家的政策、機要，當還沒有到達可以公開的時候，它也需要保密，保密不是不好，只是一時還沒有到達公諸他人的階段；這個時候如果不守密，太多人知道有時不但不能成事，反而壞事。例如國家和國家之間的間諜，商團和商團往來的業務機密等，都要想出種種嚴密的方法來保密，因為保密工作做得周全，就是保護自己。燕太子丹，與義士田光想要謀刺秦王。田光推薦荊軻，燕	《戰國策·燕策三》

屬性	篇號/篇名	譬喻數	內　　　容	出　處
三、把握當下 7／20	續53.		太子丹說：「此事關係燕國存亡，務請保密。」田光應允，回家後立即自殺。用自殺來表示不會洩密，這種保密的涵養，可說功夫到家。p183p181	
	71.放下自在	1	當身負重職的時候，一旦完成任務，放下責任，所謂如釋重負，多麼的快樂呀！p239	《穀梁傳‧昭公二十九年》
	79.福氣與福報	6	我們才每天把《福報》送到每一個人的家裡。所謂「心想事成」，就是福報！p263連戰先生雖然競選總統失敗，但還是有人說他是一個有「福報」的人；陳水扁雖然當選總統，但人家都說他總統難為，是個有「福氣」的人。王永慶、許文龍，他們富甲全台，但是他們到大陸投資，王永慶的發電廠、許文龍的鎮江奇美，招來多少的麻煩，真是有「福」也有「氣」。p264	元‧鄭廷為《楚昭公》《史記‧張儀列傳》唐‧慧立《大慈恩寺三藏法師傳》
四、自在人生 14／64	9.知足與能忍	5	紀渻子是有名的鬥雞師，周宣王要他訓練一隻鬥雞。紀渻子接受任務後，一過十日沒有消息，宣王等得不耐，催他，紀回答：「還不行，此雞生性自狂自傲，只會虛張聲勢，其實遇到強者，不堪一擊！」宣王又等了十日，再催問如何？答說：「此雞沉著不夠，一聽到其他雞叫就會衝動，還不是p41大將之風！」宣王失望，不再催問。一日，紀渻子報告：「大王！鬥雞訓練好了。因為此雞現在聽到他雞啼叫，恍如不聞；見到他雞跳躍，恍如不見，簡直就像一隻木頭雞，氣定神閒，從容安詳，已是全能全德。只要其他鬥雞一見到牠，就會落荒而逃，不戰而勝，這才算是真正的鬥雞了。」p41聖先賢立身處世，沒有不得力於忍也，例如孔子忍飢、顏子忍貧、淮陰忍辱、婁公忍侮等。p43	秦‧張湛《列子》《論語》《後漢書‧楊彪傳》西漢‧司馬遷《史記‧淮陰侯列傳》《新唐書‧婁師德傳》
	10.豁達人生	1	甚至莊子的「鼓盆而歌」，他們能夠「擁有」，也能「空無」，他們在功名富貴、窮通得失之間，都不忘自在，這就是豁達的人生。p46	莊子〈鼓盆而歌〉
	11.自我肯定	2	美國黑人的教科書上寫著：「黑，是世界上最美的顏色。」這就是自我肯定。p48鴻雁是一種大鳥，飛得很高，站在地面的人難以辨識到底是什麼鳥？越國的野鴨很多，越國人看慣了野鴨，往往就把飛在高空上的鴻雁當作野鴨；楚國的燕子很多，楚國人看慣了燕子，也往往把飛在高空的鴻雁當作燕子。p49	佚名《詩經‧鴻雁》

屬性	篇號/篇名	譬喻數	內　　容	出處
四、自在人生 14 / 64	17.人生本色	23	所謂做人的本色，像史可法、文天祥、嶽飛等就是忠臣的本色；像楊國忠、秦檜、魏忠賢等就是奸臣的本色。前年台灣上演的宰相劉羅鍋，劉羅鍋就是一個忠臣的本色。至於和珅當然不是忠臣，但也不是奸臣，更不是佞臣，只能算是弄臣的本色。再如唐玄宗身旁的高力士，乾隆皇帝的三德子，他們連弄臣的角色都不像，只能算是小丑的本色。其他諸如抗日的張自忠、抗清的林覺民，他們都算得上有英雄的本色；曹操、王莽、袁p68世凱只能算是梟雄的本色；武則天夠稱有女強人的本色，慈禧太后只能算是亂政弄權，還不夠資格稱為女強人的本色；孟子的母親、嶽飛的母親都是慈母的本色；花木蘭、緹縈、秋瑾都是表現了女青年的本色。《古文觀止》裡的「誡兄子嚴敦書」說：「刻鵠不成尚類鶩者也，畫虎不成反類狗者也」；p69	清·吳楚才、吳調侯編《古文觀止》
	26.有容乃大	15	有人說，宰相肚裡能撐船，意謂著做大事的人，必須要有大的肚量。p96孔子周遊列國，居無定處，卻能擁有三千弟子；漢高祖楚漢之爭時，多少死忠之士效命於他；唐太宗能容諫臣，因此成就「貞觀之治」。武則天看了駱賓王的「為徐敬業討武曌檄」，不但不生氣，反而說：「如此人才不用，真是宰相之過」，所以她能成為一代女皇。慈禧不能包容新政，所以導致亡國；袁世凱不能包容民國，所以他才稱帝失敗。孫中山包容多少異議人士，最後被尊為「國父」；美國的華盛頓、傑弗遜、林肯，他們民主、包容，所以能成為偉大的政治家。包容並非姑息養奸，諸葛亮雖然有容各方人才，但他為了執法，也p97不得不忍痛「揮淚斬馬謖」；張廷玉是康熙、雍正的重臣，親弟弟被綁付刑場，他也不置一詞，他不是無情，實因其弟出賣考題，貪汙舞弊，因此法律之前，不容循私。耶穌說：「愛你的仇敵」，泰山不辭土壤，所以才能成其高，大海不撿細流，所以才能成其大。p98	宋·王安石 太平天國·洪秀全《原道醒世訓》 羅貫中《三國演義》第95、96回《馬謖拒諫失街亭》/《諸葛亮揮淚斬馬謖》
	29.工作信條	1	《信心門》之歌說：「世間的財富，要用信心的手去取；遼闊的江海，要用信心的船來渡。豐碩的果實，要用信心的根生長；無盡的寶藏，要從信心的門進入。」p106	佛光山星雲大師(2016)《信心門》

屬性	篇號／篇名	譬喻數	內　　容	出　處
四、自在人生14／64	35.流行文化	4	古代的聖賢君子，他們不肯媚俗，不肯隨世浮沉，只一心一意地充實自我，表現自我的特色，最後反能留名青史。例如，姜太公垂釣於渭水，他不去攀附權貴，最後為文王發現，成為最早的政治家；諸葛亮高臥隆中，不求聞達於諸侯，最後仍受劉備的「三顧茅廬」，而於隆中為劉備奠定了「三國鼎立」的局勢。　也有很多的文人舉子，他們受佛教思想的熏習，不尚物欲，不受世累，像蘇東坡貶官海南島，他仍能怡然自適；像陶淵明不為五斗米折腰，毅然辭官，享受田園之樂。這都是不隨世浮沉，不隨俗流行的最好模範。p127	明‧許仲琳《封神演義》《武王伐紂平話》西晉‧陳壽《三國志》晉‧陶淵明《陶淵明集》
	42.難忍能忍	1	忍之一字，是接受，是擔當，是負責，是處理，p149是化解，是承擔的意思。正如孟子說：「天將降大任於是人也，必先苦其心志、勞其筋骨、餓其體膚，空乏其身，行拂亂其所為，所以動心忍性，增益其所不能。」p150	戰國‧孟子《孟子》《生於憂患死於安樂》
	66.以客為尊	4	蘇秦遊說秦惠王不成，父母不以其為子，兄嫂不以其為叔，妻子不以其為夫；但蘇秦立志奮發，懸樑刺骨，得姜太公兵法研究，最後終於佩帶六國相印，揚眉吐氣於天下。越王句踐，記取會稽之恥，勵精圖治，最後終能再興越國雄風；魯國曹沫，不忘失城之辱，發憤圖強，最後終於收回失地，一雪前恥。宋朝的文天祥，明朝的史可法，他們「以國為尊」，最後雖然仍不免以死報國，但千秋萬世，為人歌頌。「以己為尊」，自能無事不辦！p225	《戰國策‧秦策一》司馬貞《史記索隱》《史記‧刺客列傳》《宋史‧文天祥傳》
	67.生命教育	2	「落水要命，上岸要錢」；可見生命比金錢重要。p226 「蜉蝣朝生夕死，人生百年難再」；即使身體死亡了，也不是生命的結束！p228	清‧張南莊《何典》《重修政和證類本草‧草下之上》
	73.理路清楚	1	俗語說：「有理走遍天下，無理寸步難行。」p245	諺語
	86.打破僵局	1	所謂「舉拳不打笑臉人，惡口不罵讚美者。」春風吹來，寒冰還能不破解嗎？p287	〈陋室銘〉
	88.求籤與法語	3	有人要辦一所學校，想跟某人購買土地，結果他說要求籤問神明，可不可以賣地給他？政府在某地修建一座橋樑，本來是一件好事，但經過社區村莊	《史記‧屈原賈生列傳》

屬性	篇號/篇名	譬喻數	內　　　　容	出　處
	續88.		集眾反抗，認為這是神籤的指示，這樣合理嗎？正如漢朝的賈誼說：「不問蒼生問鬼神」，豈不愚癡！p293	
	91.問號的得失	1	在《戰國策》裡，有許多君與君、君與臣、臣與臣之間的問答故事，乃至一些遊說舌辯之士，在一問一答之間，都蘊含了無限的智慧，以及人際之間的倫理綱常。p303	《戰國策》
五、兩面對待12/100	21.義工與志工	24	古人尚義，例如：升斗小民對社會有貢獻者，稱為義民；士林學者春風化雨，義務興學者，稱為義教。軍人仗義，保國衛民，稱為義軍；俠客行世，除暴安良，稱為義俠；甚至劫富濟貧的小偷，也稱之為義賊。p81動物中，也有義犬、義牛、義馬、義鴿等。古人更有義井、義亭、義村、義田、義糧、義山等慈善福利設施；今人則以義診、義演、義唱、義賣等方法，協助社會公益事業的推展。總之，凡是能對社會人類有貢獻、利益者，都稱之為「義」。人，都希望要有「義」，希望自己做一個有情有義的人。過去忠臣孝子、義士俠客，都為人所尊敬，所以很多人都發心當義警、義消、義僕、義母(愛心媽媽)，希望以義來表達自己為人的價值，所以當義工的人就趨之若鶩了。江洋大盜，為害社會的敗類，也不能說他們無志。例如汪精衛先生說：「做人不能流芳百世，亦當遺臭萬年。」p82	唐·房玄齡等人合著《晉書·桓溫傳》
	31.放下與拿開	1	無論是放下石頭，還是拿開石頭，最重要的是「解鈴還須繫鈴人」p115　《紅樓夢》第90回	明·瞿汝稷《指月錄》
	32.朋友的種類	12	世間上也有的人交友反受其累，比方說損友、惡友、利友，這些酒肉之交、狐群狗黨，有時趨炎附勢，有時攀龍附鳳，見利忘義，p116也有的朋友如蠅逐臭、如蟻附羶，所謂利害相交，吃喝玩樂，這就不能成為義友、好友了。古人交友，所謂「君子之交淡如水，小人之交甜如蜜」；p117三國時代的劉備，對朋友的看重更甚於妻子。他曾說：朋友如手足，妻子如衣服；衣服破可以補，手足斷不能合。可見其對朋友的重視。p118	莊子《莊子·山木》明·羅貫中《三國演義》
	37.養生與養性	3	所謂「皮之不存，毛將焉附」？所以，人生修養心性，在儒家講「吾善養浩然正氣」。p132　孟子《孟子·公孫醜上》人，學壞很容易，學好，則如水往上流，	春秋·左丘明《左傳·僖公十四年》

屬性	篇號/篇名	譬喻數	內　　容	出　處
五、兩面對待 12/100	續37.		十分艱難,所以說「學如逆水行舟,不進則退」。p133	清·周希陶《增廣賢文》
	39.進退之間	1	語雲:大丈夫達則兼善天下,不達則獨善其身。不能向前的時候,你硬是向前,則前途多乖,前途危險;不應該後退的時候你一直後退,退到無路可退的時候,你又怎麼辦呢?p140	《孟子·盡心上》
	40.失敗的原因	16	驕者必敗,歷史上氣蓋山河的楚霸王,不就是因為驕橫而失敗的?有人說私欲必敗,王莽篡位,曹操竊國,雖然得逞一時,最後都難免受到史筆的誅伐。一個國家的領導人,沒有以國為國,以民為民,只圖一己之私利p142,最後也都難免亡國以終。例如:昏庸無能的後漢獻帝、桓帝,西蜀的劉禪;再如荒淫無度的商朝紂王、隋朝煬帝等,不都是最好的明證嗎?有的人不擅領導,如崇禎皇帝至死仍說「朕非亡國之君,臣乃亡國之臣」,他就是沒有反省自己的領導無方、用人不當;有的政策錯誤,如梁武帝的「時而佛教,時而道士;時而出家,時而做皇帝」,這都是他們失敗的原因。綜觀國際的歷史,美國華盛頓立國無私,所以後來付之於民主,成為美國開國之父;反之,尼克森因「水門案」而丟失了總統的寶座。法國的拿破崙,雖然雄心萬丈,想要征服歐洲,最後卻慘遭「滑鐵盧」之敗,可見好勇急進,必定不能成功。p143唐朝的楊國忠,擅長迎合上意,吹牛拍馬,導致「安史之亂」;明朝的魏忠賢,陰狠狡黠,玩弄權勢,引來「東林黨爭」,可見國有小人,豈能不滅?阿富汗、克什米爾一帶的絲路佛教藝術,數度遭受異教徒的破壞,p144	元·王實甫《麗春堂》漢·班固《漢書賈誼傳》《三國演義》/〈劉備敕劉禪遺詔〉/《牧誓》/《隋書》卷3〈煬帝紀〉《明實錄》清·王夫之《讀通鑑論·唐宣宗》《天朝拾遺錄》
	50.掌聲與噓聲	5	秦始皇興建萬裡長城,隋煬帝開闢千里運河,你說,這應該給予他們掌聲呢?還是噓聲呢?蔣中正領導全國軍民八年抗戰,死傷數千萬人;繼續又領導國共內戰,爭城掠地,最後經濟垮臺,兵敗如山倒,這應該給予掌聲呢?還是噓聲呢?漢高祖、明太祖,都是平民奮起革命而登基為王,真是一將功成萬骨枯,這應該給他們掌聲呢?噓聲呢?p173汪精衛行刺攝政王時,那種「引刀成一快,不負少年頭」的英雄豪氣,但是後來與日本妥協,成立偽政府,出賣國家,這是應該要給他掌聲呢?還是噓聲呢?p174	司馬遷《史記·蒙恬列傳》/唐·皮日休《汴河懷古》《三才圖會》

屬性	篇號／篇名	譬喻數	內　　容	出　處
五、兩面對待12／100	52.應世無畏	2	語云：「知人知面不知心」。人與人之間，因為不知道此人對我是有利、還是有害，所以交朋友不得不提防將來的變化。在家庭中，長者也經常開示後輩，都是教他要「害人之心不可有，防人之心不可無。」p179	《警世通言》/洪應明·《菜根譚》
	54.業力與願力	6	商紂、嬴政，甚至王莽、煬帝之流，權勢喧天，可惜業報一到，高p185樓大廈傾倒，還有什麼存身之地呢？漢高祖、朱洪武，都是村野小民，風雲際會，不是一樣可以稱王稱帝，一統天下嗎？p186	《牧誓》《呂不韋傳》
	69.休息的意義	8	日月星辰，山河大地，都要休息。昆蟲要冬眠，山雞要早睡。勤勞的p233螞蟻，也要作窩休息；忙碌的蜜蜂釀蜜以後，也要有一段休息的時間。政府團隊、公務人員，週休二日，強迫休假，也都是要他們休息，可見休息的重要。p234	
	78.獨家新聞	2	西方國家的記者，對於有些社會消息，雖然可能成為獨家新聞，例如有人跳樓、投水自殺等，他也不肯報導。為什麼？因為怕有人效法，引發社會不良的效應。p260	
	81.俗氣與道氣	20	《水滸傳》裡的一百零八條好漢，光從書上描述他穿什麼衣服，手拿什麼武器，走起路來的樣子，說話的聲音等，就會知道，他是黑旋風李逵，還是行者武松、智多星吳用、花和尚魯智深。p269如果是《三國演義》，你看到身騎赤兔馬，手提青龍掩月刀，口說「俺來也！」不用問，那一定是關雲長駕到。如果有一個手提丈八點鋼矛，像黑羅剎降臨，威風凜凜，殺氣騰騰，這一定是張飛到達了。如果是手持羽扇，座下獨輪車，身穿八卦長袍，不用說，那是臥龍先生諸葛亮出場了。同樣的，我們提到儒家的曾子、子思、顏回；小丑形的人物，例如唐朝的高力士、來俊臣，明朝的魏忠賢，清朝的李蓮英，一聽到這些名字，就會覺得這是一群俗不可耐的小人了。周公、孔子提倡禮樂，就是鼓勵人生要有道氣；一些黑道的幫派領袖，不懂得道氣，只以為霸氣、兇氣就能服眾，這幫人也就免不了都要成為俗人了。孟子要人養氣，p271	《水滸傳》《三國演義》《資治通鑑·周紀一》唐·李肇《唐國史補》唐·張鷟《朝野僉載·周興》《孟子滕文公篇》

屬性	篇號/篇名	譬喻數	內　　容	出　處
六、業果不失11	5.凡事靠自己	1	韓愈先生說：「世有伯樂，而後有千里馬；千里馬常有，伯樂不常有。」p28因果是不能代替的！	唐・韓愈〈馬說〉
	22.死刑的因果	1	因果論更是法律中的法律，孫中山先生說：「佛法乃救世之仁，可以補法律之不足；法律防患於已然，而佛法可防患人民的犯罪於未然！」能防患於未然者，就是因果的觀念也！p86	《國父全集》1923年
	36.最好的選擇	5	世間上的事，有的可以選擇，有的由不得你選擇。例如，父母，你沒有辦法選擇；兄弟姊妹，你也沒有辦法選擇。生而是男是女，不是你能選擇的；容貌的美醜，身材的高矮，也由不得你作選擇。p128有許多的罪業，也並不是大家有心違反；例如牢獄裡的罪犯，也不是自己有心要關進去的。p129	
	46.留下什麼？	5	孔子把四維八德留在人間，老莊把清淨無為的哲學思想留給後人；達文西留下了「蒙娜麗莎的微笑」，貝多芬留下許多不朽的樂章；周公旦留下禮章制度。p162	《尚書大傳》
	65.人要活多少歲	12	所謂「白髮人送黑髮人」，你覺得這樣的人生很好過嗎？p220 日本有一對姊妹，叫做金婆婆、銀婆婆，她們都活了一百多歲；名字叫金叫銀，生活的意義不知道是否像金像銀？ 顏回、僧肇，都活了三十一歲，歷史、後人都一直歌頌他們對人間的影響，可以說他們的生命不但活得很久，而且活在人們的心中。p221鄭成功活了三十八歲，嶽飛活了三十九歲，耶穌活了三十六歲，秦始皇活了四十九歲，唐太宗和諸葛亮也都活了五十三歲，孫中山活了六十歲，穆罕默德活了六十二歲。p223	明・吳承恩《西遊記》第四十七回
	68.馬馬虎虎	2	胡適之先生曾感歎說，中國人被許多的觀念所害，因而不能躋身於現代的強國之林。他寫了一篇「差不多先生傳」p229 有一知名畫家，正在聚精會神的畫一隻老虎；有一老翁慕名前來求畫，希望畫家為他畫一隻馬。畫家順手就在畫好了老虎的身子畫上馬頭。老翁問：「這究竟是馬？還是虎？」畫家答：「馬馬虎虎」！「馬虎圖」p231的印象就這樣深植在畫家的二名稚	《胡適文存》茅盾《子夜》十二

屬性	篇號／篇名	譬喻數	內　　　容	出　處
六、業果不失 11	續68.		子心中。數年後，孩子長大了。一日，老大外出，見一鄰人的馬向他跑來，他一時情急，以為是虎，一箭便將馬射死了，鄰人不甘損失，畫家只好賠錢了事。又過了一段時日：老二出外旅行，途經山區，見一老虎，誤以為是馬，不但不知躲避，竟還迎面走去，結果喪身虎口。消息傳來，畫家痛悔不已！p232	
	70.知錯就改	3	戰國時代趙國的廉頗老將，知道自己錯了，即刻向藺相如「負荊請罪」，這就是認錯的美德。「危如累卵」的故事，也是說明「知錯能改」的重要。過去的帝王仁君，向全國「下詔罪己」，這就是「知錯就改」的實踐。p237	司馬遷《史記·廉頗藺相如列傳》《史記·范睢蔡澤列傳》唐·白居易〈賀雨〉詩
	83.上癮	3	吸毒的人，「上癮了」；嗜酒的人，「上癮了」；好賭的人「上癮了」。上癮之後成為習慣，便不容易改除了！p275	
	87.早晚課	2	吾人應該想到曾子的「吾日三省吾身」，袁了凡的「每日功過格」p291	《論語·學而篇》袁了凡《了凡四訓》
	90.黑白二鼠	1	古人說：「光陰似箭，日月如梭。」p299	唐·韋莊〈關河道中〉詩
	94.貴人在那裏？	1	所謂「解鈴還須繫鈴人」，從因地上來改良、改進，當然就會有不同的結果了！p314	《紅樓夢》第九十回
	67/87		340則譬喻	

表6.4.《迷悟之間‧5人生加由站》星雲自創譬喻內容表

屬性	篇號篇名	譬喻數	內容
一、平等互惠 14 / 63	1.供養的用心	4	我們也提倡僧眾應該對信徒有所結緣供養,也就是要給信徒佛法、給信徒鼓勵、給信徒信心、給信徒照顧。p13
	3.尊重異己	11	一個母親生養的兒女,各有不同的性格;中國有十幾億的人口,就有十幾億不同的心。江海溪流,同樣是水,但水質各有不同;山嶽丘陵,同樣是山,但沒有絕對相同的兩座山。十個手指,伸出來有長短不同;兩個眼睛,也有大小的分別;即使滿口的牙齒,也不會全部相同!p19 世間萬象,水火不相容,但是台灣的關仔嶺卻有「水火同源」;桃李不一體,但還是可以互相接枝;男女不一樣,但常說「你中有我,我中有你」;彩虹的顏色有多種,就因為大家互不排斥,故能顯現出它的美麗。p21
	13.學習與嫉妒	2	只要見到別人比自己好、比自己強者,就會心生嫉妒,甚而障礙、打擊對方,像公雞的性格,見不得別人抬頭高叫,最後只有同歸於盡。p55嫉妒猶如一把火,不是燒毀一個人才,而是燒毀整個社會的成就!p56
	15.赤子之心	14	赤子之心就是佛心;赤子之心就是母心;赤子之心就是聖心;赤子之心就是童心。或者也可以說:慈悲、誠實、天真、善美,都是赤子之心。你見到眾生受苦,心生不忍,那就是赤子之心;你看到他人受難,心生惻隱,那也是赤子之心。收容流浪狗、成立兒童中途之家、關懷老弱婦孺、救濟各種傷殘,都是赤子之心!p60
	19.你給我	3	數十年前,有一位法師到佛光山說,你把壽山寺給我;也有人到美國說,你把西來寺給我,這些都在佛光山成為笑談。　近聞新莊某寺重建和尚未落成,便有另外一寺的信徒先行前往說:你把寺院交給我們的禪師。後來該寺的禪師也親自駕臨說:「你把寺院交給我」。結果建寺的法師明確表明立場說:「我有師父,我飲水思源,應該認祖歸宗,所以不能給你。」因此索取未成,成為笑話。p76
	23.感恩之美	1	佛光山在海內外各別分院設立滴水坊,目的就是要發揚「滴水之恩,湧泉以報」的美德。p89
	41.人權與生權	4	有一些落後的地區,大量地屠殺稀有動物,如撒網捕鳥,電毒遊魚,冬吃香肉(狗肉),甚至大街小巷公然地掛出生吃活魚等。p147
	48.做個螺絲釘	3	人,都要做偉大的人物,像鋼骨,像棟樑,負擔重責。p166 做人,要像螺絲釘,當有用的時候,人家並不知道我們的價值;沒有用的時候,人家就知道少不了我了。p167
	56.分一杯羹	1	人與人之間的相處,千萬不能計較一時,不要像商業買賣一樣,銀貨兩訖就算了;利害是一時的,道義是永久的,何必斤斤計較眼前的一杯羹呢?p191

屬性	篇號篇名	譬喻數	內　容
一、平等互惠14／63	57.神佛之間	7	所謂神，若非武功蓋世，令人懷念，即是有功於社會大眾者，如：月下老人就是今日的媒婆，瘟神就是今日的衛生署署長；此外，城隍是縣長，土地是裡長，文昌帝君是教育部長，哪吒太子是警察局局長。p194 佛陀好像人間的光明，所謂「佛光普照」。p195
	61.換一個跑道	3	如果一再的換跑道，對個人難免會有一些損傷。例如，浪費了時間、失去了先機，一切都必須重頭做起。p207樹木要固本，如果常常移植，可能會更茂盛，但也可能會死亡，這就如更換跑道，不得不小心！p208
	74.燒金銀紙	5	人說，燒金銀紙製造環境污染，而且太過浪費，就和抽菸一樣，都是浪費社會的資源。249　隨著時代的進步，對於一些民俗祭禮，應該做一些適合現代的改良。例如，以提供獎助學金來贊助青年學子、幫助傷殘人士、佈施社會公益、助印善書報刊等，以此功德來回向神祇、冥界、先人，不是比燒金銀紙還要來得更有意義嗎？p250
	75.清白人生	1	人生在世，多少的追逐，多少的營求，但是到了最後，有的人慨歎自己一身的罪孽；如果能夠消除罪孽，像石灰一樣的留得一些清白在人間，如此也就不枉來世間走一回了。p253
二、假名施設8／52	2.常識人生	14	人不但要知道過去的歷史，也要知道地球的空間，甚至天氣，乃至各種民族間的文化、生活習慣，都要認識。就如看到烏雲覆蓋，就知道天要下雨；感覺風向變化，就知道氣候要變冷。現代的社會，許多新人類的用語，你也不能不知道，例如：「K書、A錢、很酷、HIGH到最高點、哈日族、E世代、銀髮族、辣妹、作秀」等。p15對這許多學科不能沒有一些常識。例如，現在的升斗小民，也要懂得填報稅單向政府交稅；出外旅行，進出國境，你也要懂得填寫表格，否則舉步艱難，生活不易啊！p16現在的時代，三天五日沒有看報，就好像被這個社會遺棄，可見「常識」對一個人是多麼的重要！p17
	4.五彩繽紛	16	天上的白雲雖然遠比烏雲好看，但總不及彩虹和晚霞，將天幕妝點p22成大自然最美的色彩。森林裡，百鳥以歌聲找尋知音；大海中，魚類也以彩色來引起友誼。世間上，有的人講話如詩如畫，他的「舌燦蓮花」可以把語言講得燦爛繽紛，生動活潑；有的人為文寫作，起承轉合，曲折委婉，所謂「文情並茂」，令人捧讀，直歎「文中有畫，畫中有詩」。p23多彩多姿的生活。例如：為人服務、與人結緣、給人歡喜、從善如流等，能夠到處受人歡迎，到處隨緣自在；能夠以微笑、讚美來製造色彩，就能活出繽紛的人生。p24人，當然也不能只是單一的做一件事。例如，回到家裡，要把妻子、丈夫、兒女、父母、公婆、媳婦的身分扮演好；出門在外，也要認清自己的角色，是主管，就要承p24當負責，愛護屬下；是部屬，就要勤勞盡職，擁護主管；是老師，就要化雨均霑，誨人不倦；是公僕，就要為民喉舌，服務人群。p25

屬性	篇號篇名	譬喻數	內　容
二、假名施設 8/52	28.心靈的畫師	4	一個藝術家在紙上畫一幅畫，畫山像山，畫水似水；畫花如花，畫草即草。p102 我們的心就像藝術家，世界美麗的風光，我們可以把它畫得非常的逼真；都市中陰暗的陋巷，我們也可以把它畫成真實的一樣。甚至我們的心又像一個雕塑家，可以雕塑出天使、女神等不朽的藝術作品，p103但也可以雕成魔鬼小丑，令人憎厭。我們的心又像一個音樂家，可以唱出清脆動聽的歌聲，也可以唱出淒涼悲哀的聲調；我們的心，也像是一個工程師，可以建築華屋廣廈，但也可以建成茅房陋居。心是萬能的，心中的宇宙可以隨意變化，為什麼我們不好好地用它來做一些善美的事呢？p104
	33.搶功	1	台灣九二一大地震，民間爭著救災，但是也爭著搶功。尤其，有一些慈善團體，當別人在忙著救濟，他卻在一旁忙著懸掛橫標供記者照相；當別人在那裡忙著搶救傷患，他也在一旁忙著記錄，當成是他們所做！p120例如，有聞一些宗教團體，到災區大量烹煮飯菜，但是另一個宗教團體卻以他們的碗盤盛裝熱食，供給災民食用；結果大家一再感謝眼前施飯施粥的人，卻不知道後面真正供應飯菜的人是誰？p121
	44.藉口之害	4	人，有一個習慣，遇到一些疏忽的事情，總想找藉口為自己說個理由，彌補過失。例如，約會遲到，遲到就應該表示抱歉，但是他總要說出多少理由。例如：我要出門的時候，正好來了一通電話；今天路上塞車嚴重；今天下雨；臨出門時，忽然有個朋友來找我。p154
	51.我是財神爺	3	財神當然就是吾人自己！我的雙手勞動，辛勤奮發賺錢，雙手就是我的財神爺；我的雙腿勤於走路，開發財源，雙腿就是我的財神爺；我耳聰目明，我滿面笑容，我口中多說好話，我肯得向人點頭示好，它們都能為我帶來財富；我的五根六識，不就是我的財神爺嗎？p176
	62.各種面孔	4	除了這許多的面孔之外，再如微笑的面孔，讓人欣賞；友愛的面孔，讓人生起好感；有表情的面孔，讓人樂於親近；慈悲善良的面孔，讓人無須設防。p210
	76.不知道苦的危機	6	天氣有寒冷炎熱的苦，飲食有飢餓飽漲的苦，人情有冷暖好壞的苦，世間終有生滅變化的苦。如果不知道世間之苦，就好像不知道天高地厚，不知道人情輕重。p254
三、把握當下	7.沒有辦法	1	凡是你拜託能幹的人，他的回答都是正面的OK（好）；凡是不能幹的人，他的回答都是NO（不好）。例如，我不會寫信，請一個能幹的人幫忙，他必定都是OK。如果他實在沒有時間，他會說：我下午或明天幫你寫。甚至他也可能說：我找個人代替我幫你的忙！總之，他會幫你把事情完成。p33
	8.不要等待	2	陽明山上的櫻花很美，但是你要趕在花季的時候前往欣賞；等有時間，永遠沒有時間，正如等到發財，永遠不能發財！pp37-38

屬性	篇號篇名	譬喻數	內　容
三、把握當下 7／19	12.時間管理	6	一生就在時間裡七顛八倒。例如，童年應該讀書，他偏要遊玩；中年了，應該要做事，他想到讀書。p51許許多多偉大的建寺、偉大的雕刻、偉大的藝術、偉大的文學作品之光輝，都能輝耀人間，這才是一流的時間管理。p53
	55.惜緣	1	就算我們的人生如花，我們不是也應該要珍惜生命中的陽光、空氣、水分嗎？p189
	58.心平氣和	3	我們的心，經常都是心煩意亂、心浮氣躁、心私不公、心暗不明，所以心的工廠生產不出好的東西。p197就如現在的青年學子，每遇考試，要能心平氣和，就會有好的成績；員警處理違警事故，如果心平氣和，則能獲得民間的尊重。p197
	71.放下自在	2	一位年輕的小姐，在禪堂裡參禪，有人來轉告她已考取留學獎學金，她即刻想到禪者的「不管他」、「放下他」，當下豁然大悟。p240做人應該要像皮箱，用時提起，不用時放下。p241
	93.人生加油站	4	明師和善知識就是我們的加油站。你覺得自己的學識不夠，要到補習班補習，要參加某一些講習會，甚至辭職進修，再度入校學習；那麼這些補習班、講習會、學校，都是我們的加油站。p309有的人，沉潛在圖書館裡，有的人，學習在寺院的藏經樓上；那許多的藏經樓、圖書館，都是我們的善知識，都是我們人生的加油站。一座寺院完工，一間佛殿落成，就如設立了一座人生的加油站。你在人生的道路上，跑得疲倦了、煩惱了、受到委屈了，你到寺院裡、佛殿上，跪下來，經過佛力的加被，就像能源、汽油一樣，滾滾的加入到你的心田裡，你再往前方行走，加過油的人生，自然前途無量喔！p310
四、自在人生 12／83	9.知足與能忍	9	有一些染汙欲，例如貪財好色、貪名好利、貪杯好酒、貪玩好物；貪圖一些不當的欲樂，若欲望像一匹野馬，知足宛若一p42條韁繩，必須靠知足的韁繩來駕馭貪欲，才不會成為欲望的奴隸；瞋恚像一把利刃，忍耐像武士的盔甲，內在的精神有了忍耐的盔甲武裝，即使人生如戰場，也不致危險了。不能節制、知足，則欲望無窮，就找不回自己了。p40
	10.豁達人生	3	善慧大士一家人的「坐化立亡」，王打鐵在火爐邊的「站立往生」，丹霞禪師覺悟「考官不如考佛」而剃度等；他們能夠「擁有」，也能「空無」，他們在功名富貴、窮通得失之間，都不忘自在，這就是豁達的人生。p46
	16.真正的財富	8	人生唯有信仰、滿足、歡喜、慚愧、人緣、平安、健康、智慧等，才是真正的財富。p66
	17.人生本色	8	有一些人往往把人做得失去了本色，例如青年好強鬥狠，他說這是英雄本色，其實這不是英雄的本色，這是狗熊的本色；少女虛榮遊蕩，她說這是女人本色，其實這不是女人的本色。p67不管是什麼顏色，只要純真，有人欣賞，有人喜歡，就不失本色。怕的是絲不像絲，綢不像綢；

屬性	篇號篇名	譬喻數	內　容
四、自在人生12/83	續17.		紅不像紅，白不像白；離開了本色，那就沒有什麼值得可取的了。p68本色也可以說是做人的形象，每一個人希望把自己樹立成一個什麼樣的形象，那就是人的本色。有的人以堅貞不渝為他的本色；有的人以忠誠不二為他的本色；有的人以勇於負責為他的本色；有的人以勤勞精進為他的本色；但也有一些人，一生不管做什麼都不像，也就失去了人的本色。p69
	24.日日是好日	6	看地理也不一定看方向、看前後、看左右；只要你覺得適中，覺得適可，就是好地理。例如佛教的行者，當他每天上殿拜佛、齋堂用餐，都不時地p91找好的地理。當他進殿門時，一眼就要看清楚，那個地方對他禮拜、讓他敲打法器最有利的地方，那就是最好的地理；進了齋堂，那一個位置能獲得行堂服務者早一點為他添飯菜，他認為那就是最好的地理。p92一個家裡的客廳，供佛像、供祖先的地方，就是好風水；一個客廳裡，最大的主位，那就是好地理。一張辦公桌，擺在中間非常的氣派，那就是好地方。p93
	29.工作信條	10	有的人以誠實做為工作的信條，有的人以勤奮做為工作的信條，還有以服務、犧牲、親切、熱誠，做為工作的信條。佛光山的工作信條，最為現代人所欣賞。p105要幫人解決一些困難，多一些服務給人。例如，在暗夜的地方，點亮一盞明燈；逢到乾旱的時候，在路邊施一壺茶水；陰雨的時候，在公共地方佈施一些雨傘，在曠野之中建設一些涼亭等，這都是給人一些方便。p108
	47.名牌	5	日用是不是名牌不重要，重要的是自己的信用是名牌、自己的道德是名牌、自己的待人處世是名牌、自己的善良純真都是名牌。名牌何必要外求呢？一位師姑長得莊嚴美貌，她一生出眾都是非常的和善大方，有時穿著的衣服也很入時。有人問她：你穿著的衣服是什麼牌子？那裡買的？她說：我買的都是「彎腰牌」！原因是她所穿用的服飾，都是在路邊的地攤所購買的。p164
	67.生命教育	2	所謂生命，是活力，是活用，是活動；自己的生命，要用活動、活力、活用，跟大家建立相互的關係。例如，雨水要灌溉樹木叢林，樹木叢林也能保護水分；人吃了萬物後排泄肥料，肥料又再成為萬物的養分。生命是相互的，是因緣的；想獨存，想個己，那就沒有生命了！p227
	73.理路清楚	2	理路不清楚的人，以是為非，以非為是，以善為惡，以惡為善，好像明鏡蒙塵，又像霧裡看花，哪裡能知道事實的真相呢？p245
	82.地球人	4	極樂世界的人每天遊走許多國家，心念所想，如願所成。這不正像現在的電話、電腦資訊、遙控、E-Mail，不都是已經把地球上的人聯結得愈來愈近了嗎？p274

屬性	篇號篇名	譬喻數	內　容
四、自在人生 12/83	86.打破僵局	5	如果對方先存成見，不妨先跟他招呼；例如：「請坐」，或者倒一杯茶，對其噓寒問暖，則寒冬必能化為春天的來臨。p286巧匠對於再難開的鎖，他也能解得開；妙手所到，再難琢磨的玉石，他也能把它雕琢成好的器皿。只要吾人熱忱，自然能溶化寒冰似的僵局。p288
	91.問號的得失	21	有時候問號也會產生不良的結局。例如，對人問安時說：你好嗎？你吃過飯了嗎？你近來如何？這些都是善意的問號。也有的人跟人請示：你對時局p301的看法如何？你對社會的經濟發展有何見解？你對核四的興建有何意見？你對現在立法院的表現滿意嗎？這些都是中性的，無所謂好壞。最可怕的就是責備的問號：你來這裡幹什麼？怎麼到現有還沒有做完？為什麼花了那麼多錢？為什麼吃那麼多東西？為什麼今天遲到了？你今天怎麼起得那麼遲？有時候我們做人，成了一個問號的人物，這就非常麻煩了。例如：人家會問：他靠得住嗎？你能信任他嗎？他有資格嗎？他能擔當嗎？甚至因為自己過去不良的記錄，也會成為別人質疑的問號：他過去不是持反對意見嗎？他不是曾經對你有過不滿的舉動嗎？他曾經擅離職守你知道嗎？他曾經沒有完成任務你記得嗎？所以，一個人一旦變成問號人物，就很難令人信賴。p302
五、兩面對待 10	20.車速的快慢	2	人生也如行車，在人的道路上，我們能夠行走多遠？就看我們人p78體這一部車輛是新是舊？馬力是大是小？車子的性能是好是壞？車速的行駛是快是慢？ 如果只顧奔馳，不知保養，不懂愛惜，就如身體過分疲勞，也會有中途拋錨的時候。p79
	21.義工與志工	1	知識有善有惡，聰明也會被聰明誤，而般若智慧純是善良的。如世間的科學，即為知識，有利有弊；而般若純是讓人圓滿、昇華，是純善、純淨而無染汙的。p83
	31.放下與拿開	7	心上的石頭是什麼？憂愁、苦惱、悲傷、怨恨、煩悶、罣礙；尤其一股委屈之氣，比石頭更加嚴重！不把這許多東西放下，心上壓力太重了，日子實在不好過！p113
	34.人生山水畫	5	人生像什麼？人生就像一幅山水畫！p122有的山水畫裡：懸崖絕壁，千山萬壑，山峰高聳，插入雲霄，猶如人生身居高位，達於顛峰，卻又不免令人興起高處不勝寒的唏噓！也有的山水畫裡，峭壁小徑，前途無路，就好像人生的艱辛，找不到出路。有的山水畫，環山抱水，波光粼粼，金碧耀眼，就像是浮宦世家，豪門貴府，好一幅氣象萬千，氣勢磅礴的豪邁景象。p123人生，有的人生來一路順暢，就像色彩鮮明的山水畫；也有的人生不逢時，一生當中，這裡挫折，那裡阻撓，像山水畫裡的「山窮水盡」。p124
	37.養生與養性	2	吾人的心性如水，水性下流；人，學壞很容易，學好，則如水往上流，十分艱難，所以說「學如逆水行舟，不進則退」。p133

屬性	篇號篇名	譬喻數	內　容
五、兩面對待10	39.進退之間	1	一部機器性能好的時候，就能進退自如；一個人能夠通情達理，自然也會進退有序。p140
	43.正信與迷信	4	迷信也不是絕對不好，迷信得對的，只是因為不懂，還並無太大的傷害。例如，我要為國犧牲，你就必須要迷信，如果不迷信，你為什麼要為國家犧牲呢？你為了什麼主義，你就必須要迷信，如果你不迷信，為什麼要為主義犧牲呢？為感情，你就要對感情迷信，如果你對感情不迷信，你為什麼要為感情犧牲呢？為責任，你就要對責任迷信，否則你怎麼肯為責任犧牲呢？p152
	52.應世無畏	6	人和人相處中，最不安的就是畏懼和恐慌，所以觀世音菩薩不但救苦救難，而且佈施給人「無畏」。此中的意義，就如有力量的人和有辦法的人，p178我們要發願作眾生的保護傘，不受雨淋；要作眾生的手電筒，消除暗夜恐慌；要作眾生的舟航，讓大眾能離開苦海；要作眾生的家園，讓他免於餐風露宿，這就如觀世音菩薩的施無畏。p179
	54.業力與願力	4	不幸造了惡業，補救的方法：第一是消業。正如衣服上的塵埃、身體上的垢穢，你可以用清潔劑、肥皂來消除；造了惡業，也要懂得懺悔，才能消除業障。有權有勢的、有錢有位的，一旦業報現前，好像冰山傾倒，轉眼成空；p185人生的際遇，好像走在一條道路上，高低起伏，時而順暢，時而坎坷，這都是由於我們的善惡業力所鼓動。p186
	69.休息的意義	3	休息就好像輪船、飛機要加油、要補給！又如軍隊，歷經了一場戰役之後，也要開到後方去整編，休養生息，以便再出發！p233
六、業果不失8／41	5.凡事靠自己	13	人生有很多事情，別人是沒有辦法幫忙、代替的，例如年老力衰、疾病痛苦讀書求學，別人不能代替我們讀書；創業發展，別人不能幫忙我們創業。p26自己喝茶，自己才能解渴；自己吃飯，自己才能飽。即使是現代的民主政治，也要靠自己有選票，才能進入議會。p27因緣不具，還是不能成事。例如一個國家要靠眾臣輔佐，但是如果國君不賢，縱有良將賢臣，也是無濟於事。外緣再多，若是自己不振，即使天降鑽石、黃金，你不去把它撿起，你仍然貧窮；即使獎章、獎狀憑空而來，你不去親自領取，榮譽也非你所屬。p27 世間事，有的不能代替，就非得靠自己不可。靠大樹可以乘涼、靠橋樑可以通行；如人遭逢大水時，儘管佛菩薩化身各種人等來救你，如果你執著不肯上船，你也無法得度！又如田地裡沒有播種，縱有雨露肥料，也不能生長萬物啊！p29
	22.死刑的因果	4	除非殺人致死的重刑犯之外，其他的罪刑都可以斟酌輕重，給予特赦，或者以代替役來受罰，例如，罰他勞役、罰他賠償、罰他關閉、罰他銬鐐，這些都還說得過去。p85

屬性	篇號篇名	譬喻數	內　容
六、業果不失 8 / 41	36.最好的選擇	7	有一些事情實在是由不得你的選擇。例如，貧富之間，你當然希望選擇榮華富貴，不喜歡選擇貧窮下賤，但有時候因為過去的業力因緣，也由不得你決定；信仰、勤儉、施捨、知足、精勤、慚愧等，都是我的選擇；你有了這許多的選擇，雖然一時不能全都如願，但是一旦因緣際會，你又何愁你的選擇不能稱心滿意呢？p129
	46.留下什麼？	2	儒家說，人應該要把立功、立德、立言三不朽留給人間；基督教說，把愛留給世間；p161
	70.知錯就改	8	死不認錯的人，是非常可惜的，就如一個人穿了一件骯髒的衣服，一直不肯洗滌；一身的污垢，不知道沐浴，穢氣薰人，令人生厭，甚至人人見了都要退避三舍，可是他還不知道。所謂「知過必改，善莫大焉」。不肯改過的人，好像漆黑的牆壁，為什麼不肯替它添加一些色彩？又如酸澀的菜餚，為什麼不給它一些淨水，沖淡它的味道？p236一篇好的文章，要經過多次的修改；一幅名畫，也要經過多少顏料的粉飾。樹木花草，需要整理才會整齊；長髮短鬚，也要靠修剪才會美觀，為什麼錯誤就不肯改呢？p238
	83.上癮	5	現在社會上又多了一些新的「癮君子」，例如看電視、電影，看了成癮；看跑馬、賭博，也可以上癮；甚至賴在電腦網路邊上，成癮了。p276
	85.生命馬拉松	1	我們的人生亦如馬拉松賽跑，青年的時候意氣風發，覺得捨我其誰？及至經過了一段賽程的考驗，到了壯年，自己是殿後，還是超前，結果已經明朗化了。p283　也有的人具有運動家的精神，他雖然是落後了，仍然奮力向前。正如我們的人生，當我們參加了人生馬拉松的競賽，人人都應該具有運動家的精神，要能持久不懈，即使落後，還是可以奮力追趕，堅持到底，雖不能獲得第一、第二名，至少也要把全程跑完，這才是人生最大的意義。p284
	90.黑白二鼠	1	人生歲月的無常，好像我們在銀行裡的存款，為數日日短少，年年蝕本；當存款用盡的時候，就看黑白二鼠肯不肯口邊留情了！p300
	59/87	298	

第七章
星雲《迷悟之間‧6.和自己競賽》之譬喻運用

　　本章特針對星雲《迷悟之間》套書第六冊《和自己競賽》所收錄九十四篇短文，[1]是自二○○一年七月十八日至二○○一年十月十九日

【1】　1.聰明的爭議 2.琢磨琢磨 3.預算 4.擁有美德 5.磁場與能量6.宏觀與微觀7.低頭 8.承先啟後 9.學徒制 10.時空定位 11.沉默是金12.挨家挨戶 13.設定目標 14.謠言惑眾15.知識社會16.老人的春天 17.抵制誘惑 18.公雞性格 19.肅靜 20.一時與一世21.眼睛與嘴巴22.增加能力23.社會新鮮人24.多元文化 25.人人做警察 26.成佛以後 27.處事禮貌 28.要檢舉黑手 29.茶果文化 30.和自己競賽31.種族融和 32.黑函與黑心 33.時間的長短 34.攜手同圓35.馬上辦36.有我一份37.神奇的妄語 38.創造歡喜心39.算賬40.老大與大老41.心能轉境42.與我沒有關係43.重新出發 44.人性的善惡 45.要服氣46.創造生命力 47.去蕪存菁48.供養心49.固執己見 50.無底坑51.找尋快樂 52.心鎖 53.開通理路 54.慶生會55.突破與看破56.中陰身57.學歷的迷思58.困境59.千里馬 60.硬體與軟體61.一顆種子62.用餐時間63.生命的字典64.畏己-917台北水災有感65職業之外66.生活教育 67.處理問題 68.人生第二春69.計畫與變化70.一半一半71.過程與結果72.人脈關係73.清理垃圾74.空間安排75.養量76.送禮77.生命學78.舉重若輕79.眼不見為淨80.高效益81.生命的春天 82.噪音83.世界公民 84.找到了85.莫存定見86.床頭書87.加減人生88.廁所文化89.道氣與俗氣90.生命的流

期間，每天刊載在《人間福報》頭版所結集的四七四則譬喻做研究。這些出現在八十九篇短文[2]中的譬喻，將初分為佛教經論典故譬喻、一般譬喻、與星雲自創譬喻三類，各類再細分為不同屬性，然後加以彙整製表，以利深入探討星雲如何運用譬喻來攝受教化讀者，再依據這三類譬喻數量的比例，以及這些被採用的譬喻與人間佛教六大特性的相應度比對(見附表7.1)，來建構星雲運用譬喻著述的模式。茲逐節分述如下。

第一節、《迷悟之間・6.和自己競賽》之經論譬喻分析

　　星雲在《迷悟之間・6.和自己競賽》書中，引用佛教經論譬喻計有三十六篇七十二則譬喻，是本書所採用的三類譬喻中最少數的一類，其中第90.生命的流轉出現九則譬喻居多，其次是第6.宏觀與微觀、與第26.成佛以後各採用了五則譬喻，再其次為第89.道氣與俗氣採用了四則譬喻。第64.畏己-917台北水災、第88.廁所文化、第44.人性的善惡、第41.心能轉境與第77.生命學等五篇各採用了三則譬喻。這七十二則譬喻可概分為宏觀器識、增加能力、長養知識、戰勝自己、心能轉境與生死輪迴等六種屬性。第一項宏觀器識屬性包括編號3，6，13，26，33，48，75，82等八篇十九則譬喻；第二項增加能力屬性包括編號9，22，35等三篇四則譬喻；第三項長養知識屬性包括編號15，29，56，57，62，64，76，88，89等九篇十六則譬喻；第四項戰勝自己屬性包括編號17，23，30，44，68等五篇八則譬喻；第五項心能轉境屬性包括編號19，41，52，61，73，79，81，92，94等九篇十三則譬喻；與第六項生死輪迴屬性包括編號77，90等二篇十二則譬喻。

　　為便於對照閱覽與分析說明，特彙整上述六種屬性的佛教經論典故譬喻如附表7.2，並依序說明如下：

　　轉91.溝通的妙法92.戰勝心魔93.學習聽話94.勇於嘗試
【2】　如上註編號31，51，58，67，83等五篇除外。

一、宏觀器識

第一項宏觀器識屬性包括編號3，6，13，26，33，48，75，82等八篇十九則譬喻；都在強調宏觀器識的重要。第3.預算，採用了一則憨山大師的詩偈，來譬喻應以利他為前提來預算規劃人生，即「人從巧計誇伶俐，天自從容定主張；諂曲貪瞋墮地獄，公平正直即天堂。」[3]而非從自己的利益著想，來訂下自己人生的預算。[4] 第6.宏觀與微觀，採用了三則事例譬喻宏觀與二偈譬喻微觀。舉維摩居士的小丈室，能容納三萬八千多座獅子座椅，接待萬千的菩薩羅漢，[5] 就等於佛陀看整個的三千大千世界如菴摩羅果；此外「見到緣起，就能見佛」，乃至「須彌納芥子；芥子藏須彌」[6]，就是宏觀。[7]所謂「見到一切諸法的成就，就能見到因緣」；「佛觀一缽水，八萬四千蟲」[8]，就是微觀。[9] 第13.設定目標，舉佛陀普度眾生，示教利喜，說明有的人胸懷世界，體會社會人生的疾苦，所設定的目標是「先天下之憂，後天下之樂」。[10]第26.成佛以後，採用了五則偈子譬喻未成佛之前，大家都是一個「藏佛人」。即「佛性平等，人人皆得成佛」，「即心即佛」，「佛是已覺悟的眾生，眾生是未覺悟的佛」。[11]

佛陀行化於宇宙虛空之中，就好像「千江有水千江月，萬里無雲萬里天」。[12] 唐順宗皇帝就教佛光如滿禪師：「佛從何方來？滅向何

【3】　明·憨山德清，《憨山大師夢遊集.醒世歌》，X73n1456p830c09。

【4】　星雲大師(2004)，《迷悟之間·6.和自己競賽》，佛光出版社，頁22。

【5】　姚秦·鳩摩羅什譯，《維摩詰所說經》，T14n475p538c06。

【6】　姚秦·鳩摩羅什譯，《金剛般若波羅蜜經》，T8n235p262a16，749b。

【7】　星雲大師(2004)，《迷悟之間·6.和自己競賽》，頁30。

【8】　高齊·那連提耶舍譯，《大方等大集經》卷57，T13n397p383c18。

【9】　星雲大師(2004)，《迷悟之間·6.和自己競賽》，頁32。

【10】　宋·范仲淹，〈岳陽樓記〉。星雲大師(2004)，《迷悟之間·6.和自己競賽》，頁55。

【11】　星雲大師(2004)，《迷悟之間·6.和自己競賽》，頁103。

【12】　宋·正受編，《嘉泰普燈錄卷十八》，X79n1559p401c10。

方去？既言常住世，佛今在何處？」如滿禪師答道：「佛體本無爲，迷情妄分別，法身等虛空，未曾有生滅。有緣佛出世，無緣佛入滅，處處化眾生，猶如水中月。非常亦非斷，非生亦非滅，生亦未曾生，滅亦未曾滅，了見無生處，自然無法說。」[13] 第33.時間的長短，採用了二則事例譬喻時間的長短，在佛教裡，最短的時間是「刹那」，最長的時間名爲「阿僧祇劫」，[14] 就是無數。佛經說，少壯一彈指，六十三刹那；無量阿僧祇劫，也只在一念之中。[15] 第48.供養心，採用了一則事例譬喻身心都能供養了，還計較什麼？佛弟子在捨俗披剃的時候，都會發下供養的弘願：「將此身心奉塵刹，是則名爲報佛恩。」[16] 第75.養量，採用了二則事例譬喻心量要像虛空一樣。舉布袋和尚爲人歌頌「大肚能容，容卻人間多少事；笑口常開，笑盡天下古今愁。」[17] 與《觀虛空藏菩薩經》云：「心包太虛，量周沙界。」[18] 只要把虛空宇宙都包容在心中，心量自然就能如同虛空一樣的廣大。[19] 第82.噪音，採用了二則事例譬喻佛法以音聲做佛事。即「此方眞教體，清淨在音聞」；因爲有「如是我聞」，才有三藏十二部的佛法留傳後世。所以《普門品》說：「妙音觀世音，梵音海潮音，勝彼世間音。」[20]

　　上述八篇十九則譬喻具人間佛教的人間性(2)、生活性(2)、利他

【13】　星雲大師(2004)，《迷悟之間・6.和自己競賽》，頁105-106。宋・道原纂，《景德傳燈錄》卷6，T51n2076p249a03。

【14】　唐・玄奘譯，《阿毘達磨俱舍論》卷12，T29n1558p62a18。

【15】　星雲大師(2004)，《迷悟之間・6.和自己競賽》，頁126。唐・般刺蜜諦譯，《大佛頂如來密因修證了義諸菩薩萬行首楞嚴經要解》卷6，X11n270p162。

【16】　星雲大師(2004)，《迷悟之間・6.和自己競賽》，頁179。

【17】　星雲大師(2004)，《迷悟之間・6.和自己競賽》，頁269。宋・曇如撰，《定應大師布袋和尚傳》，卷1，X86n1597p43a9。

【18】　宋・曇摩蜜多譯，《觀虛空藏菩薩經》，T13n0405p647c16。

【19】　星雲大師(2004)，《迷悟之間・6.和自己競賽》，頁271。

【20】　星雲大師(2004)，《迷悟之間・6.和自己競賽》，頁293。後秦・鳩摩羅什譯，《妙法蓮華經》卷7，T09n0262p57c07。

性(5)、與普濟性(1)等四種特性,其中亦以利他性居多,普濟性殿後。(見附表7.1)

二、增加能力

　　第二項增加能力屬性包括編號9,22,35等三篇四則譬喻,都在強調增加能力的重要。第9.學徒制,採用了一則事例譬喻現在佛教裡,拜了師父,不肯以學徒自居,一下子就以爲自己是老參、是老師,言行舉止都不像是一個出家人。[21] 第22.增加能力,採用了佛教的五力譬喻增加能力的重要。卽佛經說,力量來自於五種:一是信心,二是精進,三是正念,四是定力,五是智慧。[22] 第35.馬上辦,採用了二則事例說明對於善事、好事,應該「馬上辦」。「馬上辦」是一句宣傳的口號,就如念佛的人,要往生西方極樂世界,阿彌陀佛也打出一句「於一念頃,往生西方淨土」,比馬上辦還要快。並舉甲、乙二人朝禮普陀山爲例,一人坐等機會,一人馬上行動。朝山歸來,等待的人尚未成行。[23]

　　上述三篇四則譬喻具人間佛教的生活性(1)、喜樂性(1)、與時代性(1)等三種特性,其中生活性、利他性與時代性均等。(見附表7.1)

三、長養知識

　　第三項長養知識屬性包括編號15,29,56,57,62,64,76,88,89等九篇十六則譬喻,都在強調長養知識的重要。第15.知識社會,舉六祖慧能大師[24] 說明沒有讀過書、不認識字的人,也會有知識。[25] 第29.茶果文化,舉有名的趙州禪師叫人「吃茶去」[26],可以開悟,來譬喻

【21】　星雲大師(2004),《迷悟之間‧6.和自己競賽》,頁42。

【22】　星雲大師(2004),《迷悟之間‧6.和自己競賽》,頁59。宋‧施護譯,《佛說法集名數經》卷1,T17n764p660c13。

【23】　星雲大師(2004),《迷悟之間‧6.和自己競賽》,頁135。

【24】　元‧宗寶編,《六祖大師法寶壇經》,T48n2008p348b15。

【25】　星雲大師(2004),《迷悟之間‧6.和自己競賽》,頁62。

【26】　宋‧文遠記錄,《趙州和尚語錄》卷3,J24nB137p368c17。

茶果文化。[27] 第56.中陰身，舉從中陰身可預測往生。如「頂聖眼生天，人心餓鬼腹；畜生膝蓋離，地獄腳板出」。[28] 第57.學歷的迷思，舉古來聖賢如佛陀、耶穌，沒有從任何學校畢業，來打破大家對學歷的迷思。[29] 第62.用餐時間，採用了佛教健康的飲食之道：早上粥有十利，中午酥陀妙味，晚餐應作藥石想。[30]第64.畏己-917台北水災有感，舉往日叢林的修道者，非常值得大家學習的說話方式，例如：「學人無知，沒有洞察先機」；「弟子慚愧，請長者多多指導」；「末職苦惱無能，未曾盡責爲常住奉獻心力」。[31] 由於這些美好的語言，而帶來一片祥和之氣。[32] 第76.禮，就如《普門品》中，無盡意菩薩要送觀世音菩薩智慧，他以爲觀世音菩薩已有了慈悲，想要供養智慧；但是觀世音菩薩悲智具足，所以他把無盡意菩薩的好意轉送給佛陀，讓無盡的眞理分享大衆。[33] 第88.廁所文化，採用《華嚴經.淨行品》中三則大小便的偈語爲例，如：「大小便時，當願衆生，棄貪瞋癡，蠲除罪法。」「事訖就水，當願衆生，出世法中，速疾而往。」「以水盥掌，當願衆生，得清淨手，受持佛法。」[34] 說明佛教裡非常重視上淨房（廁所）。[35] 第89.道氣與俗氣，舉釋迦牟尼佛、[36] 玄奘大師、[37] 弘一大師的肖像，[38]

【27】　星雲大師(2004)，《迷悟之間‧6.和自己競賽》，頁116。

【28】　明‧明昱證義，《八識規矩補註證義》，X55n890p408b19。星雲大師(2004)，《迷悟之間‧6.和自己競賽》，頁204。

【29】　星雲大師(2004)，《迷悟之間‧6.和自己競賽》，頁205。

【30】　星雲大師(2004)，《迷悟之間‧6.和自己競賽》，頁225。

【31】　吳‧支謙譯，《佛說長者音悅經》卷1，T14n531p808a26。

【32】　星雲大師(2004)，《迷悟之間‧6.和自己競賽》，頁231。

【33】　星雲大師(2004)，《迷悟之間‧6.和自己競賽》，頁274。後秦‧鳩摩羅什譯，《妙法蓮華經》卷7，T09n0262p57c03。

【34】　唐‧實叉難陀譯，《大方廣佛華嚴經》卷14，T10n279p69b20。

【35】　星雲大師(2004)，《迷悟之間‧6.和自己競賽》，頁312。

【36】　吳‧支謙譯，《佛說長者音悅經》，T14n531p808a26。

【37】　唐‧冥詳撰，《大唐故三藏玄奘法師行狀》卷1，T50n2052p214a05。

【38】　弘一大師(2010)，《弘一大師全集》，福建人民出版社。

與虛雲長老的披風手杖，一眼卽能看出他們與衆不同的氣質與令人心生仰慕的道氣。[39]

上述九篇十六則譬喻具人間佛教的人間性(1)、生活性(4)、利他性(3)、與時代性(2)等四種特性，其中亦以生活性居多，其次依序爲利他性、時代性與人間性。(見附表7.1)

四、戰勝自己

第四項戰勝自己屬性包括編號17，23，30，44，68等五篇八則譬喻，都在強調戰勝自己的重要。第17.抵制誘惑，舉佛陀的出家弟子須提那，回家省親時，經不起妻子的誘惑，做出和修行不相應的事情，所以讓佛陀有了制戒的因緣。來說明一個人只要能訓練自我內心的力量，不受外境的誘惑，所謂「猶如木人看花鳥，何妨萬物假圍繞」，自能過一個逍遙自在的人生。[40] 第23.社會新鮮人，舉《華嚴經》「十法界」，每界中又有十法界的「百界千如」，好比世間三百六十行，行行都可以出狀元。[41] 第30.和自己競賽，舉歷史上，佛陀和其他宗教的聖者，都是戰勝自己的人[42] 爲例，說明和自己競賽的重要。第44.人性的善惡，採用了《大乘起信論》一心開二門，心眞如門與生滅門；[43]《華嚴經》一心具足十法界，每一個生滅，都有善惡的；[44] 法華天台家人心中的善惡，有「性起」說，有「性具」說。[45] 譬喻人生的生命善惡好壞，無始以來，一直糾纏不清。[46] 第68.人生第二春，在思想上不能意

【39】　星雲大師(2004)，《迷悟之間・6.和自己競賽》，頁317~318。

【40】　星雲大師(2004)，《迷悟之間・6.和自己競賽》，頁70~71。

【41】　星雲大師(2004)，《迷悟之間・6.和自己競賽》，頁93。

【42】　星雲大師(2004)，《迷悟之間・6.和自己競賽》，頁119。

【43】　唐・實叉難陀譯，《大乘起信論》，T32n1667p585a04。

【44】　唐・實叉難陀譯，《大方廣佛華嚴經》卷19，T10n279p99b13。

【45】　元・懷則述，《天台傳佛心印記》卷1，T46n1938p934a15。

【46】　星雲大師(2004)，《迷悟之間・6.和自己競賽》，頁164~165。

志消沉，心境上不能衰老；自己要像常精進菩薩，[47] 胸懷悲天憫人的情懷，帶著精進不懈的腳步，雙手播撒春光明媚的種子，讚美春風欣欣向榮的萬物。[48]

　　上述五篇八則譬喻具人間佛教的人間性(1)、生活性(3)、與利他性(1)等三種特性，其中亦以生活性居多，人間性與利他性居次。(見附表7.1)

五、心能轉境

　　第五項心能轉境屬性包括編號19，41，52，61，73，79，81，92，94等九篇十三則譬喻，都在強調心能轉境的重要。第19.靜，所謂「寧靜致遠」，佛教也講究寂靜；靜，才能擁有禪心，才能通達，才能和聖賢交流，所以靜默是一種涅槃的境界，靜是最大的享受！[49] 第41.心能轉境，舉三個例子說明，例如因緣可以轉境，我們的心力，也可以轉境。唯識家說：「三界唯心，萬法唯識」，一切苦樂，都是由心所生起。[50] 第52.心鎖，採用了六祖慧能大師以「密在汝邊」回答「佛法之外，還有秘密否？」。[51] 意謂：我的佛法沒有上鎖的，你心中的鎖開了，自能有佛法進來！[52] 第61.一顆種子，採用了「一花一世界，一葉一如來」。[53] 譬喻一顆種子，一個善念，就是「一」。[54] 第73.清理垃圾，舉佛陀的弟子周利槃陀伽雖然愚笨，卻能依佛陀教導念「拂塵掃垢」而開悟，[55] 與佛教徒用誦經、禮拜來清理垃圾，兩個實例譬喻心燈亮了，

【47】　西晉・竺法護譯，《佛說如幻三昧經》卷1，T12n0342p134a23。

【48】　星雲大師(2004)，《迷悟之間・6.和自己競賽》，頁248。

【49】　星雲大師(2004)，《迷悟之間・6.和自己競賽》，頁79。

【50】　星雲大師(2004)，《迷悟之間・6.和自己競賽》，頁153,154。

【51】　元・宗寶編，《六祖大師法寶壇經》，T48n2008p349b28。

【52】　星雲大師(2004)，《迷悟之間・6.和自己競賽》，頁191。

【53】　清・上思說，《雨山和尚語錄》卷7，J40nB494p549c02。

【54】　星雲大師(2004)，《迷悟之間・6.和自己競賽》，頁222。

【55】　唐・義淨譯，《根本說一切有部毘奈耶藥事》卷17，T24n1448p86b17。

心裡自然澄明、淨化。[56]第79.眼不見爲淨，心也有淨與不淨，如《維摩經》說：「隨其心淨則國土淨」[57]所謂「淨」，完全是業力上的分別，狗子以大便爲美食，禿鷹以臭肉爲佳餚，衆生相互殘殺，五臟六腑，甚至羽毛骨頭盡皆吃入肚中，是淨是不淨？[58] 第81.生命的春天，採用了「三界唯心，萬法唯識」，[59] 說明大自然裡到處都有生命。[60] 第92.戰勝心魔，舉當初佛陀就是經過降魔，才能成道。[61] 譬喻魔由心生。第94.勇於嘗試，基因的發現，證明了佛教三世業力論的學說。人造雨，人造花，人造器官，試管嬰兒的誕生，都是人類勇於嘗試的成果，以後人類還眞有可能發展到「人人都是上帝」，人人都能創造世界。正如佛陀所說：人人都有佛性！人，眞是無有不能。[62]

　　上述九篇十三則譬喻具人間佛教的人間性(1)、生活性(4)、利他性(1)、喜樂性(2)、與普濟性(1)等五種特性，其中亦以生活性居多，喜樂性居次，人間性、利他性與普濟性殿後。(見附表7.1)

六、生死輪迴

　　第六項生死輪迴屬性包括編號77，90等二篇十二則譬喻，都在強調生死是一種輪迴。第77.生命學，採用了三則事例譬喻生死問題。例如六道輪迴就是變化；佛教其實就是一門生死學，例如觀世音菩薩「救苦救難」，就是解決生的問題；阿彌陀佛「接引往生」，[63] 就是解決死的問題。[64] 第90.生命的流轉，採用了九則事例譬喻生命的流

【56】　星雲大師(2004)，《迷悟之間‧6.和自己競賽》，頁261~262。

【57】　姚秦‧鳩摩羅什譯，《維摩詰所說經》，T14n475p538c06。

【58】　星雲大師(2004)，《迷悟之間‧6.和自己競賽》，頁284。

【59】　唐‧玄奘譯，《百法論義》，X48n802p308a11。

【60】　星雲大師(2004)，《迷悟之間‧6.和自己競賽》，頁292。

【61】　星雲大師(2004)，《迷悟之間‧6.和自己競賽》，頁329。

【62】　星雲大師(2004)，《迷悟之間‧6.和自己競賽》，頁334。

【63】　姚秦‧鳩摩羅什譯，《佛說阿彌陀經》，T12n366p347a07。

【64】　星雲大師(2004)，《迷悟之間‧6.和自己競賽》，頁275，278。

轉。生死是再自然不過的事，即使是佛陀，也要「有緣佛出世，無緣佛入滅；來爲衆生來，去爲衆生去！」[65] 生和死如影隨形，是無始無終的「生死輪迴」。生死循環，本來就是自然的道理，如宗衍禪師說：「人之生滅，如水一滴，漚生漚滅，復歸於水。」[66] 道楷禪師示寂時說：「吾年七十六，世緣今已足，生不愛天堂，死不怕地獄，撒手橫身三界外，騰騰任運何拘束？」[67] 禪宗有一偈說：「打得念頭死，許汝法身活。」[68] 吾人的意識刹那生滅變化，如《大乘流轉諸有經》說：「前識滅時名之爲死，後識續起號之爲生。」[69] 我們每一時刻其實都在面對生死。意識的生死，念念生滅，如同瀑流，唯有「無念」，才能截斷生死洪流；若能體證緣起性空，則能「猶如木人看花鳥，何妨萬物假圍繞」，[70] 達到生死一如，不生不死的境地。《楞嚴經》又云：「前識滅時無有去處，後識續起無所從來。」[71] 道元禪師說：「若生死中有佛，便能無生死。若知生死即涅槃之理，便能無可厭生死，亦能無可願涅槃，自是超脫生死。」[72]

　　上述三篇四則譬喻具人間佛教的人間性(2)、與生活性(1)二種特性，其中以人間性居多，生活性居次。(見附表7.1)

　　《迷悟之間·6.和自己競賽》星雲採用的佛教經論典故的七十二則譬喻中，以第90.生命的流轉出現九則譬喻居多，其次是第6.宏觀與微觀、與第26.成佛以後各採用了五則譬喻，再其次爲第89.道氣與俗

【65】　宋·道原纂，《景德傳燈錄》卷6，T51n2076p248。

【66】　清·明圓編，《古宿尊禪師語錄》卷1，J37nB387p411b05。

【67】　明·居頂輯，《續傳燈錄》卷10，T51n2077p529c01。

【68】　清·彭際清纂，《念佛警策》卷2，X62n1181p328b06。

【69】　唐·義淨譯，《大乘流轉諸有經》，T14n577p950a28。

【70】　明·如巹集，《緇門警訓》卷9，T48 n2023p1087a25。

【71】　唐·般剌蜜帝譯，《大佛頂如來密因修證了義諸菩薩萬行首楞嚴經》卷4，
　　　　T19n945p119c07。

【72】　清·性統編集，《續燈正統》卷1，X84n1583p0410a02。星雲大師(2004)，《迷悟之間·6.和自己競賽》，頁321，322。

氣採用了四則譬喻。第64.畏己-917台北水災有感、第88.廁所文化、第44.人性的善惡、第41.心能轉境與第77.生命學等五篇各採用了三則譬喻。其餘二十七篇則採用了二則至一則不等的譬喻。

　　這些譬喻出自十五部佛經,如《佛說長者音悅經》,《佛說無量門微密持經》,《佛說如幻三昧經》、《佛說阿彌陀經》、《金剛般若波羅蜜經》、《大方廣佛華嚴經》、《法華經》、《維摩詰所說經》、《六祖大師法寶壇經》、《佛說三世因果經》、《楞嚴經》、《大方等大集經》、《大乘流轉諸有經》、《佛說法集名數經》、與《觀虛空藏菩薩經》等,未見有常出現在《迷悟之間》前五冊的阿含系列經典。與二十二部論疏語錄,如《大乘起信論》、《佛性論》、《阿毘達磨俱舍論》、《百法論義》、《根本說一切有部毘奈耶藥事》、《大唐故三藏玄奘法師行狀》、《景德傳燈錄》、《趙州和尚語錄》、《嘉泰普燈錄》、《虛堂和尚語錄》、《天台傳佛心印記》、《憨山大師夢遊集.醒世歌》、《四分律名義標釋》、《緇門警訓》、《八識規矩補註證義》、《續傳燈錄》、《雨山和尚語錄》、《八識規矩淺說》、《古宿尊禪師語錄》、《續燈正統》、《念佛警策》等。(見附表7.2最後一欄)

　　其中《大方廣佛華嚴經》與《妙法蓮華經》分別出現在三篇短文中;《維摩詰所說經》、《六祖大師法寶壇經》、《佛說阿彌陀經》,與《緇門警訓》各出現在二篇短文中。(見附表7.2最後一欄)其他諸經論都僅被引用了一則譬喻。由此,可見星雲擅用佛教經論典故譬喻為其說法著書的材料。此外,這三十六篇七十二則譬喻,與人間佛教人間性(7)、生活性(15)、利他性(10)、喜樂性(3)、時代性(3)與普濟性(2)等六種特性都有相應,尤以生活性相應度最高。

第二節、《迷悟之間·6.和自己競賽》之一般譬喻解析

　　星雲在《迷悟之間·6.和自己競賽》書中,引用一般世俗譬喻

的短文有六十三篇，計一九六則譬喻，是本書所採用的三類譬喻中篇數最多的一類，占本書中一般譬喻的短文篇數的70.78%。其中第57.學歷的迷思高居二十則譬喻，第33.時間的長短則有十三則譬喻，第81.生命的春天有十則譬喻，第91.溝通的妙法有九則譬喻，第77.生命學則有八則譬喻，第65.職業之外有六則譬喻，第1.聰明的爭議、第78.舉重若輕、與第80.高效益各有五則譬喻，其餘五十四篇都低於五則譬喻。

　　這一九六則譬喻可概分爲聰明才智、生命能量、志在四方、知識才能、服氣福氣與勇於嘗試等六種屬性。第一項聰明才智屬性包括編號1，3，11，14，19，20，33，36，41，43，52，61，75，78，79，91等十六篇五十八則譬喻；第二項生命能量屬性包括編號5，38，59，63，65，66，72，73，77,81等十篇四十則譬喻；第三項志在四方屬性包括編號6，8，13，25，42，48，84等七篇十五則譬喻；第四項知識才能屬性包括編號15，27，29，56，57，64，69，80，88，93等十篇四十三則譬喻；第五項服氣福氣屬性包括編號17，30，39，40，44，45，49，70，74，76，85，87等十二篇二十九則譬喻；與第六項勇於嘗試屬性包括編號23，35，50，55，71，90，92，94等八篇十一則譬喻。

　　爲便於對照閱覽與分析說明，特彙整上述六種屬性的一般譬喻如附表7.3，並依序說明如下：

一、聰明才智

　　第一項聰明才智屬性包括編號1，3，11，14，19，20，33，36，41，43，52，61，75，78，79，91等十六篇五十八則譬喻，都在強調聰明才智的重要。第1.聰明的爭議，採用了五則譬喻。所謂「聰明反被聰明誤！」[73] 舉三國楊修，自恃聰明，反招殺身之禍；[74] 東吳田豐，力勸袁

【73】　宋・蘇軾，〈洗兒〉。
【74】　元・羅貫中，《三國演義》。

紹不要對曹操正面作戰將大敗，被打入大牢冤死獄中。[75] 有些人世智辯聰，不識前因後果，不算是聰明。例如，螳螂捕蟬，黃雀在後。[76] 再舉有一個兒子在外偷盜，受母親誇讚最後導致殺人搶劫，終於被判死刑。[77]如蘇東坡說：「人皆養子望聰明，我被聰明誤一生；唯願孩兒愚且魯，無災無難到公卿。」[78] 說明，一個人徒有聰明才智，如果沒有培養福德因緣，也是很難立身處世！[79] 第3.預算，採用諺語「人算不如天算！」[80] 來譬喻預算的重要。第11,沉默是金，採用了二則事例譬喻沉默是金。卽蘇格拉底教一年輕學生學習講話，每小時收費十塊錢。還要收費二十塊錢，教他如何不說話。可見得不說話比會說話還要重要。[81] 第14.謠言惑眾，採用了八則事例譬喻謠言惑眾的可怕。有人對曾子的母親說：曾子殺人了。第三次後，曾子的母親也不得說：是真的嗎？[82] 所謂「三人成虎」，謠言真可怕。[83] 過去的帝王，為了穩固政權，常常假造神意，以謠言迷惑群眾，例如太平天國的洪秀全自稱「天王」，假藉天意，造謠惑民。[84] 甚至東王楊秀清因為被謠言所害，妻子改嫁，自己也因絕望而自殺。[85] 吳三桂誤信謠傳，「衝冠一怒為紅顏」，憤而打開山海關，把大明江山拱手讓給大清朝。[86] 梁武帝誤信

【75】　星雲大師(2004)，《迷悟之間‧6.和自己競賽》，頁12。晉‧陳壽，《三國志-蜀書》。

【76】　星雲大師(2004)，《迷悟之間‧6.和自己競賽》，頁13。清‧紀昀，《閱微草堂筆記》卷四。

【77】　星雲大師(2004)，《迷悟之間‧6.和自己競賽》，頁14。

【78】　宋‧蘇軾，〈洗兒〉。

【79】　星雲大師(2004)，《迷悟之間‧6.和自己競賽》，頁15。

【80】　星雲大師(2004)，《迷悟之間‧6.和自己競賽》，頁22。

【81】　星雲大師(2004)，《迷悟之間‧6.和自己競賽》，頁48。霸王雞丁，〈那些年的雅典〉第2集：遇見蘇格拉底那天（一）02/07/2016。

【82】　西漢‧劉向編，《戰國策‧秦策二》。

【83】　星雲大師(2004)，《迷悟之間‧6.和自己競賽》，頁56。

【84】　凱薩琳‧彼得森(2012)，《太平天國》，小魯文化。

【85】　星雲大師(2004)，《迷悟之間‧6.和自己競賽》，頁56。

【86】　傅樂成(2014)，《中國通史》，貴州教育出版社出版。

侯景的謠言而滅國。[87] 古之說客利用造謠惑眾，例如張儀、蘇秦師兄弟鬥智，固然是各憑機智，但是他們散播謠言，也是取勝之道。[88] 歷史上多少的離間計，都是利用謠言做背景，如三國時代的曹操、劉備、呂布，甚至諸葛亮之流，都是善用離間計的人。[89] 不過所謂「是非止於智者，謠言止於不聽。」[90] 第19.肅靜，採用了二則事例譬喻肅靜才能有安寧。如儒家說：「知止而後能定，定而後能靜，靜而後能安，安而後能慮，慮而後能得。」[91]

　　第20.一時與一世，採用了「一言能興邦，一言也能喪邦」，[92] 譬喻一句話，能把一個人說得稀爛，一句話也能讓一個人死裡復活。[93] 第33.時間的長短，採用了十三則譬喻。卽歷史上的鄭成功、[94] 楚霸王、[95] 唐太宗、武則天，都在三十多歲就稱帝封王；顏回、僧肇、梁啓超、胡適之，也是在三十多歲卽成爲古今之大儒學者。[96] 時間，如白駒過隙，如李白詩云：「高堂明鏡悲白髮，朝如靑絲暮成雪。」[97] 古人云：「一失足成千古恨，再回頭已百年身。」[98] 及所謂夏禹不重徑尺之璧，而重日之寸陰；陶侃不愛閒逸之時，而以搬磚治懶。[99] 第36.有我一

【87】　星雲大師(2004)，《迷悟之間・6.和自己競賽》，頁57。

【88】　西漢・司馬遷，《史記》。

【89】　星雲大師(2004)，《迷悟之間・6.和自己競賽》，頁58。元・羅貫中，《三國演義》第十九回。

【90】　星雲大師(2004)，《迷悟之間・6.和自己競賽》，頁59。明・朱用純，〈朱子治家格言〉。

【91】　星雲大師(2004)，《迷悟之間・6.和自己競賽》，頁79。

【92】　東周・孔子及第子，《論語・子路篇》。

【93】　星雲大師(2004)，《迷悟之間・6.和自己競賽》，頁81。

【94】　江日昇，《臺灣外紀》卷十二〈入緬甸桂王受辱，閩祖訓成功歸天〉。

【95】　西漢・司馬遷，《史記》。

【96】　星雲大師(2004)，《迷悟之間・6.和自己競賽》，頁126。

【97】　星雲大師(2004)，《迷悟之間・6.和自己競賽》，頁127。唐・李白，〈將進酒〉。

【98】　明・楊儀，《明良記》。

【99】　星雲大師(2004)，《迷悟之間・6.和自己競賽》，頁128。

份，採用了「愛之欲其生，惡之欲其死」[100] 譬喻中國人的性格。[101] 第
41.心能轉境，採用俗語「山不轉，路轉；路不轉，人轉；人不轉，境轉；
境不轉，心轉。」譬喻心一轉，不但山呀、路呀，境界都跟著我們所轉；
宇宙人生，窮通禍福，也會隨著我人的心而轉。[102] 第43.重新出發，採
用了三則事例譬喻重新出發的重要。如傅尼葉著名鋼琴家，不幸罹患
小兒麻痺症，被迫終止演奏生涯。改練大提琴來重新出發，終於成為
音樂史上的大提琴巨擘。[103] 維特史坦是二十世紀初維也納極負盛名
的鋼琴家，卻在二次世界大戰中不幸被炮彈炸斷了右手，到處懇求作
曲家為他譜寫能用左手彈奏的樂曲，終於留下了「左手鋼琴協奏曲」
等膾炙人口的樂章。[104]愛迪生面對工廠失火，所有財產付之一炬，第
二天他告訴員工：「感謝大火沒有把我燒毀，卻把以前的錯誤全部燒
光，從今天開始，我們重新出發。」[105] 第52.心鎖，舉「趙氏孤兒」[106]公
孫杵臼以子易子，一直守密的典故，譬喻心鎖的可歌可泣。[107] 第61.一
顆種子，採用了道家：「一生二，二生三，三生萬物。」[108]與詩云：「三
寶門中福好修，一文施捨萬文收；且看當初梁武帝，曾施一笠管山
河。」[109] 譬喻一顆種子，一個善念，就是「一」。[110] 第75.養量，採用了

【100】　東周・孔子及弟子，《論語・顏淵》。
【101】　星雲大師(2004)，《迷悟之間・6.和自己競賽》，頁139。
【102】　星雲大師(2004)，《迷悟之間・6.和自己競賽》，頁152。
【103】　星雲大師(2004)，《迷悟之間・6.和自己競賽》，頁161。傅尼葉(Alain Fournier)
　　　　(2014)，《美麗的約定》，商周出版。
【104】　星雲大師(2004)，《迷悟之間・6.和自己競賽》，頁162。維根史坦(L. Wittgenstein,
　　　　1889~1951)(2012)，《意義理論》(Meaning Theory)。
【105】　星雲大師(2004)，《迷悟之間・6.和自己競賽》，頁163。Wichael White 著(2012)，
　　　　《毒舌頭與夢想家》，遠流。
【106】　西漢・司馬遷，《史記》卷43。
【107】　星雲大師(2004)，《迷悟之間・6.和自己競賽》，頁192。
【108】　春秋・老子，《老子、四十二章》。
【109】　姚秦・鳩摩羅什譯，《佛說三世因果經》；諺語。
【110】　星雲大師(2004)，《迷悟之間・6.和自己競賽》，頁222。

三則事例譬喻養量的好處。語云:「宰相肚裡能撐船!」器量決定事業成就的大小。宋朝宰相富弼,無論處理大小事務,都要反覆思考,太過小心謹愼,因此就有人批評他、攻擊他。富弼淡然處之,就是這樣的器量,才能不做宰相。[111] 又如打油詩云:「占便宜處失便宜,喫得虧時天自知;但把此心存正直,不愁一世被人欺。」[112]

　　第78.舉重若輕,採用了五則舉重若輕的事例。如有的人經過磨鍊,所謂「天將降大任於斯人也,必先苦其心志,勞其筋骨,餓其體膚,空乏其身,行弗亂其所爲,所以動心忍性,增益其所不能。」[113] 唐堯虞舜,三皇五帝,他們公天下,爲民無私,所以治國教民舉重若輕;周公旦幫助武王富國強邦,他沒有權利私欲,所以能舉重若輕。[114] 二次大戰時,歐洲統帥艾森豪統領數百萬大軍,能夠分層負責,所以舉重若輕。晉朝謝安,在與人奕棋時,收到謝玄從陣前傳來的捷報,他一點也不露聲色,繼續下棋。他能安然處事,舉重若輕,所以能指揮大軍,贏得淝水之戰的大勝利。[115] 第79.眼不見爲淨,採用了二則事例譬喻眼不見爲淨。如漢武帝和東方朔談及什麼東西最乾淨?東方朔答:「眼不見爲淨。」漢武帝問:「眼不見爲淨,那世上又以何物最爲污濁呢?」東方朔答說:「那只在於見與不見的分別吧了!」[116] 又如語云:「耳不聽,心不煩;眼不見,嘴不饞。」[117] 第91.溝通的妙法,採用了九則事例譬喻。卽春秋戰國時代的說客行走在各國之間,必定要先從這

【111】　北宋・司馬光,《辭人對小殿札子》。

【112】　星雲大師(2004),《迷悟之間・6.和自己競賽》,頁268-271。明・呂坤,《呻吟語》。

【113】　東周・孟子,《孟子・告子下》。

【114】　西漢・司馬遷,《史記》卷三十五〈管蔡世家〉第五。

【115】　明・沈周,《仿戴進謝安東山圖》。星雲大師(2004),《迷悟之間・6.和自己競賽》,頁281。

【116】　東周・班固,《漢書・東方朔傳》。星雲大師(2004),《迷悟之間・6.和自己競賽》,頁282-283。

【117】　星雲大師(2004),《迷悟之間・6.和自己競賽》,頁284。

個國家的利益著想，才能讓王侯聽了中意。[118] 近代美國國務卿歐布萊特是一介善於溝通的女流，柯林頓總統請她擔任國務卿；台灣行政院秘書長王昭明善於溝通，雖歷經五、六任行政院長的異動，他都一直沒有調職。梵蒂岡的教宗呼籲世界和平，蘇聯的獨裁者史達林卻不肯從溝通上建立和平，窮兵黷武到最後導致蘇聯貧困垮台。世界上有好多地方需要從溝通上來解決問題，例如中國海峽兩岸的問題，南北韓三十八度線的問題，中東以阿糾紛，南非的種族問題，乃至世界各地的暴動等等，就是缺乏溝通所致。[119]

　　上述十六篇五十九則譬喻具人間佛教的人間性(3)、生活性(9)、利他性(2)、喜樂性(1)、時代性(2)、與普濟性(2)等六種特性，其中亦以生活性居多，人間性居次，喜樂性殿後。(見附表7.1)

二、生命能量

　　第二項生命能量屬性包括編號5，38，59，63，65，66，72，73，77，81等十篇四十則譬喻，都在強調生命能量的重要。第5.磁場與能量，採用宇宙中的日月星辰、大地山河，與生活中的太陽能、水力火力發電等三則譬喻。說明世間上，每一個人不管貧富貴賤，各人都有各人的能量。[120] 第38.創造歡喜心，採用了一則事例譬喻安於現實，就是人生最歡喜的事。如陶淵明說：「富貴非吾願，帝鄉不可期」。[121]第59.千里馬，採用了三則事例譬喻千里馬不易遇到伯樂。如韓愈說：「世之千里馬常有，伯樂不常有。」[122] 又如中國俗語說：「三百六十行，行行出狀元」。社會上的每一個行業，其實都有千里馬。孫中山先

【118】　西漢・司馬遷，《史記》，西漢劉向．《戰國策》。

【119】　星雲大師(2004)，《迷悟之間・6.和自己競賽》，頁323-325。

【120】　星雲大師(2004)，《迷悟之間・6.和自己競賽》，頁26。

【121】　星雲大師(2004)，《迷悟之間・6.和自己競賽》，頁145.晉・陶淵明，《歸去來辭》。

【122】　唐・韓愈，〈馬說〉。

生亦說：要做大事，不要做大官。[123] 第63.生命的字典，舉二例譬喻。即法國的拿破崙說，他的字典裡沒有「難」字；蘇格拉底的字典裡沒有「苦」字，所以他們都能垂範後世。[124] 第65.職業之外，採用了六則事例譬喻。即所謂「兄弟同心，利能斷金」，這家族事業的發展，一樣可以為社會大眾創造福利。現在新興的許多行業，如電腦資訊網路、大眾傳播、醫藥、旅遊、服務業等。醫生是一份職業，也是志趣所在，但把人救活或誤診斷命，就屬職業外的行業、心業。再如傳播媒體，報導社會時事百態，有的隱善揚惡，揭人陰私，喪人名節，誤報誤傳；職業之外，行業的帳目可就很難算得清楚了。[125] 第66.生活教育，採用了三則事例說明「非禮勿視、非禮勿聽、非禮勿言。」儒家對於人的教育，朱鎔基先生要兒子把東西送回垃圾桶原處，是「非禮勿取」的生活教育。美國總統華盛頓把櫻桃樹砍倒了，仍能誠實認錯受父母嘉許。威爾遜在大雪的日子，仍然背起書包，冒著風雪前往學校，到校後卻空無一人，這是父母給他勤奮向學的生活教育。[126] 第72.人脈關係，採用了三則事例譬喻人脈關係的建立管道。最好從恭敬中建立，從謙虛中建立，從知識交流中建立，從「君子之交淡如水」[127] 的感情來往中建立。一表三千里，會做人的人，一同八千里，如白居易的「一夜鄉心五處同」，[128] 岳飛的「八千里路雲和月」。[129] 第73.清理垃圾，舉基督教徒用祈禱來清理垃圾。[130] 第77.生命學，採用了八則事例譬

【123】　星雲大師(2004)，《迷悟之間‧6.和自己競賽》，頁213-215。

【124】　星雲大師(2004)，《迷悟之間‧6.和自己競賽》，頁226。

【125】　星雲大師(2004)，《迷悟之間‧6.和自己競賽》，頁234-235。

【126】　星雲大師(2004)，《迷悟之間‧6.和自己競賽》，頁240。

【127】　戰國‧莊子，《莊子‧山木》。

【128】　唐‧白居易，〈望月有感〉。

【129】　宋‧岳飛，《滿江紅》。星雲大師(2004)，《迷悟之間‧6.和自己競賽》，頁259-260。

【130】　星雲大師(2004)，《迷悟之間‧6.和自己競賽》，頁262。

喻說明生命學的內涵。如低等動植物發展成高等的動植物，高等動植物退化為低等的動植物，這就是生命的變化。現在的生命學家不只研究人類的生命，還可以例如地質學家研究地殼變化，天文學家研究宇宙星辰，氣象學家研究大氣層，生物學家研究動植物，微生物學家研究細胞分裂，考古學家研究古今淵源，歷史學家研究人文發展等。[131]
第81.生命的春天，舉十則事例譬喻。如有的生命是有形或是無形的，例如靈界的眾生，鬼魂神仙是無形的；有的生命是會動或是不動的，例如桌椅、花草樹木是不動的。有的生命為了維持自己的生存，不惜侵犯他人的生命來供己所需，例如大魚吃小魚；有的生命則以一己之力量，換取萬千大眾的富樂，例如古今中外的賢臣良將，乃至一些服務人群的宗教師等。如英國的柏克說：「生命在閃光中見出燦爛，在平凡中見出真實。」生命的價值就是愛，生命的意義就是惜，例如一件衣服，一張桌椅、一台冷氣機、一輛汽車，好好的愛惜它，讓它多使用幾年，就是延續它的生命。[132]

　　上述十篇四十則譬喻具人間佛教的人間性(1)、生活性(3)、利他性(1)、喜樂性(3)、時代性(1)、與普濟性(1)等六種特性，其中亦以生活性與喜樂性居多，其餘四種特性殿後。(見附表7.1)

三、志在四方

　　第三項志在四方屬性包括編號6，8，13，25，42，48，84等七篇十五則譬喻，都在強調志在四方的重要。第6.宏觀與微觀，採用了四則事例譬喻。卽胡忠信先生說：「宏觀是望遠鏡；微觀是顯微鏡。」所謂「運籌帷幄之中，決策千里之外」，[133] 與「隆中對」諸葛亮道出三國分治的遠景，[134] 這就是宏觀。歷代君主被小人包圍，看不到國家的危

【131】　星雲大師(2004)，《迷悟之間‧6.和自己競賽》，頁275-278。
【132】　星雲大師(2004)，《迷悟之間‧6.和自己競賽》，頁289-291。
【133】　東漢‧班固，《漢書‧高帝紀》。
【134】　元‧羅貫中，《三國志‧諸葛亮傳》。

之在卽，就因爲他沒有顯微鏡。在《孟子》裡，有關齊宣王以羊換牛的故事，孟子曰：「今恩足以及禽獸，而功不至於百姓者，獨何與？然則一羽之不舉，爲不用力焉；輿薪之不見，爲不用明焉；百姓之不見保，爲不用恩焉！故王之不王，不爲也，非不能也！」[135] 第8.承先啓後，採用了二則聖言譬喻承先與啓後。於「路不拾遺、夜不閉戶；人民親其親、幼其幼」[136] 如此一片祥和美好的政治藍圖，要能夠繼承流傳，才謂之承先。[137] 張載所說：「爲天地立心，爲生民立命往聖繼絕學，爲萬世開太平。」[138] 這就是「承先啓後」的精神。[139] 第13.設定目標，採用了二則事例譬喻。卽設定目標要量力，要衡量條件，按部就班，不是一蹴而就的。就如龜兔賽跑，設定了目標，烏龜再慢，只要日日爬行，牠總能到達目標。[140] 乃至如中國俗語說「男兒志在四方」，不以一己爲念。[141] 第25.人人做警察，舉「各人自掃門前雪，不管他人瓦上霜」，譬喻中國人幾千年來，已經習慣於抱殘守缺，不熱心公共事務。[142] 第42.與我沒有關係，採用了三則事例譬喻凡事都與我們有關係。如李登輝先生的一句「戒急用忍」，使整個工商界迷惘焦急；[143] 馬其頓與我國建交、絕交，在台灣引起了軒然大波。假如日本的廠商沒有那麼多電器、化妝品的廣告，在台灣的媒體就會受到很大的損失；美國的小麥、麵粉、大豆，不供應台灣，大家每天沒有豆腐麵條，要如何生活？[144] 第

【135】　星雲大師(2004)，《迷悟之間‧6.和自己競賽》，頁29-31。戰國‧孟子，《孟子》。
【136】　北宋‧司馬光主編，《資治通鑑》。
【137】　星雲大師(2004)，《迷悟之間‧6.和自己競賽》，頁36。
【138】　北宋‧張載，《橫渠四句》。
【139】　星雲大師(2004)，《迷悟之間‧6.和自己競賽》，頁38。
【140】　伊索、周願同譯(1945)，《伊索寓言》226，東方出版。
【141】　星雲大師(2004)，《迷悟之間‧6.和自己競賽》，頁54-55。
【142】　星雲大師(2004)，《迷悟之間‧6.和自己競賽》，頁100。
【143】　曾嬿卿、廖君雅，《財訊雙週刊》第453期，2014/06/18。
【144】　星雲大師(2004)，《迷悟之間‧6.和自己競賽》，頁157-158。

48.供養心，舉俗云：「秀才人情紙一張」，[145] 說明小小的供養，往往會有大大的幫助。[146] 第84.找到了，舉晉文公失去了恩人介之推，他不惜燒山，希望能找到恩人；[147] 與劉玄德三顧隆中，也希望找到一個賢能的人才輔佐為用。[148]

上述七篇十五則譬喻具人間佛教的人間性(1)、生活性(1)、利他性(2)、喜樂性(1)、與普濟性(4)等五種特性，其中以普濟性居多，利他性居次。(見附表7.1)

四、知識才能

第四項知識才能屬性包括編號15，27，29，56，57，64，69，80，88，93等十篇四十三則譬喻，都在強調知識才能的重要。第15.知識社會，採用了三則譬喻。舉武訓以行乞興學，[149] 撿破爛的王貫英設立了圖書館，與王永慶只是小學畢業，卻成為台灣的「經營之神」，說明他們具有另類的知識。[150] 第27.處事禮貌，採用了二則事例譬喻處事禮貌。即周朝的周公旦為人崇拜，因為他一直教人禮貌；[151] 孔子為人稱道，因為他從童年就開始學習禮貌。[152] 第29.茶果文化，舉陸羽品茶，尊為「茶聖」。[153] 來譬喻茶果文化。第56.中陰身，採用了一則事例

【145】 元‧王實甫，《西廂記》第一本第二折。

【146】 星雲大師(2004)，《迷悟之間‧6.和自己競賽》，頁179。

【147】 春秋‧左丘明，《左傳》。

【148】 星雲大師(2004)，《迷悟之間‧6.和自己競賽》，頁301。元‧羅貫中，《三國志‧卷三五‧蜀書‧諸葛亮傳》。

【149】 元‧王應麟，《三字經》。

【150】 星雲大師(2004)，《迷悟之間‧6.和自己競賽》，頁62。

【151】 元‧羅貫中，《三國演義》第二十三回。

【152】 星雲大師(2004)，《迷悟之間‧6.和自己競賽》，頁107。東周‧孔子及其弟子，《論語》。

【153】 星雲大師(2004)，《迷悟之間‧6.和自己競賽》，頁116。明‧陳洪綬，《品茶》。

譬喻中陰身。卽死亡不見得是値得悲哀的事，等於木柴燒完以後，中間有個火源接續傳遞到另一根木材，木材就會繼續燃燒，所謂「薪盡火傳」，[154] 人的生命永遠不死。[155] 第57.學歷的迷思，採用了二十則事例譬喻學歷的迷思。卽有的人小學畢業，卻成爲大學教授。例如王雲五、[156] 錢穆、黃海岱、齊白石、張大千等人，他們憑著實力在各個領域裡大放異彩。假如你一定要以學歷爲重的話，那麼古來聖賢如耶穌、蘇格拉底、莊子、孔子、孟子，惠能、朱熹，他們是那個大學畢業？其他如唐宋八大家，他們雖然不是博士、碩士，但他們不都是文章千古事，一直爲後人所崇拜嗎？[157] 台灣曾經擔任過中華民國教育部長的張其昀先生，在他卸任部長之後，創辦了中國文化大學，任用許多黑牌大學教授，成就了很多博學人才。[158] 胡適之、傅斯年也都是偉大的教育家，《史記》的作者司馬遷，編纂《四庫全書》的紀曉嵐，都沒有讀過大學。元曲、宋詞、明清小說，如曹雪芹、羅貫中等，他們又是哪個學校的碩博士呢？[159] 第64.畏己-917台北水災有感，採用了二則事例譬喻畏己。常言：「責人之心責己，恕己之心恕人。」[160] 與曾家說：「吾日三省吾身。」[161] 第69.計畫與變化，舉大陸生育一胎化，多少的家庭與生命，受到了創傷，這算什麼計劃？台灣實施「一個不算少，二個恰恰好」，但是第三個來了，又有什麼辦法去做計劃的配套呢？[162] 來譬喻計畫趕不上變化。第80.高效益，採用了五則事例譬喻高效益。卽現

【154】　戰國・莊子，《莊子・養生主》。

【155】　星雲大師(2004)，《迷悟之間・6.和自己競賽》，頁204。

【156】　王雲五(2013)，《王雲五全集》(20冊)，九州出版社。

【157】　星雲大師(2004)，《迷悟之間・6.和自己競賽》，頁205。

【158】　星雲大師(2004)，《迷悟之間・6.和自己競賽》，頁206。

【159】　星雲大師(2004)，《迷悟之間・6.和自己競賽》，頁208。

【160】　清・金纓，《格言連璧》。

【161】　星雲大師(2004)，《迷悟之間・6.和自己競賽》，頁231-232。孔子及弟子，《論語・學而》。

【162】　星雲大師(2004)，《迷悟之間・6.和自己競賽》，頁250。

代的社會，例如政治上的一個政策要召告全民；工商裡的一些生產計劃，都要考慮得到很高的效益。[163] 美國因領土幅員遼闊，爲了集中載客提高效益，航空公司將各城鎮的旅客集中到達拉斯，由達拉斯再把旅客載送到世界各國。荷蘭的鬱金香聞名世界，不但國內有花圃供遊客觀賞收費，同時利用飛機運往世界各地銷售，提升他的效益。[164] 再舉一位哲學家分別給了兩個學生一筆錢，看誰能花最少的錢，買回最多的東西把整間房屋充滿。甲以一半的錢買回了一屋子的乾草，自感得意；乙只花三分之一的錢買了一支蠟燭，黑暗的屋子立刻變得明亮起來。有智慧的人做事，往往能獲得高效益，所以智慧就是財富。[165] 第88.廁所文化，舉六種不同名稱譬喻廁所文化。例如古稱「茅房」，台語叫做「便所」，現代人又稱爲「洗手間」、「盥洗室」、「化妝室」，佛教則名之曰「淨房」。[166] 第93.學習聽話，舉蘇格拉底教年輕人學習說話之道與如何不說話的譬喻。[167]

　　上述十篇四十三則譬喻具人間佛教的人間性(1)、生活性(5)、利他性(2)、與與時代性(3)等四種特性，其中亦以生活性居多，其次依序爲時代性、利他性與人間性。(見附表7.1)

五、服氣福氣

　　第五項服氣福氣屬性包括編號17，30，39，40，44，45，49，70，74，76，85，87等十二篇二十九則譬喻，都在強調服氣福氣的重要。第17.抵制誘惑，採用了四則譬喻。卽夏娃和亞當經不起一顆蘋果的誘惑，才犯下了罪業；[168] 儒家的修身養性，主要的也是要讓人有不受誘

【163】　星雲大師(2004)，《迷悟之間・6.和自己競賽》，頁286。
【164】　星雲大師(2004)，《迷悟之間・6.和自己競賽》，頁287。
【165】　星雲大師(2004)，《迷悟之間・6.和自己競賽》，頁288。
【166】　星雲大師(2004)，《迷悟之間・6.和自己競賽》，頁312。
【167】　星雲大師(2004)，《迷悟之間・6.和自己競賽》，頁330。柏拉圖，《對話》。
【168】　《聖經》。

惑的力量。[169] 紂王抵制不了妲己的美色，而亡國；[170]飛蛾投火，春蠶作繭；色不迷人人自迷，[171] 這一切都是因為沒有抵制的力量，所以才在誘惑下喪失了生命。[172] 第30.和自己競賽，採用了四則事例譬喻。即達爾文的「進化論」：「物競天擇，適者生存」；[173] 這就說明了競賽的道理。怎麼和自己競賽呢？梁啟超先生說：「今日之我，不惜向昨日之我宣戰！」[174]人的道德、學問、能力，要「苟日新、日日新、又日新」；[175]不斷的創新，不斷的進步，不斷的提出對人間的貢獻，這才是一個勝利者。歷代的聖賢豪傑，他們也都是戰勝自己的人。[176] 第39.算賬，採用了三則事例譬喻。即中國有「親兄弟，明算賬」的說法。可以折價的「貨品」，也是賬；「人情債」「愛情賬」也是賬，例如說：「我欠你的人情債太多了。」[177] 第40.老大與大老，採用了二則事例譬喻。即家有長子，稱為老大。社會上、鄰里間，也有許多的「大老」，例如政治大老、黨之大老、族之大老、家之大老、友之大老。[178] 第44.人性的善惡，採用了三種理論譬喻之。如荀子主張：人性是惡的；[179] 生來就自私、執著，帶著貪瞋癡而來人間為惡，怎麼能說是善的呢？孟子主張：人性本善；[180] 因為惻隱之心，人皆有之。儒家學者，為了人性是善是惡，不斷

【169】　先秦・韓非，《韓非子・喻老》。

【170】　唐・姚思廉，《梁書・到溉傳》。

【171】　明・施耐庵，《水滸傳》第四回。

【172】　星雲大師(2004)，《迷悟之間・6.和自己競賽》，頁71。

【173】　達爾文，《進化論》。

【174】　梁啟超，《新民叢報》。

【175】　商湯，《盤銘》。

【176】　星雲大師(2004)，《迷悟之間・6.和自己競賽》，頁118-119。

【177】　星雲大師(2004)，《迷悟之間・6.和自己競賽》，頁147。

【178】　星雲大師(2004)，《迷悟之間・6.和自己競賽》，頁149-150。

【179】　戰國・荀子，《荀子・性惡》。

【180】　戰國・孟子，《孟子》。

的爭論，到最後人心是善是惡，仍然沒有定論。[181] 第45.要服氣，採用
了四則事例譬喻。卽韓信忍受胯下之辱，終於能夠封侯拜相；[182] 宋徽
宗、宋欽宗被金人所擄北去，宋高宗只得服氣，尚能建平安的朝廷於
臨安；劉邦赴鴻門宴，因爲形勢不如人，種種的屈辱，就要服氣。[183] 蔣
介石對日抗戰，自知國力不敵，只得以「空間換取時間」，一直到了贏
得最後勝利，大家才佩服蔣介石的「服氣哲學」。共產黨「以鄉村包圍
都市」，勝了就要打，敗了就要和，終於取得勝利，這也是共產黨人當
服氣時就服氣，當爭氣時就爭氣，所以才能太陽滿天掛。[184]

　　第49.固執己見，採用了四則事例譬喻。如孔明六出祁山，死在
五丈原，他不灰心復國無望；[185] 大禹治水，三過家門而不入，他認爲
爭取時間，終能克竟其功。[186] 孫中山十次革命失敗，終能成功；王冕
屢試進士，四十幾歲終能如願。[187] 世間上，固執己見、墨守成規的人，
要不斷的改進，例如改過遷善、改錯爲對，改邪爲正，所謂窮則變，變
則通，不斷的改進，才會有不斷的新發現。[188] 第70.一半一半，採用了
一則事例譬喻。卽「水能載舟也能覆舟」；[189] 水能把火熄滅，火也能
把水蒸發，彼此彼此，互不相讓，因爲都是「一半一半」的原理。[190] 第
74.空間安排，舉清張英家書做空間的譬喻。張英兒子爲了建一道圍
牆，與鄰舍起了衝突，就寫信向在京城作官的父親投訴，那知父親從
京城中回了封信寫道：「萬里投書只爲牆，讓他三尺又何妨？萬里長城

【181】　星雲大師(2004)，《迷悟之間‧6.和自己競賽》，頁164。
【182】　西漢‧司馬遷，《史記‧淮陰侯列傳》。
【183】　星雲大師(2004)，《迷悟之間‧6.和自己競賽》，頁168。
【184】　星雲大師(2004)，《迷悟之間‧6.和自己競賽》，頁169。
【185】　元‧羅貫中，《三國演義》第一二零回。
【186】　明‧馮夢龍，《醒世恒言》第26卷。
【187】　清‧吳敬梓，《儒林外史》。
【188】　星雲大師(2004)，《迷悟之間‧6.和自己競賽》，頁181-182。
【189】　唐‧吳競撰，《貞觀政要‧論政體》。
【190】　星雲大師(2004)，《迷悟之間‧6.和自己競賽》，頁254。

今猶在，不見當年秦始皇。」[191] 第76.送禮，舉「千里送鵝毛，禮輕情意重」，[192] 譬喻送禮重在心眞意誠。[193] 第85.莫存定見，地方上發起興建一座橋樑，有人提議向一位大富人家勸募，村民認爲富翁爲人慳吝不捨。但有一人自告奮勇去試，當富翁聽完造橋對地方的重要後，欣然同意，答應獨力負起所有的費用。[194] 可見我們對任何事務不宜存有定見。第87.加減人生，採用了一則譬喻。語云：「得意時須防失意，失意後可能就會得意。」[195] 所以得失之間、加減之中，都不是定型的。[196]

　　上述十二篇二十九則譬喻具人間佛教的人間性(4)、生活性(4)、利他性(2)、與喜樂性(2)等四種特性，其中以人間性與生活性居多，利他性與普濟性居次。(見附表7.1)

六、勇於嘗試

　　第六項勇於嘗試屬性包括編號23，35，50，55，71，90，92，94等八篇十一則譬喻，都在強調勇於嘗試的重要。第23.社會新鮮人，採用了一則譬喻。卽現在這一群社會新鮮人，有的人像龜兔賽跑，[197] 不在快慢，但重在耐力。[198] 第35.馬上辦，採用了三則事例譬喻馬上辦的重要。卽歷史上，夏禹不重徑尺之璧，而愛每日寸陰，所謂「一寸光陰一寸金，寸金難買寸光陰。」[199] 但是，有一些懶惰的學子也說：「春天不是讀書天，夏日炎炎正好眠，秋有蚊蟲冬有雪，收拾收拾好

【191】　星雲大師(2004)，《迷悟之間‧6.和自己競賽》，頁267。

【192】　宋‧蘇軾，《揚州以土物寄少游》詩。

【193】　星雲大師(2004)，《迷悟之間‧6.和自己競賽》，頁272。

【194】　星雲大師(2004)，《迷悟之間‧6.和自己競賽》，頁304。

【195】　明‧洪應明，《菜根譚》。

【196】　星雲大師(2004)，《迷悟之間‧6.和自己競賽》，頁309。

【197】　伊索、周願同譯(1945)，《伊索寓言》226，東方出版。

【198】　星雲大師(2004)，《迷悟之間‧6.和自己競賽》，頁93。

【199】　唐‧王貞白，《白鹿洞二首》。

過年。」[200] 這是拖延歲月，故而一事無成。[201] 第50.無底坑，採用了一則事例譬喻無底坑。即孔子說「非禮勿視、非禮勿聽、非禮勿言」，[202] 眼、耳都容易順從，唯有口，鼓動如簧之舌，說東道西、論長道短；一面需索無度，一面又製造禍端，憑添自身的困難。[203] 第55.突破與看破，舉同是同學的嚴子陵與劉秀，與女同學陰麗華三角關係為例。後來劉秀當了皇帝，陰麗華成了劉秀的后妃，但是嚴子陵仍到處號召有才能的奇人異士輔佐劉秀。當劉秀晏駕以後，嚴子陵到劉秀的靈前祭祀時說：政治上你是勝利者，我是失敗者，愛情上你是勝利者，我也是失敗者，但是勝利者也好，失敗者也好，最後都是黃土一抔。[204] 嚴子陵真不愧是一個隱士，因緣既不能積極的突破，就應該消極的看破，也不失其人生之樂啊！[205] 第71.過程與結果，採用了一則事例譬喻。有的過程不好，結果是好的，例如秦始皇築長城、[206] 隋煬帝開運河，[207] 過程是拉伕勞民，民窮財盡；但結果是提高國防，貫通南北，帶動地方繁華，千百年來後代子孫更是蒙受其利。[208] 第90.生命的流轉，舉基督教說：「信上帝得永生。」[209] 第92.戰勝心魔，採用了一則事例譬喻。自古聖賢，若不降伏外魔，怎麼能成為聖人君子呢？從《聊齋誌異》[210] 裡，看到多少魔鬼化作千嬌百媚的美人，戕害了多少有為

【200】　明・馮夢龍編撰，《廣笑府》。

【201】　星雲大師(2004)，《迷悟之間・6.和自己競賽》，頁133。

【202】　東周・孔子及其弟子，《論語・顏淵第十二》。

【203】　星雲大師(2004)，《迷悟之間・6.和自己競賽》，頁186。

【204】　南朝宋・范曄，《後漢書・嚴光傳》。

【205】　星雲大師(2004)，《迷悟之間・6.和自己競賽》，頁200。

【206】　西漢・司馬遷，《史記》。

【207】　佚名，〈萬艘龍舸〉。

【208】　星雲大師(2004)，《迷悟之間・6.和自己競賽》，頁256。

【209】　星雲大師(2004)，《迷悟之間・6.和自己競賽》，頁310。

【210】　清・蒲松齡，《聊齋誌異》。

的白面書生。[211]第94.勇於嘗試，採用了二則事例譬喻。即胡適之先生說：「大膽假設，小心求證。」[212] 自古成功在嘗試，勇於嘗試是成功的必經之路。[213] 勇於嘗試，並非盲目的橫衝直撞。所謂「寧走十步遠，不走一步險。」[214] 要成為一個成功者最重要的就是要有「別人能，我也能」的信念；唯有消除「不可能」的侷限，一切事才會變得有可能。[215]

　　上述八篇十一則譬喻具人間佛教的人間性(2)、生活性(6)、喜樂性(1)、與時代性(1)等四種特性，其中亦以生活性居多，人間性居次，喜樂性與時代性殿後。(見附表7.1)

　　《迷悟之間·6.和自己競賽》星雲採用的一般譬喻共有六十三篇一九六則，其中以第57.學歷的迷思高居二十則譬喻，第33.時間的長短則有十三則譬喻，第81.生命的春天有十則譬喻，第91.溝通的妙法有九則譬喻，第77.生命學則有八則譬喻，第65.職業之外有六則譬喻，第1.聰明的爭議、第78.舉重若輕、與第80.高效益各有五則譬喻，其餘五十四篇都低於五則譬喻。

　　這些譬喻出處非常多元，上自商湯《盤銘》、《周易繫辭上》、《史記》、《戰國策》、《漢書》、《論語》、《孟子》、《韓非子》、《老子》、《左傳》、《莊子》、《荀子》、《三國志》、《後漢書》、《梁書》、滿江紅〉、〈岳陽樓記〉、《資治通鑒》、《禮記·大學》、《三國演義》、《三字經》、《菜根譚》、《儒林外史》、《格言連璧》、《四庫全書》、《紅樓夢》、《聊齋誌異》等，到《諺語》、《英國諺語》、甚至《聖經》。以《史記》被引用八則居高，其次為《論語》五則，《三國演義》四則，《孟子》三則，《戰國策》、《莊子》、《三國志》、蘇軾〈洗兒〉與

【211】　星雲大師(2004)，《迷悟之間·6.和自己競賽》，頁329。
【212】　胡適，《舍我其誰：胡適傳》的第一部。
【213】　星雲大師(2004)，《迷悟之間·6.和自己競賽》，頁333。
【214】　清·石玉崑，《三俠五義》第一一○回。
【215】　星雲大師(2004)，《迷悟之間·6.和自己競賽》，頁335。

《伊索寓言》各二則，其餘皆爲一則。可見星雲國學涵養的豐厚。

　　另外，這六十三篇一九六則譬喻具人間佛教人間性(12)、生活性(28)、利他性(9)、喜樂性(8)、時代性(7)與等普濟性(7)六種特性，相應程度以生活性居首，其次依序爲人間性、利他性、喜樂性、時代性與普濟性。

第三節、《迷悟之間·6.和自己競賽》星雲自創譬喻闡釋

　　星雲在《迷悟之間·6.和自己競賽》書中，自創譬喻有五十三篇短文計二〇六則譬喻。其中第4.擁有美德與第25.人人做警察各有十二則譬喻，第18.公雞性格有十一則譬喻，第22.增加能力與第76.送禮各有九則譬喻，第10.時空定位有八則譬喻，第2.琢磨琢磨有七則譬喻，第48.供養心有六則譬喻。其餘四十六篇短文的譬喻都在五則以下，可見在本書中星雲自創了相當豐富的譬喻。這二〇六則譬喻可概分爲思量琢磨、美德人生、生命能量、承先啓後、追尋目標與多元文化等六種屬性。第一項思量琢磨屬性包括編號2，10，32，35，37，44，49，52，53，70，73，74，93等十三篇四十則譬喻；第二項美德人生屬性包括編號4，7，11，19，28，38，47，54，63，82等十篇四十八則譬喻；第三項生命能量屬性包括編號5，22，25，41，43，46，48，60，81，87，94等十一篇四十七則譬喻；第四項承先啓後屬性包括編號8，12，16，34，56，61，71，91等八篇二十四則譬喻；第五項追尋目標屬性包括編號13，30，68，84，90等五篇十一則譬喻；與第六項多元文化屬性包括編號18，21，24，50，76，86等六篇三十六則譬喻。

　　爲便於對照閱覽與分析說明，特彙整上述六種屬性的自創譬喻如附表7.3，並依序說明如下：

一、思量琢磨

　　第一項思量琢磨屬性包括編號2，10，32，35，37，44，49，52，53，70，73，74，93等十三篇四十則譬喻，都在強調思量琢磨的重要。第2.琢磨琢磨，採用了七則譬喻為人處事言談間琢磨的重要。在社會家庭裡，做人處事都應該多一些「琢磨琢磨」，例如開會發言，你先要「琢磨琢磨」，才不會胡亂說話；寫信、寫文章都應該要「琢磨琢磨」，推敲斟酌後，才能有自他的尊重。[216]「琢磨琢磨」的意思，叫我們要周全，要四面俱到，要八面玲瓏；不要說後悔的話、做後悔的事。例如讀書，就必須再三的「琢磨琢磨」，才能知道書中的含義；聽別人講話，也要用心去「琢磨琢磨」，才能體會別人的意思。名聞利養的前面，我要「琢磨琢磨」；是非得失的時候，更要「琢磨琢磨」。[217] 不「琢磨琢磨」，我與無量相、無盡事物如何融和？個人等於大海一滴，你這一滴跟大海之水不能融和，怎麼能在無邊的大海裡生存呢？[218] 第10.時空定位，採用了八則事業中心譬喻我們在時空的定位。即現在的社會，很多機構都是以「中心」為名，例如醫療中心、健身中心、遊樂中心、教育中心、勞工中心，甚至還有太空中心。有中心就能為工作定位，就能為地標定位，甚至時間也要定位。例如，時鐘的中心點就是定位，分針、秒針可以繞著它運轉，只要中心穩固，時間的分秒必定不會錯亂。[219] 凡是定位的根本，必不能經常移動，否則會斲傷。例如樹木花草，你經常將根本移動，它在成長上必定受到挫傷；枝葉不怕分枝，果實不怕太重，但是根本應該給它定位，所謂本固而道生。[220] 第32.黑函與黑心，採用了一則黑函譬喻黑心。一九八〇年，佛光山正在美國

【216】　星雲大師(2004)，《迷悟之間‧6.和自己競賽》，頁17。

【217】　星雲大師(2004)，《迷悟之間‧6.和自己競賽》，頁18。

【218】　星雲大師(2004)，《迷悟之間‧6.和自己競賽》，頁19。

【219】　星雲大師(2004)，《迷悟之間‧6.和自己競賽》，頁43。

【220】　星雲大師(2004)，《迷悟之間‧6.和自己競賽》，頁44。

籌建西來寺，三藩市宣化法師向美國政府投書，要他們禁止西來寺的創建。美國政府將黑函先寄交給西來寺的主事者慈莊法師，法師大驚，認為麻煩來也！但美國政府反而安慰說：你不要驚慌，美國政府自有公平、民主的法律。[221] 第35.馬上辦，採用了三則事例譬喻科技時代，凡事講究快速與效率，例如在郵政方面，有了快遞不夠，還有限時專送；又如飛機、火車，一遇假日，乘客太多，立刻就會增加班次，以因應乘客的需要。[222] 第37.神奇的妄語，採用了五則事例譬喻妄語的神奇。例如，明知對方的病已經沒有痊癒的可能，但是鼓勵他說：只要你有信心，病會好起來的！這就是善意的謊言；自己還沒有吃飯，對人家說已經吃過了，以免除別人的麻煩，這也是善意的謊言。[223] 假藉群眾對宗教的信仰，來達到欺瞞的目的，就如現在市面上出售未過濾的清水、販賣合成的物品或傷害人體的食物等，不僅造成民眾的金錢損失，尤其讓民眾的生命受到威脅，更是罪不可逭。舉藝人鄒美儀小姐罹患癌症到了末期。消息披露後，一天之中，數十通電話向她推銷藥物；她不接受，對方還出言粗魯，可見造假的宣傳，假事、假藥多麼可怕。[224]

　　第44.性的善惡，譬善惡如同難兄難弟，糾纏一體，但看因緣，有的向善，有的向惡。[225] 第49.固執己見，舉瞎子經過一條乾涸了的小溪，不慎失足掉落橋下，所幸兩手及時抓著橋旁的橫木，大喊救命。路人勸他儘管放手，底下便是地面。瞎子不信，仍然抓著橫木大哭大喊，直到力氣用盡，失手掉在地面時才相信明眼人說的話，固執己見讓他無端受了許多的驚嚇和辛苦。[226] 第52.心鎖，舉心好像一道門，

【221】　星雲大師(2004)，《迷悟之間‧6.和自己競賽》，頁125。
【222】　星雲大師(2004)，《迷悟之間‧6.和自己競賽》，頁134。
【223】　星雲大師(2004)，《迷悟之間‧6.和自己競賽》，頁140。
【224】　星雲大師(2004)，《迷悟之間‧6.和自己競賽》，頁141。
【225】　星雲大師(2004)，《迷悟之間‧6.和自己競賽》，頁164。
【226】　星雲大師(2004)，《迷悟之間‧6.和自己競賽》，頁183。

可開可關，還可以上鎖。心鎖打開，心裡的是寶藏、是沙石，都可以開
採出來；心的寶藏如果鎖起來，就莫測高深，別人便無法了解了。[227]
各國的海關，都不能讓你隨便通過，海關亦像一把鎖；海域有時候封
鎖了，不讓你的船隻通過；空中航線把它封鎖了，不讓你的飛機飛過；
犯罪的人，鐵鐐枷鎖，讓你不能自由。這一個世間上，重重的關卡，好
像每一個人的生命都有它的密碼。[228] 第53.開通理路，採用了四則事
例譬喻理路需開通。一個人的身體裡，血管就是全身的通路，脈搏就
是生命的通路；因為有通路，人的身體才會健康，人的生命才能健全。
電器有電器的通路，水管有水管的通路；一個人，頭腦也是通路，頭腦
的通路齊全，做人處事才會理路清楚，道理明白，理路是所有的通渠
大道中，最重要的一項。[229] 情理法就像道路，如果崎嶇，如果彎曲，
如果斷裂，到了理路不通、情理法不明，那做人處世就困難了。[230] 第
70.一半一半，舉夫妻之間的關係來譬喻這個一半要想統治另外的一
個一半的可能性，就如丈夫要想統治太太，太太也想要統治丈夫。[231]
第73.清理垃圾，舉人喜歡隱藏垃圾，例如家中骯髒的東西都盡量堆
積在角落裡，不讓人看到，就像人的毛病、壞習慣，也是盡量藏在心中
不給人知道。[232] 第74.空間安排，採用了宇宙、世界與人體譬喻空間安
排的重要。然而在這宇宙間也有破壞空間的人，例如戰爭，害得這空
間大地飽受戰爭的蹂躪、人命屢受戰爭的摧殘。[233] 世界、都市、鄉村、
家庭也都有其空間。例如家中客廳的布置，各種傢俱都有其空間的
使用與微妙的安排。人體也有空間，一個人的身體上，眼、耳、鼻、舌、

【227】　星雲大師(2004)，《迷悟之間‧6.和自己競賽》，頁190。

【228】　星雲大師(2004)，《迷悟之間‧6.和自己競賽》，頁191-192。

【229】　星雲大師(2004)，《迷悟之間‧6.和自己競賽》，頁194。

【230】　星雲大師(2004)，《迷悟之間‧6.和自己競賽》，頁195。

【231】　星雲大師(2004)，《迷悟之間‧6.和自己競賽》，頁253。

【232】　星雲大師(2004)，《迷悟之間‧6.和自己競賽》，頁263。

【233】　星雲大師(2004)，《迷悟之間‧6.和自己競賽》，頁265。

身，都要安排的均勻，不能錯亂，否則就不像人。[234] 第93.學習聽話，採用了兩則事例譬喻。有一個機場的塔台人員問飛行員：「請問你的高度、位置？」飛行員：「我身高一八○公分，現在正坐在駕駛座上。」答非所問，就是不會聽話。[235] 小張請教小王一個問題，小王解釋半天，小張依然似懂非懂，小王終於忍不住對小張說：「你七竅已經開了六竅。」小張聽了樂不可支，以為小張是在誇獎他，其實他哪裡知道，小張是在損他「一竅不通」呢！[236]

　　上述十三篇四十則譬喻具人間佛教的人間性(3)、生活性(5)、利他性(3)、喜樂性(2)、與時代性(2)等五種特性，其中亦以生活性居多，人間性與利他性居次，喜樂性與時代性殿後。(見附表7.1)

二、美德人生

　　第二項美德人生屬性包括編號4，7，11，19，28，38，47，54，63，82等十篇四十八則譬喻，都在強調美德人生的重要。第4.擁有美德，舉了十二實例譬喻美德。美德是一種內涵，是一種人格的芬芳，是自然的氣質所散發出來的一種高貴的品味，讓人心怡，讓人嚮往，讓人讚美，讓人崇敬，這才是擁有美德。[237] 美德是人的形象，是日積月累而來；它像金字塔，非一朝三日可以建成的。它要時日，歷久彌新；它像陳年的佳釀，越久越香醇。美德，要像梅花經得起歲寒的磨鍊，像松柏經得起歲月的熬煎，要讓別人認為他是一個君子，是一個有道之士，他才算有美德。[238] 第7.低頭，採用了四則事例譬喻低頭。低頭的人，象徵著有禮貌；低頭的人，表示懂得謙虛。[239] 古樹結實，都是垂下

【234】　星雲大師(2004)，《迷悟之間‧6.和自己競賽》，頁266。

【235】　星雲大師(2004)，《迷悟之間‧6.和自己競賽》，頁331。

【236】　星雲大師(2004)，《迷悟之間‧6.和自己競賽》，頁332。

【237】　星雲大師(2004)，《迷悟之間‧6.和自己競賽》，頁24。

【238】　星雲大師(2004)，《迷悟之間‧6.和自己競賽》，頁25。

【239】　星雲大師(2004)，《迷悟之間‧6.和自己競賽》，頁34。

地來；稻穗成熟，也都是低頭的樣子。[240] 第11.沉默是金，採用了二則事例譬喻沉默是金。人有時候，五根不動了，心還在動。例如睡覺的時候，眼、耳、鼻、舌、身都睡著了，可是心起來做夢，上山下海，周遊列國，人我是非，甚至夢中殺人越貨，種種驚險，醒來驚得一身大汗。[241] 又舉一個音樂老師到一所佛教學院上熱門音樂課，他先播放了一段錄音帶以後，問學生：「音樂中，那一段最好聽？」學生說：「停下來的時候最好聽！」[242] 第19.肅靜，採用了五則事例譬喻肅靜。現代的文明社會，都強調「輕聲」是文明的象徵，到處注重「肅靜」的生活空間。例如乘坐飛機、火車時，車廂要求安靜；甚至公共場所裡，也都到處懸掛著「肅靜」的牌子，以免群眾擾亂喧嘩。[243] 中國人最不重視公共禮儀，例如宴會時，本有招待人員迎賓入席，不希望宴會廳中有人穿來插去，嘻鬧喧嘩。[244] 又如一群旅行者到一個名山寶剎參觀卻一直開放著隨身帶來的收音電唱機。寺中人員上前勸導說：「朋友，你們來此不就是希望獲得一點寧靜的氣氛嗎？你開著電唱機，連在這種地方都要用聲音來麻痺自己，完全沒有一刻的寧靜，怎麼能生出智慧來呢？」[245]

　　第28.要檢舉黑手，採用了五則事例譬喻黑手。如國家的奸臣，團體裡吃裡扒外者，都是黑手。又如：黑手甲說：我有個祕密告訴你，主管要把你們外省人通通裁撤，你可不能說是我說的喔！[246] 黑手乙說：老師近來注意你抄襲別人的文章，對你的人格也大打折扣，這些話你可不能給老師知道是我說的喔！黑手丙說：主管說，你對公家團體毫

【240】　星雲大師(2004)，《迷悟之間‧6.和自己競賽》，頁35。
【241】　星雲大師(2004)，《迷悟之間‧6.和自己競賽》，頁47。
【242】　星雲大師(2004)，《迷悟之間‧6.和自己競賽》，頁49。
【243】　星雲大師(2004)，《迷悟之間‧6.和自己競賽》，頁76。
【244】　星雲大師(2004)，《迷悟之間‧6.和自己競賽》，頁77。
【245】　星雲大師(2004)，《迷悟之間‧6.和自己競賽》，頁78。
【246】　星雲大師(2004)，《迷悟之間‧6.和自己競賽》，頁111。

無貢獻，這次出國觀光旅行，他絕不會給你機會；你可不要說是我說的。[247] 第38.創造歡喜心，採用了四則事例譬喻創造歡喜心的重要。就算科學家們不斷的創造生活必須品，例如電燈、冷氣、汽車等等，但還是會有許多死傷的問題。其他諸如工程師創造高樓，但是當地震的時候，高樓搖晃的程度遠比平地更加的令人恐懼。政治家們創造自由民主的政治，但是多少人假藉自由民主之名，勾心鬥角，遂行更多不義之事；經濟財政專家，創造多少的財富，但是為財富起貪心，為財富而鬥爭，為財富的漲跌而患得患失的苦惱，多不勝舉。[248] 第47.去蕪存菁，採用了六則事例譬喻人生的道德人格，與所行所為的一些荒蕪要加以修剪，才能健全。例如，知識不夠要充實，才能廣學多聞；口才不順要訓練，才能能言善道；能力欠缺要發心立願，才能增加自己前進的動力；人緣不好要廣結善緣，促進人我的關係。[249] 自私、慳吝、固執、頑強、記恨、懶惰等，都是生命裡的荒蕪。要用心修剪，才能讓生命淨化，讓生命的田園百卉爭妍、美不勝收，那才是有意義的人生。[250] 第54.慶生會，採用了六則事例譬喻慶生之道。當父母健在時，應該為父母設想，做一些他們歡喜的事，例如旅行、參訪寺院、齋僧宴客；若父母不在，可以邀約親朋故舊，談敘父母的懿行，或者出版父母言論的書籍，替父母從事公益，造福社會人群，把父母的德澤遺愛人間，永垂寰宇，並且以此功德回向父母得生淨土，這才是生日慶生之道。[251] 第63.生命的字典，採用了二則事例譬喻生命的字典。每個人的人生，在生理細胞的分解過程裡，在精神慧命裡，也有許多充實的語彙，例如：有的人的生命字典裡，慈悲即占去了字典的一半篇幅；有的人的生

【247】　星雲大師(2004)，《迷悟之間・6.和自己競賽》，頁112。

【248】　星雲大師(2004)，《迷悟之間・6.和自己競賽》，頁143。

【249】　星雲大師(2004)，《迷悟之間・6.和自己競賽》，頁173。

【250】　星雲大師(2004)，《迷悟之間・6.和自己競賽》，頁175。

【251】　星雲大師(2004)，《迷悟之間・6.和自己競賽》，頁197-198。

命字典裡,則是字裡行間無不洋溢著智慧的芬芳。[252] 第82.噪音,採用了二則事例譬喻噪音的可憎。在一個寧靜的場合,你加入噪音破壞它,正如火車鳴叫,又似豬狗吠叫,惹人討厭。[253]

　　上述十篇四十八則譬喻具人間佛教的人間性(1)、生活性(6)、喜樂性(4)、時代性(2)等四種特性,其中亦以生活性居多,喜樂性居次,其次為時代性與人間性。(見附表7.1)

三、生命能量

　　第三項生命能量屬性包括編號5,22,25,41,43,46,48,60,81,87,94等十一篇四十七則譬喻,都在強調生命能量的重要。第5.磁場與能量,舉眾生皆有佛性,人都有成佛的性能,佛性就是能量。[254] 第22.增加能力,採用了九則事例譬喻增加能力的重要。人能承載的能量是很偉大的。例如:家庭的生活負擔,父母養老的日用所需,兒女讀書的教育經費,以及醫藥、旅行、交際等種種的負擔。乃至心上的煩惱、憂愁、苦悶,甚至世間上的國事、人權、思想等等,都壓得自己抬不起頭來。而人還要自恃有力,總像老牛破車一樣,一再的承載著世間各種的壓力,並且不斷地努力向前奔馳。[255]「定力」就是對自我的肯定。有了定力,儘管金錢美色當前,你都能如如不動,就像一潭靜止的湖水,清澈見底。[256] 第25.人人做警察,採用了十二則事例譬喻人人做警察的重要。警察的任務多且大,諸如抓賭抓娼、防火防盜、緝拿罪犯、稽查逃漏稅、防止走私販毒等。甚至車禍的處理、交通安全的維護,還有肅貪掃黑、鎮暴止亂,乃至竊盜國土、貪贓枉法等,

【252】　星雲大師(2004),《迷悟之間‧6.和自己競賽》,頁227。
【253】　星雲大師(2004),《迷悟之間‧6.和自己競賽》,頁294。
【254】　星雲大師(2004),《迷悟之間‧6.和自己競賽》,頁27。
【255】　星雲大師(2004),《迷悟之間‧6.和自己競賽》,頁87-88。
【256】　星雲大師(2004),《迷悟之間‧6.和自己競賽》,頁89。

凡是不公不正的事，都要報請警察處理。[257] 在美國，東方的兒童不懂得遵守公共秩序，與維護社區的環境，喝完汽水後，任意把空罐子隨手丟棄，後面的老婆婆命令兒童撿起來，兒童回說：「關你什麼事？」老婆婆說：「你亂丟東西，我們社區的房地產會跌價，這就跟我有關係！」這位老婆婆就是人人做警察的模範。在西德，東方的青年住在公寓裡，任何時刻都是開著電燈，另外的房客叫他關掉。東方青年說：「關你何事？」房客說：「你浪費能源，使國家陷於貧窮，怎麼不關我事？」[258] 第41.心能轉境，舉世間的山河大地，好像是一塊大染布，只要我心中有淨水，會把人間的染污給予漂白。[259] 第43.重新出發，舉人生不如意事，十常八九；自己跌倒要自己爬起來。有人摔倒一次就一蹶不振；有的人卻像不倒翁，越挫越勇。[260]

　　第46.創造生命力，採用了四則事例譬喻生命力需要自我創造。所謂生命力，要以一己之生命，創造無限之生命。一架飛機，帶著旅客南北東西的飛翔，幾千萬小時，一直展現它飛行的生命力；一艘商船，載重幾百千噸，在大海裡與風浪搏鬥，要把貨物載到目的地，都是在展現它航行載重的生命力。一張桌椅，讓你使用多時；一件衣服，讓你穿著多年，這一切都是在展現各自的生命力。[261] 第48.供養心，採用了六則事例譬喻供養心。一個寺院的領導人，如果仗著權勢，自我養尊處優，公物私用，把大眾置於腦後，就如同一個國家的領袖，一定要注重民生問題，民間的經濟照顧好，他才能安坐國主的寶位。[262] 如現在社會大眾也都在提倡供養。例如：做義工把時間撥出來供養大眾；有勞力的人把力氣提供出來服務別人；有錢財者把財物分享大

【257】　星雲大師(2004)，《迷悟之間‧6.和自己競賽》，頁99。

【258】　星雲大師(2004)，《迷悟之間‧6.和自己競賽》，頁101-102。

【259】　星雲大師(2004)，《迷悟之間‧6.和自己競賽》，頁154。

【260】　星雲大師(2004)，《迷悟之間‧6.和自己競賽》，頁163。

【261】　星雲大師(2004)，《迷悟之間‧6.和自己競賽》，頁171。

【262】　星雲大師(2004)，《迷悟之間‧6.和自己競賽》，頁176。

家，救助貧苦；有的人用智慧、說話來給人諮商，解決苦難；有的善於言詞，講學說法來開啟大眾的愚矇。[263] 第60.硬體與軟體，採用了三則事例譬喻。硬體是有形有相的物質體相；軟體是無形無相的精神力用。例如一棟房子，鋼筋水泥建造出來的外觀是硬體，裡面的裝潢、設備，營造的感覺氣氛，就是軟體備配的功能。[264] 硬體與軟體其實是要相互為用，例如一台電腦，有了主機與網線等硬體架設，再配上軟體程式，才能E-mail，才能發揮無遠弗屆的傳輸功能。再如一隻電燈，也是要借助烏絲、燈泡、電線等硬體，才能發光、發亮。所以有了硬體，軟體才能呈現功用；有了軟體，硬體才有生命。[265]

　　第81.生命的春天，採用了三則事例譬喻生命的春天。大自然裡到處都有生命，例如時辰鐘表，我用心、用智慧去製造它；如果沒有我的心智，如何能成？所以時鐘裡有我的生命存在。一棟房屋，因為我的設計、監工才能成就，房屋中就有我的生命存在。《佛光菜根譚》說：「春天不是季節，而是內心；生命不是軀體，而是心性。」[266] 第87.加減人生，採用了四則事例譬喻人生的起伏。人生像潮水一樣，起起落落，有高潮有低潮，這就是「加加減減」的人生。[267] 頭髮太長了，要剪短；指甲太長了，也要修剪；樹木花草太擁擠，也要給它減少。今日的修剪、減少，就是明日的茂盛。[268] 第94.勇於嘗試，採用了三則事例譬喻要勇於嘗試。科學家在實驗室裡不斷的嘗試，終於發現了聲光電波，改變了世界；農夫在農田果園裡不斷的嘗試，結果稻麥增收了，水果長大了。現在的接種技術，大大提高了農業的收成。例如芒果和蘋果接種，可以產生另外一種水果的口味；棗子和芭樂接枝，品種改

【263】　星雲大師(2004)，《迷悟之間‧6.和自己競賽》，頁177。

【264】　星雲大師(2004)，《迷悟之間‧6.和自己競賽》，頁216。

【265】　星雲大師(2004)，《迷悟之間‧6.和自己競賽》，頁219。

【266】　星雲大師(2004)，《迷悟之間‧6.和自己競賽》，頁292。

【267】　星雲大師(2004)，《迷悟之間‧6.和自己競賽》，頁309。

【268】　星雲大師(2004)，《迷悟之間‧6.和自己競賽》，頁311。

良後的棗子，碩大無比，可口而味甜。這一切都應該感謝許多勇於嘗試的人，他們讓自然科技不斷的進步。[269] 探險家向高山大海裡探險，現在人類對於高山的形態，對於海洋的奧秘，真是無有不曉。美國率先探索月球，勇於向火星、木星及大自然去了解。世界就是因為他們勇於嘗試，讓我們多了知識、經驗與時空。複製羊、複製牛，不就是科學家們勇於嘗試，而將基因的奧秘呈現在我們眼前的嗎？照相機因為前人勇於嘗試，如今可以照出三百六十度的照片；潛水艇因為專家勇於嘗試，現在可以在水中一住就是數個月幾百天。[270]

　　上述十一篇四十七則譬喻具人間佛教的人間性(1)、生活性(1)、利他性(4)、喜樂性(3)、時代性(1)、與普濟性(2)等六種特性，其中以利他性居多，喜樂性居次，其次為普濟性。(見附表7.1)

四、承先啟後

　　第四項承先啟後屬性包括編號8，12，16，34，56，61，71，91等八篇二十四則譬喻，都在強調承先啟後的重要。第8.承先啟後，採用了三則譬喻承先啟後。政治上的人物，例如美國的民選總統，當選後的第一句話都是說：對於前總統在內政上所立的規章、在外交上對他國的約定，一概繼承。接著再作自己的施政報告，說明自己計劃如何建設國家的治國理念，這就是啟後。[271] 即使是動物、植物，牠們傳宗接代時候種種辛苦，主要的也有「承先啟後」的作為。例如飛燕懂得對子女的品種改良，加拿大的紅螞蟻懂得為未來的子孫儲存糧食。[272]第12.挨家挨戶，採用了二則事例譬喻挨家挨戶的毅力。應徵美國微軟公司，因為沒E-mail落敗的青年，在回家途中，身上只剩十塊美元，心裡非常恐慌擔憂。不得已，掏出身上僅有的十塊美元，買了一大堆

【269】　　星雲大師(2004)，《迷悟之間‧6.和自己競賽》，頁333。

【270】　　星雲大師(2004)，《迷悟之間‧6.和自己競賽》，頁334。

【271】　　星雲大師(2004)，《迷悟之間‧6.和自己競賽》，頁38。

【272】　　星雲大師(2004)，《迷悟之間‧6.和自己競賽》，頁39。

的馬鈴薯，就挨家挨戶的去推銷，如此賺了一百美元，信心大增。第二天，他又如法炮製。數月後，青年買了汽車；數年後，開了工廠，許多企業界的人士，都想傳E-mail給他，青年說：我只有「挨家挨戶」，我沒有E-mail。273 這個「挨家挨戶」代表的是有心、有志、有毅力。有心、有志、有毅力，還怕不能成功嗎？274 第16.老人的春天，採用了二則事例譬喻人生。四季比喻人生，兒童、青少年就等於是春天、夏天；老人則是已經進入秋冬季節了。我們應該要讓老人沒有進入秋冬的感覺，讓他們一樣有老人的春天。以老人喜歡的運動，例如腿部的、腳部的、手部的、頭部的，幫助他們活躍起來。275 第34.攜手同圓，採用了五則事例譬喻。馬來西亞佛青總會舉辦世界大會，主題「攜手同圓」，既是「攜手」，就應該合作；既是「同圓」，就應該融和。276 一個人不可以太有稜角，人生其實就像一塊巨木，你鋸成長的、短的，都很容易，鋸成方形、矩形，也算簡單，你希望把木材變成圓形的，就比較需要費工夫了。誠如做人，要想做得圓滿，自然也是比較難的呀！時間是什麼樣子？時間是無形的。但是，從春夏秋冬來看，時間是圓形的，就像時辰鐘錶一樣，一輪十二個小時，周而復始。277

　　第56.中陰身，如果是罪惡深重的人，他的中陰身就會經過一個黑色的長洞，穿過黑洞，可能是地獄、餓鬼、畜生。就好像人間犯了罪刑被囚禁的人，送到那一間牢房都不是太嚴重，因爲服刑完畢就可以出獄。278 第61.一顆種子，採用了三則事例譬喻一顆種子超越時空的生命力。如在北京的一隻蝴蝶翅膀振動一下，就可以掀動歐洲的空氣；牽一髮而動全身，一滴水就可以流入三江四海之內。一顆石子投

【273】　星雲大師(2004)，《迷悟之間・6.和自己競賽》，頁51。

【274】　星雲大師(2004)，《迷悟之間・6.和自己競賽》，頁52。

【275】　星雲大師(2004)，《迷悟之間・6.和自己競賽》，頁66。

【276】　星雲大師(2004)，《迷悟之間・6.和自己競賽》，頁129。

【277】　星雲大師(2004)，《迷悟之間・6.和自己競賽》，頁130-131。

【278】　星雲大師(2004)，《迷悟之間・6.和自己競賽》，頁203。

入大海裡，它就可以振動五洲七洋，所以「莫以小善而不為，莫以小惡而為之」，這都是「一顆種子」的原理。又舉今天中國的胡桃、胡椒、胡瓜、胡麻等，這些「胡」的品種，都是二千多年前佛教攜來的一顆種子，而今才得以在中國繁衍不已。[279] 第71.過程與結果，採用了三則事例譬喻。有時過程是好的，結果是壞的；有時過程是壞的，結果是好的。例如生兒育女，兒女成群，讀書求學，都是好的；但是最後卻走入歧途。[280] 又如台灣為了實施民主選舉，選賢與能，立意過程都是好的，但是結果選出一些自私自利，玩法弄權之徒，這是始料未及的不好結果。世間上凡一切事，都沒有絕對的好壞，任何事情都是有人吃虧，也有人討便宜，例如建一棟大樓，工程人員經過千辛萬苦，建好以後，住者居家安詳，就是好的結果。[281] 第91.溝通的妙法，採用了五則事例譬喻溝通的妙法。現在世界上不斷舉行各種會議，例如經濟上有經貿會議，外交有外交協議，政治有高峰會議，宗教也有宗教對談等。溝通就好像跳探戈，彼此要能互進互退。[282]

　　上述八篇二十四則譬喻具人間佛教的人間性(2)、生活性(2)、喜樂性(1)、時代性(2)、與普濟性(2)等五種特性，其中以人間性、生活性、時代性與普濟性同居首，喜樂性殿後。(見附表7.1)

五、追尋目標

　　第五項追尋目標屬性包括編號13，30，68，84，90等五篇十一則譬喻，都在強調追尋目標的重要。第13.設定目標，採用了五則事例譬喻設定目標的重要。如船隻在大海裡航行，因為它設定了目標，不必掛念它找不到前途；飛機在空中飛行，因為它設定了目標，會按照航線安全降落。人生的旅途中，有的青年目標太大，不切實際，就如

【279】　星雲大師(2004)，《迷悟之間‧6.和自己競賽》，頁221。
【280】　星雲大師(2004)，《迷悟之間‧6.和自己競賽》，頁55。
【281】　星雲大師(2004)，《迷悟之間‧6.和自己競賽》，頁56。
【282】　星雲大師(2004)，《迷悟之間‧6.和自己競賽》，頁325-326。

工廠裡的機器，它一天只能生產兩萬噸的產品，你硬要它超越目標生產十萬噸，就等於沒有目標；一部耕耘機，每日只能耕種二十畝地，你要它每日爲你耕種一百畝，不但達不到目標，而且機器也會因爲不勝負荷而損壞，這就是欲速則不達。就算是電腦吧！它可以收藏許多的資訊，但是過量超越了負荷的標準，它也會不聽話。[283] 第30.和自己競賽，採用了一則事例譬喻人生，是一場無止境的馬拉松競賽。從幼稚園、小學讀書開始，就需要比賽；考試制度，就是一場競賽！[284] 第68.人生第二春，採用了三則事例譬喻人生第二春。人生的第一個春天，年輕力壯，有理想、熱情、希望、未來、無比的信心、無限的活力，就好像春天欣欣向榮，萬物生長。年齡老了，退休了，人情練達了卻意志消沉了，就好像歲末寒冬。[285] 舉國際佛光會的會員，若是在三十歲第一個人生的春天就加入佛光會當會員，經過了二、三十年後考取檀講師，五、六十歲時可以在全世界弘法利生，眞是遊府吃府，遊縣吃縣。卽使不能做到檀講師，也可以做佛光會的義工，在各個道場裡擔任各種活動的講師，主持讀書會，傳授佛法，必然也會歡喜快樂，美化生活，充實人生，這不就是人生的第二春嗎？[286] 第84.找到了，我們一生中所遺失的東西眞是何其多，又何嘗全部都能找到？例如遺失了的眞心，那裡容易找到？[287] 第90.生命的流轉，死亡就像移民一樣，你到了另外的國家，只要有生存的資本，有功德法財，又何必害怕不能生活呢？[288]

　　上述五篇十一則譬喻具人間佛教的人間性(1)、生活性(3)、利他性(2)、與喜樂性(1)等四種特性，其中亦以生活性居多，利他性居次，人

【283】　星雲大師(2004)，《迷悟之間‧6.和自己競賽》，頁53-54。

【284】　星雲大師(2004)，《迷悟之間‧6.和自己競賽》，頁117。

【285】　星雲大師(2004)，《迷悟之間‧6.和自己競賽》，頁245。

【286】　星雲大師(2004)，《迷悟之間‧6.和自己競賽》，頁247-248。

【287】　星雲大師(2004)，《迷悟之間‧6.和自己競賽》，頁300。

【288】　星雲大師(2004)，《迷悟之間‧6.和自己競賽》，頁321。

間性與喜樂性殿後。(見附表7.1)

六、多元文化

　　第六項多元文化屬性包括編號18，21，24，50，76，86等六篇三十四則譬喻，都在強調多元文化的重要。第18.公雞性格，舉了十三種族群的性格，譬喻公雞性格是不能成事的。例如：湖南人有騾子的性格、上海人有孔雀的性格；此外，還有大象的性格、駱駝的性格、狐狸的性格、駝鳥的性格。[289] 甚至有人說，日本人有鴨子的性格，中國人有公雞的性格。如果人人爭做主角、做老大，光是有公雞的性格，何能成事？[290] 法國人有浪漫的性格，英國人有紳士的性格，德國人有英雄的性格，澳洲人有義工的性格，美國有自大的性格。[291] 第21.眼睛與嘴巴，採用了四則譬喻我們的身心。六識中，身體好像一個村莊，主人翁的村長是心識；五識好比探子；眼、耳、鼻、舌、心，那一識用得多？中國同胞都比較喜歡用嘴巴說。例如一個觀光團到了海外去旅行，進了飯店，導遊集合大家說明廁所的位置後，總有人會問：王導遊，洗手間在那裡？[292] 第24.多元文化，舉了六則實例譬喻現在多元文化慢慢在中華文化裡沒有力量了，例如：今日的台灣，此地人不容彼地人；此黨人不容彼黨人。[293] 在多元文化的美國、澳洲等國家裡，各種就業的機構中，不會排斥別的文化，反而對於少數民族有特別的保護，例如工程發包，對於少數民族，公家必定保留相當的比例，讓他們得以生存。[294] 走在這些國家的街頭上，就像萬國博覽會，形形色色的人種，

【289】　星雲大師(2004)，《迷悟之間·6.和自己競賽》，頁72。
【290】　星雲大師(2004)，《迷悟之間·6.和自己競賽》，頁73。
【291】　星雲大師(2004)，《迷悟之間·6.和自己競賽》，頁74。
【292】　星雲大師(2004)，《迷悟之間·6.和自己競賽》，頁85。
【293】　星雲大師(2004)，《迷悟之間·6.和自己競賽》，頁95。
【294】　星雲大師(2004)，《迷悟之間·6.和自己競賽》，頁96。

展現出多元文化的偉大，與包容多元文化國家的偉大。[295] 第50.無底坑，將我們的「口」譬喻爲「無底坑」，不管米麵、雜糧、各種菜餚，每天供輸一日三餐，一生一世永遠塡不滿的「無底坑」。[296] 第76.送禮，採用了九則事例譬喻適當的送禮。有送的禮太貴重的，例如送洋房、汽車，讓接受者不自在、不安心，甚至不敢接受，最後傷了朋友的感情。也有送的禮不合適的，例如一個小客廳，你送他一套大沙發；生了一個小女兒，送她一套西裝，叫人不知如何是好。[297] 送禮重在歡喜與適當。例如西方國家的生日卡片，婚禮的祝福賀函，或是送一本書、一個紀念品，一張禮券等，都是得體的禮物。[298] 第86.床頭書，舉了三項適合的床頭書。床頭書只是用來安心養性，可以增加知識，可以複習，加強記憶，但不宜太長、太大，以免影響睡眠。例如現在香海文化公司出版的《祈願文》，以及人間福報的《佛光榮根譚》、《迷悟之間》。[299]

　　上述六篇三十四則譬喻具人間佛教的人間性(1)、生活性(4)、與利他性(1)等三種特性，其中亦以生活性居多，人間性與利他性居次。(見附表7.1)

　　《迷悟之間‧6.和自己競賽》星雲自創譬喻共有五十三篇二〇六則，其中以第4.擁有美德與第25.人人做警察各有十二則譬喻，第18.公雞性格有十一則譬喻，第22.增加能力與第76.送禮各有九則譬喻，第10.時空定位有八則譬喻，第2.琢磨琢磨有七則譬喻，第48.供養心有六則譬喻。其餘四十六篇短文的譬喻都在五則以下，可見在本書中星雲自創了相當豐富的譬喻。

　　上述五十三篇短文計二〇六則星雲自創譬喻，依程度相應度依

【295】　星雲大師(2004)，《迷悟之間‧6.和自己競賽》，頁97。
【296】　星雲大師(2004)，《迷悟之間‧6.和自己競賽》，頁184。
【297】　星雲大師(2004)，《迷悟之間‧6.和自己競賽》，頁272。
【298】　星雲大師(2004)，《迷悟之間‧6.和自己競賽》，頁274。
【299】　星雲大師(2004)，《迷悟之間‧6.和自己競賽》，頁308。

序具有人間佛教人間性(9)、生活性(21)、利他性(10)、喜樂性(11)、時代性(7)、與普濟性(4)等六種特性，以生活性領先其他五種特性，其次為喜樂性，普濟性殿後。

星雲五十三篇自創譬喻，占整部書九十四篇中有採用譬喻的八十九篇的六成(59.55%)。二〇六則自創譬喻則占整部書四七五則譬喻近四成半(43.36%)。可見含蓋大自然的山河大地、花草樹木、政商交通、為人行事、居家環境、日常作務、生活用品、六道眾生等多元的自創譬喻，展現了星雲豐富的見聞覺知與深刻的生活體驗，更型塑出其成功說法的獨特模式。特彙整如下表7.5，以利下列的結論。

小結

由表7.5星雲《迷悟之間・6.和自己競賽》三類譬喻數量統計，可見星雲在《迷悟之間・6.和自己競賽》的九十四篇短文中，有八十九篇運用譬喻來說法，占94.68%，近九成五。其中引用佛教經論的譬喻有三十六篇計七十二則譬喻；引用一般世俗的譬喻有六十三篇計一九六則譬喻；自創譬喻有五十三篇計二〇六則譬喻。雖然一般世俗類譬喻的篇數六十三篇最多，但是譬喻數則以星雲自創二〇六則最多。星雲五十三篇自創譬喻，占整部書八十九篇有採用譬喻的59.55%，近六成，二〇六則自創譬喻占整部書四七四則譬喻的43.45%，近四成五。

表7.5.《迷悟之間‧6.和自己競賽》三類譬喻數與人間佛教六大特性對照統計表

#	譬喻種類	篇數 89/94	譬喻則數	人間佛教六大特性						小計
				a	b	c	d	e	f	
1	佛教經論	36	72	7	15	10	3	3	2	40
2	一般世俗	63	196	12	28	9	8	7	7	71
3	星雲自創	53	206	9	21	10	11	7	4	62
合計		152	474	28	64	29	22	17	13	173

a表人間性、b表生活性、c表利他性、d表喜樂性、e表時代性、f表普濟性

　　上表7.5星雲《迷悟之間‧6.和自己競賽》八十九篇運用譬喻說法三類分法的比例,具有三類譬喻的短文有十四篇,[300] 具有兩類譬喻的短文有三十五篇,[301] 單一類譬喻的短文有四十篇[302] (詳見附表7.1)。

　　上述三類譬喻共運用了四七四則譬喻來宣說人間佛教的義理,七十二則佛教經論典故的譬喻呼應人間佛教六大特性比例為7：15：10：3：3：2；一九六則一般世俗的譬喻呼應人間佛教六大特性比例為12：28：9：8：7：7；星雲二○六則自創譬喻呼應人間佛教六大特性比例為9：21：10：11：7：4,依這三組對應值來看,一般性譬喻與星雲自

【300】　編號13,19,30,35,41,44,48,52,56,61,73,76,81,94等十四篇。
【301】　編號3,5,6,8,11,15,17,22,23,25,29,31,33,38,43,49,50,51,55,57,58,63,64,67,68,70,71,74,75,77,79 82,83,84,87,88,90,91,92,93等三十五篇。
【302】　編號1,2,4,7,9,10,12,14,16,18,20,21,24,26,27,28,32,34,36,37,39,40,42,45,46,47,53,54,59,60,62,65,66,69,72,78,80,85,86,89等四十篇。

創譬喻呼應人間佛教六大特性的強度相同。

　　綜合三類譬喻與人間佛教六大特性，即人間性、生活性、利他性、喜樂性、時代性、普濟性的總比例為15：36：15：14：13：7，以生活性36領先，普濟性7殿後。兼具有三種特性者，有第1.聰明的爭議與第2.琢磨琢磨兩篇；兼具有二種特性者有第4，6，13，14，28，54，56，90，94等九篇(見附表7.1)，其餘僅具備一特性者多達七十八篇。足見書中星雲採用或創作的譬喻都或多或少富有人間佛教的特性，有助其宣揚人間佛教的思想與理念。

第四節、結語

　　譬喻是釋迦牟尼佛十二種或九種說法方式之一，屬善巧方便的說法方式。星雲在本世紀初所著的十二冊《迷悟之間》亦運用此方式來說法。本章就本套書的第六冊《6.和自己競賽》所採用到的譬喻內容，九十四篇短文中，有八十九篇運用譬喻來說法，占94.68%，近九成五。四七四則譬喻先分為佛教經論典故譬喻、一般世俗譬喻與星雲自創譬喻三類，再逐類依屬性細分後製表，進一步做分析闡釋與比對，最後與星雲人間佛教的人間性、生活性、利他性、喜樂性、時代性與普濟性六大特性做比對。結論如下：

　　七十二則佛教經論類譬喻分布在三十六篇短文中，是本書所採用的三類譬喻中最少數的一類，其中第90.生命的流轉出現九則譬喻居多，其次是第6.宏觀與微觀、與第26.成佛以後各採用了五則譬喻，再其次為第89.道氣與俗氣採用了四則譬喻。第64.畏己-917台北水災有感、第88.廁所文化、第44.人性的善惡、第41.心能轉境與第77.生命學等五篇各採用了三則譬喻。這七十二則譬喻可概分為宏觀器識、增加能力、長養知識、戰勝自己、心能轉境與生死輪迴等六種屬性。其中以篇數來看，以第三項長養知識屬性與第五項心能轉境同為九篇最多，其次為第一項宏觀器識屬性八篇居次。若以譬喻來看，則以第

一項宏觀器識屬性十九則譬喻居冠，第三項長養知識屬性十六則譬喻居次。第二項增加能力三篇四則譬喻最少。這些譬喻出自十五部佛經，如《佛說長者音悅經》，《佛說無量門微密持經》、《佛說如幻三昧經》、《佛說阿彌陀經》、《金剛般若波羅蜜經》、《大方廣佛華嚴經》、《法華經》、《維摩詰所說經》、《六祖大師法寶壇經》、《佛說三世因果經》、《楞嚴經》、《大方等大集經》、《大乘流轉諸有經》、《佛說法集名數經》、與《觀虛空藏菩薩經》等，未見有常出現在《迷悟之間》前五冊的阿含系列經典。與二十二部論疏語錄，如《大乘起信論》、《佛性論》、《阿毘達磨俱舍論》、《百法論義》、《根本說一切有部毘奈耶藥事》、《大唐故三藏玄奘法師行狀》、《景德傳燈錄》、《趙州和尚語錄》、《嘉泰普燈錄》、《虛堂和尚語錄》、《天台傳佛心印記》、《憨山大師夢遊集·醒世歌》、《四分律名義標釋》、《緇門警訓》、《八識規矩補註證義》、《續傳燈錄》、《雨山和尚語錄》、《八識規矩淺說》、《古宿尊禪師語錄》、《續燈正統》、《念佛警策》等。其中《大方廣佛華嚴經》與《妙法蓮華經》分別出現在三篇短文中；《維摩詰所說經》、《六祖大師法寶壇經》、《佛說阿彌陀經》，與《緇門警訓》各出現在二篇短文中。其他諸經論都僅被引用了一則譬喻。可見星雲擅用佛教經論典故譬喻爲其說法著書的材料。這些來自佛教經論的七十二則譬喻呼應人間佛教六大特性7：15：10：3：3：2，仍以生活性譬喻居冠。

　　一九六則一般世俗類譬喻分布在六十三篇短文中，是三類譬喻篇數最多的一類。其中第57.學歷的迷思高居二十則譬喻，第33.時間的長短則有十三則譬喻，第81.生命的春天有十則譬喻，第91.溝通的妙法有九則譬喻，第77.生命學則有八則譬喻，第65.職業之外有六則譬喻，第1.聰明的爭議、第78.舉重若輕、與第80.高效益各有五則譬喻，其餘五十四篇都低於五則譬喻。這一九六則譬喻可概分爲聰明才智、生命能量、志在四方、知識才能、服氣福氣與勇於嘗試等六種屬

性。以篇數來看，以第一項聰明才智屬性十六篇最多，其次爲第五項服氣福氣屬性十二篇居次。若以譬喻數來看，亦以第一項聰明才智屬性五十九則譬喻居冠，第四項知識才能屬性四十三則譬喻居次，第五項勇於嘗試十一則譬喻殿後。這些譬喻非常多元，上自商湯《盤銘》、《周易系辭上》、《史記》、《戰國策》、《漢書》、《論語》、《孟子》、《韓非子》、《老子》、《左傳》、《莊子》、《荀子》、《三國志》、《後漢書》、《梁書》、滿江紅〉、〈岳陽樓記〉、《資治通鑒》、《禮記・大學》、《三國演義》、《三字經》、《菜根譚》、《儒林外史》、《格言連璧》、《四庫全書》、《紅樓夢》、《聊齋誌異》等，到《諺語》、《英國諺語》、甚至《聖經》。以《史記》被引用八則居高，其次爲《論語》五則，《三國演義》四則，《孟子》三則，《戰國策》、《莊子》、《三國志》、蘇軾〈洗兒〉與《伊索寓言》各二則，其餘皆爲一則。可見星雲國學涵養的豐厚。來自一般世俗的這一九六則譬喻呼應人間佛教六大特性比例爲12：28：9：8：7：7，仍是以生活性譬喻居冠。

　　二〇六則星雲自創譬喻分布在五十三篇短文中，其中第4.擁有美德與第25.人人做警察各有十二則譬喻，第18.公雞性格有十一則譬喻，第22.增加能力與第76.送禮各有九則譬喻，第10.時空定位有八則譬喻，第2.琢磨琢磨有七則譬喻，第48.供養心有六則譬喻。其餘四十六篇短文的譬喻都在五則以下，可見在本書中星雲自創了相當豐富的譬喻。這二〇六則譬喻可概分爲思量琢磨、美德人生、生命能量、承先啓後、追尋目標與多元文化等六種屬性。以篇數來看，以第一項思量琢磨屬性十三篇最多，其次爲第三項生命能量屬性十一篇居次。若以譬喻數來看，則以第二項美德人生屬性四十八則譬喻居冠，第三項生命能量屬性四十七則譬喻居次，其次爲第一項思量琢磨屬性四十則譬喻，第五項追尋目標五篇十一則譬喻殿後。這些自創譬喻含蓋大自然的山河大地、花草樹木、政商交通、爲人行事、居家環境、日常作務、生活用品、六道衆生等多元的自創譬喻，展現了星雲豐富的見

聞覺知與深刻的生活體驗，更型塑出其成功說法的獨特模式。星雲自創譬喻呼應人間佛教六大特性比例爲9：21：10：11：7：4，亦以生活性譬喻居冠。

綜合三類譬喻呼應人間佛教六大特性，即人間性、生活性、利他性、喜樂性、時代性、普濟性的比例爲15：36：15：14：13：7，以生活性高居36，高出居次人間性與利他性的兩倍，普濟性7殿後。足見本書中星雲採用譬喻著述的模式，是兼具佛教經論譬喻、一般譬喻與自創譬喻，其中以富有人間佛教特性的自創譬喻爲主，其次爲一般譬喻，佛教經論譬喻。有助其宣揚人間佛教的思想與理念。

星雲《迷悟之間6.和自己競賽》每一篇文章雖然篇幅不長，卻富含深義與禪味，並與日常生活息息相關。也都多少具有星雲人間佛教的人間性、生活性、利他性、喜樂性、時代性與普濟性。書中自創譬喻數占三類譬喻最高比例。從中可見星雲豐富的人生閱歷與深度的佛法體悟，更顯示其高超的智慧以及運用譬喻詮釋人生哲理的技巧，使人讀來輕鬆不會感到沉重，卻能激發讀者透過簡單的譬喻做深思，並自我檢視周遭的種種問題，進一步在日常生活中體現禪意、轉迷成悟。可以說譬喻運用與高比例的自創譬喻，是促成星雲講說佈教及著作論述受歡迎的重要原因。

附錄

表7.1.星雲《迷悟之間・6.和自己競賽》譬喻分佈總表

篇號/篇名	分類			譬喻數	人間佛教六大特性						小計
	A	B	C		a	b	c	d	e	f	
1.聰明的爭議		5		5	V	V			V		3
2.琢磨琢磨			7	7	V	V	V				3
3.預算	1	1		2			V				1
4.擁有美德			12	12		V		V			2
5.磁場與能量		3	1	4						V	1
6.宏觀與微觀	5	4		9	V					V	2
7.低頭			4	4				V			1
8.承先啓後		2	3	5						V	1
9.學徒制	1			1				V			1
10.時空定位			8	8					V		1
11.沉默是金		2	2	4	V						1
12.挨家挨戶			2	2					V		1
13.設定目標	1	2	5	8	V	V					2
14.謠言惑衆		8		8	V				V		2
15.知識社會	1	3		4					V		1
16.老人的春天			2	2					V		1
17.抵制誘惑	2	4		6	V						1
18.公雞性格			11	11	V						1
19.肅靜	1	1	5	7	V						1
20.一時與一世		1		1	V						1
21.眼睛與嘴巴			4	4	V						1
22.增加能力	1		9	10				V			1
23.社會新鮮人	1	1		2	V						1
24.多元文化			6	6	V						1
25.人人做警察		1	12	13						V	1
26.成佛以後	5			5			V				1
27.處事禮貌		2		2			V				1
28.要檢舉黑手			5	5	V				V		2
29.茶果文化	1	1		2		V					1

篇號/篇名	分類			譬喻數	人間佛教六大特性						小計
	A	B	C		a	b	c	d	e	f	
30.和自己競賽	1	4	1	6		V					1
32.黑函與黑心			1	1				V			1
33.時間的長短	2	13		15	V						1
34.攜手同圓			5	5				V			1
35.馬上辦	2	3	3	8		V					1
36.有我一份		1		1		V					1
37.神奇的妄語			5	5			V				1
38.創造歡喜心		1	4	5					V		1
39.算賬		3		3		V					1
40.老大與大老		2		2			V				1
41.心能轉境	3	1	1	5				V			1
42.與我沒有關係		3		3						V	1
43.重新出發		3	1	4		V					1
44.人性的善惡	3	3	1	7	V						1
45.要服氣		4		4				V			1
46.創造生命力			4	4			V				1
47.去蕪存菁			6	6		V					1
48.供養心	1	1	6	8			V				1
49.固執己見		4	1	5	V						1
50.無底坑		1	1	2		V					1
52.心鎖	1	1	3	5			V				1
53.開通理路			4	4		V					1
54.慶生會			6	6		V		V			2
55.突破與看破		1		1				V			1
56.中陰身	1	1	1	3	V			V			2
57.學歷的迷思	1	20		21					V		1
59.千里馬		3		3		V					1
60.硬體與軟體			3	3			V				1
61.一顆種子	1	2	3	6						V	1
62.用餐時間	1			1		V					1
63.生命的字典		2	2	4					V		1
64.畏己–917台北水災有感	3	2		5			V				1

篇號/篇名	分類			譬喻數	人間佛教六大特性						小計
	A	B	C		a	b	c	d	e	f	
65.職業之外		6		6			✓				1
66.生活教育		3		3	✓						1
68.人生第二春	1		3	4			✓				1
69.計畫與變化			2	2	✓						1
70.一半一半		1	1	2	✓						1
71.過程與結果		1	3	4	✓						1
72.人脈關係		3		3				✓			1
73.清理垃圾	2	1	1	4	✓						1
74.空間安排		1	3	4				✓			1
75.養量	2	3		5						✓	1
76.送禮	1	1	9	11		✓					1
77.生命學	3	8		11	✓						1
78.舉重若輕		5		5	✓						1
79.眼不見為淨	1	2		3	✓						1
80.高效益		5		5					✓		1
81.生命的春天	1	10	3	14				✓			1
82.噪音	2		2	4	✓						1
84.找到了		2	1	3				✓			1
85.莫存定見		1		1	✓						1
86.床頭書			3	3	✓						1
87.加減人生		1	4	5	✓						1
88.廁所文化	3	6		9	✓						1
89.道氣與俗氣	4			4		✓					1
90.生命的流轉	9	1		10	✓	✓					2
91.溝通的妙法		9	5	14	✓						1
92.戰勝心魔	1	1		2	✓						1
93.學習聽話		1	2	3	✓						1
94.勇於嘗試	2	2	3	7	✓				✓		2
94/89	72	196	204	472	15	37	16	14	13	7	102

註：表內A表經論譬喻；B表一般譬喻；C表自創譬喻
a人間性、b生活性、c利他性、d喜樂性、e時代性、f普濟性

表7. 2. 《迷悟之間・6. 和自己競賽》佛教經論典故譬喻內容表

屬性	篇號篇名	譬喻數	內　　容	出　處
一、宏觀器識 8／19	3.預算	1	憨山大師說：「人從巧計誇伶俐，天自從容定主張；諂曲貪瞋墮地獄，公平正直即天堂。」個人的預算不要先從自己的利益著想，應該要從整個社會、大眾，各種利益關係為前提，以此來訂下自己人生的預算。p22	明・憨山德清《憨山大師夢遊集・醒世歌》X73n1456p830c09
	6. 宏觀與微觀	5	維摩居士的丈室雖小，它能容納三萬八千多座獅子座椅，能接待萬千的菩薩羅漢，就等於佛陀看整個的三千大千世界如菴摩羅果，這就是宏觀。p30所謂「見到一切諸法的成就，就能見到因緣」，這是微觀；「見到緣起，就能見佛」，乃至「須彌納芥子；芥子藏須彌」，就是宏觀；「佛觀一缽水，八萬四千蟲」，就是微觀。p32 高齊・那連提耶舍譯《大方等大集經》卷57 T13n397p383c18	姚秦・鳩摩羅什譯《維摩詰所說經》T14n475p538c06 姚秦・鳩摩羅什譯《金剛般若婆羅密經》749b T8n235p262a16
	13.設定目標	1	有的人胸懷世界，他體會社會人生的疾苦，他設定的目標是「先天下之憂，後天下之樂」；甚至如佛陀普度眾生，示教利喜。p55	宋・范仲淹〈岳陽樓記〉
	26.成佛以後	5	佛教主張「佛性平等，人人皆得成佛。」所謂「即心即佛」，又謂「佛是已覺悟的眾生，眾生是未覺悟的佛」。所以，在成佛之前，大家都是一樣，是一個「藏佛人」。p103 佛陀行化於宇宙虛空之中，就好像「千江有水千江月，萬里無雲萬里天」。唐朝的順宗皇帝曾問佛光如滿禪師道：「佛從何方來？滅向何方去？既言常住世，佛今在何處？」p105如滿禪師答道：「佛體本無為，迷情妄分別，法身等虛空，未曾有生滅。有緣佛出世，無緣佛入滅，處處化眾生，猶如水中月。非常亦非斷，非生亦非滅，生亦未曾生，滅亦未曾滅，了見無生處，自然無法說。」p106	宋・正受編《嘉泰普燈錄卷十八》X79n1559p401c10 宋・道原纂《景德傳燈錄》卷6，T51n2076p249a03
	33.時間的長短	2	在佛教裡，最短的時間是「剎那」，最長的時間名為「阿僧祇劫」，就是無數。佛經說，少壯一彈指，六十三剎那；無量阿僧祇劫，也只在一念之中。p126	玄奘譯《阿毘達磨俱舍論》卷12，T29n1558p62a18
	48.供養心	1	佛弟子在捨俗披剃的時候，都會發下供養的弘願：「將此身心奉塵剎，是則名為報佛恩。」身心都能供養了，其他還有什麼好計較的呢？p179	唐・般刺蜜諦譯《大佛頂如來密因修證了義諸菩薩萬行首楞嚴經要解》卷六X11n270p162

屬性	篇號篇名	譬喻數	內　　　容	出　處
一、宏觀器識 8／19	75.養量	2	布袋和尚為人歌頌「大肚能容，容卻人間多少事；笑口常開，笑盡天下古今愁。」p269經云：心包太虛，量周沙界。你能把虛空宇宙都包容在心中，那麼你的心量自然就能如同虛空一樣的廣大。p271宋‧曇摩蜜多譯《觀虛空藏菩薩經》T13n0405p647c16	宋‧廣如撰《定應大師布袋和尚傳》卷1，X86n1597p43a9
	82.噪音	2	佛法以音聲做佛事，所謂「此方真教體，清淨在音聞」；因為有「如是我聞」，才有三藏十二部的佛法留傳後世。所以《普門品》說：「妙音觀世音，梵音海潮音，勝彼世間音。」p293	後秦‧鳩摩羅什奉詔譯《妙法蓮華經》卷7，T09n0262p57c07
二、增加能力 3／4	9.學徒制	1	如現在佛教裡，拜了師父，不肯以學徒自居，一下子就以為自己是老參，以為自己是老師，以為自己是完成了。所以走路不像、拜佛不像、說話不像，言行舉止都不像一個出家人。p42	
	22.增加能力	1	佛經說，力量來自於五種：一是信心，二是精進，三是正念，四是定力，五是智慧。p59	宋‧施護譯《佛說法集名數經》卷1 T17n764p660c13
	35.馬上辦	2	「馬上辦」是一句宣傳的口號，就如念佛的人，要往生西方極樂世界，阿彌陀佛也打出一句「於一念頃，往生西方淨土」，比馬上辦還要快。有甲、乙二人要朝禮普陀山，一人坐等機會，一人馬上行動。朝山歸來，等待的人尚未成行。對於善事、好事，應該「馬上辦」。p135	姚秦‧鳩摩羅什譯《佛說阿彌陀經》T12n366p347a07
三、長養知識 9／16	15.知識社會	1	沒有讀過書、不認識字的人，他也會有知識。六祖慧能大師悟道，你能說他沒有知識嗎？p62	元‧宗寶編《六祖大師法寶壇經》T48n2008p348b15
	29.茶果文化	1	有名的趙州禪師叫人「吃茶去」，可以開悟。p116	宋‧文遠記錄《趙州和尚語錄》卷3，J24nB137p368c17
	56.中陰身	1	人死之後在中陰身時，我們要預知它的未來，其實從往生時刻的屍p203體，也可以找到一點訊息，如「頂聖眼生天，人心餓鬼腹；畜生膝蓋離，地獄腳板出」，是可以測量的。p204	明‧明昱證義《八識規矩補註證義》x55n890p408b19
	57.學歷的迷思	1	假如你一定要以學歷為重的話，那麼古來聖賢如佛陀、耶穌……，他們是什麼學校畢業？p205	
	62.用餐時間	1	佛教講：早上粥有十利，中午酥陀妙味，晚餐應作藥石想；這都是健康的飲食之道。p225	妙源編《虛堂和尚語錄》T47n2000p

屬性	篇號篇名	譬喻數	內　　　容	出　處
三、長養知識 9 / 16	64.畏己-917台北水災有感	3	往日叢林的修道者，所說的話非常值得大家學習，例如:「學人無知，沒有洞察先機」;「弟子慚愧，請長者多多指導」;「末職苦惱無能，未曾盡責為常住奉獻心力」。由於這些美好的語言，而帶來一片祥和之氣。p231	吳·支謙譯《佛說長者音悅經》卷1，T14n531p808a26
	76.送禮	1	就如《普門品》中，無盡意菩薩要送觀世音菩薩智慧，他以為觀世音菩薩有了慈悲，想要供養智慧;但是觀世音菩薩悲智具足，所以他把無盡意菩薩的好意轉送給佛陀，讓無盡的真理分享大眾。p274	後秦·鳩摩羅什奉詔譯《妙法蓮華經》卷7，T09n0262p57c03
	88.廁所文化	3	在佛教裡非常重視上淨房(廁所)，在《華嚴經》裡有許多大小便的偈語，如:「大小便時，當願眾生，棄貪瞋癡，蠲除罪法。」「事訖就水，當願眾生，出世法中，速疾而往。」「以水盥掌，當願眾生，得清淨手，受持佛法。」p312	實叉難陀譯《大方廣佛華嚴經》卷14，T10n279p69b20
	89.道氣與俗氣	4	釋迦牟尼佛初成道時，有一天在恆河邊行走，耶舍長者子一見，就覺得這是一個有道氣的聖者。玄奘大師從小生來就有一股與眾不同的氣質，他不與一般兒童嬉戲;及長，不談金錢財富，不說人間是非，所以多少大德高僧都認為他很有道氣。p317有道氣的人還是很自然就會令人心生仰慕。我們看到弘一大師的肖像，那一股飄然的道氣，油然從心底生起;我們看到虛雲長老的披風手杖，一股欣道之氣充滿身心。p318《弘一大師全集》福建人民出版社2010	吳·支謙譯《佛說長者音悅經》T14n531p808a26 唐·冥詳撰《大唐·故三藏玄奘法師行狀》卷1，T50n2052p214a05
四、戰勝自己 5 / 8	17.抵制誘惑	2	佛陀的弟子須提那本來已經出家了，但是回家的時候，經不起妻子的誘惑，做出和修行不相應的事情，所以讓佛陀有了制戒的因緣。p70　一個人只要能訓練自我內心的力量，不受外境的誘惑，所謂「猶如木人看鳥花，何妨萬物假圍繞」，自能過一個逍遙自在的人生。p71	明·釋弘贊輯《四分律名義標釋》卷3，X44n744p422c19 明·如巹集《緇門警訓》卷9，T48n2023p1087a25
	23.社會新鮮人	1	《華嚴經》「十法界」，每界中又有十法界，所謂「百界千如」，就好比世間三百六十行，你在那一個行業才能找到你的歸屬，登上狀元的寶座?p93	唐·實叉難陀譯《大方廣佛華嚴經》卷19，T10n279p99b13
	30.和自己競賽	1	歷史上，佛陀和其他宗教的聖者，他們都是戰勝自己的人。p119	

屬性	篇號篇名	譬喻數	內　　容	出　處
四、戰勝自己5／8	44.人性的善惡	3	《大乘起信論》說：一心開二門，心真如門，心生滅門，當中有很深的議論。p164《華嚴經》講：一心具足十法界，每一個生滅，都有善惡的，人生的生命善善惡惡，好好壞壞，無始以來，一直糾纏不清。法華的天台家說，人心之中的善惡，有「性起」說，有「性具」說。p165　元懷則述《天台傳佛心印記》卷1，T46n1938p934a15	唐‧實叉難陀譯《大乘起信論》T32n1667p585a04唐‧實叉難陀譯《大方廣佛華嚴經》卷1，T10n279p99b13
	68.人生第二春	1	人生的第二春，在思想上不能意志消沉，心境上不能衰老；自己要像常精進菩薩，胸懷悲天憫人的情懷，帶著精進不懈的腳步，雙手播撒春光明媚的種子，讚美春風欣欣向榮的萬物。p248	西晉‧竺法護譯《佛說如幻三昧經》卷1，T12n0342p134a 23
五、心能轉境9／13	19.肅靜	1	所謂「寧靜致遠」，佛教也講究寂靜；靜，才能擁有禪心，才能通達，才能和聖賢交流，所以靜默是一種涅槃的境界，唯有靜，才是最大的享受！p79	
	41.心能轉境	3	例如因緣可以轉境，但是吾人的心力，也可以轉境。p153唯識家說：「三界唯心，萬法唯識」，一切苦樂，都是由心所生起。p154	清‧行舟說《八識規矩淺說》X55n896
	52.心鎖	1	有人問六祖大師「你說的佛法之外，還有秘密否？」六祖大師回答說「密在汝邊」。意謂：我的佛法沒有上鎖的，你心中的鎖開了，自能有佛法進來！p191	元‧宗寶編《六祖大師法寶壇經》T48n2008p349b28
	61.一顆種子	1	「一花一世界，一葉一如來」。p222	清‧上思說《雨山和尚語錄》卷7，J40nB494p549c02
	73.清理垃圾	2	佛陀的弟子周利槃陀伽很笨，佛陀就教他念「拂塵掃垢」，從此以後他每天掃地時就不斷的念著「拂塵掃垢」。有一天，忽然心中生疑：「外面的塵垢要掃，內心的煩惱怎麼辦呢？」如此一想，心中的燈亮了起來，心裡澄明、淨化，周利槃陀伽也就因此開悟了。p261佛教徒用誦經、禮拜來清理垃圾。p262	唐‧義淨譯《根本說一切有部毘奈耶藥事》卷17，T24n1448p86b17
	79.眼不見為淨	1	心也有淨與不淨，如《維摩經》說：「隨其心淨則國土淨」所謂「淨」，完全是業力上的分別，狗子以大便為美食，禿鷹以臭肉為佳餚，眾生相互殘殺，五臟六腑，甚至羽毛骨頭盡皆吃入肚中，吾人看之，是淨是不淨？p284	姚秦‧鳩摩羅什譯《維摩詰所說經》T14n475p538c06

屬性	篇號篇名	譬喻數	內　　容	出　處
五、心能轉境 9／13	81.生命的春天	1	大自然裡到處都有生命，所謂「三界唯心，萬法唯識」。p292	唐·玄奘譯《百法論義》x48n802p308a 11
	92.戰勝心魔	1	當初佛陀就是經過降魔，才能成道。p329	吳·支謙譯《佛說無量門微密持經》T19n1011p680c03
	94.勇於嘗試	2	基因的發現，不是證明了佛教三世業力論的學說嗎？現在人類因為勇於嘗試，有人造雨，有人造花，有人造器官，有試管嬰兒的誕生，以後人類還真有可能發展到「人人都是上帝」，人人都能創造世界。正如佛陀所說：人人都有佛性！人，真是無有不能。p334	陳·真諦譯《佛性論》卷1，T31n1610p787a08
六、生死輪迴 2／12	77.生命學	3	例如六道輪迴就是變化；p275佛教非常正視生死問題，佛教其實就是一門生死學，例如觀世音菩薩「救苦救難」，就是解決生的問題；阿彌陀佛「接引往生」，就是解決死的問題。p278姚秦·鳩摩羅什譯《佛說阿彌陀經》T12n366p347a07	後秦·鳩摩羅什奉詔譯《妙法蓮華經》卷7 T09n0262p57c03
	90.生命的流轉	9	生死是再自然不過的事，即使是佛陀，也要「有緣佛出世，無緣佛入滅；來為眾生來，去為眾生去！」p310生和死如影隨形，p319佛教說：生命的流轉，是無始無終的「生死輪迴」。生死循環，本來就是自然的道理，如宗衍禪師說：「人之生滅，如水一滴，漚生漚滅，復歸於水。」道楷禪師示寂時更說得好：「吾年七十六，世緣今已足，生不愛天堂，死不怕地獄，撒手橫身三界外，騰騰任運何拘束？」p320禪宗有一偈說：「打得念頭死，許汝法身活。」吾人的意識剎那生滅變化，如《大乘流轉諸有經》說：「前識滅時名之為死，後識續起號之為生。」我們每一時刻其實都在面對生死。意識的生死，念念生滅，如同瀑流，唯有「無念」，才能截斷生死洪流；若能體證緣起性空，則能「猶如木人看花鳥，何妨萬物假圍繞」，達到生死一如，不生不死的境地。故而《楞嚴經》又云：「前識滅時無有去處，後識續起無所從來。」p321道元禪師說：「若生死中有佛，便能無生死。若知生死即涅槃之理，便能無可厭生死，亦能無可願涅槃，自是超脫生死。」p322　唐·般剌蜜帝譯《大佛頂如來密因修證了義諸菩薩萬行首楞嚴經》卷4 T19n945p119c07清·性統編集《續燈正統》卷1x84n1583p0410a02	宋·道原纂《景德傳燈錄》卷6，T51n2076p清·明圓編《古宿尊禪師語錄》卷1，J37nB387p411b05明·居頂輯《續傳燈錄》卷10，T51n2077p529c01彭際清纂《念佛警策》卷2，X62n1181p328b06唐·義淨譯《大乘流轉諸有經》T14n577p950a28明·卍益集《緇門警訓》卷9，T48n2023p1087a25
	36/89	72		

表7.3.星雲《迷悟之間‧6.和自己競賽》一般譬喻內容彙整表

屬性	篇號篇名	譬喻數	內　　　容	出　處
一、聰明才智16/59	1.聰明的爭議	5	語云：「聰明反被聰明誤！」三國時代的楊修，因自恃聰明，恃才傲物，反招來殺身之禍；東吳的田豐，力勸袁紹不要對曹操正面作戰，袁紹不聽，將之打入大牢，出兵果真大敗，田豐的聰明，不但沒有為他帶來官運享通，反而冤死獄中。p12　有些人世智辯聰，不能明白種種前因後果，不算是聰明。例如，螳螂捕蟬，自以為得手，孰料黃雀在後；黃雀自以為成功，但獵人的子彈已經射來了。p13　有一個兒子在外偷盜，母親誇讚兒子聰明有用，兒子愈偷膽子愈大，最後殺人搶劫，終於犯案累累被判死刑。p14　蘇東坡說：「人皆養子望聰明，我被聰明誤一生；唯願孩兒愚且魯，無災無難到公卿。」這雖然是蘇東坡對當朝的諷刺，但也說明，一個人徒有聰明才智，如果沒有培養福德因緣，也是很難立身處世！p15	宋‧蘇軾〈洗兒〉元‧羅貫中《三國演義》晉‧陳壽《三國志‧蜀書》清‧紀昀《閱微草堂筆記》卷四》宋‧蘇軾〈洗兒〉
	3.預算	1	語云：「人算不如天算！」p22	《諺語》
	11.沉默是金	2	五千年前，有一個青年要向蘇格拉底學習講話，每小時收費十塊錢。這一個學生見了蘇格拉底，喋喋不休，一直講敘說話如何重要。等他長篇大論說完，蘇格拉底叫他先繳學費。他拿出十元，蘇格拉底拒絕接受，說：「你要跟我學，要付二十元。」青年不解，責問說：「別人都是十元，為什麼我要二十元呢？」蘇格拉底說道：「因為別人我只要教他如何說話，但是對你，我還要教你如何不說話。」可見得不說話比會說話還要重要啊！p48	霸王雞丁〈那些年的雅典〉第2 集：遇見蘇格拉底那天（一）02/07/2016
	14.謠言惑眾	8	有一個人到曾子家，對曾子的母親說：曾子殺人了。第一次，曾子的母親不相信，絲毫不為所動；第二次，又有人來說曾子殺人，曾子的母親雖然口說不可能，內心卻不免有一些懷疑；第三次，曾子殺人的消息再度傳來，母親也不得不從椅子站起來說：是真的嗎？所謂「三人成虎」，謠言的可怕。p56　過去的帝王，為了穩固政權，常常假造神意，以謠言迷惑群眾，例如太平天國的洪秀全自稱「天王」，假藉天意，造謠惑民。甚至東王楊秀p56清因為被謠言所害，妻子改嫁，自己也因絕望而自殺。　吳三桂誤信謠傳，以為愛妾陳圓圓被李闖王所俘，「衝冠一怒	西漢‧劉向編《戰國策‧秦策二》凱薩琳‧彼得森2012《太平天國》小魯文化。

屬性	篇號篇名	譬喻數	內　　容	出　處
一、聰明才智 16／59	續14.		為紅顏」，憤而打開山海關，把大明江山拱手讓給大清朝。梁武帝滅國，也是誤信侯景的種種謠言所致。p57古之說客，就是利用造謠惑眾，例如張儀、蘇秦師兄弟鬥智，固然是各憑機智，但是他們散播謠言，也是取勝之道。　歷史上多少的離間計，不都是利用謠言做背景？三國時代的曹操、劉備、呂布，甚至諸葛亮之流，都是善用離間計的人。p58不過所謂「是非止於智者，謠言止於不聽。」p59明‧朱用純〈朱子治家格言〉	傅樂成(2014)《中國通史》貴州教育出版社出版。西漢‧司馬遷《史記》元‧羅貫中《三國演義》第十九回
	19.肅靜	1	儒家也說：「知止而後能定，定而後能靜，靜而後能安，安而後能慮，慮而後能得。」沒有肅靜，那裡有安寧呢？p79	南宋‧朱熹《禮記‧大學》
	20.一時與一世	1	說話，有時候不經意的一句話，「一言能興邦，一言也能喪邦」；一句話，能把一個人說得稀爛，一句話也能讓一個人死裡復活。p81	孔子及弟子《論語‧子路》
	33.時間的長短	13	歷史上，鄭成功、楚霸王、唐太宗、武則天，都在三十多歲就稱帝封王，不管成敗，總是成就他們的功業；顏回、僧肇、梁啓超、胡適之，也是在三十多歲即成為古今之大儒學者。p126　時間，如白駒過隙，在身邊輕悄悄地走過，一不留神，轉眼紅顏變成白髮，青春成為老邁。如李白詩云：「高堂明鏡悲白髮，朝如青絲暮成雪。」p127古人云：「一失足成千古恨，再回頭已百年身。」時間是上天給我們的禮物，我們要好好運用時間，不要辜負時間，所謂夏禹不重徑尺之璧，而重日之寸陰；陶侃不愛閒逸之時，而以搬磚治懶。p128　明‧楊儀《明良記》	江日昇《臺灣外紀》卷十二〈入緬甸桂王受辱，閱祖訓成功歸天〉。西漢‧司馬遷《史記》唐‧李白〈將進酒〉
	38.有我一份	1	中國人一心有「愛之欲其生，惡之欲其死」的性格。p139	孔子及弟子《論語‧顏淵》
	41.心能轉境	1	所謂「山不轉，路轉；路不轉，人轉；人不轉，境轉；境不轉，心轉。」心一轉，不但山呀、路呀，境界都跟著我們所轉；宇宙人生，窮通禍福，也會隨著我人的心而轉。p152	俗語
	43.重新出發	3	傅尼葉本來是一位著名的鋼琴家，擁有許多樂迷，可是不幸罹患小兒麻痺症，雙腿無力踩踏鋼琴踏板，被迫終止演奏生涯。可是他並未因此灰心喪志，反而改以苦練大提琴來重新出發，後來果真憑藉著他的信心毅力，成為音樂史上的大提琴巨擘。p161	傅尼葉(Alain Fournier)2014《美麗的約定》商周出版

屬性	篇號篇名	譬喻數	內　　容	出　處
一、聰明才智16／59	續43.		維特史坦是二十世紀初維也納極負盛名的鋼琴家，卻在二次世界大戰中不幸被炮彈炸斷了右手，但他並未因此向命運之神低頭，反而到處懇求作曲家為他譜寫能用左手彈奏的樂曲，終於留下了「左手鋼琴協奏曲」等膾炙人口的樂章。p162愛迪生面對工廠失火，所有財產付之一炬，許多人擔心他受不了如此打擊，沒想到第二天他告訴員工：「感謝大火沒有把我燒毀，卻把以前的錯誤全部燒光，從今天開始，我們重新出發。」p163	維根史坦(L. Wittgenstein, 1889~1951) 2012,意義理論(Meaning Theory) Michael White 著《毒舌頭與夢想家》遠流
	52.心鎖	1	「趙氏孤兒」的典故、公孫杵臼以子易子，一直守密，多麼可歌可泣的壯烈的守密故事啊！p192	西漢‧司馬遷《史記》卷43《趙氏孤兒》
	61.一顆種子	2	道家也說：「一生二，二生三，三生萬物。」p222詩云：「三寶門中福好修，一文施捨萬文收；且看當初梁武帝，曾施一笠管山河。」一顆種子，一個善念，就是「一」，切莫小視喔！p222　姚秦‧鳩摩羅什譯《佛說三世因果經》／諺語	春秋‧老子《老子‧四十二章》
	75.養量	3	語云：「宰相肚裡能撐船！」一個人的事業成就大小，就看你的器量如何p268宋朝宰相富弼，處理事務時，無論大事小事，都要反覆思考，因為太過小心謹慎，因此就有人批評他、攻擊他。幕僚人員對富弼說：「有人在批評你！」富弼一點也不在意，說：「一定是在批評別人。」幕僚說：「報告宰相，他不是在批評別人，他是指名道姓的在批評你呀！」富弼淡然回答道：「天下同名同姓者也很多。」就是這樣的器量，他能不做宰相嗎？p269有一打油詩云：「占便宜處失便宜，喫得虧時天自知；但把此心存正直，不愁一世被人欺。」p271	宋‧王安石司馬光《辭人對小殿札子》 明‧呂坤《呻吟語》
	78.舉重若輕	5	有的人經過磨鍊，所謂「天將降大任於斯人也，必先苦其心志，勞其筋骨，餓其體膚，空乏其身，行弗亂其所為，所以動心忍性，增益其所不能。」當然能舉重若輕。p280唐堯虞舜，三皇五帝，他們公天下，為民無私，所以治國教民舉重若輕；周公旦幫助武王富國強邦，他也是沒有權利私欲，所以能舉重若輕。p280二次大戰時，歐洲統帥艾森豪統領數百萬大軍，關係到世界的安定，人間市忙得過來否？他	孟子《孟子‧告子下》 西漢‧司馬遷《史記》卷三十五管蔡世家第五

屬性	篇號篇名	譬喻數	內　　容	出　處
一、聰明才智 16/59	續78.		說：我不忙，我只是領導海陸空三個人而已。能夠分層負責，所以舉重若輕。晉朝謝安，在與人奕棋時，收到姪兒謝玄從陣前傳來的捷報，他一點也不露聲色，繼續下棋。他能安然處事，舉重若輕，所以能指揮大軍，贏得淝水之戰的大勝利；如果他慌亂無章，就無法取得勝利。p281	明・沈周《仿戴進謝安東山圖》
	79.眼不見為淨	2	漢武帝有一天與寵臣壽王和東方朔談及有關什麼東西最乾淨的問題。漢武帝問：「世上以何為淨？」壽王道：「世間上的萬事萬物，均以水而得潔淨。東西髒了，經過水洗就得潔淨；身體污穢了，用水沖洗也能塵垢盡除。」東方朔聽後不以為然，反問道：「假如有人把尿液滲入酒裡，請問如何以水為淨呢？」漢武帝聽後深覺有理，再問東方朔：「依你之見，以何為淨呢？」東方朔答道：「臣以為『眼不見為淨』。」漢武帝再問：「眼不見為淨，那世上又以何物最為污濁呢？」東方朔回答說：「那只在於見與不見的分別吧了！」pp282-283語云：「耳不聽，心不煩；眼不見，嘴不饞。」p284	東漢・班固《漢書・東方朔傳》
	91.溝通的妙法	9	春秋戰國時代，諸多游俠說客行走在各國之間，他們必定要先從這個國家的利益著想，才能讓王侯聽了中意。近代美國國務卿歐布萊特p323是一個女流，在柯林頓當上總統以後，因為她善於溝通，因此請她擔任國務卿；台灣行政院秘書長王昭明，因為善於溝通，故而歷經五、六任行政院長的異動，他都一直沒有調職。p324梵蒂岡的教宗呼籲世界和平，但是，蘇聯的獨裁者史達林卻問：教宗有多少軍隊？可見他是以武力相向，不肯從溝通上建立和平，所以史達林窮兵黷武，到最後導致蘇聯貧困垮台。現在世界上有好多地方需要從溝通上來解決問題，例如中國海峽兩岸的問題，南北韓三十八度線的問題，中東的以阿糾紛，南非的種族問題，乃至世界各地的暴動等等，就是缺乏溝通所致。p325	西漢・司馬遷《史記》與西漢・劉向《戰國策》
二、生命能量	5.磁場與能量	3	世間上，每一個人不管貧富貴賤，各人都有各人的能量；宇宙中，日月星辰、大地山河，也都個有各的能量。生活中，例如現在的太陽能、水力發電、火力發電……等。p26	
	38.創造歡喜心	1	如陶淵明說：「富貴非吾願，帝鄉不可期」，安於現實，就是人生最歡喜的事。p145	晉・陶淵明〈歸去來辭〉

屬性	篇號篇名	譬喻數	內　　容	出　處
二、生命能量 10／40	59.千里馬	3	假如自己是千里馬，你會慨歎：「伯樂難求也」。誠如韓愈說：「世之千里馬常有，伯樂不常有。」p213 中國俗語說：「三百六十行，行行出狀元」。社會上的每一個行業，其實都有千里馬。p214　孫中山先生說：要做大事，不要做大官。p215	唐·韓愈〈馬說〉俗話
	63.生命的字典	2	法國的拿破崙說，他的字典裡沒有「難」字；蘇格拉底的字典裡沒有「苦」字，所以他們都能垂範後世。p226	
	65.職業之外	6	所謂「兄弟同心，利能斷金」，這家族事業的發展，一樣可以為社會大眾創造福利。p234　現在雖然士農工商，甚至還有新興的許多行業，如電腦資訊網路、大眾傳播、醫藥、旅遊、服務業等。身為醫生，這是一份職業，也是自己的志趣所在，但是你服務的品質，把人救活了，當然有功德，誤診誤斷，喪失人命，則有罪業，所以不是有了歡喜的職業就算了，另外還有行業、心業，最後它們都會來為你結算總帳。p235再如傳播媒體，報導社會時事百態，有的隱善揚惡，揭人陰私，喪人名節，誤報誤傳；職業之外，行業的帳目可就很難算得清楚了。p235	先秦·《周易·繫辭上》
	66.生活教育	3	儒家對於人的教育，所謂「非禮勿視、非禮勿聽、非禮勿言。」朱鎔基先生的兒子，一日從垃圾筒撿回一樣東西，朱鎔基知道後，即刻要兒子把東西送回原處，因為「非禮勿取」，這就是生活教育。p239 美國總統華盛頓，他把櫻桃樹砍倒了；雖然犯過，但因誠實認錯，父母仍然給予嘉許。威爾遜在大雪紛飛的日子，仍然背起書包，冒著風p239雪前往學校；雖然到校後空無一人，其實這是父母給他的生活教育，讓他從小就知道勤奮向學，不可藉故偷懶。p240	孔子及弟子《論語·顏淵第十二》帕森·威印(Parson Weems《華盛頓與櫻桃樹》國立編譯館98.01.28
	72.人脈關係	3	人脈關係最好是從恭敬中建立，從謙虛中建立，從知識交流中建立，從「君子之交淡如水」的感情來往中建立。p259一表三千里，會做人的人，一同八千里，如白居易的「一夜鄉心五處同」，岳飛的「八千里路雲和月」，都是此中功用也。p260宋·岳飛〈滿江紅〉	戰國·莊子《莊子·山木》唐·白居易〈望月有感〉
	73.清理垃圾	1	基都教徒用祈禱來清理垃圾。p262	

屬性	篇號篇名	譬喻數	內　　容	出　處
二、生命能量 10／40	77.生命學	8	又如低等的動植物慢慢發展成高等的動植物，甚至高等的動植物也會慢慢退化為低等的動植物，這就是變化。p275現在的生命學家也不要光只是研究人類的生命，例如地質學家研究地殼變化，天文學家研究宇宙星辰，氣象學家研究大氣p277層，生物學家研究動植物，微生物學家研究細胞分裂，考古學家研究古今淵源，歷史學家研究人文發展等。p278	
	81.生命的春天	10	有的生命是有形的，有的生命是無形的，例如靈界的眾生，鬼魂神仙是無形的；有的生命是會動的，有的生命是不動的，例如桌椅、花草樹木是不動的。p289 世間上，有的生命為了維持自己的生存，不惜侵犯他人的生命來供己所需，例如大魚吃小魚；有的生命則以一己之力量，換取萬千大眾的富樂，例如古今中外的賢臣良將，乃至一些服務人群的宗教師等。p290 英國的柏克說：「生命在閃光中見出燦爛，在平凡中見出真實。」p291生命的價值就是愛，生命的意義就是惜，例如一件衣服，一張桌椅、一台冷氣機、一輛汽車，你好好的愛惜它，不隨便破壞，讓它多使用幾年，就是延續它的生命。p291	英國諺語 73
三、志在四方 7／15	6.宏觀與微觀	4	胡忠信先生說：「宏觀是望遠鏡；微觀是顯微鏡。」看世界不能沒有宏觀，當然必不能少了望遠鏡；看自己不能少了微觀，當然也不能少了顯微鏡。所謂「運籌帷幄之中，決策千里之外」，這就是宏觀。p29諸葛亮在隆中的時候，劉玄德前去訪顧請教，所謂「隆中對」，諸葛亮道出三國分治的遠景，這就是宏觀。歷代君主被小人包圍，看不到國家的危亡在即，就因為他沒有顯微鏡。p31 在《孟子》裡，有關齊宣王以羊換牛的故事，孟子問王曰：「吾力足以舉百鈞，而不足以舉一羽；明足以察秋毫之末，而不見輿薪？」王曰：「否！」孟子又曰：「今恩足以及禽獸，而功不至於百姓者，獨何與？然則一羽之不舉，為不用力焉；輿薪之不見，為不用明焉；百姓之不見保，為不用恩焉！故王之不王，不為也，非不能也！」p31	臺灣第一個專職的政治評論員東漢‧班固《漢書‧高帝紀》 元‧羅貫中《三國志‧諸葛亮傳》 戰國‧孟子《孟子》
	8.承先啟後	2	對於「路不拾遺、夜不閉戶；人民親其親、幼其幼」如此一片祥如美好的政治藍圖，要能夠繼承流傳，	

屬性	篇號篇名	譬喻數	內　　容	出　處
三、志在四方 7／15	續8.		才謂之承先。p36張載所說：「為天地立心，為生民立命往聖繼絕學，為萬世開太平。」這就是「承先啓後」的精神。p38	北宋‧司馬光主編《資治通鑑》/北宋‧張載〈橫渠四句〉
	13.設定目標	2	設定目標要量力，要衡量條件，按部就班，不是一蹴而就的。就如龜兔賽跑，設定了目標，烏龜再慢，只要日日爬行，牠總能到達目標。p54乃至如中國俗語說「男兒志在四方」，不以一己為念。p55	伊索(1945)《伊索寓言》226周願同譯，東方出版
	25.人人做警察	1	中國人幾千年來，已經習慣於「各人自掃門前雪，不管他人瓦上霜」，所以養成抱殘守缺，不熱心公共事務。p100	諺語
	42.與我沒有關係	3	李登輝先生的一句「戒急用忍」，使整個工商界迷惘焦急；馬其頓的與我國建交、絕交，在台灣都引起了軒然大波。p157假如說，日本的廠商沒有那麼多電器、化妝品的廣告，在台灣的媒p157體就會受到很大的損失；美國的小麥、麵粉、大豆，不供應台灣，大家每天沒有豆腐麵條，要如何生活？你能說美國與我沒有關係嗎？p158	曾嬿卿、廖君雅《財訊雙週刊》第453期 2014/06/18
	48.供養心	1	俗云：「秀才人情紙一張」；小小的供養，往往會有大大的幫助。p179	元‧王實甫《西廂記》第一本第二折
	84.找到了	2	晉文公失去了恩人介之推，他不惜燒山，希望能找到恩人；劉玄德三顧隆中，也希望找到一個賢能的人才輔佐為用。p301 《三國志‧卷三五‧蜀書‧諸葛亮傳》	春秋魯‧左丘明《左傳》
四、知識才能 10／43	15.知識社會	3	武訓以行乞興學，你能說他沒有知識嗎？撿破爛的王貫英設立了圖書館，你能說他沒有知識嗎？王永慶只是小學畢業，卻成為台灣的「經營之神」，你能說他沒有知識嗎？p62	元‧王應麟《三字經》/貫英先生紀念圖書館
	27.處事禮貌	2	周朝的周公旦為人崇拜，因為他一直教人禮貌；孔子為人稱道，因為他從童年就開始學習禮貌。p107 《論語》	元‧羅貫中《三國演義》第二十三回
	29.茶果文化	1	陸羽品茶，尊為「茶聖」。p116	明‧陳洪《品茶》
	56.中陰身	1	死亡不見得是值得悲哀的事，等於木柴燒完以後，中間有個火源接續傳遞到另一根木材，木材就會繼續燃燒，所謂「薪盡火傳」，人的生命永遠不死。p204	戰國‧莊子《莊子‧養生主》

屬性	篇號篇名	譬喻數	內　　容	出　處
四、知識才能10/43	57.學歷的迷思	20	有的人小學畢業，卻成為大學教授。例如王雲五、錢穆、黃海岱、齊白石、張大千等人，他們憑著實力在各個領域裡大放異彩，假如你一定要以學歷為重的話，那麼古來聖賢如耶穌、蘇格拉底，他們是什麼學校畢業？莊子、孔子、孟子，他們又是什麼學校畢業？惠能、朱熹，他們是那個大學畢業？其他如唐宋八大家，他們雖然不是博士、碩士，但他們不都是文章千古事，一直為後人所崇拜嗎？p205台灣曾經擔任過中華民國教育部長的張其昀先生，不愧是一個偉大的教育行政長官。在他卸任部長之後，創辦了中國文化大學，任用許多黑牌大學教授，成就了很多博學人才。p206胡適之、傅斯年也都是偉大的教育家，p207《史記》的作者司馬遷，他有讀過大學嗎？編纂《四庫全書》的紀曉嵐，你說當時有那一位老師能以《四庫全書》來教授他呢？元曲、宋詞、明清小說，如曹雪芹、羅貫中等，他們又是哪個學校的碩博士呢？p208	王雲五《王雲五全集》(20冊)，九州出版社2013年 西漢·司馬遷《史記》 清·紀曉嵐《四庫全書》 清·曹雪芹《紅樓夢》 元·羅貫中《三國志》 先秦·孟子《孟子》
	64.畏己－917台北水災有感	2	常言：「責人之心責己，恕己之心恕人。」p231 曾家說：「吾日三省吾身。」p232	清·金纓《格言連壁》 孔子及弟子《論語·學而》
	69.計畫與變化	2	大陸上，女人生育一胎化，多少的家庭，多少的生命，受到了創傷，這算什麼計劃？台灣實施「一個不算少，二個恰恰好」，但是第三個來了，又有什麼辦法去做計劃的配套呢？p250	
	80.高效益	5	現代的社會，例如政治上的一個政策要召告全民，就要考慮到這個召告所來的效益；工商裡的一些生產計劃，我要能花很少的成本，得到很高的效益。p286 美國因其領土幅員遼闊，為了集中載客，航空公司利用飛機把各城鎮的旅客集中到達拉斯，由達拉斯再把旅客載到世界各國，免得飛機要飛遍美國各城鎮，這就是提高他的效益。荷蘭的鬱金香聞名世界，不但國內有花圃供遊客觀賞收費，同時利用飛機運往世界各地銷售，如此一來，就可以賺取雙倍的價錢，也可以替國家爭取外匯，這就是提升他的效益。p287	

屬性	篇號篇名	譬喻數	內　　容	出　處
四、知識才能10／43	80.高效益	5	一位哲學家分別給了兩個學生一筆錢，看誰能花最少的錢，買回最多的東西把整間房屋充滿。甲以一半的錢買回了一屋子的乾草，自感得意；乙只花三分之一的錢買了一支蠟燭，黑暗的屋子立刻變得明亮起來，這個學生對哲學家說：「先生，我已經把大廳充滿了。」p288　有智慧的人做事，往往能獲得高效益，所以智慧就是財富，由此可以明證。p288	
	88.廁所文化	6	廁所有很多不同的名稱，例如古稱「茅房」，台語叫做「便所」，現代人又稱為「洗手間」、「盥洗室」、「化妝室」，佛教則名之曰「淨房」。p312	馬烽西戎《呂梁英雄傳》第一回
	93.學習聽話	1	希臘哲學家蘇格拉底非常善於演說，他以教人如何講話為職。有一天，一位青年前來向他請教演說之道。青年侃侃而談演說如何重要云云，蘇格拉底等他說了半天以後，向他索取兩倍的學費，青年問為什麼？蘇格拉底說：「因我除了要教你講話以外，還要教你如何不講話！」p330	柏拉圖《對話》
五、服氣福氣12／29	17.抵制誘惑	4	夏娃和亞當不就是因為經不起一顆蘋果的誘惑，才犯下了罪業；儒家的修身養性，主要的也是要讓人有不受誘惑的力量。p68紂王抵制不了妲己的美色，而亡國；p70　飛蛾投火，春蠶作繭；色不迷人人自迷，這一切都是因為沒有抵制的力量，所以才在誘惑下喪失了生命。p71明‧施耐庵《水滸傳》第四回	《聖經》先秦‧韓非《韓非子‧喻老》唐‧姚思廉《梁書‧到溉傳》明‧施耐庵《水滸傳》第四回
	30.和自己競賽	4	達爾文先生的「進化論」：「物競天擇，適者生存」；這就說明了競賽的道理。p118　怎麼和自己競賽呢？梁啟超先生說：「今日之我，不惜向昨日之我宣戰！」人的道德、學問、能力，要「苟日新、日日新、又日新」；不斷的創新，不斷的進步，不斷的提出對人間的貢獻，這才是一個勝利者。p118歷代的聖賢豪傑，他們也都是戰勝自己的人。p119	達爾文《進化論》梁啟超《新民叢報》商湯《盤銘》
	39.算賬	3	中國有「親兄弟，明算賬」的說法。賬，也不一定是錢財；「貨品」可以折價，這也是賬；「人情債」也是賬，例如說：「我欠你的人情債太多了。」甚至於情人相戀，到了反目不認賬的時候，對方就說：「我投資的感情數字實在太多了，我要討回我的愛情的賬。」p147	（諺語）

屬性	篇號篇名	譬喻數	內　　容	出　處
五、服氣福氣12／29	40.老大與大老	2	家有長子，稱為老大。p149社會上、鄰里間，也有許多的「大老」，例如政治大老、黨之大老、族之大老、家之大老、友之大老。p150	
	44.人性的善惡	3	荀子主張：人性是惡的；生來就自私、執著，帶著貪瞋癡而來人間為惡，怎麼能說是善的呢？孟子主張：人性本善；因為惻隱之心，人皆有之。儒家多少的大儒學者，為了人性是善是惡，不斷的爭論，到最後人心是善是惡，仍然沒有定論。p164	戰國·荀子《荀子·性惡》 戰國·孟子《孟子》
	45.要服氣	4	韓信忍受胯下之辱，他服氣，不計較一時，終於能夠封侯拜相；宋徽宗、宋欽宗被金人所擄北去，宋高宗只得服氣，尚能建平安的朝廷於臨安；劉邦赴鴻門宴，因為形勢不如人，種種的屈辱，就要服氣。p168蔣介石對日抗戰，自知國力不敵，只得以「空間換取時間」，此地失守，那城被占，全國民眾，難以忍受，這種以空間換取時間的戰略，一直到了贏得最後勝利，大家才佩服蔣介石的「服氣哲學」。共產黨「以鄉村包圍都市」，勝了就要打，敗了就要和，和和打打，打打和和，終於取得勝利，這也是共產黨人當服氣時就服氣，當爭氣時就爭氣，所以才能太陽滿天掛。p169	西漢·司馬遷《史記·淮陰侯列傳》
	49.固執己見	4	孔明六出祁山，死在五丈原，他不灰心復國無望；大禹治水，三過家門而不入，他認為爭取時間，終能克竟其功。孫中山十次革命失敗，終能成功；王冕屢試進士，四十幾歲終能如願。p181世間上，固執己見、墨守成規的人，要不斷的改進，例如改過遷善、改錯為對，改邪為正，所謂窮則變，變則通，不斷的改進，才會有不斷的新發現。p182	元·羅貫中《三國演義》第一二零回 明·馮夢龍《醒世恒言》第26卷 清吳敬梓《儒林外史》
	70.一半一半	1	「水能載舟也能覆舟」；水能把火熄滅，火也能把水蒸發，彼此彼此，互不相讓，因為都是「一半一半」的原理。p254	唐·吳兢撰《貞觀政要·論政體》
	74.空間安排	1	過去有一個人為了建一道圍牆，與左鄰右舍起了衝突，於是他就寫信向在京城作官的父親投訴，那知父親從京城中回了封信寫道：「萬里投書只為牆，讓他三尺又何妨？萬里長城今猶在，不見當年秦始皇。」p267	清·張英家書·
	76.送禮	1	送禮重在心真意誠，所謂「千里送鵝毛，禮輕情意重」。p272	宋·蘇軾〈揚州以土物寄少游〉詩

屬性	篇號篇名	譬喻數	內　容	出　處
五、服氣福氣12/29	85.莫存定見	1	地方上發起興建一座橋樑，有人提議向一位大富人家勸募。當中有個村民說：那一個富翁為人慳吝不捨，過去多少次請他樂捐行善，他都不肯，實在是一個為富不仁的小人。另一人說：人總會改變的，過去要他鋪路、鑿井，或者他沒有興趣，現在造橋，意義不一樣，也許他肯共襄盛舉，我們不妨試試。大家聽後仍然不表樂觀，這人只有自告奮勇的說：我去試一試就知道了。當富翁聽完造橋對地方的重要後，欣然同意，答應獨力負起所有的費用。p304	
	87.加減人生	1	語云：「得意時須防失意，失意後可能就會得意。」所以得失之間、加減之中，都不是定型的。p309	明‧洪應明《菜根譚》
六、勇於嘗試8/11	23.社會新鮮人	1	現在這一群社會新鮮人，有的人像龜兔賽跑，不在快慢，但重在耐力。p93	伊索(1945)《伊索寓言》226周願同譯，東方出版
	35.馬上辦	3	歷史上，夏禹不重徑尺之璧，而愛每日寸陰，所謂「一寸光陰一寸金，寸金難買寸光陰。」但是，有一些懶惰的學子也說：「春天不是讀書天，夏日炎炎正好眠，秋有蚊蟲冬有雪，收拾收拾好過年。」這是拖延歲月，故而一事無成。p133	唐‧王貞白《白鹿洞二首》明‧馮夢龍編撰《廣笑府》
	50.無底坑	1	孔子說「非禮勿視、非禮勿聽、非禮勿言」，眼、耳都容易順從，唯有口，鼓動如簧之舌，說東道西、論長道短；一面需索無度，一面又製造禍端，憑添自身的困難。p186	孔子及弟子《論語‧顏淵第十二》
	55.突破與看破	1	嚴子陵與劉秀是同學，論聰明才智，儀表風度，嚴子陵都遠勝於劉秀。二人共同愛慕美麗的女同學陰麗華，但是命運不同，後來劉秀當了皇帝，陰麗華成了劉秀的后妃，但是嚴子陵仍東南西北號召有才能的奇人異士輔佐劉秀。當劉秀晏駕以後，嚴子陵到劉秀的靈前祭祀時說：政治上你是勝利者，我是失敗者，愛情上你是勝利者，我也是失敗者，但是勝利者也好，失敗者也好，最後都是黃土一抔。嚴子陵真不愧是一個隱士，因緣既不能積極的突破，就應該消極的看破，也不失其人生之樂啊！p200	南朝宋‧范曄《後漢書‧嚴光傳》
	71.過程與結果	1	有的過程不好，結果是好的，例如秦始皇築長城、隋煬帝開運河，過程是拉伕勞民，民窮財盡；但結果是提高國防，貫通南北，帶動地方繁華，千百年來後代子孫更是蒙受其利。p256	西漢‧司馬遷《史記》佚名〈萬艘龍舸〉

屬性	篇號篇名	譬喻數	內　　容	出　處
六、勇於嘗試8／11	90.生命的流轉	1	基督教說：「信上帝得永生。」p310	
	92.戰勝心魔	1	自古聖賢，若不降伏外魔，怎麼能成為聖人君子呢？我們從《聊齋誌異》裡，看到多少魔鬼化作千嬌百媚的美人，戕害了多少有為的白面書生。p329	清‧蒲松齡《聊齋誌異》
	94.勇於嘗試	2	胡適之先生說：「大膽假設，小心求證。」自古成功在嘗試，勇於嘗試，這是成功的必經之路。p333勇於嘗試，並非盲目的橫衝直撞。所謂「寧走十步遠，不走一步險。」要成為一個成功者最重要的就是要有「別人能，我也能」的信念；唯有消除「不可能」的侷限，一切事才會變得有可能。p335	胡適《舍我其誰：胡適》傳的第一部《三俠五義》第一一〇回
63	89	196		

表7.4.《迷悟之間‧6.和自己競賽》星雲自創譬喻內容表

屬性	篇號篇名	譬喻數	內　　　　容
一、思量琢磨13/40	2.琢磨琢磨	7	在社會上、家庭裡，做人處事都應該多一些「琢磨琢磨」，例如開會發言，你先要「琢磨琢磨」，才不會信口開河，胡亂說話；寫信、寫文章都應該要「琢磨琢磨」，推敲斟酌後，才能有自他的尊重。p17　「琢磨琢磨」的意思，叫我們要周全，要四面俱到，要八面玲瓏；不要說後悔的話，不要做後悔的事。例如讀書，就必須再三的「琢磨琢磨」，才能知道書中的含義；聽別人講話，也要用心去「琢磨琢磨」，才能體會別人的意思。名聞利養的前面，我要「琢磨琢磨」；是非得失的時候，更要「琢磨琢磨」。p18我與無量相、無盡事物不能融和，再不「琢磨琢磨」，怎能相互融攝呢？個人等於大海一滴，你這一滴跟大海之水不能融和，怎麼能在無邊的大海裡生存呢？p19
	10.時空定位	8	現在的社會，很多機構都是以「中心」為名，例如醫療中心、健身中心、遊樂中心、教育中心、勞工中心，甚至還有太空中心。p43　有中心就能為工作定位，就能為地標定位，甚至時間也要定位。例如，時鐘的中心點就是定位，分針、秒針可以繞著它運轉，只要中心穩固，時間的分秒必定不會錯亂。p43　凡是定位的根本，必不能經常移動，否則會跐傷。例如樹木花草，你經常將根本移動，它在成長上必定受到挫傷；枝葉不怕分枝，果實不怕太重，但是根本應該給它定位，所謂本固而道生。p44
	32.黑函與黑心	1	一九八○年左右，佛光山正在美國籌建西來寺，旅居在三藩市的宣化法師，向美國政府投書，要他們禁止西來寺的創建。美國政府將其投p124書的黑函先寄交給西來寺的主事者慈莊法師，慈莊法師大驚，認為麻煩來了！但美國政府反而安慰說：你不要驚慌，美國政府不是由宣化法師主持的，我們自有公平、民主的法律。p125
	35.馬上辦	3	現在是個科技時代，凡事講究快速，講究效率，例如在郵政方面，有了快遞不夠，還有限時專送；又如飛機、火車，一遇假日，乘客太多，立刻就會增加班次，以因應乘客的需要。p134
	37.神奇的妄語	5	例如，明知對方的病已經沒有痊癒的可能，但是鼓勵他說：只要你有信心，病會好起來的！這就是善意的謊言；自己還沒有吃飯，對人家說已經吃過了，以免除別人的麻煩，這也是善意的謊言。p140假藉群眾對宗教的信仰，藉助這種弱點來達到欺瞞的目的，就如現在市面上出售未過濾的清水、販賣合成的物品或傷害人體的食物等，造成民眾的金錢損失也罷了，尤其讓民眾的生命受到威脅，更是罪不可逭。藝人鄧美儀小姐罹患癌症，經三軍總醫院宣判已經到了末期。消息披露後，一天之中，數十通電話向她推銷藥物；她不接受，對方還出言粗魯，可見造假的宣傳，假事、假藥多麼可怕。p141

屬性	篇號篇名	譬喻數	內　　　容
一、思量琢磨13/40	44.人性的善惡	1	善惡如同難兄難弟，糾纏一體，但看因緣，有的向善，有的向惡。p164
	49.固執己見	1	有個瞎子，在經過一條乾涸了的小溪，不慎失足掉落橋下，所幸他兩手及時抓著橋旁的橫木，大喊救命。路人告訴他不要怕，儘管放手，底下便是地面。瞎子不信，抓著橫木，仍然大哭大喊，直到力氣用盡，失手掉在地面，這時他才相信明眼人說的話，橋下的確沒有水，可是自己卻無端受了多少的驚嚇和辛苦。p183
	52.心鎖	3	心，好像一道門，可開可關，還可以上鎖。心鎖打開，心裡的是寶藏、是沙石，都可以開採出來；心的寶藏如果鎖起來，就莫測高深，別人便無法了解了。p190　各國的海關，都不能讓你隨便通過，海關像一把鎖；海域有時候封鎖了，不讓你的船隻通過；空中航線把它封鎖了，不讓你的飛機飛過；犯罪的人，鐵鐐枷鎖，讓你不能自由。p191這一個世間上，重重的關卡，好像每一個人的生命都有它的密碼；p192
	53.開通理路	4	一個人的身體裡，血管就是全身的通路，脈搏就是生命的通路；因為有通路，人的身體才會健康，人的生命才能健全。電器有電器的通路，水管有水管的通路；一個人，頭腦也是通路，頭腦的通路齊全，做人處事才會理路清楚，道理明白，理路是所有的通渠大道中，最重要的一項。p194　情理法就像道路，如果崎嶇，如果彎曲，如果斷裂，到了理路不通、情理法不明，那做人處世就困難了。p195
	70.一半一半	1	這個一半要想統治另外的一個一半，這不是不可能，但是就如丈夫要想統治太太，太太也想要統治丈夫。p253
	73.清理垃圾	1	人喜歡隱藏垃圾，例如家中骯髒的東西都盡量堆積在角落裡，不讓人看到，就像人的毛病、壞習慣，也是盡量藏在心中不給人知道。p263
	74.空間安排	3	在這宇宙間也有破壞空間的人，例如戰爭，部隊為了一場戰爭，在整個空間的布署，前線、後方、左側、右面、四方包掠、八面防備等，害得這空間大地飽受戰爭的蹂躪、人命屢受戰爭的摧殘。p265世界有世界的空間；都市有都市的空間；鄉村有鄉村的空間，家庭有家庭的空間。例如家中客廳的布置，其空間的使用，那裡放沙發、那裡掛一幅畫、那裡陳設物品；儘管空間大大小小，但是都有微妙的安排。人體也有空間，一個人的身體上，眼、耳、鼻、舌、身，都要安排的均勻，不能錯亂，否則就不像人。p266
	93.學習聽話	2	有一個機場的塔台人員問飛行員：「請問你的高度、位置？」飛行員：「我身高一八○公分，現在正坐在駕駛座上。」答非所問，就是不會聽話。p331 有一天，小張請教小王一個問題，小王解釋半天，小張依然似懂非懂，小王終於忍不住對小張說：「你七竅已經開了六竅。」小張聽了樂不可支，以為小張是在誇獎他，其實他哪裡知道，小張是在損他「一竅不通」呢！p332

屬性	篇號篇名	譬喻數	內　　容
二、美德人生10／48	4.擁有美德	12	人，要擁有的東西很多，例如擁有一個幸福的家庭，擁有一個相親相愛的伴侶，擁有一份正當的職業，擁有一些銀行存款，擁有一點社會聲望，擁有一些互助的朋友，擁有對宗教虔誠的信仰。p23美德是一種內涵，是一種人格的芬芳，是自然的氣質所散發出來的一種高貴的品味，讓人心怡，讓人嚮往，讓人讚美，讓人崇敬，這才是擁有美德。p24美德是人的形象，是日積月累而來；它像金字塔，非一朝三日可以建成的。它要時日，歷久彌新；它像陳年的佳釀，越久越香醇。美德，要像梅花經得起歲寒的磨鍊，像松柏經得起歲月的熬煎，要讓別人認為他是一個君子，是一個有道之士，他才算有美德。p25
	7.低頭	4	低頭的人，象徵著有禮貌；低頭的人，表示懂得謙虛。p34 古樹結實，都是垂下地來；稻穗成熟，也都是低頭的樣子。p35
	11.沉默是金	2	人有時候，眼、耳、鼻、舌、身不動了，心還在動。例如睡覺的時候，眼、耳、鼻、舌、身都睡著了，可是心起來做夢，上山下海，周遊列國，人我是非，甚至夢中殺人越貨，種種驚險，醒來驚得一身大汗。p47有一個音樂老師到一所佛教學院上音樂課，他教授熱門音樂，先播放了一段錄音帶以後，問學生：「音樂中，那一段最好聽？」學生說：「停下來的時候最好聽！」p49
	19.肅靜	5	到了現代的文明社會，也都強調「輕聲」是文明的象徵，到處注重「肅靜」的生活空間。例如乘坐飛機、火車時，也要看這個車廂安不安靜；甚至公共場所裡，也都到處懸掛著「肅靜」的牌子，以免群眾擾亂喧嘩。p76中國人最不重視公共禮儀，例如宴會時，本來自有招待人員迎賓入席，就是不希望宴會廳中有人穿來插去，嘻鬧喧嘩。p77有一群旅行者到一個名山寶剎參觀卻一直開放著隨身帶來的收音電唱機。寺中人員上前勸導說：「朋友，你們來此不就是希望獲得一點p78寧靜的氣氛嗎？你開著電唱機，連在這種地方都要用聲音來麻痺自己，完全沒有一刻的寧靜，怎麼能生出智慧來呢？」
	28.要檢舉黑手	5	一個國家，有人做奸臣；奸臣者，黑手也！有的團體裡，有人吃裡扒外，不顧自己機關團體的立場，此亦即黑手也！例如：黑手甲說：我有個祕密告訴你，我們的主管要把你們外省人通通裁撤，你可不能說是我說的喔！p111 黑手乙說：老師近來注意你抄襲別人的文章，說你自己不用功，對你的人格也大打折扣，這些話你可不能給老師知道是我說的喔！黑手丙說：我們的主管對人家說，你對公家團體毫無貢獻，這次出國觀光旅行，他絕不會給你機會；你可不要說是我說的，p112
	38.創造歡喜心	4	就算科學家們不斷的創造生活必須品，例如電燈、冷氣、汽車等等，但還是會有許多死傷的問題。其他諸如工程師創造高樓，但是當地震的時候，高樓搖晃的程度遠比平地更加的令人恐懼。政治家們創造自由

屬性	篇號篇名	譬喻數	內　　　容
	續38.		民主的政治,但是多少人假藉自由民主之名,勾心鬥角,遂行更多不義之事;經濟財政專家,創造多少的財富,但是為財富起貪心,為財富而鬥爭,為財富的漲跌而患得患失的苦惱,多不勝舉。p143
	47.去蕪存菁	6	人生的道德人格,所行所為,必定也有一些荒蕪要加以修剪,才能健全。例如,知識不夠,你要充實你的學問常識,要能廣學多聞;口才不順,要能言善道,你要訓練你的言語;能力欠缺,你必須發心立願,才能增加自己前進的動力;人緣不好,你也必須廣結善緣,促進人我的關係。p173什麼是生命的荒蕪?自私、慳吝、固執、頑強、記恨、懶惰等,都是生命裡的荒蕪。我們要讓生命淨化,可得心修剪,讓生命的田園百卉爭妍、美不勝收,那才是有意義的人生喔!p175
	54.慶生會	6	當父母健在時,應該為父母設想,做一些他們歡喜的事,例如旅行、參訪寺院、齋僧宴客;若父母不在,可以邀約親朋故舊,談敘父母的懿行,或者出版父母言論的書籍,p197替父母從事公益,造福社會人群,把父母的德澤遺愛人間,永垂寰宇,並且以此功德回向父母得生淨土,這才是生日慶生之道。p198
	63.生命的字典	2	我們每個人的人生,在生理細胞的分解過程裡,在我們的精神慧命裡,也有許多充實的語彙,例如:有的人的生命字典裡,慈悲則占去了字典的一半篇幅;有的人的生命字典裡,則是字裡行間無不洋溢著智慧的芬芳。p227
	82.噪音	2	在一個靜靜的場合,你加入噪音破壞它,正如火車鳴叫,又似豬狗吠叫,惹人討厭。p294
三、生命能量11/47	5.磁場與能量	1	眾生皆有佛性;佛性就是能量。人都有成佛的性能,你能說沒有能量嗎?p27
	22.增加能力	9	說到人能承載的能量,也是很偉大的。例如:家庭的生活負擔,父母養老的日用所需,兒女讀書的教育經費,以及醫藥、旅行、交際等種種的負擔。乃至心上的煩惱、憂愁、苦悶,甚至世間上的國事、人權、思想等等,都壓得自己抬不起頭來。而人還要自恃有力,總像老牛破車一樣,p87一再的承載著世間各種的壓力,並且不斷地努力向前奔馳。p88「定力」就是對自我的肯定。有了定力,儘管金錢美色當前,你都能如如不動,就像一潭靜止的湖水,清澈見底。p89
	25.人人做警察	12	警察的任務多而且大,諸如抓賭抓娼、防火防盜、緝拿罪犯、稽查逃漏稅、防止走私販毒等。甚至車禍的處理、交通安全的維護,還有肅貪掃黑、鎮暴止亂,乃至竊盜國土、貪贓枉法等,凡是不公不正的事,都要報請警察處理。p99在美國,東方的兒童不懂得遵守公共秩序,不懂得維護社區的環p101境,喝完汽水後,任意把空罐子隨手丟棄,後面的老婆婆看了非常不以為然,命令兒童撿起來,兒童以東方人的口氣說:「關

屬性	篇號篇名	譬喻數	內　　　容
三、生命能量 11／47	續25.		你什麼事？」老婆婆說：「怎麼不關我事，你亂丟東西，製造垃圾，污染環境，我們社區的房地產會跌價，這就跟我有關係！」這位老婆婆就是人人做警察的模範。在西德，東方的青年住在公寓裡，任何時刻都是開著電燈，另外的房客看不過去，叫他關掉。東方青年說：「關你何事？」房客說：「你浪費能源，使國家陷於貧窮，怎麼不關我事？」p102
	41.心能轉境	1	世間的山河大地，好像是一塊大染布，只要我心中有淨水，會把人間的染污給予漂白。p154
	43.重新出發	1	人生不如意事，十常八九；自己跌倒要自己爬起來。有人摔倒一次就一蹶不振；有的人卻像不倒翁，越挫越勇。p163
	46.創造生命力	4	所謂生命力，要以一己之生命，創造無限之生命。一架飛機，帶著旅客南北東西的飛翔，幾千小時，幾萬小時，一直展現它飛行的生命力；一艘商船，載重幾百噸、幾千噸，在大海裡與風浪搏鬥，要把貨物載到目的地，都是在展現它航行載重的生命力。p171一張桌椅，讓你使用多時；一件衣服，讓你穿著多年，這一切都是在展現各自的生命力。p171
	48.供養心	6	一個寺院的領導人，如果仗著權勢，自我養尊處優，自我公物私用，把大眾置於腦後，這如何得了？就如同一個國家的領袖，他一定要注重民生問題，民間的經濟照顧好，他才能安坐國主的寶位；p176 現在社會大眾也都在提倡供養。例如：做義工的人，他把時間撥出來供養大眾；有勞力的人，他把力氣提供出來服務別人；有的人有錢財，他把財物分散給大家，救助貧苦；有的人用智慧、說話來給人諮商，解決苦難；有的善於言詞，講學說法來開啟大眾的愚矇。p177
	60.硬體與軟體	3	硬體是有形有相，是看得見、摸得著的物質體相；軟體是無形無相，看不到摸不著的精神用力。例如一棟房子，鋼筋水泥建造出來的外觀是硬體，裡面的裝潢、設備，如何讓人住得舒適，又感覺賞心悅目，甚至住在裡面的成員，如何共同營造出家的感覺，讓它散發出溫馨和樂的氣氛，這就是軟體備配的功能。p216硬體與軟體其實是要相互為用，例如一台電腦，有了主機與網線等硬體架設，再配上軟體程式，才能E-mail，才能發揮無遠弗屆的傳輸功能。p219再如一隻電燈，也是要借助烏絲、燈泡、電線等硬體，才能發光、發亮。所以有了硬體，軟體才能呈現功用；有了軟體，硬體才有生命。p219
	81.生命的春天	3	大自然裡到處都有生命，例如時辰鐘表，我用心、用智慧去製造它；如果沒有我的心智，如何能成？所以時鐘裡有我的生命存在。一棟房屋，因為我的設計、監工才能成就，房屋中就有我的生命存在。《佛光菜根譚》說：「春天不是季節，而是內心；生命不是軀體，而是心性。」p292
	87.加減人生	4	人生本來就像潮水一樣，起起落落，有高潮有低潮，這就是「加加減減」的人生。p309頭髮太長了，要剪短；指甲太長了，也要修剪；樹木花草太擁擠，也要給它減少。今日的修剪、減少，就是明日的茂盛。p311

屬性	篇號篇名	譬喻數	內　　容
三、生命能量 11／47	94.勇於嘗試	3	科學家在實驗室裡不斷的嘗試，終於發現了聲光電波，改變了世界；農夫在農田果園裡不斷的嘗試，結果稻麥增收了，水果長大了。現在的接種技術，大大提高了農業的收成。例如芒果和蘋果接種，可以產生另外一種水果的口味；棗子和芭樂接枝，品種改良後的棗子，碩大無比，可口而味甜。這一切都應該感謝許多勇於嘗試的人，他們讓自然科技不斷的進步。p333探險家向高山大海裡探險，現在人類對於高山的形態，對於海洋的奧秘，p333真是無有不曉。美國率先向月球去探索，甚至勇於向火星、木星及大自然去了解。世界就是因為有這許多不怕艱難、不怕犧牲、勇於嘗試的人，因此讓我們多了知識，多了經驗，甚至多了時空。334複製羊、複製牛，不就是科學家們勇於嘗試，而將基因的奧秘呈現在我們眼前的嗎？照相機因為前人勇於嘗試，如今可以照出三百六十度的照片；潛水艇因為專家勇於嘗試，現在可以在水中一住就是數個月幾百天。p334
四、承先啓後 8／24	8.承先啓後	3	政治上的人物，例如美國的民選總統，當選後的第一句話都是說：對於前總統在內政上所立的規章、在外交上對他國的約定，一概繼承。接著再作自己的施政報告，說明自己計劃如何建設國家的治國理念，這就是啓後。p38 即使是動物、植物，他們傳宗接代時候種種辛苦，主要的也有「承先啓後」的作為。例如飛燕懂得對子女的品種改良，加拿大的紅螞蟻懂得為未來的子孫儲存糧食。p39
	12.挨家挨戶	2	美國微軟公司要招考工作人員，有一位青年前往應徵。經過考試後，及格錄取。當青年準備離去時，主考人員說：我會再用E-mail（電子郵件）跟你連絡，青年立刻回答說：我沒有E-mail。主考人員說：我們公司不會採用沒有E-mail的員工，於是又宣布拒絕錄用。青年在回家途中，身上只剩十塊美元，想到沒有職業，不知如何賺錢養家，心裡非常恐慌擔憂。不得已，掏出身上僅有的十塊美元，買了一大堆的馬鈴薯，就挨家挨戶的去推銷，如此賺了一百美元，信心大增。第二天，他又買了很多的馬鈴薯，再去挨家挨戶的推銷。數月後，p50青年買了汽車；數年後，開了工廠，許多企業界的人士，都很喜歡與這位青年往來，大家認識相交之後，都說：有事我會傳E-mail給你，青年說：我沒有E-mail。大家很驚訝，說：你工廠事業做得這麼大，怎麼會沒有E-mail呢？青年表示說：我只有「挨家挨戶」，我沒有E-mail。p51這個「挨家挨戶」代表的是什麼呢？代表著有心、有志、有毅力。有心、有志、有毅力，還怕不能成功嗎？p52
	16.老人的春天	2	有人拿四季來比喻人生，兒童、青少年就等於是春天、夏天；老人p64則是已經進入秋冬季節了。其實，我們現在應該要讓老人沒有進入秋冬的感覺，要讓他們一樣有老人的春天。p65以老人喜歡的運動，例如腿部的、腳部的、手部的、頭部的，幫助他們活躍起來。p66

屬性	篇號篇名	譬喻數	內　　　容
四、承先啟後 8／24	34.攜手同圓	5	馬來西亞佛教青年總會舉辦世界大會，列出主題「攜手同圓」，既是「攜手」，就應該合作；既是「同圓」，就應該融和。一個人不可以太有稜角p129，人生其實就像一塊巨木，你鋸成長的、短的，都很容易，鋸成方形、矩形，也算簡單，你希望把木材變成圓形的，就比較需要費工夫了。誠如做人，要想做得圓滿，自然也是比較難的呀！p130時間是什麼樣子？時間是無形的。但是，從春夏秋冬來看，時間是p130圓形的，就像時辰鐘錶一樣，一輪十二個小時，周而復始。p131
	56.中陰身	1	如果是罪惡深重的人，他就會經過一個黑色的長洞，穿過黑洞，可能是地獄、餓鬼、畜生。就好像人間犯了罪刑被囚禁的人，送到那一間牢房都不是太嚴重，因為服刑完畢就可以出獄；p203
	61.一顆種子	3	在北京的一隻蝴蝶翅膀振動一下，就可以掀動歐洲的空氣；牽一髮而動全身，一滴水就可以流入三江四海之內。一顆石子投入大海裡，它就可以振動五洲七洋，所以「莫以小善而不為，莫以小惡而為之」，這都是「一顆種子」的原理，不能大意。p221二千多年前，佛教的高僧大德從印度來華，他們攜帶了一些種子，今天中國的胡桃、胡椒、胡瓜、胡麻等，這些「胡」的品種，不都是當初佛教攜來的一顆種子，而今才得以在中國繁衍不已的嗎？p221
	71.過程與結果	3	有時過程是好的，結果是壞的；有時過程是壞的，結果是好的。例如生兒育女，兒女成群，讀書求學，都是好的；但是最後卻走入歧途，p55又如台灣為了實施民主選舉，選賢與能，立意過程都是好的，但是結果選出一些自私自利，玩法弄權之徒，這是始料未及的不好結果。p56世間上凡一切事，都沒有絕對的好壞，任何事情都是有人吃虧，也有人討便宜，例如建一棟大樓，工程人員經過千辛萬苦，建好以後，住者居家安詳，就是好的結果。p256
	91.溝通的妙法	5	所以現在世界上不斷舉行各種會議，例如經濟上有經貿會議，外交有外交協議，政治有高峰會議，宗教也有宗教對談等。p325溝通就好像跳探戈，彼此要能互進互退。p326
五、追尋目標 5／11	13.設定目標	5	船隻在一片汪洋的大海裡航行，因為它設定了目標，不必掛念它找不到前途；飛機在萬里無垠的空中飛行，因為它設定了目標，按照航線，它會安全降落。人生的旅途中，我們的目標在那裡呢？p53有的青年目標太大，不切實際，就如工廠裡的機器，它一天只能生產兩萬噸的產品，你硬要它生產十萬噸，你超越目標，就等於沒有目標；一部耕耘機，每日只能耕種二十畝地，你要它每日為你耕種一百畝，不但達不到目標，而且機器也會因為不勝負荷而損壞，這就是欲速則不達。就算是電腦吧！它可以收藏許多的資訊，但是過多過量，超越了負荷的標準，它也會不聽話。p54
	30.和自己競賽	1	人生，是一場無止境的馬拉松競賽。從幼稚園、小學讀書開始，就需要比賽；考試制度，就是一場競賽！p117

屬性	篇號篇名	譬喻數	內　　容
五、追尋目標 5／11	68.人生第二春	3	人生的第一個春天，年輕力壯，有理想，有熱情，有希望，有未來，有無比的信心，有無限的活力，就好像春天欣欣向榮，萬物生長。p245年齡老了，退休了，人情練達了，意志消沉了，p245就好像歲末寒冬。國際佛光會的會員，若是在三十歲第一個人生的春天就加入佛光會當會員，經過了二、三十年後考取檀講師，五、六十歲的年齡在佛光會裡，可以在全世界弘法利生，真是遊府吃府，遊縣吃縣。即使不能做到檀講師，也可以做佛光會的義工，在各個道場裡擔任各種活動的講師，主持讀書會，傳授佛法，必然也會歡喜快樂，也會美化生活，充實人生，這不就是人生的第二春嗎？pp247-248
	84.找到了	1	我們一生中所遺失的東西真是何其多，又何嘗全部都能找到？例如遺失了的真心，那裡容易就能找到？p300
	90.生命的流轉	1	死亡以後就像移民一樣，你到了另外的國家，只要你有生存的資本，只要你有功德法財，你換一個國土，又何必害怕不能生活呢？p321
六、多元文化 6／36	18.公雞性格	13	人也有很多像動物的性格。例如：湖南人有騾子的性格、上海人有孔雀的性格；此外，還有大象的性格、駱駝的性格、狐狸的性格、駝鳥的性格。p72甚至有人說，日本人有鴨子的性格，中國人有公雞的性格。p73其實，一台戲，如果每一個人都爭着做主角，誰來做配角呢？p73一個機關團體裡，一個出色的主管，也需要有最佳的助理；如果人人爭做主角，人人想做老大，光是有公雞的性格，何能成事？p73法國人有浪漫的性格，英國人有紳士的性格，德國人有英雄的性格，澳洲人有義工的性格，美國有自大的性格。p74
	21.眼睛與嘴巴	4	六識在一個人的身上，都是非常的重要。人體的村莊，主人翁的村長是心識；眼睛、耳朵、嘴巴、鼻子、身體，是隨着心識所生起的，所以又叫「五俱意識」。p84六識中，身體好像一個村莊，五識好比探子；鼻子、眼睛、耳朵、嘴巴、心靈，你那一識用得比較多呢？ 中國同胞都比較不喜歡用眼睛看，也不喜用耳朵聽，而喜歡用嘴巴說。例如一個觀光團到了海外去旅行，進了飯店，導遊先生集合大家說道：在我左手邊是一個餐廳，大家六點鐘進去吃飯；在我右手邊是一間廁所，大家可以去方便。導遊說了以後很放心，因為餐廳、洗手間都還有指路牌，大家可以循着前往。但是講完解散後，總有人會問：王導遊，洗手間在那裡？p85
	24.多元文化	6	現在多元文化慢慢地在中華文化裡沒有力量了，例如：今日的台灣，此地人不容彼地人；此黨人不容彼黨人。p95什麼是多元文化呢？例如美國、澳洲等，都是多元文化的國家。在多元文化的國家裡，各種就業的機構中，不會排斥別的文化，反而對於少數民族有特別的保護，例如工程發包，對於少數民族，公家必定保留相當的比例，讓他們得以生存。

屬性	篇號篇名	譬喻數	內　　容
六、多元文化 6／36	續24.		p96　在多元文化的國家裡，走在街頭上，就像萬國博覽會，形形色色的人種，真叫人看出多元文化的偉大，更看出包容多元文化的國家偉大。p97
	50.無底坑	1	我們每天要吃飯的「口」；「口」就是「無底坑」，不管你米麵、雜糧、各種菜餚，每天供輸一日三餐，一生一世永遠填不滿的，實應叫「無底坑」。p184
	76.送禮	9	送的禮太貴重，例如送洋房、汽車，讓接受者不自在、不安心，甚至不敢接受，最後傷了朋友的感情。也有的人送的禮不合適，例如一個小客廳，你送他一套大沙發；我生了一個小女兒，你送我一套西裝，這種不得當的送禮，都叫人不知如何是好。p272送禮重在歡喜，送禮重在適當。例如現在西方國家的生日卡片，婚禮的祝福賀函，或是送一本書、一個紀念品，一張禮券等，都是得體的禮物。p274
	86.床頭書	3	床頭書只是用來安心養性，可以增加知識，可以複習，加強記憶，但不宜太長、太大，以免影響睡眠。例如現在香海文化公司出版的《祈願文》，以及本報的《佛光菜根譚》、《迷悟之間》，都可以提供大家當作床頭書。p308
	53/89	206	

第八章
總結語

本書第二章至第七章分別就星雲《迷悟之間》第一冊《真理的價值》至第六冊《和自己競賽》，共六冊所採用的佛典譬喻、一般譬喻與自創譬喻三類譬喻，做進一步的細分與說明，再與星雲提倡的人間佛教所具的六大特性做比對後，綜整結語如下兩節。

第一節 研究成果

本書研究成果可歸結為下列九項：

一、星雲在第1 6冊《迷悟之間》共五六四篇短文中，計有四六九篇占近八成五(83.15%)採用了譬喻來著述，甚至第四冊《生命的密碼》第6.篇承受教誨單篇就採用了高達四十三則的譬喻，足見運用譬喻著述是星雲成功弘揚其人間佛教的策略。(見表8.1)

二、星雲在第1-6冊《迷悟之間》採用的二九八三則譬喻中，以自創譬喻一四四二則占48.34%居首，其次為一般譬喻一○八七則占36.43%，佛典譬喻四五四則占15.21%最少，可見星雲運用譬喻著述的模式，是以自創譬喻為主，兼及一般世俗與佛典譬喻。(見表8.1)

　　三、這六冊《迷悟之間》結集自二○○○年四月一日迄二○○一年十月十九日期間，前後一年半時間每天在《人間福報》連載的五六四篇短文的半套套書。運用到譬喻的篇數與則數逐冊遞增，到了結集自二○○一年一月六日至二○○一年四月十七日期間刊載的第四冊《生命的密碼》，達到顛峰，分別為九十三篇與九七三則譬喻。之後的第五冊與第六冊逐冊遞減，此六冊採用到譬喻的篇數與則數的弧度猶如一座山。(見表8.1)

表8.1. 第1-6冊《迷悟之間》三類譬喻數統計總表

#	書名	篇數	譬喻數	佛教經論譬喻篇/則	一般世俗譬喻篇/則	星雲自創譬喻篇/則	創作起迄時間
1	真理的價值	43/47	90	12/26	6/11	29/53	2000.4.1-7.1
2	度一切苦厄	73/100	233	22/29	35/59	43/145	2000.7.2-10.3
3	無常的真理	84/133	452	32/85	53/155	48/212	2000.10.4-2001.1.5
4	生命的密碼	93/194	973	47/120	69/326	78/527	2001.1.6-4.14
5	人生加油站	87/177	761	51/122	67/340	59/299	2001.4.15-7.17
6	和自己競賽	89/152	474	36/72	63/196	53/206	2001.7.18-10.19
合計	1-6冊564篇	469篇	2983則	200篇/454則	226篇/1087則	310篇/1442則	2000.4.1-2001.10.19
	比例	83.15%		15.21%	36.43%	48.34%	469天

　　四、這六冊《迷悟之間》運用的四五四則佛教經論典故譬喻，包含大小乘經典與各宗派祖師注疏等，如《中阿含經》、《增壹阿含經》、《四十二章經》、《心經》、《金剛般若波羅蜜經》、《六祖大師法寶壇經》、《維摩詰經》、《妙法蓮華經》、《大方廣佛華嚴經》與《瑜伽師地論》、《十住毘婆沙論》、《指月錄》、《念佛警策》、《攝大乘論釋》、《大乘起信論》、《大乘止觀》等論疏語錄，共一五九部(見參考書目)，以

《大方廣佛華嚴經》被引用了十一則譬喻(1+2+2+0+3+3)居首。可見星雲擅用佛教經論典故的譬喻爲其說法著述的材料。

五、這六冊《迷悟之間》運用多達一○八七則一般譬喻出處多元，如《春秋左傳》、《論語》、《孟子》、《荀子》、《史記》、《戰國策》、《後漢書》、《黃帝內經》、《唐書》、《宋書》、《宋史》、《水滸傳》、《三國誌》、《三國演義》、《資治通鑑》、《儒林外史》，到清康熙《四庫全書》與清雍正、乾隆《四書五經》，《紅樓夢》，康熙給雍正的座右銘，甚至張英的家書，鄭板橋的對聯，東西方世俗諺語等，共二三三部(見參考書目)，以《史記》被引用了二十七則譬喻(0+0+4+5+10+8)最多。可見星雲國學涵養豐厚，信手拈來。

六、這六冊《迷悟之間》運用的四六九篇二九八三則譬喻，符應人間佛教六大特性，其中以生活性(386)居首，爲居次利他性(193)的兩倍，接著依序爲人間性(165)、時代性(148)、喜樂性(139)與普濟性(104)。可見星雲在第1-6冊《迷悟之間》採用的譬喻不離人間佛教六大特性，與日常生活息息相關，易與聽衆讀者群相應，並被接受。(見表8.2)

表8.2.第1-6冊《迷悟之間》譬喻與人間佛教六大特性對照統計總表

#	書籍名稱	篇數	譬喻數	人間佛教六大特性						小計
				a	b	c	d	e	f	
1	真理的價值	43	90	24	27	13	13	6	8	91
2	度一切苦厄	73	233	20	54	41	27	11	20	173
3	無常的真理	84	454	30	63	18	20	26	11	168
4	生命的密碼	93	973	30	108	42	33	49	34	296
5	人生加油站	87	761	33	70	50	24	39	18	234
6	和自己競賽	89	474	28	64	29	22	17	13	173
計		469	2983	165	386	193	139	148	104	1135

a表人間性、b表生活性、c表利他性、d表喜樂性、e表時代性、f表普濟性

　　七、這六冊《迷悟之間》三大類譬喻的數量逐冊影響其細分屬性的多元，第二冊《度一切苦厄》的佛教經論譬喻與星雲自創譬喻的五項屬性，已高出第一冊《真理的價值》的三項屬性許多。從第三冊《無常的真理》開始至第六冊的譬喻數巨增，除了第四冊《生命的密碼》的佛經類譬喻外，其中第三、五、六等三冊的三大類譬喻都具有六項的細分屬性。其中第五冊《人生加油站》由於三大類譬喻分佈篇數重疊性高，故有完全相同的六項屬性。三大類譬喻的細分屬性以星雲自創譬喻類最多元。(見表8.3)

　　八、星雲引用的佛經譬喻多偏重在佛法義理的宣說，一般譬喻則以四維八德、倫理綱常內涵居多，自創譬喻較呼應時代問題，以解決生活困境、提升生命智慧為主。

　　九、這些一四四二則自創譬喻含蓋論理說教、益志修行、歌功頌德、大自然的山河大地、花草樹木、政商交通、為人行事、倫理道德、

居家環境、日常作務、生活用品、六道眾生等多元的屬性內容，展現了星雲豐富的見聞覺知與深刻的生活體驗，信手拈來皆能做爲譬喻的風格，更型塑出其擅用譬喻，尤其自創譬喻成功說法著書的獨特模式。(見表8.3)

表8.3.第1-6冊《迷悟之間》三類譬喻分類項目總表

#	書名	篇數	譬喻數	佛教經論譬喻	一般世俗譬喻	星雲自創譬喻
1	真理的價值	43/47	90	為人處世	凡事要有原則	論理說教
				生命能源	激發「心靈的曙光」	益志修行
				生死解脫	認識時間來生會更好	歌功頌德
2	度一切苦厄	73/100	233	平等包容	為人行則	和諧有序
				執妄自縛	處事態度	邪正曲直
				人命無常	生命智慧	活動轉化
				心的力量		生命能量
				中道不二		人生智慧
3	無常的真理	84/133	452	因緣成就	能大能小	人生譬喻
				逆增上緣	人生態度	安住何處？
				心念轉化	忍辱負重	有備無患
				凡事靠我	當代問題	正面人生
				有品人生	道德人生	良善三業
				接受藝術	憂患意識	珍惜生命

#	書名	篇數	譬喻數	佛教經論譬喻	一般世俗譬喻	雲自創譬喻
4	生命的密碼	93/194	973	能識大體	能識大體	能識大體
				緣起真理	緣起真理	緣起真理
				忍辱負重	忍辱負重	忍辱負重
				動靜自如	動靜自如	動靜自如
				禪趣生活	禪趣生活	禪趣生活
					俗世謀略	俗世謀略
5	人生加油站	87/177	761	平等互惠	平等互惠	平等互惠
				假名施設	假名施設	假名施設
				把握當下	把握當下	把握當下
				自在人生	自在人生	自在人生
				兩面對待	兩面對待	兩面對待
				業果不失	業果不失	業果不失
6	和自己競賽	89/152	474	宏觀器識	聰明才智	思量琢磨
				增加能力	生命能量	美德人生
				長養知識	志在四方	生命能量
				戰勝自己	知識才能	承先啟後
				心能轉境	服氣福氣	追尋目標
				生死輪迴	勇於嘗試	多元文化
計	564篇	469篇	2983則	200篇/454則	226篇/1087則	310篇/1442則

第二節 研究貢獻

筆者希冀本書能成就如下四項貢獻，有待同道的批評與指教：

一、擴大台灣在佛教文學創作研究的面向與補強台灣佛教文學史研究的貢獻。

二、豐富中國佛教文學史「僧人創作」部分的質與量，突顯本校創辦人星雲人間佛教著述在當代佛教文學發展史上的貢獻。

三、建構出星雲運用譬喻著述的成功模式，可做為後人著述的學習典範。

四、提供庶民百姓透過易懂的譬喻研究，強化在生活中運用譬喻的能力，找到自我轉迷成悟的方法。

參考書目

一、原典

後漢・安世高譯，《佛說八正道經》，T2no.112。

後漢・安世高譯《佛說八大人覺經》卷1，T17no.779。

後漢・支婁迦讖譯，《佛說無量清淨平等覺經》卷3，T12no.361。

後漢・迦葉摩騰竺法蘭共譯，《四十二章經》，J33no.B287。

吳・維祇難等譯，《法句經》卷1，T4no.210。

吳・支謙譯，《佛說長者音悅經》卷1，T14no.531。

吳・支謙譯，《佛說孛經抄》，T17no.790。

吳・支謙譯，《佛說無量門微密持經》，T19no.1011。

後秦・竺佛念譯，《出曜經》，T4no.212。

後秦・佛陀耶舍共竺佛念譯，《長阿含經》，T1no.01。

後秦・佛陀耶舍共竺佛念譯，《遊行經》第二中，T1no.1。

後秦・釋僧肇選注，《維摩詰經》卷8，T38no.1775。

西晉・竺法護譯，《佛說如幻三昧經》卷1，T12no.342。

東晉・瞿曇僧伽提婆譯，《中阿含經》卷3，T01no.026。

東晉・瞿曇僧伽提婆譯，《增壹阿含經》卷25，T2no.125

東晉・佛陀跋陀羅共法顯譯，《摩訶僧祇律》卷29，T22no.1425。

東晉・失譯人，《佛說五王經》卷1，T14no.523。

晉・不詳，《蓮社高賢傳》，中華書局，1991。

姚秦・鳩摩羅什譯，《大莊嚴論經》卷5，T4no.201。

姚秦・鳩摩羅什譯，《金剛般若波羅蜜經》，T8no.235。

姚秦・鳩摩羅什譯，《妙法蓮華經》，T9no.262。

姚秦・鳩摩羅什譯，《觀世音菩薩普門品》，T09no.262。

姚秦・鳩摩羅什譯，《佛說阿彌陀經》，T12no.366。

姚秦・鳩摩羅什譯，《佛垂般涅槃略說教誡經》卷1，T12no.389。

姚秦・鳩摩羅什譯，《佛說千佛因緣經》卷1，T14no.426。

姚秦・鳩摩羅什譯，《維摩詰所說經》，T14no.475。

姚秦・鳩摩羅什譯，《大智度論》，T25no.1509。

姚秦・鳩摩羅什譯，《十住毘婆沙論》卷13，T26no.1521。

姚秦・鳩摩羅什譯，《中論》卷2，T30no.1564。

姚秦・鳩摩羅什譯，《佛遺教經論疏節要》一卷，T40no.1820。

姚秦・鳩摩羅什譯，《佛說三世因果經》，T85no.2881。

姚秦・鳩摩羅什譯，《法華經三大部補注》卷4，X28no.0586。

姚秦・鳩摩羅什譯、陳隋天台智者大師疏、明雲棲寺沙門袾宏發隱，
　　《梵網經心地品菩薩戒義疏發隱》卷2，X38no.679。

姚秦・鳩摩羅什譯，《梵網經盧舍那佛說菩薩心地戒品》卷10，
　　J40nB494。

北涼・曇無讖譯，《大般涅槃經》卷38，T12no.374。

劉宋・求那跋陀羅譯，《雜阿含經》卷46，T02no.99。

劉宋・求那跋陀羅譯，《央掘魔羅經》，T2no.120。

劉宋・佛馱跋陀羅譯，《大方廣佛華嚴經》卷1，T9no.278。

劉宋・曇摩蜜多譯，《佛說轉女身經》卷1，T14no.564

蕭齊・求那毘地譯，《百喻經》，T4no.209。

蕭齊・伽跋陀羅譯，《善見律毘婆沙》卷8，T24no.1462。

陳・真諦譯，《攝大乘論釋》，T31no.1595。

陳・真諦譯，《大乘起信論》卷1，T32no.1666。

陳・慧思，《大乘止觀》卷1，T46no.1924。

元魏・慧覺等譯，《賢愚經》卷2，T14no.426。

元魏・慧覺等譯，《賢愚因緣經》卷12，T4no.202。

元魏‧吉迦夜共曇曜譯，《雜寶藏經》卷4，T4no.203。

元魏‧菩提流支譯，《佛說佛名經》卷16，T14no.441。

梁‧不詳，《梁京寺記》卷1，T51no.2094。

梁‧武帝，《慈悲道場懺法》，T45no.1909。

梁‧慧皎撰，《高僧傳》卷2，T50no.2059。

梁‧曼陀羅仙共僧伽婆羅譯，《大乘寶雲經》卷1，T16no.659。

隋‧僧就合，北涼‧曇無讖譯，《大方等大集經》卷16，T13no.397。

隋‧僧就合，高齊‧那連提耶舍譯，《大方等大集經》卷34，57，
　　　T13no.397。

隋‧費長房，《歷代三寶紀》卷7，T49no.2034。

唐‧實叉難陀譯，《大方廣佛華嚴經》卷19，T10no.279。

唐‧實叉難陀譯，《大乘起信論》，T32no.1667。

唐‧實叉難陀譯，《地藏經》，B10no.67。

唐‧實叉難陀譯，《大乘起信論》，T32no.1667。

唐‧般若譯《大乘本生心地觀經》卷8，T3no.159。

唐‧菩提流志譯，《大寶積經》卷98，T11no.310。

唐‧般刺蜜帝譯，《楞嚴經》，T19no.945。

唐‧般刺蜜帝譯，《大佛頂如來密因修證了義諸菩薩萬行首楞嚴經》
　　　卷4，T19no.945。

唐‧般刺蜜諦譯，《大佛頂如來密因修證了義諸菩薩萬行首楞嚴經要
　　　解》卷6，X11no.270。

唐‧義淨譯，《佛說五蘊皆空經》卷1，T02no.0102。

唐‧義淨譯，《佛說譬喻經》，T4no.217。

唐‧義淨譯，《大乘流轉諸有經》，T14no.577。

唐‧義淨譯，《根本說一切有部毘奈耶藥事》卷17，T24no.1448。

唐‧玄奘譯，《般若波羅蜜多心經》卷1，T08no.251。

唐‧玄奘譯，《阿毘達磨俱舍論》卷12，T29no.1558。

唐‧玄奘譯，《瑜伽師地論》卷51，T30no.1579。

唐‧玄奘譯，《百法論義》，X48no.802。

陳‧真諦譯，《佛性論》卷1，T31no.1610。

唐‧澄觀撰，《大方廣佛華嚴經疏》卷55，〈39入法界品〉，

T35no.1735。

唐・智顗，《妙法蓮華經玄義》卷2，T33no.1716。

唐・玄覺撰，《永嘉證道歌》卷1，T48no.2014。

唐・冥詳撰，《大唐故三藏玄奘法師行狀》卷1，T50no.2052。

唐・淨覺，《楞伽師資記·達摩傳》，T85no.2837。

唐・偽作，《法王經》卷1，T85no.2883。

唐・慧海撰，《頓悟入道要門論》卷1，X63no.1223。

唐・懷海集編，《百丈清規證義記》卷6，X63no.1244。

唐・嗣法小師，《丹霞子淳禪師語錄》卷1，X71no.1425。

唐・龐蘊，《聯燈會要》卷6，X79no.1557。

唐・昭覺丈雪通醉輯，《錦江禪燈》卷1，X85no.1590。

唐・釋一行撰，《大日經疏指心鈔》，D18no.8863。

唐・寒山，《寒山詩》，J20no.B103。

宋・曇摩蜜多譯，《觀虛空藏菩薩經》，T13no.0405。

宋・施護譯，《佛說大迦葉問大寶積正法經》卷5，T12no.0352。

宋・施護譯，《佛說法集名數經》卷1，T17no.764。

宋・道原纂，《景德傳燈錄》卷6，T51no.2076。

宋・失譯，《佛說法滅盡經》卷1，T12no.0396。

宋・王日休校輯，《佛說大阿彌陀經》，T12no.364。

宋・王日休譔，《龍舒增廣淨土文》卷12，T47no.1970。

宋・楊傑述，《淨土十疑論》卷1，T47no.1961。

宋・妙源編，《虛堂和尚語錄》，T47no.2000。

宋・淨善重編，《禪林寶訓》，T48no.2022。

宋・道原纂，《景德傳燈錄》卷1，T51no.2076。

宋・法應集，《禪宗頌古聯珠通集》卷21，C078no.1720。

宋・本覺編集，《釋氏通鑑》，X76no.1516。

宋・天息災譯，《菩提行經》卷1，T32no.1662

宋・王日休撰，《龍舒增廣淨土文》卷3，T47no.1970

宋・志磐撰，《佛祖統紀》卷31，T49no.2035

宋・贊寧撰，《宋高僧傳》卷21，T50no.2061。

宋・守遂註，《溈山警策註》卷1，X63no.123。

宋・釋文冲重校編集，《智覺禪師自行錄》卷1，X63no.1232。

宋・永嘉大師，《證道歌註》卷1，X65no.1292。

宋・正受編，《嘉泰普燈錄》卷18，X79no.1559。

宋・廣如撰，《定應大師布袋和尚傳》卷1，X86no.1597。

宋・文遠記錄，《趙州和尚語錄》卷3，J24no.B137。

宋・法應集，《禪宗頌古聯珠通集》卷21，C78no.1720。

元・懷則述，《天台傳佛心印記》卷1，T46no.1938。

元・妙源編，《虛堂和尚語錄》，T47no.2000。

元・宗寶編，《六祖大師法寶壇經》，T48no.2008。

元・德煇重編，《敕修百丈清規》卷3，T48no.2025。

元・熙仲集，《歷朝釋氏資鑑》，X76no.1517。

明・智旭述，《大乘起信論裂網疏》卷2，T44no.1850。

明・如巹集，《緇門警訓》卷9，T48no.2023。

明・居頂輯，《續傳燈錄》卷10，T51no.2077。

明・大香，《溈山警策註》，T65no.1294。

明・蕅益/釋智旭述，《遺教經解》卷1，X37no.666。

明・釋弘贊輯，《四分律名義標釋》卷3，X44no.744。

明・明昱證義，《八識規矩補註證義》，X55no.890。

明・傳燈著，《性善惡論》卷2，X57no.970。

明・莊廣還輯，《淨土資糧全集》卷2，X61no.1162。

明・道霈重編，《永覺元賢禪師廣錄》卷21，X72no.1437。

明・憨山德清閱，《紫柏尊者全集》卷28，X73no.1452。

明・通炯編輯，《憨山老人夢遊集》卷2，X73no.1456。

明・瞿汝稷槃談集，《指月錄》卷14「鎮州臨濟義玄禪師」，
　　X83no.1578。

明・如巹，《禪宗正脉》卷3，X85no.1593。

明・蓮池株宏，《緇門崇行錄》卷1，X87no.1627。

明・釋弘贊輯，《兜率龜鏡集》卷3，X88no.1643。

明・大成/大奇等編，《天界覺浪盛禪師語錄》卷7，J25no.B174。

明・行正等編錄，《雪竇石奇禪師語錄》，J26no.B183。

明・傳我等編，《古雪哲禪師語錄》卷5，J28no.B208。

明‧嗣詔錄，《千巖和尚語錄第1》卷1，J32no.B273。

明‧成時編輯，《靈峰蕅益大師宗論》卷9，J36no.B348。

清‧僧迦陵性音編集，《宗鑑法林》卷6，T66no.2179。

清‧超永，《五燈全書》卷66，X85no.1571。

清‧行舟說，《八識規矩淺說》，X55no.896。

清‧德潤錄，《普能嵩禪師淨土詩》卷1，X62no.1215。

清‧釋道霈述，《聖箭堂述古》卷1，X73no.1455。

清‧性統編集，《續燈正統》卷1，X84no.1583。

清‧彭際清纂，《念佛警策》卷2，X62no.1181。

清‧彭際清述，《居士傳》，X88no.1646。

清‧書玉題，《大懺悔文略解》卷1，J30no.B260。

清‧覺說洪暹等編，《自閒覺禪師語錄》卷4，J33no.B287。

清‧最正等編，《秀野林禪師語錄》卷3，J36no.B357。

清‧明圓編，《古宿尊禪師語錄》卷1，J37no.B387。

清‧蔣肇譔，《逕庭宗禪師語錄》卷1，J40no.B475。

清‧上思說，《雨山和尚語錄》卷7，J40no.B494。

清‧陳夢雷編輯，《古今圖書集成選輯（下）》卷166，B16no.88。

清‧日道忠無著甫輯，《禪林象器箋》卷下，B19no.103。

清‧道忞撰述，《密雲怡禪師語錄》，L154no.1640。

失譯，《十往生阿彌陀佛國經》卷1，X1no.14。

日‧森大狂校，《東坡禪喜集》卷9，B26no.148。

彌勒，《忍辱偈》，T20no.1144。

清‧印光，《印光祖師詩》

《長老尼偈》和《比丘尼相應》[36]

《藏文大藏經之甘珠爾部》1057種經典

二、古籍

商湯(2007)，《盤銘》，上海辭書出版社。

西周・周文王(2015)，《易經》，西北國際出版。

西周・姬昌作(1986)，《周易》、《周易・繫辭上》，武陵出版社。

西周・佚名(2003)，《詩經・鴻雁》、《詩經・鄭風・子衿》，廣西師範大學出版社。

東周・孔子編纂(1988)，《尚書牧誓》，北京：高等教育出版社。

東周・孔子門生編(2013)，《論語・為政第二》、《論語・顏淵》、《論語・學而》、《論語・公冶長》、《論語・憲問》、《論語・子路》、《論語・陽貨》、《論語・雍也》、《論語・述而》、《論語・里仁》、《論語・衛靈公》，九韵文化。

東周・孔子門人撰(1997)，《孔子家語六本》，遼寧教育出版社。

東周・孔子弟子及學生(1987)，《禮記・大學》，時報出版。

東周・孟子及弟子公孫丑、萬章編著(2007)，《孟子・公孫丑上》、《孟子・離婁篇下》、《孟子・梁惠王章句上》、《孟子・滕文公下》、《孟子・梁惠王下篇》、《孟子・盡心上》、《孟子・公孫醜上》、《孟子・告子下》，吉林人民出版社。

東周・不詳(1991)，《書經・盤庚上》，國家圖書館出版中心。

春秋・老子(2013)，《道德經》第65，76章，華志文化。

春秋・李耳(2012)，《老子、四十二章》，中華出版。

春秋・左丘明，郭丹等主編(1736)，《左傳・襄公》、《左傳・僖公十四年》、《左傳・僖公二十二年》、《左傳・成公八年》、《左傳・昭公二十年》、《左傳・襄公二十四年》、《左傳・襄公三十一年》，中華出版社。

戰國・莊子(2016)，《莊子・知北遊》、〈鼓盆而歌〉、《莊子・山木》、《莊子・養生主》、〈盜跖〉、《莊子・田子方》、《莊子・秋水》，天下雜誌。

戰國・墨子(2000)，《墨子・親士》，山東大學出版社。

戰國・荀子(2013)，《荀子》、《荀子王制》、《荀子・勸學》、《荀子・性惡》，中華出版。

戰國·呂不韋(2013)，《呂氏春秋》、《呂氏春秋·過理》、《呂不韋傳》，中華出版社。

戰國·穀梁(200716)，《穀梁傳·昭公二十九年》，中華書局。

戰國·屈原(2003)，《楚辭·九歌·少司命》、《九歌·國殤》，山西古籍出版社。

先秦·伏勝(1937)，《尚書·大傳》，商務印書館。

先秦·孫武(2014)，《孫子·九地》，人民郵電出版社。

先秦·韓非子(2009)，《韓非子·喻老》，鳳凰出版社。

先秦·不詳(2017)，《逸周書·文傳》，聖環出版社。

秦·李斯(2007)，〈諫逐客書〉，湖南大學出版社。

秦·張湛(2014)，《列子》，中華出版。

西漢·劉向(1992)，《晏子春秋》、《春秋左傳》，江蘇古籍出版社。

西漢·劉向編(2012)，《范睢至秦》，上海遠東出版社。

西漢·劉安編(2010)，《淮南子·人間訓》、《淮南子·說林訓》，中州古籍出版社。

西漢·劉向編(2014)，《列女傳》，北京圖書館出版社。

西漢·劉向(1998)，《戰國策》、《戰國策序》、《戰國策·秦策一》、《戰國策·燕策三》、《戰國策·魏策》，上海古籍出版社。

西漢·司馬遷(1990)，《史記·廉頗藺相如列傳》、《史記·管晏列傳》、《史記·越王勾踐世家》、《史記·淮陰侯列傳》、《史記·項羽本紀》、《史記·秦始皇本紀》、《史記·高祖本紀》、《史記·呂太后本紀》、《史記·殷本紀》、《史記·刺客列傳》、《史記·秦本紀》、《史記·本紀第八漢高祖》、《史記·范睢蔡澤列傳》、《史記·屈原賈生列傳》、《史記·張儀列傳》、《史記·蒙恬列傳》、《史記·扁鵲倉公列傳》、《史記·留侯世家》、《史記趙氏孤兒》、《史記·管蔡世家》，台灣東方出版社。

西漢·司馬遷(2015)，《三國演義》，遊目族出版社。

西漢·伏勝(1937)，《尚書大傳·大戰》，商務印書館。

西漢·李陵(1997)，〈答蘇武書〉，安徽文藝出版社。

西漢·桓寬(2015)，《鹽鐵論·水旱》，中華書局。

西漢·韓嬰(1963)，《韓詩外傳》，師範大學出版社。

西漢‧戴德(2008)，《大戴禮》，中華書局。

東漢‧佚名(1979)，《樂府詩集‧長歌行》，中華書局。

東漢‧班固(2011)，《黃帝內經》，中華出版。

東漢‧班固(1962)，《漢書‧劉屈氂傳》、《漢書‧鄧通傳》、《漢書‧張
　　騫傳》、《漢書‧董仲舒傳》、《漢書‧賈誼傳》、《漢書高帝紀》、
　　《漢書東方朔傳》、《漢書‧刑法志》，中華書局。

東漢‧應劭(1981)，《風俗通義‧怪神》，天津人民出版社。

東漢‧崔駰(2008)，《達旨》，中州古籍出版社。

東漢‧趙歧(2018)，《孟子題詞》，中國計量出版社。

三國‧徐整著(1991)，《三五歷記》，中國社會科學出版社。

三國‧諸葛亮(2011)，《誡子書》，吉林文藝出版社。

三國‧劉備(2007)，《劉備敕劉禪遺詔》，人民出版社。

三國‧譙周曾著(2003)，《古史考》，海南出版社。

三國‧魏‧曹丕(1983)，《典論‧論文》，人民文學出版社。

魏晉‧劉義慶(2013)，《世說新語》、《世說新語‧雅量》，九韻文化。

西晉‧李密(1980)，〈陳情表〉，上海古籍出版社。

西晉‧郭璞(2015)，《游仙》，上海古籍出版社。

西晉‧陳壽(1959)，《三國志》、《三國志‧蜀志‧魏延傳》、《三國志‧
　　蜀書》、《三國志‧卷三五‧蜀書‧諸葛亮傳》，中華書局。

後晉‧劉昫等撰(2010)，《舊唐書‧狄傑傳》、《舊唐書‧婁師德傳》、
　　《舊唐書‧宣宗記》，中華書局。

東晉‧陶淵明(2003)，〈歸去來辭〉，商務印書館。

東晉‧陶淵明(2012)，《陶淵明集》〈飲酒〉，臺灣商務印書館股份有限
　　公司。

東晉‧葛洪(2014)，《西京雜記》卷2，上海古籍出版社。

東晉‧法顯(1995)，《佛國記》，佛光出版社。

南朝劉宋‧范曄(1995)，《後漢書‧隗囂傳》、《後漢書‧馮異傳》、《後
　　漢書‧嚴光傳》、《後漢書‧楊彪傳》，上海古籍出版社。

南朝劉宋‧范曄(2014)，《後漢書‧馮異傳》、《後漢書‧禰衡傳》，中華
　　書局。

劉宋‧謝靈運(2005)，《謝康樂集》，藝文出版社。

南朝・梁・沈約等著(2018)，《宋書》卷93、〈隱逸列傳・陶潛〉、《宋書・臧質傳》，中華書局。

北齊・張成(2011)，《造像題字》、《碑文》，湖南美術出版社。

北齊・魏收撰(1974)，《魏書・釋老志》、《魏書・盧毓傳》，中華書局。

唐・王貞白(2012)，《白鹿洞二首》，上海科學技術文獻出版社。

唐・王維(2010)，〈輞川閑居贈裴秀才迪〉，長春出版社。

唐・元稹(2001)，《鶯鶯傳》，上海古籍出版社。

唐・元稹(2015)，《會真記》，中華書局。

唐・白居易(1998)，〈除夜寄微之〉詩、《山裡的俗話》鳥、〈賦賦〉、〈賀雨〉詩，〈望月有感〉，〈望月有感〉，上海辭書出版社。

唐・司馬貞(1998)，《史記索隱》，中華書局。

唐・皮日休(1983)，《汴河懷古》，上海辭書出版社。

唐・宋之問(2007)，《下山歌》，人民文學出版社。

唐・杜秋娘(1994)，〈金縷衣〉，知識系統。

唐・杜甫(2011)，〈春望〉，暨南大學出版社。

唐・杜牧(1983)，〈遣懷〉，上海辭書出版社。

唐・沈既濟(1993)，《枕中記》，中州古籍出版社。

唐・吳兢撰(2012)，《貞觀政要・論政體》，時報文化出版。

唐・李公佐(1984)，《南柯太守傳》，志文出版社。

唐・李白詩(1997)，「把酒問月」，〈將進酒〉，河北人民出版社。

唐・李世民編(2011)，《群書治要・顏淵》，世界書局。

唐・李商隱(2010)，〈晚晴〉，光明日報出版社。

唐・李商隱(1998)，〈無題之四〉，人民文學出版社。

唐・李延壽撰(1901)，《北史・列傳第三十五》，中華書局。

唐・李煜(2015)，《虞美人》，廣西美術出版社。

唐・李肇(1991)，《唐國史補》，世界書局。

唐・房玄齡等撰(2016)，《晉書》卷102、《晉書・桓溫傳》，中華書局。

唐・柳宗元(2005)，《賀進士王參元失火書》，百花文藝出版社。

唐・姚思廉(2010)，《梁書・到溉傳》，台灣商務。

唐・韋莊(2007)，〈關河道中〉詩，上海古籍出版社。

唐・曹松(1983)，《己亥歲感事二首》，上海辭書出版社。

唐・張說(2013)，〈岳州別姚司馬紹之制許歸侍〉詩，湖湘文庫。

唐・張鷟(1979)，《朝野僉載・周興》，中華書局。

唐・黃檗禪師(2003)，《上堂開示頌》，廣西師範大學出版社。

唐・劉禹錫(2013)，〈陋室銘〉，商務印書館。

唐・劉禹錫(2013)，《夢得文集》，上海古籍出版社。

唐・慧立(2008)，《大慈恩寺三藏法師傳》，中華書局。

唐・駱賓王(2013)，〈螢火賦〉，人民文學出版社。

唐・駱賓王(2016)，《駱臨海集》卷十，線上出版。

唐・魏徵(20071973)，《隋書》卷3〈煬帝紀〉、《隋書・高帝紀》，中華書局。

唐・魏徵(1990)，〈諫太宗十思疏〉，上海同濟大學出版社。

唐・韓愈(1992)，〈雜說四〉、〈馬說〉、〈仙山〉詩，文史哲出版社。

唐・聶夷中(19837)，《詠田家》，上海辭書出版社。

唐・佚名(1955)，《武王伐紂平話》卷下，中國古典文學出版社。

北宋・文瑩(1970)，《過苕溪》，城文出版社。

北宋・王安石(2010)，《諸葛亮揮淚斬馬謖》，人民出版社。

北宋・司馬光主編(2012)，《資治通鑒》、《資治通鑑・周紀一》，萬卷出版公司。

北宋・司馬光(2018)，《辭人對小殿札子》，人民出版社。

北宋・司馬光(2008)，《訓儉示康》，西泠印社出版社。

北宋・司馬光(2012)，《資治通鑑》，中華書局。

北宋・呂蒙正(2013)，〈破窯賦〉、《勸世章》，漢威出版社。

北宋・李昉等人編著(1987)，《太平廣記・玄奘》，文史哲出版社。

北宋・沈括(2014)，《夢溪筆談》，華滋出版。

北宋・范仲淹(2012)，〈岳陽樓記〉，世界圖書出版公司。

北宋・張載(2006)，〈橫渠四句〉，中國大百科全書出版社。

北宋・岳飛(2013)，〈滿江紅〉，紫禁城出版社。

北宋・邵雍(2016)，〈弄筆吟〉，九州出版社。

北宋・柳永(2012)，《戚氏》，《重慶文理學院學報》(社會科學版)，2012年3月。

北宋・俞文豹(1958)，《清夜錄》，上海古典文學出版社。

北宋・真宗(2002)，〈勸學篇〉，上海書店出版社。

北宋・程顥、程頤(2018)，《二程全書・遺書二上》，河南人民出版社。

北宋・蘇軾(2006)，〈北歸詩文〉，上海古籍出版社。

北宋・蘇軾(2014)，《經進東坡文集事略》，世界書局。

北宋・蘇軾(2011)，〈洗兒〉，吉林大學出版社。

北宋・蘇軾(2013)，〈揚州以土物寄少游〉詩，湖南文藝出版社。

北宋・蘇軾(1990)，《潮州韓文公廟碑》，上海同濟大學出版社。

北宋・蘇軾(2010)，〈水調歌頭〉，中國美術學院出版社。

北宋・釋惠洪(2012)，《冷齋夜話》，上海古籍出版社。

北宋・歐陽修(1975)，《新唐書・婁師德傳》，中華書局。

北宋・歐陽修、宋祁等(1985)，《新唐書・李勉傳》，人民文學出版社。

北宋・釋贊寧(2014)，《筍譜》卷下，當代中國。

南宋・文天祥(2007)，〈正氣歌〉，世峰(裕文堂)。

南宋・文天祥撰(1987)，〈過零丁洋〉詩，上海辭書出版社。

南宋・王應麟(2017)，《三字經》，黃山國際出版社有限公司。

南宋・左圭(2015)，《百川學海》，中國書店出版社。

南宋・朱熹(1986)，《朱子語類》卷59，中華書局。

南宋・朱熹(1987)，《禮記・大學》，時報出版。

南宋・朱熹(1987)，《觀書有感》，上海辭書出版社。

南宋・辛棄疾(1987)，〈洞仙歌丁卯八月病中作〉，上海辭書出版社。

南宋・杜小山(2007)，《寒夜》，復旦大學出版社。

南宋・無名氏(2007)，《聖宋掇遺》，中國對外翻譯出版公司。

南宋・無名氏(1955)，《京本通俗小說・拗相公》，上海古典文學出版社。

南宋・陳亮(2018)，〈與朱元晦秘書書〉，上海古籍出版社。

南宋・劉過(1997)，《襄陽歌》，河北人民出版社。

南宋・謝枋得(2007)，《文章軌範》，中州古籍出版社。

南宋・謝維新(2006)，《古今合璧事類》，北京圖書館出版社。

元・王冕(2012)，《墨梅》，江蘇人民出版社。

元・王實甫(1995)，《麗春堂》《西廂記》第一本第二折，人民文學出版社。

元‧安虞氏(1953)，《三國志平話》，人民文學出版社。

元‧洪希文(1982)，《書美人圖》，洪範出版社。

元‧脫脫(2015)，《宋史‧文天祥傳》、《宋史‧岳飛傳》，上海人民出版社。

元‧鄭廷為(20117)，《楚昭公》，上海大學出版社。

元‧覺岸著(2006)，《釋氏稽古略》，國家圖書館出版社。

元‧羅貫中(2004)，《三國演義》、《三國演義》第19，23，120回、《馬謖拒諫失街亭》104回，聯經出版公司。

明‧于謙(2010)，〈石灰詩〉，陝西師範大學出版總社有限公司。

明‧王圻及子王思撰(1988)，《三才圖會》，上海古籍出版社。

明‧王守仁(1992)，《王陽明全集》，上海古籍出版社。

明‧田汝成編撰(2017)，《西湖遊覽志餘‧卷四‧佞幸盤荒》，上海古籍出版社。

明‧西湖漁隱主人(2015)，《歡喜冤家》第5回，華夏出版社。

明‧朱用純(2002)，〈朱子治家格言〉，文國書局。

明‧呂坤(2008)，《呻吟語》，中州古籍出版社。

明‧沈周(1999)，《仿戴進謝安東山圖》，浙江大學出版社。

明‧李賢(1995)，《天順日錄》，上海古籍出版社。

明‧宋濂(2009)，《喻中原檄》，中國人民大學出版社。

明‧吳廷燮(2005)，《明實錄》，線裝書局。

明‧吳承恩(20107)，《西遊記》第33，47，50回，台灣東方。

明‧洪應明(2009)，《菜根譚》，台灣書房。

明‧施耐庵(2008)，《水滸傳》第22，43回，台灣東方。

明‧笑笑生(2013)，《金瓶梅詞話》第57，75回「西門慶說」，聯經出版公司。

明‧原傑重刊(2010)，《重修政和證類本草‧草下之上》，中醫古籍出版社。

明‧許仲琳；陸西星(2014)，《封神榜》，世一文化。

明‧許仲琳(2018)，《封神演義》、《武王伐紂平話》，東立出版社有限公司。

明‧黃鳳池輯(2016)，《梅竹蘭菊四譜》，河南美術出版社。

明・陳洪綬(2017)，《品茶》，奇點出版。

明・馮夢龍(1958)，《喻世明言》，人民文學出版社。

明・馮夢龍(2012)，《醒世恒言》第26卷，上海古籍出版社。

明・馮夢龍(2009)，《警世通言・玉堂春落難逢夫》，中華書局。

明・馮夢龍/清蔡元放(2017)，《東周列國志》第78回，鳳凰出版社。

明・馮夢龍編撰(2012)，《廣笑府・勁多讀書打油詩》，新疆青少年。

明・馮惟敏(2011)，《玉抱肚・贈趙今燕》，金城出版社。

明・楊慎(1993)，《升庵集》，上海古籍出版社。

明・楊儀(1646)，《明良記》，宛委山堂商。

明・劉伯溫(2011)，《勸世偈頌》，明德出版社。

明・臧懋循編(1992)，《冤報冤趙氏孤兒》，中國戲劇出版社。

明・廣銳(1996)，《惜字律》，天津古籍出版社。

明・魏忠賢(2008)，《久抱建祠之愧疏》，陝西師範大學出版社。

明・佚名(2008)，《增廣昔時賢文》，台灣商務。

明・無名氏(1985)，《四馬投唐》，人民文學出版社。

清・王夫之(2013)，《讀通鑑論・唐宣宗》，中華書局。

清・石玉崑(1900)，《三俠五義》第110回，桂冠出版社。

清・李漁(1987)，《閒情偶寄》，時報出版。

清・李寶嘉(1989)，《文明小史》第44回，百花洲文藝出版社。

清・李寶嘉(2001)，《官場現形記》第56回，世一出版社。

清・吳敬梓(1900)，《儒林外史》，三民書局。

清・吳楚才、吳調侯編(2013)，《古文觀止》〈顏斶說齊王〉，爾雅出版
　　社有限公司。

清・金纓(2001)，《格言連璧》，頂淵文化。

清・林則徐(1996)，《赴戍登程口占示家人》，內蒙古大學出版社。

清・周安士(2013)，《欲海回狂》，團結出版社。

清・周希陶(2014)，《增廣賢文》，世界書局。

清・洪秀全(1961)，《原道醒世訓》，江蘇人民出版社。

清・姚瑩康(2014)，《輶紀行》，中華書局。

清・紀昀(2013)，《閱微草堂筆記・卷四》，中華書局。

清・紀曉嵐(1999)，《四庫全書》，上海古籍出版社。

清·夏敬渠(1997)，《野叟曝言》第120回，人民文學出版社。

清·張南庄(2000)，《何典》第3回，天人出版社。

清·張恨水(2007)，《八十一夢》第32夢，團結出版社。

清·畢沅(2010)，《續資治通鑑》，世界書局。

清·黃景仁(2001)，《雜感》，貴州教育出版社。

清·康熙給雍正的座右銘(2007)。

清·曹雪芹(2013)，《紅樓夢》第60，90回，西北國際。

清·順治皇帝(2014)，〈贊僧詩〉，中國社會科學出版社。

清·雍正、乾隆(2011)，《四書五經》，中國書店出版社。

清·蒲松齡(2007)，《聊齋誌異》，台灣東方。

清·翟灝(2010)，《風俗通·貨財·債多不愁》，中華書局。

清·鄭板橋(2000)，《板橋自敘》，上海古籍出版社。

清·錢彩編(2013)，《精忠岳傳》第8回，華夏出版社。

清·燕谷老人(1900)，《續孽海花》第42回，世界書局。

清·佚失(2015)，《天朝拾遺錄》，電子工業出版社。

清·不詳編(2013)，《全唐詩》，中華書局。

清·張英家書(2007)。

清·鄭板橋對聯。

王少堂(2013)，《武松》第6回，長城影視。

三、專書

丁玲(1934)，《母親》，良友出版社。

丁敏(2004)，《佛教譬喻文學研究》，《中國佛教學術論典106》，高雄
　　縣：佛光山文教基金會。

王亨彥撰(2006)，《中國佛寺史志彙刊》冊010 No.9〈普陀洛迦新志〉
　　(12卷)，德威國際文化出版。

王雲五(2013)，《王雲五全集》(20冊)，九州出版社。

王立新著(2017)，《聖經》，北京大學出版社。

佚名(1983)，〈萬艘龍舸〉，上海辭書出版社。

印順(2010)，《成佛之道》〈聞法趣入〉，中華書局，頁309。

田賀龍彥(1998)，〈授記與譬喻〉《法華思想》，台北：佛光文化事業有限公司。

弘一(2010)，《弘一大師全集》，福建人民出版社。

江勇振(2011)，《舍我其誰：胡適》傳的第一部，聯經出版公司。

余鴻榮譯(2012)，《盧騷懺悔錄》，志文出版。

李永熾(1982)，《中國全集2歷史中國》，錦繡出版社有限公司。

李敖(1999)，《李敖大全集》，中國友誼出版公司。

老舍(1957)，《老舍短篇小說選‧後記》，人民文學出版社。

沈從文(1936)，《新與舊》，上海：良友圖書印刷公司。

汪精衛(2002)，《最後之心情》。

星雲(2004)，《迷悟之間‧1.真理的價值》，台北：香海文化出版社。

星雲(2004)，《迷悟之間‧2.度一切苦厄》，台北：香海文化出版社。

星雲(2004)，《迷悟之間‧3.無常的真理》，台北：香海文化出版社。

星雲(2004)，《迷悟之間‧4.生命的密碼》，台北：香海文化出版社。

星雲(2004)，《迷悟之間‧5.人生加油站》，台北：香海文化出版社。

星雲(2004)，《迷悟之間‧6.和自己競賽》，台北：香海文化出版社。

星雲大師(2015)，《獻給旅行者365日》，高雄：佛光出版社。

慈怡主編(1988)，《佛光大辭典》，高雄：佛光出版社。

帕奧禪師講述/尋法比丘中譯(2007)，《克服禪修障礙》台北縣：大千出版社。

南一(1998)，《小學國語課本》，南一堂出版社。

茅盾(1933)，《子夜》，上海開明書店。

胡適(1930)，《胡適文存》，上海書店出版社。

紅葉居士編著(2012)，《自殺的真相》。

秦孝儀主編(1989)，《國父全集》，臺北：近代中國出版社。

馬烽(1952)，《呂梁英雄傳》第1回，人民文學出版社。

許晉彰，盧玉雯(2015)，《台灣俗語諺語辭典》，五南出版社。

唐德剛(1990)，「從慧深大師到星雲大師」。

海倫凱勒(2001)，《永不放棄的海倫凱勒》，大田出版。

堪布益西彭措著(2007)，《因果明鏡論》，江蘇人民出版社。

荊三隆2012)，《舊雜譬喻經注譯與辨析：六十一個離奇的比喻故

事》，中國北京：中國社會科學。

荊三隆、邵之茜合著(2012)，《雜譬喻經注譯與辨析：八十一個光怪陸離的比喻故事》，中國北京：中國社會科學。

陳然(2007)，《我的「自白」書》詩，雲南人民出版社。

梁啟超(1904)，《新民叢報》，日本橫濱。

梁啟超(1936)，《新民說》，北京大學出版社。

張菁(2006)，《紅塵外的茶香》，當代中國出版社。

唐君毅(1952)，《青年與學問》，人生出版社。

琦君(1976)，《桂花雨》，橋梁書。

程觀林(2003)，《鏡花水月：佛教譬喻、故事和傳說》，《佛教常識叢書》，中國上海：上海古籍。

傅樂成(2014)，《中國通史》，貴州教育出版社出版。

道源法師講述(2011)，《金剛經講錄》，基隆市：海會寺能仁佛學院。

傾泠月(2007)，《且試天下》，21世紀出版社。

釋太虛(1984)，《太虛大師全書》香港佛教=Buddhism in Hong Kong, 1984.03.

釋永東(2009)，〈佛教譬喻的現代詮釋與運用-以《佛說七水人喻》為例〉，《台灣當代佛教發展趨勢》，台北市：蘭臺出版社。

釋性瀅(1989)著，《譬喻》，《佛光文選叢書》，高雄縣：佛光出版社。

霸王雞丁(2016)，〈那些年的雅典〉第2集：遇見蘇格拉底那天（一）02/07/2016。

法‧弗朗索瓦‧拉伯雷(1553)，《拉伯雷作品集》，拉伯雷 巨人傳[M] 成鈺亭譯，上海：上海譯文出版社，1981:217。

亞當‧哈特—戴維斯(2017)，《薛丁格的貓：50個改變歷史的物理學實驗》，臺北市：大石國際文化。

芮納米德著林添貴譯(2014)，《被遺忘的盟友：揭開你所不知道的八年抗戰》，台北：遠見天下文化。

吉勒特‧默梅特(2005)，《歐洲風光》（Edmund Hillary，1919～2008，首位登上聖母峰的人）。

伊索著、周願同譯(1945)，《伊索寓言》226，東方出版。

帕森‧威印(Parson Weems)(2009)，《華盛頓與櫻桃樹》，國立編譯

館。

柏拉圖，《對話錄》。

拉伯雷(1553)，《拉伯雷作品集》。

傅尼葉(Alain Fournier)(2014)，《美麗的約定》，商周出版。

維根史坦(L. Wittgenstein, 1889~1951)(2012)，《意義理論》(Meaning Theory)

Putlack Michael A.(2010)，《英國諺語》73，寂天文化事業股份有限公司。

Wichael White (2012)，《毒舌頭與夢想家》，遠流出版。

達爾文(2005)，《物種起源.進化論》，重慶出版集團圖書發行有限公司。

凱薩琳‧彼得森(2012)，《太平天國》，小魯文化。

路易斯‧卡羅(1865)，《愛麗絲夢遊記》，大石國際文化。

約瑟夫‧埃利斯(2004)，《華盛頓傳》Alfred A. Knopf。

庫克船長的傳奇領航員(2015)，《了不起的圖帕伊亞》。

Black, Conrad. Franklin Delano Roosevelt(2003)，Champion of Freedom.

F.Girovd(1991)，《居禮夫人─寂寞而驕傲的一生》，天下文化。

四、論文

(一)中文

丁敏(1990)，《佛教譬喻文學研究》，國立政治大學中國文學研究所博士論文。

丁敏(1991)，〈譬喻佛典之研究─撰集《百緣經》、《賢愚經》、《雜寶藏經》、《大莊嚴論經》〉，《中華佛學學報》，1991-07。

丁敏(1996)，〈評釋永本著「佛教經典的蓮花與譬喻」〉，《1994佛學研究論文集》，1996-02。

丁敏(1996)，〈森羅萬象的佛教譬喻〉，《人生》，1996-04。

方台蘭(2006)，《世俗譬喻與解甚深義《解深密經》譬喻之研究》，玄奘大學宗教學系碩士在職專班論文。

方方(2008),〈水在時間之下〉,《收獲》2008年第六期。

江日昇(1995),《臺灣外紀》卷十二〈入緬甸桂王受辱,閩祖訓成功歸天〉。南投:臺灣省文獻委員會〔原發行於:康熙43年(1704年)〕。

李玉珍(1999),〈譬喻佛經譬喻(avadAna)文學中的男女美色與情慾——追求美麗的宗教意涵〉,《新史學》第10卷,第4期,頁31-66。

杜保瑞(2014),〈星雲大師《迷悟之間》的創作意函〉,2014.1.10-14佛光山人間佛教研究院、武漢大學文學院於佛光山合辦「宗教實踐與文學創作暨《中國宗教文學史》編撰國際學術研討會」論文集・卷三【會議用】,頁1865-1885。

吳芳儀(2011),《《迦葉品》空性與菩薩優勝的譬喻族系之研究》,佛光大學佛教學系碩士論文。

林韻婷(2005),《雜阿含經譬喻故事研究》,玄奘大學宗教學系碩士在職專班論文。

岳惠芬(2011),《《舊雜譬喻經》研究》,國立臺南大學國語文學系碩士論文。

孫中山 (1906,12,2) ,〈在東京《民報》創刊週年慶祝大會的演說〉,《孫中山選集》,網路版。原始出處:《民報》,第 1 號,1905年11月25日。

常月娥(2008),《妙法蓮華經七譬喻之研究》,元智大學中國語文學系碩士論文。

許素蘭(1994),《水沫花鬘:佛經譬喻新解》,台南:法喜出版社。

張勝珍(2004) ,〈禪宗的譬喻〉,《五臺山研究》,第4期,2004。

陳蓉美(2010),《《法句譬喻經》的敘事研究》,國立中央大學中國文學系碩士論文。

陳麗珊(1999),〈佛經譬喻之廣泛性與通俗性〉,《大仁學報》第17期,頁397-417。

梁麗玲(2006),〈《出曜經》動物譬喻研究〉,《文學新鑰》第4期,頁59-84。

梁曉虹(1993),〈佛典的譬喻〉《文史知識》,第1期,1993。

梁曉虹(1999),〈佛典譬喻的形式〉,《普門雜誌》第243期,1999。

黃博涵(2012),《《妙法蓮華經》會歸思想之研究—以譬喻故事為中心》,南華大學宗教所碩士論文。

曾嬿卿、廖君雅(2014),《財訊雙週刊》第453期,2014/06/18。

歐陽哲生(2017),〈盛世下的陰影〉,《北京大學學報》。

齊藤晃道(1976),〈『往生論註』に引用された『大智度論』の譬喻-- 譬喻の性格考察〉《佛教論叢》,n.20 (1976.10),頁56-60。

蕭麗華(2001),〈蘇軾詩中的禪喻〉,佛學研究中心學報,6期,2001年5月,頁243-270。

譚惠文(1997),《妙法蓮華經》譬喻文學之研究,國立中正大學中國文學研究所碩士論文。

謝大寧(2006),〈譬喻與詮釋———從法華經的譬喻看牟宗三先生的天台詮釋〉,《台北大學中文學報》,創刊號,頁97-119。

釋純因(1995),《漢譯《中阿含經》譬喻之基礎研究》,中華佛教研究所畢業論文。

釋傳徹(2012),〈漢譯《雜阿含經》中譬喻的種類〉,南華大學宗教學所碩二班論文。

《家庭醫學上半月》2017年第10期,頁43。

(二)日文

千明東道(1985) ,〈《法華經》第2章「方便品」 第三章「譬喻品」の問題點〉,《印度學佛教學研究》, v.33 n.2(總號=n.66) (1985.03),557-558。

今西順吉(1982),『サーンキヤ頌』の譬喻《印度學佛教學研究》,v.30 n.2(總號=n.60) (1982.03),頁330–336。

平等通昭(1954),〈大事譬喻譚の構成〉,《印度佛學教學研究 》,v.2 n.2 (總號=n.4) (1954.03),頁315-316。

平等通昭(1954),〈大事譬喻譚の二誕生說話〉,《印度學佛教學研究》,v.3 n.1 (總號=n.5) (1954.09),頁312-313。

平等通昭(1973),〈大事譬喻譚の研究〉,《印度仏敎文學の研究》,頁570。

金子方夫(1930)，〈大乘涅槃經に於ける如來藏の譬喻〉，《印度學佛教學研究》第42卷第1號。

東元慶喜(1968)，〈佛典に見える譬喻の種類〉《印度學佛教學研究》， v.17 n.1(總號=n.33) (1968.12)，頁374-377。

岩崎俊雄(1933)，〈二河譬喻の真假考察[nikouhiyu no shinkekousatsu]〉《龍谷学報》，v.307 (1933.11)，頁179-188。

宮沢正順(1984)，〈中國思想よりみた二河白道の譬喻〉，《佛教論叢》， n.28 (1984.09)，頁48-53。

福原蓮月(1974)，〈大般涅槃經の譬喻について〉，《印度學佛教學研究》，V.23 n.1(總號=n.45) 1974.12，頁 385-389。

福原蓮月(1983)，〈宗祖の他力本願の譬喻〉，《竜谷教学》，v.18 (1983.06)，頁66-76。

(三)英文

Alex Watson(2014)， 'Light as an Analogy for Cognition in Buddhist Idealism (Vijñānavāda), Journal of Indian Philosophy, June 2014, Volume 42, Issue 2–3, pp 401–421。

五、網站

Merica, An analogy for rebirth vs reincarnation? Philosophy April 2011 http://newbuddhist.com/discussion/10400/an-analogy-for-rebirth-vs-reincarnation

Bunks, The Wave analogy, September 2012 in Philosophy
http://newbuddhist.com/discussion/16510/the-wave-analogy

《人間福報》，2005.12.18
http://www.merit-times.com.tw/NewsPage.aspx?unid=161664

《成語辭典》http://tw.18dao.net/%E6%88%90%E8%AA%9E%E8%A9%9E%E5%85%B8/%E5%BA%A6%E6%97%A5%E5%A6%82%E5%B9%B4

東漢王充〈論衡卷〉第二十~〈論死篇〉第六十二。百度百科http://baike.baidu.com/view/51631.htm

《教育部成語典》《左傳‧僖公二十二年》

參考資料 http://140.111.34.46/chengyu/mandarin/fulu/dict/cyd/47/cyd47424.htm#

李六如,《六十年的變遷》博訊北京時間2016年6月07日

https://www.boxun.com/news/gb/z_special/.../201606072123.shtml

金剛山國際禪林網址

http://www.kks.asia/content/%E5%AE%97%E4%BB%B0%E6%B3%95%E5%B8%AB

明蓮池大師,【竹窗二筆】中峰示眾www.taoguba.com.cn/Article/725844/1 2012/12/25

胡安運,〈昂首與低頭的智慧〉2012.10.20 http://photo.xuefo.net/user/editor/uploadfile/.

〈星雲大師略傳〉西來寺網站http://www.hsilai.org/tc/master/index.php 2018.5.20

鄭石岩,〈找回心中的淨土〉,《人間福報》,2005/12/18

http://www.merit-times.com.tw/NewsPage.aspx?unid=161664

〈星雲禪話明起刊出〉,人間福報網址http://www.merit-times.com.tw/NewsPage.aspx?Unid=119655 2009.3.31

六、電影劇

呂薇電視劇,《漢武帝》片尾曲之一

佛光山星雲大師(2016),《信心門》

清‧《宰相劉羅鍋》電視劇

國家圖書館出版品預行編目資料

星雲大師著述「運用譬喻」模式研究─以《迷悟之間》套書爲例(上)
/ 釋永東著
--初版-- 臺北市：蘭臺出版社：2019.6
ISBN：978-986-5633-80-6(上冊：平裝)
1.釋星雲 2.學術思想 3.佛教說法
225.4   108007625

佛教研究叢書11

星雲大師著述「運用譬喻」模式研究─以《迷悟之間》套書爲例(上)

作　　者：釋永東
編　　輯：楊容容
美　　編：楊容容
校　　對：沈彥伶
封面設計：塗宇樵
出 版 者：蘭臺出版社
發　　行：蘭臺出版社
地　　址：台北市中正區重慶南路1段121號8樓之14
電　　話：(02)2331-1675或(02)2331-1691
傳　　眞：(02)2382-6225
E－MAIL：books5w@gmail.com或books5w@yahoo.com.tw
網路書店：http://5w.com.tw/
　　　　　https://www.pcstore.com.tw/yesbooks/
　　　　　博客來網路書店、博客思網路書店
　　　　　三民書局、金石堂書店
總 經 銷：聯合發行股份有限公司
電　　話：(02) 2917-8022　傳　眞：(02) 2915-7212
劃撥戶名：蘭臺出版社 帳號：18995335
香港代理：香港聯合零售有限公司
地　　址：香港新界大蒲汀麗路 36 號中華商務印刷大樓
　　　　　C&C Building, 36,Ting, Lai, Road, Tai,Po,
　　　　　New,Territories
電　　話：(852)2150-2100　傳　眞：(852)2356-0735
出版日期：2019年6月 初版
定　　價：新臺幣480元整(上冊：平裝)
ISBN：978-986-5633-80-6